Yvonne Knibiehler

Geschichte der Väter

FRAUEN – KULTUR – GESCHICHTE

Herausgegeben von
Claudia Opitz
und
Karin Walter

BAND 5

Yvonne Knibiehler

Geschichte der Väter
Eine kultur- und sozialhistorische Spurensuche

Yvonne Knibiehler

Geschichte der Väter

Eine kultur- und
sozialhistorische Spurensuche

Aus dem Französischen
von Ilse Deike

Mit einem Nachwort
von Claudia Opitz

Herder
Freiburg · Basel · Wien

Umschlagmotiv:
August Macke, Seiltänzer
© Artothek, Peissenberg
Umschlaggestaltung:
Neil McBeath, Stuttgart

Alle Rechte vorbehalten – Printed in Germany
© Verlag Herder Freiburg im Breisgau 1996
Herstellung: Clausen & Bosse, Leck
Gedruckt auf umweltfreundlichem,
chlorfrei gebleichtem Papier
ISBN 3-451-23954-x

INHALT

EINLEITUNG:
Gibt es eine Geschichte der Väter? 11

TEIL I:
Von der Institution des Vaters im Abendland 17

  1. KAPITEL:
  Die Macht des Vaters 18

    Der Ursprung des Patriarchats 18
    Die politische Debatte 19
    Das Schicksal der Mutter 26

    Der Pater familias 31
    Die Filiation 32
    Die Erziehung 35
    Die Macht 37

  2. KAPITEL:
  Die geistige Vaterschaft 40

    Gott der Vater 40

    Aufnahme eines Neugeborenen 45
    Fruchtbarkeit und Keuschheit 45
    Achtung vor dem Leben 49
    Josef, ein anderer Adoptivvater 52
    Der Pate 54

    Von der Macht zur Pflicht des Vaters 56

3. KAPITEL:
Die Inthronisierung des abendländischen Vaters . 62

Die, die arbeiten 63

Die, die kämpfen 65

Die, die beten 72

TEIL II:
Vaterschaft in den Gewohnheitsrechten 85

4. KAPITEL:
Die Bauern 87

Kinder werden gebraucht 88
Geburt 90
Der Kindstod 94
Natürliche oder kontrollierte Fruchtbarkeit . . . 97
Unfruchtbarkeit und ihre Bekämpfung 101
Adoptionen 104
Auswege 105

Unerwünschte Kinder 107
Der Zölibat der Armen 107
Keine außerehelichen Kinder 108
Kindsmord 109
Kindsaussetzung 111
Ammenwesen 113

Der Vater und seine Untertanen 116
Reine Frauensache 116
Härte und Zuneigung 117
Väterliche Monarchie 118
Erziehung durch Arbeit 121
Die Weitergabe des Erbes 123

5. KAPITEL:
Adel und Bürger 127

Der Adel 127
Dauer des Geschlechts 129
Vielgeliebte Bastarde 130
Erziehung auf Distanz 139
Ungleichheit der Kinder 146
Rechte und Pflichten 149

Bürgerliche 153
Handwerker 153
Kaufleute und Beamte 157

TEIL III:
Vaterschaft des Individuums 163

6. KAPITEL:
Die Menschenrechte 165

Verlorene Macht? 165
Der Streit um die Macht des Vaters 166
Der *Code Civil* und die Reaktion 168

Auswirkungen der industriellen Revolution . . . 171
Proletarier und Randgruppen 171
Die Mächtigen 176
Andere Väter 180

Freiheit für den Vater 183
Der Charme des Junggesellenlebens 183
Beschränkung der Geburten 186
Uneheliche Kinder: Annahme oder Ablehnung? . 188

7. KAPITEL:
Väterliche Liebe 198

Die Befreiung der Gefühle 199
Der Einfluß Rousseaus 201
Vater und Tochter, Vater und Sohn 204
Die Entdeckung des Vaterberufs 213

Neue Väter 219
Geschiedene Väter 219
Adoptivväter 225
Die Liebe zum Säugling 230

TEIL IV:
Neue Partner 237

8. KAPITEL:
Vom reproduzierenden Weib zur Feministin ... 238

Das reproduzierende Weib 239
Die *Natur des Weibes* 239
Revolten 243
Arrangements 250

Die Feministin 260
Forderungen 261
Empfängnisverhütung durch Mann und Frau .. 264
Der verdrängte Vater 272

9. KAPITEL:
Der Staat 280

Sorge um den Nachwuchs 281
Der Albtraum der Entvölkerung 283
Familienpolitik 289

Die Qualität des Nachwuchses 293
Der Staat als Erzieher 295
Der totalitäre Staat 298

Der Staat und seine Mündel 300

10. KAPITEL:
Die Naturwissenschaften 309

Beglückte Erzeuger 309
Kontrollierte Fruchtbarkeit 310
Besiegte Sterilität 313
Wohlgeratene Kinder 317

Die Infragestellung der Vaterschaft 324
Die Macht der Frauen 324
Probleme der Filiation 327
Die manipulierte Zeugung 330

SCHLUSS:
Neue Väterlichkeit? 335

NACHWORT 341

ANMERKUNGEN 359

EINLEITUNG

Gibt es eine Geschichte der Väter?

Es liegt durchaus im Bereich des Möglichen, daß mit der künstlichen Befruchtung bald auch die Vaterschaft der Vergangenheit angehört. Das weitverbreitete Unbehagen angesichts all der Probleme von Unfruchtbarkeit, Filiation, Adoption und der Lehre von der Eugenik, dazu der bemerkenswert nachhaltig auftretende Wunsch nach Kindern, erfordern eine Rückbesinnung auf die Grundlagen unserer Kultur. Wie verhielt man sich früher, wenn man sich ein Kind wünschte? Durch welche Faktoren wurde ein solcher Wunsch konditioniert und kanalisiert? Auch der Ausdruck *neue* Väter stiftet Verwirrung. Die sogenannten patriarchalischen Gesellschaften hatten den Vater als ursprüngliche und unwandelbare Quelle aller Macht und aller Weisheit, als Oberhaupt der Familie und als Pfeiler des Gemeinwesens zum Mythos erhoben. Dieses Bild ist schadhaft und brüchig geworden. Manche sehen darin nur noch eine Maske, trügerischen Schein oder bestenfalls überflüssiges Beiwerk.[1] Auch die Institution *Vater* unterliegt also dem Einfluß der Zeit. Diese Einsicht führt schnell zu der Überlegung, daß die Umwälzungen von heute nicht erstmalig sind; vielleicht hat es in der Geschichte wechselnde Formen von Vaterschaft gegeben, die unbemerkt verschwunden oder verändert worden sind. Kurz, vor dem Versuch einer Neudefinition des Vaters müßten wir untersuchen, was Väter früher waren. Dabei unterstreicht der Übergang vom Singular zum Plural die Notwendigkeit, neben der mythischen Figur die historischen Gestalten in den Blick zu nehmen.

Diese Hinwendung zur Geschichte könnte dazu beitragen, neue Vorstellungen von der Identität des Vaters zu entwickeln. Denn Erinnerung ist einer der wichtigsten Pfeiler der Identität. Wer seine Erinnerung verliert, weiß nicht mehr, wer er ist. Geschichte ist kollektive Erinnerung. Sie erweitert und vertieft die individuellen Erinnerungen. Mehr und mehr Menschen suchen ihre Wurzeln, so als ob sie ihre Existenz und ihre Persönlichkeit in einer sich schnell wandelnden Welt verankern müßten. Die Vaterrolle, erstarrt in ihrer Mythifizierung, wird jedoch bis heute geschichtslos verstanden, ist also ihrer Denkwürdigkeit beraubt. Das schränkt das Nachdenken ein, was zu dem Zeitpunkt umso schwerer wiegt, in dem sich durch den wissenschaftlichen Fortschritt schwindelerregende Aussichten eröffnen, insbesondere im Bereich der Zeugung. Jedes Individuum männlichen Geschlechts, das heute die Verantwortung übernimmt, ein Kind zu zeugen und/oder zu erziehen, verfügt aber als Orientierungsrahmen nur über das Beispiel seiner Nachbarn und über die Erinnerungen, die ihm von seinem Vater und seinen Vorfahren überliefert sind. Das ist nur wenig, und die Wege zur Problemlösung sind mit Schwierigkeiten gepflastert. Man geht aber ungehinderter in die Zukunft, wenn die Vergangenheit klar durchschaubar ist. Deswegen hat dieses Buch das Ziel, die Väter (und die Mütter) bei der Rekonstruktion der Erinnerung an die Vaterschaft zu unterstützen.

Vielleicht überrascht es, daß dieses Buch von einer Frau verfaßt wurde. Wer ist sie, daß sie von Vätern sprechen kann? Können ihnen denn ihre Sensibilität und ihre Kompetenz Genüge tun? Ist sie nicht notwendigerweise subjektiv und parteiisch?[2] Sicher, ich kann meine Subjektivität nicht verleugnen: Wenn ich über die Vaterschaft reflektiere, kann ich nicht umhin, meinen eigenen Vater und den Vater meiner drei Kinder in Frage zu stellen, muß ich all der wirklichen oder symbolischen Väter gedenken, denen ich in meinem Leben begegnet bin und mit denen ich vielleicht noch in Auseinandersetzung lebe. Dieses Problem besteht aber bekanntlich für jeden, der sich mit Humanwissenschaften befaßt, um welches Objekt es sich auch immer handeln mag. Die Männer ihrerseits hatten auch nicht immer die notwendige Sensibilität, um über Mütter zu sprechen – hat sie das jemals gehindert?... Ich habe also weder die Illusion noch den Vorsatz, das Thema *Väter* erschöpfend zu behandeln. Ich lege nur Fakten vor, die nach meinen eigenen Vorstellungen geordnet und kommentiert werden, zwar subjektiv, aber gebändigt durch Disziplin und Methode. Ich hoffe, daß diese Studie so die Eröffnung eines Dialogs ermöglicht.

Mein Wissen entnehme ich zum großen Teil bereits vorhandenen Forschungsergebnissen. In den vergangenen Jahren haben sich Historiker, Ethnologen und Anthropologen mit Familienbeziehungen befaßt (ich zitiere sie ausführlicher in den folgenden Kapiteln). Sie haben Elternschaft und Sexualität, die Geschichte der Erziehung und der Bevölkerungswissenschaft, seit kurzem auch die Geschichte des privaten Lebens erkundet; sie haben mannigfaltige Monographien vorgelegt – über die Fruchtbarkeit der Ehen, über Geburt und Kindstötung, über das Ammenwesen, über Illegitimität usw. Sie haben jedoch nie den Vater zum Hauptgegenstand ihrer Untersuchungen gemacht. Ist das Zufall? Oder sind die Forscher, in der Mehrzahl Männer, vor einer Untersuchung zurückgeschreckt, die möglicherweise ihre eigene Identität als Vater in Frage gestellt hätte? Haben sie Angst vor ihrer Subjektivität? Auf jeden Fall eröffnet ihr vorsichtiges und ausweichendes Verhalten ein weites Feld. Die von ihnen gesammelten Dokumente ermöglichen viele neue Fragestellungen.

Hier soll also weniger eine eigene Untersuchung dargeboten werden als vielmehr der Versuch einer Synthese von Überlegungen, ausgehend von bereits erarbeiteten Forschungsergebnissen. Überdies beschränkt sich dieser Versuch auf das christliche Westeuropa, ganz besonders auf Frankreich.

Sobald man die Funktion von Vätern betrachtet, erweist sie sich als überaus kompliziert und sehr viel weniger sinnfällig als die Funktion von Müttern. Auf den ersten Blick beinhaltet sie drei Aspekte: die Zeugung, also einen biologischen, die Erziehung, also einen psychologischen, die Tradierung von Erbe, also einen soziologischen Gesichtspunkt. Doch hat die Trennung dieser drei Funktionen etwas Künstliches, da sie sich unaufhörlich neu mischen und ineinandergreifen, auch sind ihre Verästelungen häufig schwierig zu auszumachen. So ist das Zeugen eines Kindes ein biologischer Akt, aber Fortpflanzung der Familie oder Wiederbevölkerung des Vaterlandes sind soziologische Fakten (sobald sie ins Bewußtsein gedrungen sind), und ein Mann, der sich Nachkommen wünscht, beginnt mit seinem noch imaginären Kinde bereits eine emotionale Beziehung. So bedeutet das Aufziehen eines Kindes zunächst seine Ernährung (im biologischen Sinne), bedeutet aber ebenso die Vermittlung nützlichen Wissens für sein soziales Umfeld. Schließlich hat die Weitergabe von Erbe durchaus eine soziale Funktion, aber ein Erbe setzt sich nicht nur aus materiellen Gütern zusammen. Es enthält immer Gene, Elemente der biologischen Herkunft, aber auch ein Ensemble von moralischen und/oder symbolischen Werten, die sich aus der Erziehung ergeben.

Keine diese drei Funktionen *muß* aber unabdingbar vom Mann-Vater wahrgenommen werden. Einige Männer zeugen nicht, aus Unvermögen oder willentlich, aber sie adoptieren und erziehen Kinder, die von anderen gezeugt wurden. Es scheint, daß das Wort Vaterschaft in allen Sprachen nur die Anerkennung des Faktums ausdrückt, daß ein Vater existiert, ohne daß deutlich würde, ob er nur biologisch oder auch anderweitig der Vater ist.[3] Auch die erzieherische Funktion ist keine Determinante. Viele Väter entledigen sich ihrer oder delegieren ihre Verantwortlichkeit verschiedenen Zwischeninstanzen: Den Frauen, solange das Kind klein ist (länger, wenn es weiblichen Geschlechts ist); dann einem Spezialisten, einem Pädagogen, einem Schul- oder Hauslehrer oder irgendeinem anderen berufenen Erzieher. Der Erzeuger, der sich nicht um seine Kinder kümmert, bleibt in den Augen aller dennoch ihr Vater, allenfalls ein *schlechter Vater*. Die Vererbung von Gütern und Titeln obliegt nur denjenigen, die Güter und Titel besitzen... Alles in Allem erscheint der Vater mangelhaft definiert, mitunter weit vom Kind entfernt, ungreifbar; die Vaterrolle ist häufig auf verschiedene Personen oder sogar Zwischeninstanzen verteilt.

Aus der Fülle der möglichen Rollen resultiert eine weitere Reihe von Schwierigkeiten. Ich sprach zu Anfang von der mythischen Verklärung des Vaters. Sie ist in prähistorischen Zeiten unter noch sehr wenig erforschten Umständen geprägt worden. Sie ist nach und nach in Bräuche und Gesetze eingedrungen und übt auf das, was wir heute das *Patriarchat* nennen, einen nachhaltigen Einfluß aus. Dank der monotheistischen Religionen hat sie eine sakrale Dimension erhalten. So ist die Vaterschaft eine Institution von erstaunlicher Stabilität geworden, die Jahrhunderte überdauerte und alle Revolutionen überlebte. Es hat daher den Anschein, als ob der Historiker keinen Zugang zu ihr hätte: Chronologie und Periodisierung, grundlegende Schritte der historischen Disziplin, scheinen keinen Zugriff auf dieses erstarrte Monument zu erlauben. Im Folgenden habe ich auch nur zwei Zeiten des Umbruchs in Betracht gezogen. Die erste begleitet, am Ende des achtzehnten Jahrhunderts, die Philosophie der Aufklärung und beinhaltet die Erschütterung der väterlichen Gewalt auf der einen und des Glaubens an Gottvater auf der anderen Seite. Die zweite findet im 20. Jahrhundert statt und konfrontiert den Vater mit bislang unbekannten Gegenübern: mit der Feministin, dem Staat und der Naturwissenschaft.

Zu allen Zeiten läßt sich wohl der Einfluß der sozioökonomischen und soziokulturellen Faktoren auf väterliches Verhalten am besten durchleuchten. Ein arbeitsamer Bauer, ein mächtiger Herr, ein ehrgeiziger Bourgeois, ein von Arbeitslosigkeit bedrohter Fabrikarbeiter werden ihrer Aufgabe als Vater unterschiedlich nachkommen. Darüber hinaus steht ein Mann niemals allein, niemals völlig ungebunden seinem Kind gegenüber; er ist in ein ganzes Netz von Normen, Bräuchen und Einflüssen verstrickt, von denen sein Verhalten beeinflußt, sogar diktiert, kontrolliert und sanktioniert wird.

Weil dies zu unendlich vielen Möglichkeiten des Vaterseins führt, ist in diesem Buch weniger eine vollständige Geschichte der Väter zu finden als vielmehr eine Geschichte der abendländischen Formen der Vaterschaft, verewigt im Buch der Zeiten und doch oft verborgen im Dunkel.

TEIL I

Von der Institution des Vaters im Abendland

Die symbolische Gestalt des Vaters, die das abendländische Bewußtsein von prähistorischen Zeiten bis heute durchdringt, basiert auf zwei Grundlagen. Die eine, juristischen Charakters, vereint die Vorrechte der Vatergewalt und unterwirft die Elemente des *Patriarchats* einer bestimmten Ordnung; die andere, religiöser Art, verbindet die väterliche mit der göttlichen Herrschaft. Der größeren Klarheit wegen trenne ich hier juristische und religiöse Begründung in zwei Kapitel. Im Denken der Menschen sind sie fast immer eng verzahnt, sie bedingen einander. Die Macht des Vaters war immer heilig.

Diese Grundlagen sind im Verlauf jener sieben oder acht Jahrhunderte von Gewalt und Elend, die man gemeinhin das hohe Mittelalter nennt, stark erschüttert worden. Extreme Bedingungen der Geschichte haben damals Bild und Funktion des abendländischen Vaters markiert mit einigen neuen und dauerhaften Nuancen versehen.

1. KAPITEL

Die Macht des Vaters

Zu Recht ist geschrieben worden, daß die Position des Vaters eine Erfindung der Menschen und nicht eine natürliche Tatsache sei.[1] Die Monogamie ist in der Tat bei den Tieren nicht häufig; wie soll man bei den polygamen Arten, wo jedes Weibchen mit der Mehrzahl der Männchen ihrer Sozialgruppe kopuliert (wie es z. B. bei den Schimpansen Brauch ist) wissen, wer am Ende eigentlich der Vater ist? Um den Vater eines Kindes zu identifizieren, muß man die Weibchen von der Gruppe trennen und bewachen. Werden solche Maßnahmen nicht ergriffen, kann nur die Mutter eindeutig identifiziert werden. Von dieser Erkenntnis aus ergeben sich zwei Ketten von Fragen. Die erste: Hatte in der Zeit, in der lediglich die Mutter feststand, nur sie allein die Autorität über das Kind? Verfügte sie über die Macht (und welche?) in der Gruppe, deren Weiterbestehen sie garantierte? In einem Wort, gab es das *Matriarchat*? Wenn es so war, eröffnet dies den Zugang zu einer weiteren Reihe von Fragen: Wann und wie und warum hat der Vater die Mutter ersetzt? Unter welchen Umständen also hat sich das *Patriarchat* durchgesetzt?

Der Ursprung des Patriarchats

Die Wörter *Matriarchat* und *Patriarchat* sind erst vor kurzer Zeit in Gebrauch gekommen. *Matriarchat* wird nicht vor den letzten Jahrzehnten des 19. Jahrhunderts benutzt. *Patriarchat* ist älter, aber es war ehemals in der katholischen Kirche ein Titel, der einigen Titularbischöfen wichtiger Bistümer (Patriarchen) zuerkannt wurde. Seinen heutigen Sinn hat das Wort zu Beginn des 20. Jahrhunderts erhalten und bezeichnet die von der väterlichen Gewalt beherrschte Familie. Die Frage nach dem Ursprung des Patriarchats ist also neueren Datums: Die Fragestellung entstammt ganz und gar der Jetztzeit. Eine Antwort darauf zu finden ist schwierig, da man nur über wenige, verstreute und dürftige Fakten verfügt, die überdies der Archäologie oder der Mythologie entstammen, mit Hilfe derer sich also nur fragwürdige Hypothesen aufstellen lassen. Sonderbarerweise haben sich die Forscher, anstatt sich geduldigen Untersuchungen zu widmen, in eine leidenschaftliche Kontroverse gestürzt. Ihre jeweilige Argumentation war von Ideologie durchtränkt, hatte deutlich den Charakter einer stark politisierten Debatte. So wollten einige Autoren die Existenz eines Urkommunismus nachweisen, in dem die Frauen über ein friedliches Übergewicht verfügt hätten; mit der technischen Entwicklung hätten dann die Männer das Privateigentum, den Handel, die Kriege, die Ausbeutung des Menschen durch den Menschen erfunden; das Patriarchat hätte also auf Kosten aller zu einer Ausplünderung der Frauen durch die Männer geführt. Die Gegner dieser Theorie negierten die gesamte Beweisführung, sie stritten ab, daß die Frauen als Mütter jemals über eine größere soziale Macht verfügt hätten. Der Gegenwartsbezug dieser Debatte ist nicht zu übersehen. Es liegt daher nahe, ihre Ziele zumindest in großen Linien zu präzisieren.

Die politische Debatte[2]

Die Debatte begann mit dem Aufschwung der Anthropologie gegen Ende des 19. Jahrhunderts. Zwei Juristen, ein Deutschschweizer, Johann Jakob Bachofen (1815–1887), und ein Amerikaner, Lewis Henry Morgan (1818–1881) haben als erste Untersuchungen über das Matriarchat veröffentlicht. Ersterer hat *Das Mutterrecht* (1861) im Wesentlichen mit antiken Dokumenten und Monumenten begründet, er beschreibt eine um die Muttergöttin zentrierte mythische Sozialordnung, die einer Gynäokratie entspricht. Morgan lehrte in seiner *Ancient Society* (1871), die Menschheit habe überall die gleichen Entwicklungsstadien zwischen sexueller Promiskuität und Zivilisation erlebt. Zu Zeiten der Promiskuität sei die Generationenfolge allein über die Mutter festzustellen gewesen (matrilineares System). Das Mutterrecht habe also vor dem Vaterrecht bestanden, die Entwicklung zu letzterem habe sich dann schrittweise beim Übergang vom Urzustand zur Barbarei entwickelt, d. h. also mit dem Aufkommen neuer Techniken beim Ackerbau. Friedrich Engels (1820–1895) übernahm die Morgansche Theorie als Grundlage für die marxistische Anthropologie. In *Der Ursprung der Familie, des Privateigentums und des Staats* (1884) postulierte er, daß die menschliche Rasse anfänglich in einem *primitiven Kommunismus* lebte, in dem absolute Gleichheit herrschte; die Sexualität war frei, Sklaverei und Armee existierten nicht. Die Originalität seiner These bestand nun darin, daß er den Status der Frau eng mit dem Entwicklungsstand der Wirtschaft verband. Solange die menschliche Arbeit keinen Mehrwert produziert, herrscht die Frau. Die Erfindungen des Pflugs (mit dem nur der Mann umgehen kann), der Viehzucht, der Weberei und des Ackerbaus hätten Reichtümer hervorgebracht, derer die Männer sich bemächtigten; diese Techniken erlangen nach und nach genug Bedeutung, um die Erbfolge, die bislang zugunsten der Mütter geregelt war, an die Väter übergehen zu lassen. Die Akkumulation des Kapitals, die Verbreitung des Privateigentums lassen zwischen den Menschen Beziehungen von Herrschern zu Beherrschten, von Herren zu Sklaven auftreten.

Was in der Analyse von Engels durchscheint ist also das Bemühen, die Institution der *bürgerlichen* Familie zu erklären und in ihr ein Produkt mehr oder minder vom Zufall bedingter historischer Fakten anstelle eines mit allen Tugenden ausgestatteten Idealmodells zu sehen. Das, was eine

Revolution in prähistorischen Zeiten bewirkt hat, kann laut Engels durch eine neue Revolution auch wieder verändert werden: Demzufolge kann das gegenwärtige System von Familien-, Gesellschafts- und Wirtschaftsbeziehungen umgestürzt, die Liebe rehabilitiert, allen das Produkt freier und kollektiver Arbeit zurückerstattet und der *Urkommunismus* unter neuen Formen wiederentdeckt werden.

Die Vorstellungen von Engels sind – mit notwendigen Korrekturen – von E. Bornemann wieder zu Ehren gebracht worden. Er versuchte in *Das Patriarchat*[3] den Kampf der Geschlechter mit dem Kampf der Klassen zu erklären und verwandte zu diesem Zweck neue archäologische Forschungsergebnisse aus dem Mittelmeerraum. Der Autor meint, daß am Anfang der Menschwerdung die Männer ihre Rolle bei der Zeugung nicht kannten; die Sozialgruppen hatten dementsprechend eine *matristische* Form, so daß die Kinder zum Clan der Mutter gehörten und die Geschlechter gleichwertig waren. Diese *matristische* Ära war eine Art Paradies, der griechische Mythos vom goldenen Zeitalter erhellt die Erinnerung daran noch heute. Während des Paläolithikums (von ca. 100000 bis ca. 50000 v. Chr.) hätte die Vergöttlichung der Gründermütter zu einer ersten, dieses Namens würdigen Religion, dem Mutterkult, geführt; zur gleichen Zeit hätte sich mit dem Beginn der Jagd eine Arbeitsteilung zwischen Frauen und Männern ergeben. Im Hochpaläolithikum (ca. 50000 bis 10000 v. Chr.) hätten mit den sich verbessernden Fertigkeiten von Jagd und Fischfang die Männer in den Gruppenbeziehungen den Vorrang vor den Frauen errungen, die nun nicht mehr den wesentlichen Teil der Nahrung beisteuerten. Aber noch herrschten sie über den Clan. Sie erbauten große Gemeinschaftshütten, in denen sich der gesamte Clan versammelte. Der Mutterkult verfestigte sich; in der Mutter verehrte man die Fruchtbarkeit, wie aus einer Fülle von in verschiedenen Gegenden gefundenen Votivfiguren zu erkennen ist. Sie haben alle kein Gesicht, dagegen sind Brüste, Bauch und Hüften überdimensioniert. Die *große Mutter*, unter verschiedenen Namen verehrt, wurde mit der Mutter Erde gleichgesetzt, sie brachte alles hervor (auch den Mann), in ihrem Schoß barg sie auch die Toten. Aber dann begannen Götter, *Väter und Söhne*, aufzutauchen, sie beherrschten den Himmel. Im Neolithikum erfanden die Frauen Landwirtschaft und Töpferei; damit eigentlich begann die Seßhaftigkeit, jedoch blieb die *matristische* Welt weiter dem Kollektiv verhaftet und erachtet den Mehrwert für unwichtig; sie kannte keine Festungen und Heere, sie wußte nichts von Handel und von Verteidigung. In einigen Gebieten aber begünstigte die Entstehung der Bewässerungskulturen mit ihrem immensem Bedarf an Menschen und Material die Entstehung einer hierarchisierten Gesellschaft; so wurde hier und dort aus der Mutterreligion ein Staatskult, der die Opfer der Menschen einer Ordnung unterwarf. Damit wurde die Frauenmacht unterhöhlt, wenn auch die matrilineare Geschlechterfolge noch beibehalten wurde. So ging die Ära der Mutterherrschaft nach und nach zu Ende, beginnend in den Gegenden, in denen die indoeuropäischen Eroberer (Hellenen) sich niederließen (ungefähr 2500 bis 1200 vor unserer Zeitrechnung). Am Ende all dieser Transformationen finden wir die Kernfamilie, bestehend aus einem Mann, einer Frau und ihrer Nachkommenschaft, da nur diese Familienstruktur dem Mann die Sicherheit verschaffte, daß wirklich er die Kinder gezeugt hatte, die seine Frau zur Welt brachte. Die Abstammungskette war patrilinear geworden, die Familie bewohnte das Haus des Mannes (patrilokaler Wohnsitz). Das Kollektiveigentum wurde durch das Privateigentum ersetzt, Voraussetzung für die Möglichkeit von Erbschaft. So kam es zu Rechtsstrukturen, die die Übertragung eines Erbes zum Ziel hatten, und die die Vormacht des Vaters über Kinder und Frau sichern sollten. Es entstand der Staat mit dem Ziel der Aufrechterhaltung der patriarchalischen Ordnung, bedroht allerdings durch Spannungen und Revolten, heraufbeschworen durch die von ihm erzeugten Ungleichheiten. Diese neuen Systeme brauchten lange, um sich durchzusetzen, und lange Zeit fanden sich noch Spuren der früheren Gegebenheiten. In der offiziellen Religion spielten die *marginalisierten* Frauen nur noch eine nebensächliche Rolle, noch weniger Platz fanden sie in Politik und Wirtschaft; jedoch fanden sie Raum in den Mysterienkulten, um von dort aus ihre Isolierung aufzubrechen; diese Kulte erlaubten ihnen mystische Gefühlswallungen, Vereinigung mit der Gottheit, inneren Frieden durch eine bereitwillig akzeptierte Askese und die Hoffnung auf eine endlose Glückseligkeit nach dem Tode. Auf diese Art machten sie sich frei von einer Ordnung, die nicht die ihre war, überwanden die erniedrigenden Bedingungen, in denen sie gefangen waren, sowie die ihnen aufoktroyierte alltägliche Sklaverei, gerieten in Begeisterung, in göttlichen Wahnsinn, sogar in Raserei, entgegen dem männlichen Ideal von Weisheit, Klarheit und Selbstkontrolle.

Diese zunächst bestechende intellektuelle Konstruktion Bornemanns ist Gegenstand recht überzeugenden Widerspruchs geworden. Sie wird – das soll hier betont werden – von den feministischen Vordenkerinnen abgelehnt, vor allem von Simone de Beauvoir, für die die Inferiorität der Frau nur ein *historischer Zufall* und eine *primäre Gegebenheit des männlichen Bewußtseins* war. Die These von Beauvoir durchzog das gesamte amerikanische feministische Denken der fünfziger und sechziger Jahre (Kate Millet, Shulamith Firestone, Kathleen Gough Aberle). Bedeutende Anthropologen wie Bronislaw Malinowski, Iris Murdoch, John Evans Pritchard, Georges Balandier und Claude Lévi Strauss haben die im Gefolge von Marx stehende Beweisführung zusätzlich entkräftet. Sie warfen ihr, um es vereinfacht zu sagen, Illusionen vor. Eine solche Illusion sei vor allem der *Evolutionismus*, der darin besteht, alle Gesellschaften in einem Kontinuum einer unumkehrbaren Zeit anzuordnen und anzunehmen, daß sie alle gleichen Veränderungen nach dem gleichem Prinzip unterliegen. Dieser Irrtum verleitete Morgan, kein Marxist, dazu, anzunehmen, daß die matrilinearen Bräuche der Irokesen auf prähistorischen Sitten beruhten. Die zweite Illusion bestand in der Annahme, daß ein enges Band zwischen dem Kult einer Muttergöttin und der Gynäokratie (Herrschaft der Frauen) bestehe, dabei hat doch keine Gesellschaft je ausschließlich eine Muttergöttin verehrt. Die Götterhimmel waren verschiedengeschlechtlich, überdies spiegelten sie nicht genau die Gesellschaftsstruktur wider, häufig gab es Spannungen und mangelnde Entsprechung zwischen beiden. Die dritte Illusion beruhte auf einem Anachronismus. Die Verteidiger des Matriarchats projizierten das Bild eines Elternpaares, wie wir es kennen, auf die prähistorischen Gesellschaften, sie faßten es als Modell und Ziel der alten Gesellschaften auf und versuchten die relative Wichtigkeit jeden Partners, des Vaters und der Mutter, gegeneinander abzuwägen. Alle heutigen Forschungsergebnisse aber weisen darauf hin, daß in diesen Gesellschaften die Gruppe im Zentrum stand und nicht die Einzelwesen. Ehre und Autorität waren nicht dem Vater oder der Mutter persönlich zuerkannt, sondern dem Geschlecht oder der Sippe beider. Matrilinearität und Matrilokalität besagen nicht, daß nur die Mutter Gewalt über ihre eigenen Kinder gehabt hätte: Sie konnten auch ihrem Bruder oder – noch wahrscheinlicher – den Männern ihres Clans zugehören.

Wenn auch eine marxistische Denkschule noch weiterbesteht[4], werden heutzutage die das Matriarchat vertretenden Thesen zunehmend aufgegeben. Man stellt sie dar als ein *romantisches* Modell, das die neuentstehende Anthropologie dem utopischen Sozialismus entlehnt habe. Heute sind die Forscher auf der Suche nach sicheren Fakten, die ihnen die Beschreibung der sehr wohl zu unterscheidenden Zwischenstadien, die zwischen den ersten menschlichen Gemeinschaften und dem Patriarchat existieren, ermöglichen.

So bleibt am Ende das Problem der Entstehung des Patriarchats völlig ungeklärt. Historische Fakten, die zur Lösung der Frage nach der Macht des Vaters beitragen könnten, bleiben unkenntlich, Deutungen anderer Humanwissenschaften sind da einleuchtender. So meinten Anthropologen, das Inzesttabu am Beginn aller Zivilisation zu erkennen. Die Psychoanalyse verwies auf Phallus-, Kastrations- und Ödipusängste, mit denen das Verhalten der Menschen im Bereich der Sexualität und der Familienbeziehungen erklärt wurde[5] (wenn diese Theorien, gegen Ende des 19. Jahrhunderts in einer bestimmten Gesellschaft erarbeitet, überhaupt auf Wesen, die vor fünf- oder sechstausend Jahren in einer völlig anderen Welt lebten, übertragen werden können). Es ist schon nachvollziehbar, daß der Vater seinen Sohn beherrschen will, um Inzest und sein zu eifriges Bemühen, ihm die eigene Position streitig zu machen, zu verhindern; daß er seine Tochter beherrschen will, um ihr jede sexuelle Freiheit zu nehmen (umgekehrt verbietet er sich, sie zu besitzen); daß er die Mutter beherrschen will, um sich seiner eigenen Deszendenz zu versichern und frei über die Kinder zu verfügen, die sie zur Welt bringt. Muß man auch der Hypothese folgen, nach der das Patriarchat die Frauen unterwarf und den Männern erlaubte, sie zum Kindergebären zu zwingen, um die Überlebenschancen ihrer Art oder doch zumindest ihre Verbreitung und ihren Sieg über alle anderen Arten abzusichern?

Unleugbar sind dies alles nur stark vereinfachende Schemata... Alle folgenden Kapitel zeigen die Komplexität der wirklichen Beziehungen und der Vorstellungen, die sich die Lebenden von ihnen machen. Wie auch immer – gelangt man in historisch faßbare Zeiten, herrscht das Patriarchat im gesamten mittelmeerischen Raum (im weiteren Sinne) in verschiedenen, aber deutlich strukturierten Ausprägungen. Die Generationenfolge war patrilinear bestimmt (jedes Kind erhält den Namen der Familie seines

Vaters), das Haus war patrilokal (Frau und Kinder wohnen beim Vater oder bei seinen Eltern), der Vater war Oberhaupt seiner Frau und seiner Kinder.

Das Schicksal der Mutter

Unzweifelhaft hat das patriarchalische System Spannungen zwischen Vater und Mutter entstehen lassen. Einige Ursprungsmythen lassen den Wunsch durchblicken, die Frau vom Werk der Fortpflanzung auszuschließen. Nicole Loraux[6] weist dies für Athen nach. Die Göttin Athene ist vollständig gerüstet der Stirn von Zeus entsprungen, und die Athener sind aus dem Boden des Vaterlandes geboren worden, ohne jede Berührung mit den finsteren Gründen einer Gebärmutter. Schon Bachofen hatte die Aufmerksamkeit auf die Revolte der Klytämnestra gelenkt. Klytämnestra hat ihren Ehemann, Agamemnon, König von Mykene, erstochen, der ihre Tochter Iphigenie ohne Wissen der Königin geopfert hatte, um die Gunst der Götter im Augenblick des Aufbruchs zum trojanischen Krieg zu erlangen; dann übernahm Klytämnestra die Macht in Mykene mit Hilfe des von ihr geliebten Ägisth; als ihr Sohn Orest erwachsen war, tötete er sie schließlich, um Agamemnon zu rächen und die patriarchalische Ordnung wiederherzustellen.

Auch über die Medea von Euripides lassen sich ähnliche Überlegungen anstellen. Mich interessiert hier nicht der Medea-Mythos, der außerordentlich komplex ist, sondern nur dessen Interpretation, die der Mann Euripides im 5. Jahrhundert v. Chr. vorlegte; ich versuche nachzuvollziehen, wie dieser Autor die patriarchalistische Gewalt im Streit mit einer rebellischen Frau darstellte. Als erster gab er ihr ein menschliches Gesicht. Im ursprünglichen Mythos war sie eine Hexe, Tochter des Königs von Kolchis, Nichte der Zauberin Circe. Der Grieche Jason erhielt ihre Hilfe bei der Erlangung des Goldenen Vlieses. Das Paar erreichte sein Ziel nur um den Preis eines zweifachen Verbrechens und wurde damit zur Flucht gezwungen. Zwei Söhne entstammten dieser Liebe. Schließlich fanden beide Zuflucht in Korinth, dessen König Kreon daran dachte, seine Tochter Kreusa zu vermählen, die sich aber in Jason verliebte; Kreon, dem an einem berühmten und mutigen Schwiegersohn gelegen war, stimmte der Verbindung unter der Bedingung zu, daß Medea beseitigt werde. Jason akzeptierte, um endlich eine ehrbare und sichere Position zu erlangen. Als griechischer Fürst hatte er keine Skrupel, eine *barbarische* Konkubine zu verstoßen und die ihm geborenen Kinder zu behalten. Die Rache Medeas war furchtbar. Da Kreusa eines ihrer Gewänder begehrte, verzauberte sie es, bevor sie es ihr schenkte; die junge Braut probierte es und starb augenblicklich in schrecklichen Qualen, ebenso ihr Vater, der ihr zur Hilfe kommen wollte. Danach tötete Medea ihre eigenen Kinder. Kinder, die schon einige Jahre alt waren, die sie erzogen hatte und die sie liebte. Auch ihr unendlicher Schmerz brachte sie von diesem schrecklichen Vorhaben nicht ab.

Euripides verstand Medea nicht als eine Zauberin, auch nicht als eine Wahnsinnige (obwohl die Griechen innerfamiliäre Verbrechen gerne mit Wahnsinn verbanden). Er bemühte sich, ihre Qualen zu analysieren. In den Vordergrund rückte er ihre Eifersucht, eine ganz fleischliche Eifersucht. Jason wirft ihr vor, nur an ihr verlassenes Bett zu denken, und sie leugnet es nicht. Aber in diesem Bett sind auch die Kinder geboren, die in den Augen von Medea untrennbar auch dem Vater gehören. „Aus uns kommen sie", sagt Medea, sie sind ein fleischliches Band, das sie nicht zerreißen kann. Das Bett ist aber auch der Mittelpunkt eines Hauses, dessen Herrin sie bleiben will, da sie dem Mann, der dessen Herr ist, Kinder geboren hat. Medea erkennt in Jason nicht den einzigen Herren dieser Kinder, sie selbst ist deren Herrin ebenso wie Jason, sogar mehr als er. Sie widersetzt sich dem Patriarchat durch ein störrisches weibliches Denken.

Etwas schemenhafter vielleicht mag man in dem Bett das Symbol der Verbrechen erkennen, die sie aus Liebe für Jason begangen hat. Die Kinder sind wie eine Spur dieser Verbrechen. Als sie sie tötete, versuchte sie, die Verbrechen ungeschehen zu machen, sie strafte auch sich selbst, sie befreite sich von einer finsteren Schuld.

Am erstaunlichsten ist in der Tragödie von Euripides, eines sonst so frauenfeindlichen Autors, die Haltung des Chors, der aus Korintherinnen besteht. Diese Frauen, für die Medea nur eine von abgründigen Zielen bewegte Fremde ist, erklären sich solidarisch mit der betrogenen Gattin und ergreifen für sie Partei. „Du hast das Recht, Dich an Deinem Gatten zu rächen." Und sie besingen mit Medea das ihnen gemeinsame Geschick: „Von allem, was atmet und was Bewußtsein hat, ist niemand mehr zu beklagen als wir Frauen". Die barbarische Fürstin ist der leibhaftige Konflikt zwischen einem stolzen, achtungs- und dankbarkeitsbedürftigen Sinn und der extremen Abhängigkeit der Frau gegenüber dem Mann, wenn sie sich ein Kind wünscht. Alle Frauen können sich in ihr wiedererkennen. Euripides kannte das Problem der *Weiblichkeit*, aber er dachte nicht, daß die Männer dafür verantwortlich seien. Er sagte klar und deutlich, daß das Leid und die Abhängigkeit der Frauen unausweichlich sind, und daß es eben gerade die Aufgabe der Zivilisation ist, Unordnung, die aus dieser Abhängigkeit entsteht, zu vermeiden. Dementsprechend betont Jason, daß eine Griechin niemals ein solches Verbrechen begangen haben könnte. Warum? Ist es, weil in einer Welt, in der Recht und Ordnung herrschten, die Männer besser mit den Frauen umgehen konnten? Oder weil sie sie besser beherrschen konnten, wenn sie sie ihren eigenen Werten unterwarfen?

Die Tat von Medea führt in einen Abgrund von Schrecken und Angst. Von einer Mutter nahm man an, daß sie nur für ihre Kinder da war, man hielt sie für fähig, alles auf sich zu nehmen, aus Liebe für sie jedes Opfer zu bringen. Die, die hier ihre Leibesfrucht zerstörte, leugnete, so scheint es, ihre eigene Natur, sie schaffte das schlimmste Ärgernis, die äußerste Anarchie. In den Augen der Männer beging sie auch ein

Verbrechen gegen die Vaterschaft. In einer patriarchalischen Gesellschaft hielt sich der Vater für den Besitzer seiner Kinder. Die Mutter, die sie tötete, verging sich gegen dieses Recht, sie revoltierte gegen ihre Unterwerfung und machte sich dem Vater gleich, indem sie auch sein Leben damit zerstörte.

Dergestalt wandert der Geist von Medea unaufhörlich durch die Mythologie und die Literatur. Sie gehört in unseren Kulturkreis, denn nach Euripides und Seneca haben zahlreiche Dramatiker und zahlreiche Komponisten Europas dieses grauenvolle Thema wieder aufgenommen: im 16. Jahrhundert Jean de la Péruse, im 17. Francisco de Rojas Zorilla, Pierre Corneille, Bernard de Longepierre, im 18. Jahrhundert Richard Glover, Friedrich Gatter, Giovanni Battista Niccolini, im 19. dann Franz Grillparzer und Hippolyte Lucas, im 20. Jahrhundert schließlich Jean Anouilh. Unter den Komponisten hat Marc-Antoine Charpentier 1693 die Medea von Corneille in Musik gesetzt, Jean-Philippe Rameau hat eine Kantate komponiert und Cherubini hat Medea eines seiner tiefsten und sensibelsten Werke gewidmet. Dazu kommt eine Fülle von Malern und Graveuren, unter ihnen an erster Stelle Delacroix und Gustave Moreau, alles Männer (viele davon Väter), die offenbar von dem Thema fasziniert waren. Ihre Deutungen des Mythos bezeugten die andauernde männliche Furcht vor den Leidenschaften der gequälten Frau und Mutter.

Wenn ich hier Medeas Aufbegehren und sein Echo in unserem Kulturkreis derart hervorgehoben habe, dann um einen besonders wichtigen Aspekt verständlich zu machen. Die Domestizierung der Frau ist eine wesentliche Komponente der patriarchialischen Vaterschaft. Will ein Mann sicher sein, daß die Kinder, die eine Frau zur Welt bringt, von ihm selbst gezeugt sind, wenn er Macht über *seine* Kinder haben will, muß er diese Frau aller Rechte über sie berauben, muß er sie also als nur reproduzierendes Weibchen behandeln.

Die Mediziner der Antike sagten so mit Hippokrates: *Tota mulier in utero*[7]. Um bei guter Gesundheit zu bleiben, sollte die Frau häufig Beischlaf haben und viele Kinder in die Welt setzen. Wenn sie diesem Rat nicht folgt, wird sie von einer Fülle von Krankheiten gequält, zusammengefaßt unter dem Begriff *Hysterie*. Nach Aristoteles lehrten viele Philosophen und Mediziner, daß allein der Mann Schöpfer seiner Nachkommen sei, daß die Frau keinen fruchtbaren Samen produziere und nur dazu diene, den Fötus auszutragen und zu ernähren; sie könne also gar kein Recht auf das Kind haben, der Vater alleine sei der Schöpfer. Diese Vorstellungen überdauerten die Jahrhunderte und wurden erst mühsam durch die Aufklärung am Ende des 18. Jahrhunderts in Frage gestellt. Ganz so, als ob die Männer in ihrem archaischen Unterbewußtsein davon ausgingen, daß die Domestizierung ihrer *Weibchen* eine Notwendigkeit sei, um damit, wenn auch nicht das Überleben, so doch die Ausbreitung und die Herrschaft ihrer Rasse über alle anderen Tiere abzusichern.

Auf jeden Fall ermöglichte die Unterwerfung der Mutter dem Mann, sie zu fortgesetzter Niederkunft zu zwingen. In einem Artikel mit dem Titel *Die erzwungene Zeugung*[8] hat die Anthropologin Paola Tabet keine Schwierigkeit nachzuweisen, daß bei Frauen vor allem die Fähigkeit, Kinder zu gebären, gefragt war. Die Ehe war darum das beste Mittel, ein Weibchen ganz und gar auszunutzen: immer fruchtbar, da sie keine Brunst kennt, muß sie dem Männchen stets zur Verfügung stehen. An ihm ist es, einen möglichen Widerstand zu brechen.

Um aus der weiblichen Fruchtbarkeit den größten Vorteil zu ziehen, verheiratete man die Töchter schon während ihrer Pubertät. Die Gesetze setzten nicht überall ein Mindestalter fest, wo sie es tun, ist es früh: zwölf Jahre in Rom zum Beispiel, ebenfalls zwölf Jahre in Frankreich bis zur Verabschiedung des *Code Civil* 1804. So hatte man am ehesten die Möglichkeit, ein jungfräuliches Mädchen heimzuführen und deren Fruchtbarkeit während ihrer gesamten Dauer auszubeuten. War sie unfruchtbar, konnte sie verstoßen werden. Sie war zur strengsten Monogamie verpflichtet, während ihr Mann andere Frauen haben konnte, Sklavinnen oder Prostituierte. Allerdings ermöglichte die in der Antike häufige Scheidung auch den Frauen, ihre Männer zu wechseln. Ihre Kinder aber blieben stets beim Vater. In der Regel verschaffte die Heirat dem Mann alle Rechte über seine Frau, Vergewaltigung unter Ehegatten gab es – im juristischen Sinne – nicht.

Spiegelte sich diese Unausgewogenheit zwischen den Geschlechtern auch im Verhalten des Vaters gegenüber seinen Töchtern wider? In seinen Augen waren diese immer weniger wert als die Söhne. Man weiß, daß die Kindstötung, in der Antike gebräuchlich, vor allem die Mädchen betraf. In Athen, zur Zeit des Perikles, war demzufolge offenbar das männliche Geschlecht überrepräsentiert.

Der Pater familias[9]

Die vollendetste Form des Patriarchats ist im antiken Rom ausgebildet worden. Sie ist vor allem deswegen der näheren Betrachtung wert, weil sie sich zwei Jahrtausende lang auf das gesamte Abendland ausgewirkt hat.

Die *patria potestas* hängt selbst nicht eigentlich vom Recht ab, da sie grundsätzlich unbeschränkt ist. Überdies war sie aber Ursprung und Quelle jeder Art von Herrschaft, Politik und Religion eingeschlossen: Man bezeichnete die Senatoren als *patres*, die Aristokraten als *patricii*, den Kaiser als *pater patriae*; der höchste Gott wurde Jupiter genannt (mit der Wortwurzel *pater*). In Rom war die Vaterschaft eine uranfängliche und vereinheitlichende Vorstellung, die in der Familie über den Begriff des *pater familias*, in der *Civitas* über die richterliche Gewalt vermittelt wurde.

Solange es männliche Verwandte der aufsteigenden Linie gab, war der Mann von diesen abhängig und schuldete ihnen totale Unterwerfung, auch wenn er selbst schon Gatte und Vater war. Waren diese aber gestorben, war und blieb wiederum er der absolute Herr seiner Kinder, unabhängig davon, wie alt sie waren oder wie ihre Lebensumstände beschaffen sein mochten; durch sein Testament konnte er sogar noch nach seinem Tod Herrschaft über sie ausüben.

Die Filiation

In Rom war die Vaterschaft kein biologisches Faktum. Ein Kind zu zeugen, fiel nicht ins Gewicht, entscheidend war seine Legitimation. Betont werden muß hier, daß die römischen Männer offenbar das Ziel hatten, der Vaterschaft eine ebenso solide und augenscheinliche Sicherheit zu verschaffen wie der Mutterschaft. Die Mutterschaft besitzt eine biologische Evidenz, die die Vaterschaft nicht haben kann, demzufolge wird diese mit der Entscheidung des Vaters begründet. Diesbezüglich war auch die Ehe belanglos, denn der Vater konnte ohne die Zustimmung seiner Ehefrau Kinder adoptieren. Der Vater war also von der Mutter völlig unabhängig. Das Bewußtsein dieser Ungebundenheit erklärt möglicherweise die verhältnismäßige Freiheit, derer sich die römischen Matronen im Vergleich z. B. mit den griechischen Frauen erfreuten.

Die Kindsmutter legte das eben geborene Kind auf den Boden. Der Vater hob es auf, nahm es in seine Arme, um seine Bereitschaft zur Annahme kundzutun, und rief Jupiter an. Vielleicht akzeptierte er es nicht als sein eigenes. In diesem Fall wurde es auf der Schwelle der Bleibe, in der es geboren wurde, oder auf einem dafür vorgesehen Ort ausgesetzt, die Mutter hatte dabei kein Mitspracherecht. Nicht völlig geklärt ist, ob die Römer eher Mädchen als Jungen eliminiert haben, wie es bei den Griechen der Fall war; die Annahme behinderter und überschüssiger Kinder verweigerten sie aber. Darüberhinaus hat die Idealzahl von Kindern geschwankt. Zur Zeit der kriegerischen und eroberungslüsternen Republik mußte ein guter Bürger viele Kinder großziehen, um die Reihen der Legionen wieder aufzufüllen. Er gab ihnen seinen Namen, eher noch den Namen seiner *gens* (seiner Großfamilie, die einem gemeinsamen Vorfahren entstammte), und fügte einen Vornamen hinzu, auf dessen Auswahl er meist nicht viel Fantasie verschwendete; zuweilen begnügte er sich mit der Numerierung seiner Söhne: Quintus, Sextus, Septimus, Octavus... Seit dem ersten Jahrhundert unserer Zeitrechnung zählten die Familien dagegen selten mehr als drei Kinder. Um Empfängnisverhütung oder Abtreibung kümmerte sich der Vater nicht, das war Sache der Frauen.

Es kam vor, daß der *pater familias* Kinder mit Sklavinnen hatte, da er sich auch als Verheirateter in dieser Beziehung keinerlei Beschränkung aufzuerlegen brauchte. War er seiner Favoritin mehr als üblich verbunden, konnte er sie und ihr Kind freilassen. Wenn nicht, blieb das Kind wie seine Mutter Sklave als Teil seiner mobilen Habe; wahrscheinlicher aber verlangte er die Aussetzung seines Kindes. Tatsächlich war es für ihn wenig lukrativ, von ihm gezeugte Sklavenkinder aufzuziehen; wollte er seine menschliche Herde vergrößern, war es rentabler, junge, schon arbeitsfähige Erwachsene zu kaufen.

Das eben Gesagte galt für alle Väter. Folgendes dagegen galt vor allem für den Aristokraten: Hatte er keine eigenen Kinder (und selbst wenn er schon welche hatte), konnte der aristokratische Vater sie adoptieren. Die *Stimme des Bluts* spielte dabei weniger eine Rolle als die Familienehre. Die würdige Fortpflanzung des Geschlechts mußte gesichert sein. Auch die Adoptionszeremonie verlangte (wie die Anerkennung des Neugeborenen) eine Anrufung Jupiters. Ein gut gewählter Adoptivsohn gereichte seiner neuen Familie zur Ehre; um sich seiner Fähigkeiten sicher zu sein, wartete man, bis er sich als würdig erwiesen hatte. Man adoptierte seltener einen Neugeborenen als einen Jüngling und gelegentlich sogar einen schon feierlich konfirmierten Erwachsenen. Der Adoptivsohn wechselte seinen Namen und hatte damit keine juristischen Bindungen mehr zu seinem Erzeuger; aber er mußte seine emotionalen Beziehungen zu ihm nicht abbrechen und konnte ihn von den Vorteilen seiner neuen Position profitieren lassen. Jetzt konnte der Adoptivvater öffentliche Ehren und Gouverneursposten in den Provinzen anstreben. Für diese Ämter wurde nämlich die Qualifikation eines Familienvaters vorausgesetzt. Die Adoption ermöglichte auch die Fortführung des Ahnenkults; sie erlaubte schließlich (wie die Ehe), über die Weitergabe der Güter nach Gutdünken zu verfügen. So verschob man skrupellos die Kinder wie Figuren auf einem Schachbrett, auf dem um den Zugang zu Reichtum und Macht gespielt wurde. Fast immer aber hatte man diese Kinder um ihre Einwilligung zur Adoption gebeten und sie auch erhalten, denn oft erlangten diese dadurch große Vorteile. Bekannt ist, daß Augustus, der Erbe von Caesar, auch dessen Adoptivsohn war, daß ebenfalls in der Dynastie der Antoninen jeder Herrscher seinen Nachfolger adoptiert hatte (mit der Ausnahme von Mark Aurel). Man beachte, daß Frauen in diesem Prozeß zur Gänze abwesend sind, als Adoptierende wie als Adoptierte.

Bevor wir den Bereich der Filiation verlassen, muß noch erwähnt werden, daß der Vater in keinem Fall die Verantwortung für seine Bastarde trug, Legitimierung oder Anerkennung einer Vaterschaft waren ausgeschlossen. Diese Kinder trugen demzufolge den Namen ihrer Mutter. Sie haben in der römischen Aristokratie auch keine soziale oder politische Rolle gespielt. Die Freigelassenen dagegen gehörten zum Geschlecht ihres früheren Herrn. Sie trugen den Namen dessen, der sie aus der Sklaverei entlassen hatte. Sie waren oft ehrgeizig und gewandt und ermöglichten ihren Kindern den Zugang zu den Reihen des Adels, sogar zum Senat. Sie hielten damit ihren Befreier, ihren symbolischen Vater, in Ehren.

Die Erziehung

Wenig kümmerte sich der Vater um seine Töchter, sie wurden von seiner Frau erzogen. Das bedeutet nicht, daß er sie mißachtete. Er maß ihrer Jungfernschaft einen großen Wert bei. In Zeiten der Republik konnte er diejenige, die es gewagt hatte, über ihren Körper frei zu verfügen, verurteilen und töten. Manchmal aber erwies er ihr auch eine große Zuneigung. Cicero, der 45 v. Chr. seine Tochter bei der Geburt eines Kindes verlor, plante einen Tempel für die Tote errichten zu lassen, Ablenkung für seinen großen Schmerz suchte er in der Literatur. Sonst ist der Besitz einer Tochter ein Mittel, einen geeigneten Schwiegersohn zu suchen, sich also schmeichelhafte und profitable Verbindungen zu verschaffen, denn die Ehe unterlag dem Willen des Vaters.

Anders die Söhne! Für deren Erziehung durch den Vater im Haus trugen die Römer lange Zeit Sorge. Cato der Ältere, Scipio der Jüngere, Cicero, Horaz, Plinius der Jüngere, Quintilian bezeugen ihre diesbezüglichen Überzeugungen. Cato überwachte das Herauswachsen seines Sohnes aus den Windeln, anschließend lehrte er ihn Turnen, Reiten, Grammatik und die Jurisprudenz. Cicero verbreitete sich in seinem Brief an Atticus detailliert über die intellektuellen Fortschritte seines Sohnes Markus, den er überall dorthin mitnahm, wohin ihn der Zufall seiner politischen Karriere oder der Wechsel von einem Landgut zum anderen führten. Cato, Cicero und Quintilian haben Geschichtswerke und Sittenlehren ihren Söhnen gewidmet. Selbst der Kaiser Augustus fand die Zeit, seine Enkel Lesen und Schreiben zu lehren. War ein Vater hieran verhindert (oder tot) trat oft ein väterlicher Onkel, der zweite Vater, an seine Stelle. In der Literatur ist dieser Mann als häufig strenger Griesgram geläufig. Der Vater konnte seine Verantwortung auch einem alten Freunde übertragen. Die Möglichkeit, auf einen Erzieher, einen Lehrer oder auf Schulen zurückzugreifen, setzte sich nur nach und nach mit dem Fortschreiten der

Hellenisierung durch. Einige Lehrer, allein mit der Erziehung eines Kindes befaßt, konnten dann die Rolle von Ersatzvätern übernehmen und mit ihren Schülern liebevolle Beziehungen eingehen; manchmal wurden sie *Pflegeväter* genannt. So hatte Mark Aurel drei Väter: seinen Erzeuger, seinen Adoptivvater und seinen Lehrer – alle drei verehrte er.

Selbst aber, wenn der Vater sich vertreten ließ, trug er Sorge, daß die Überwachung nicht gelockert wurde. Er war sich der Pflicht bewußt, Vorbild eines guten Bürgers zu sein; in dieser Hinsicht waren die Normen für ihn ebenso zwingend wie für seine Nachkommen. Yan Thomas unterstreicht das nachdrücklich. Ein Vorbild zu geben war nicht nur „ein ideologisches Motiv. Es ist die Möglichkeit der Vermittlung von Werten vom Vater auf den Sohn, in einer Gesellschaft, in der Familie mehr war als die Zelle, die eigentliche Urform der Sozialordnung, und wo der Vater die verbindliche Klammer zum städtischen Gemeinwesen" darstellte.

Bei dieser Auffassung ist es nicht weiter erstaunlich, daß die Strenge eine durchgehende Konstante väterlicher Erziehung war. Sie sollte den Charakter stählen, dem Einzelnen die Möglichkeiten vermitteln, sich gegen das Laster, vor allem gegen die Verführung durch Luxus und Verweichlichung zu wehren, die Familie wie Stadt mit dem Niedergang bedrohten. Frauen und Dienerschaft durften Kinder liebkosen und sie mit Zärtlichkeit umgeben. Vom Vater jedoch verlangte die herrschende Moral Distanz und Festigkeit. Ein gutgezogenes Kind wandte sich an seinen Vater nur mit dem Titel Herr (*Domine*) und sprach zu ihm nur in gebührender Ehrerbietung. Selten zeigte sich die väterliche Strenge als tyrannisch oder gewalttätig. Cato verbot, daß ein Vater gegen sein Kind die Hand erhebe.

Wer ein Kind verlor, konnte großen persönlichen Kummer empfinden, auch wenn zunächst der Verlust den Ruin seiner familiären Hoffnungen bedeutete. Immer war die Trauer verhalten und außerordentlich scheu. Tapferkeit gegenüber Heimsuchungen war die erste Tugend eines Römers. Nach dem Tod seiner geliebten Tullia befragte Cicero zunächst ein Handbuch über gutes Benehmen, um sich über die Konvenienzen zu informieren; er wollte in den Augen seiner Mitmenschen, deren Urteil ihm über alles ging, nicht gebrochen erscheinen. Die Geschichte Roms ist voller beispielhafter Väter, die nach dem Verlust eines Sohnes nichts von ihrem Schmerz verlauten ließen und mit ungebrochenem Elan ihren Pflichten nachgingen. Und das war nicht nur Konvention. Das schlimmste Unglück für einen Römer, vor allem für einen Aristokraten, bestand darin, seiner Heimatstadt nicht von Nutzen sein zu können. Die Kinder dienten, so sagt wieder Yan Thomas, der bürgerlichen Vervollkommnung des Vaters: „Sie sind seine Erweiterung in die Politik [...]; Liebe für den Sohn ist politische Liebe, denn in Rom öffnet sich die Familie weit zur Civitas hin, und ihr Herr ist der Vater".

Die Macht

In Rom fehlte die Vorstellung von Mündigkeit (im Unterschied zu griechischen Städten). Der Sohn war, solange sein Vater lebte, dessen strengem Regiment unterworfen. Auch die Verleihung der Toga der Erwachsenen änderte daran nichts. Dem Vater oblag es, das Erwachsenwerden seines Sohnes festzustellen und dessen Über-die-Stränge-Schlagen durch Arrangieren einer Hochzeit nötigenfalls zu zügeln; weder Heirat noch Vaterschaft konnten aber den jungen Erwachsenen von den Fesseln der *patria potestas* befreien. Der Vater blieb Herr und Richter seines Sohnes. Er konnte ihn eigenmächtig zum Tode verurteilen. Er konnte ihn aller Mittel entblößen und ihn damit hindern, eine Karriere einzuschlagen, denn auch das geringste Amt in der Öffentlichkeit verlangte die Aufbringung beträchtlicher Mittel. Er konnte ihn enterben, das Testament war Waffe und Sinnbild zugleich. Der Vater verfügte über die Mittel, als Despot herrschen zu können.

Deshalb konnte ein Vatermord gleichzeitig als das schlimmste aller Verbrechen erscheinen und als Besessenheit auftreten. Bemerkenswerterweise hatte er meist eine politische Komponente. Bei Aufständen zeigten sich Spannungen zwischen Vater und Sohn, sie zerrütteten die Ordnung in der Familie als Grundlage der politischen Ordnung. Catilina (63 v. Chr.), und Cäsar (ab 49 v. Chr.) umgaben sich mit Söhnen von Familien, deren Schulden sie bezahlten und denen sie große Karrieren ermöglichten. Catilina wollte Rom in Brand setzen und die Väter der Verschwörer niedermetzeln lassen. „Die Söhne von Familien, die zum größten Teil dem Adel angehörten, müßten wohl ihre Väter töten", schreibt Sallust. Solche Auseinandersetzungen waren die Projektion innerfamiliärer Konflikte auf die Politik. Als die frühen Christen in ihrer Jugend die Kunst der Kontroverse lernten, waren die am häufigsten diskutierten Themen solche häuslicher Gewalt, Zwietracht zwischen Vätern und Söhnen, Furcht der ersten, ermordet, der zweiten, zu einem solchen Verbrechen getrieben zu werden. In alten Zeiten wurde ein des Vatermordes Überführter mit einem Hund, einem Hahn, einer Schlange und einem Affen zusammen in einen Ledersack eingenäht und dann ins Meer geworfen.

In der Realität allerdings waren die römischen Väter keine Despoten. Für die Besserstellung eines erwachsenen Sohnes nahmen sie auch in Einschränkungen der eigenen Macht hin. Sie überschrieben ihm beispielsweise selbst erworbenes Eigentum, das dem jungen Mann eine relative finanzielle Selbständigkeit verschaffte. Oft auch ermöglichten sie eine vollständige Gleichstellung. Anzumerken allerdings bleibt, daß die Freiheit der Söhne immer vom guten Willen ihrer Väter abhing.

Es ist begreiflich, daß Macht und Prestige des *pater familias* die Männer mehr als zwanzig Jahrhunderte lang fasziniert haben. Die *patria potestas* ist eine extreme Aufwertung des männlichen Wesens durch die Vaterschaft. Hervorzuheben bleibt allerdings, daß in Rom dadurch nur der Bürger, nicht aber der Einzelne erhöht wurde; nur durch den Dienst am Gemeinwesen, außerhalb dessen der Vater ein Nichts war, war diese Würde gerechtfertigt. Jedoch behielt die *patria potestas*, sobald sie der Aufrechterhaltung einer bestimmten sozialen Ordnung diente, immer ihre Funktion, auch wenn sie auf ganz andere Gesellschaften übertragen wurde. Sie war immer das Bindeglied zwischen privatem und öffentlichem Leben.

Nur: Der *pater familias* war privilegiert. Millionen von Sklaven neben ihm hatten nicht das Recht, Vater zu sein. Was wurde denn aus ihrem *Wunsch nach Kindern*, wie man heute sagen würde? Diese Unfreiheit, diese Ungleichheit haben den Fall des Römischen Reiches lange überdauert: Der Leibeigene des hohen Mittelalters war keinesfalls ein Vater aus eigenem Recht, wie noch darzulegen sein wird. Man weiß ja kaum – die Historiker haben es wenig herausgearbeitet – daß das *Recht auf Kinder* schwer und spät errungen wurde.

Übrigens wurde etwa zur gleichen Zeit, in der diese Freiheit Formen annahm, die *patria potestas* mit einer neuen Inhaltsbestimmung der Beziehungen von Vater zu Sohn konfrontiert: Es war die, die der Monotheismus, genauer das Christentum, einbrachte.

2. KAPITEL

Die geistige Vaterschaft

In fast allen Götterhimmeln der antiken Welt herrschte ein Gott-Vater. Die monotheistischen Religionen bestärkten diese väterliche Dimension von Gott als einzigem Schöpfer, alleinigem Herren der Welt. Der christliche Glauben verlieh dem göttlichen Vater überdies Personcharakter und machte ihn zugleich der Menschheit ähnlich: Gott ist Vater und Sohn in einem, als Sohn wird er Mensch unter den Menschen.

Wie aber hat die enge Beziehung, die zwischen Vaterschaft und Gottheit entstand, die Vorstellung vom irdischen Vater geprägt?

Gott der Vater

Gott den Namen *Vater* zuzuschreiben war nicht nur dem Christentum oder den monotheistischen Religionen eigen. Homer bezeichnete Zeus als „Vater der Menschen und der Götter". Aber groß war der Abstand zwischen Zeus und dem Gott, den Jesus seinen Vater nennt. Vom einen zum anderen kann man die Reifung des religiösen Bewußtseins von der Vaterschaft erkennen.

Zeus galt nicht als der Schöpfer des Universums.[1] Diese Rolle wurde Uranus zugeschrieben, aber dieser Gott war aus dem griechischen Götterhimmel schon seit prähistorischen Zeiten verschwunden. Zeus war ein Gott des Himmels, der mit Blitz, Sturm und Regen umging; als Herr des Regens machte er die Erde fruchtbar, und hatte er nicht die Gestalt des Stiers angenommen, geradezu das Sinnbild der Schöpferkraft? So war er der Schöpfer. Durch seine Schöpferkraft sicherte er den Bestand von Natur und Familie. Gleichzeitig begründete sich seine Vaterschaft aus sich selbst: Als Wahrer der Werte war er der Archetyp des Hauptes der patriarchalischen Familie. Unter verschiedenen Namen konnte er gleichzeitig der Schutzgeist des Hauses (Zeus Ktesios) und der Gott des Gemeinwesens (Zeus Polieus) sein, erhielten doch die Könige von ihm ihre Autorität. Oberster Vater und absoluter Souverän war wie Zeus auch der italische Jupiter.

Der Gott der Juden unterschied sich davon. Allerdings wurden die ihm zugeschriebenen Eigenschaften erst im Laufe der biblischen Zeiten deutlich, wie Jean Bottero zeigt.[2] Dieser Gott wurde anfangs nicht als Vater angerufen, auch nicht als solcher bezeichnet. Und doch war es ein Vater, den dieses Volk nach und nach entdeckte, den es mit den höchsten Eigenschaften versah. In den Zeiten von Moses war Jahwe nur ein Gott unter anderen; ein Gott jedoch, der sein Volk erwählt hat und mit ihm einen Bund schloß. Im Verlauf der jüdischen Geschichte, im Jahrtausend vor unserer Zeitenwende, wurde Jahwe nach und nach der Alleinige und der einzig Wahre. Er beherrschte und regierte alle Völker, wenn auch Israel sein auserwähltes Volk blieb. Er war Schöpfer des Alls und der Menschen, Herrscher der Welt, er war allmächtig und ewig. Seine kosmische Dimension wurde in der Bibel allerdings geringer gewichtet als seine Gegenwart in der Welt und seine Taten in der Geschichte; er ist *Immanuel: Gott mit uns*. Er *spricht*, das Wort ist vornehmliches Mittel seiner Anwesenheit bei den Menschen. Auch *handelt* er für Israel, dem er sich als Partner verbunden hatte. Durch seine Taten offenbart er sich, und die Offenbarung hatte bei Abraham begonnen. Es war ein lebendiger und persönlicher Gott, niemals ein Fremder für sein Volk, aber auch niemals auf vertrauten Fuß mit ihm; Gott gleichzeitig nah und doch ganz anders, *dreimal heilig*. Seine Immanenz war untrennbar von seiner Transzendenz. Den wahren Grund für die unverdiente Erwählung Israels fanden die Propheten in der göttlichen Liebe. Jahwe konnte streng sein und hart strafen, aber er war gerecht, barmherzig, geduldig. Er war viel mehr als nur Erzeuger oder Schöpfer: Er liebte sein Volk. Durch den Propheten Jeremias offenbarte er sich als Vater. Auch wenn er in den anderen Texten des Alten Testaments nur selten als Vater bezeichnet wurde, vermittelte der Gott Israels bereits ein Idealbild vom Vater.

Es wäre falsch, den Gottvater der Christen dem Gott des Alten Testaments entgegenzustellen: Zwischen beiden gab es viele Gemeinsamkeiten. Das Neue Testament hat dem Alten jedoch durchaus eigene Vorstellungen hinzugefügt.[3] Die Vaterschaft Gottes wurde klar und nachhaltig begründet; sie blieb gleichzeitig ein undurchdringliches Geheimnis und vermittelte so die Wahrheit über die religiösen Bindungen zwischen dem Menschen und dem Göttlichen. Jesus wandte sich vertrauensvoll an Gott und sagte *Abba*, Vater. Die Evangelien, vor allem das Johannesevangelium, offenbaren uns eine einzigartige Beziehung zwischen Christus und seinem Vater, die in der Liebe gründet. Die Liebe Gottes für die Menschen, schon im Alten Testament beschworen, kulminiert hier. Gott überantwortet seinen einzigen Sohn dem Tode für das Heil der Welt und gibt damit den entscheidenden Beweis seiner Liebe. Die Vermittlung dieser Liebe geschieht durch den Heiligen Geist: Die eigentliche Abstammung des Menschen, seine Verbindung mit Gott, anders gesagt, seine Vergöttlichung, sind das Werk das Heiligen Geistes, von Vater und Sohn in sein Herz gesenkt. Der Begriff der Dreifaltigkeit wird im Neuen Testament niemals gebraucht. Was Jesus jedoch von dem undurchdringlichen Geheimnis Gottes offenbarte, ist die Einheit von Vater, Sohn und Heiligem Geist.

Die Geschichte der gesamten Theologie müßte hier aufgearbeitet werden, um zu klären, wie die Vaterschaft des Gottes der Christen verstanden wurde. Dafür ist hier nicht der Ort. Ich versuche nur festzustellen, welches die Wirkung der neuen Lehre auf die Vaterrolle im Verständnis der Menschen gewesen sein könnte.

Ohne der Tatsache allzu großes Gewicht beizumessen, soll hier doch erwähnt werden, daß es im Götterhimmel der Heiden neben Zeus eine ebenso mächtige Göttin-Mutter gab, nämlich Demeter. Wenn es dagegen bei dem Gott der Juden keine göttliche Ausformung der Mutterrolle gab, so trifft das noch viel mehr auf den Gott der Christen zu. Heute, in der Zeit des Feminismus, beginnt man über die Weiblichkeit Gottes nachzudenken. Die traditionelle christliche Theologie hat jedoch postuliert, daß allein die Vaterschaft göttlichen Ursprungs sei.

Nun wird die christliche Kirche oft als die Gemahlin Christi bezeichnet. Eine sicher fruchtbringende Verbindung, da aus ihr Millionen von Gläubigen hervorgingen. Diese Fruchtbarkeit aber ist geistlicher, nicht fleischlicher Art. Jesus selbst hatte während seines kurzen Lebens niemals ein Kind gezeugt. Er vermittelte das Bild eines Mannes, der darauf verzichtete, Kinder zu zeugen, um sich höher erachteten Zielen zu widmen. Erwachsene zu bekehren war ihm wichtiger als Kinder zu haben, wodurch die Minderwertigkeit des fleischlichen Wunsches nach Kindern unterstrichen wird. Niemals wird in den Evangelien die Funktion des Erzeugers angesprochen. Es gibt Eltern, die den Erlöser anflehen, ihre Kinder zu heilen oder sie vom Tode zu erwecken, niemals aber unfruchtbare Eltern, die sich ein Kind wünschen.

Daraus ergibt sich folgender Schluß: Von den drei eingangs erwähnten Funktionen des Vaters (biologische Zeugung, Erziehung, Übertragung von Hab und Gut) nimmt sich die christliche Religion vor allem der zweiten an. Der christliche Vater, nach dem Bild Gottes geschaffen, ist zunächst ein Geist-Vater, seine Vaterschaft ist vor allem geistlicher Art.

Auch Jesus selbst ließ keine Gelegenheit aus zu predigen, daß die wahre Vaterschaft geistlicher Natur sei und daß die

Stimme des Blutes niemals die Oberhand gewinnen sollte. Mögliche Alternativen, sich seinem Nährvater und seiner Mutter zuzuwenden, wurden ausgeschlossen. Das Kind gehörte zunächst Gott, der sein eigentlicher Schöpfer war. Der Meister forderte seine Schüler auf, Vater und Mutter zu verlassen und ihm zu folgen. „Wer Vater oder Mutter mehr liebt als mich, der ist meiner nicht wert." „Und ihr sollt niemand euren Vater heißen auf Erden; denn einer ist euer Vater, der im Himmel". So schrieb Paulus den Ephesern, daß Gott der Vater die Kinder als anvertrautes Gut den Eltern übergeben habe, als Verpflichtung, ihnen eine heilbringende Erziehung angedeihen zu lassen.

Schließlich muß noch auf die Vielfalt symbolischer Vaterschaft bei den Christen hingewiesen werden. So wurde der Titel *Vater* den orientalischen Bischöfen sehr früh zuerkannt, die abendländischen Bischöfe benutzten ihn seit dem 3. Jahrhundert. Seit dem 10. Jahrhundert blieb er dem römischen Bischof, dem *Vicarius Christi*, vorbehalten. Die frühen Theologen, die vom ersten bis zum siebten Jahrhundert die Lehre der christlichen Kirche bestimmt haben, nennt man *Kirchenväter*. Der Mönch, der ein Kloster leitete, war ein Abt (abbas), d.h. ein Vater, etc. Wir entdecken hier das gleiche Phänomen wie in der römischen Gesellschaft: Nur wurde hier nicht die Civitas sondern die Kirche auf die Vaterschaft gegründet; die Liebe lenkte dabei die Macht, zumindest im Prinzip.

Dieser Vorrang der geistigen Vaterschaft hatte viele Wirkungen: Sie hat dem Zeugungsakt einen anderen Sinn gegeben, die Aufnahme des Neugeborenen transformiert, die Rechte des Vaters auf das Kind begrenzt und aufgeteilt.

Aufnahme eines Neugeborenen

Fruchtbarkeit und Keuschheit

Wesentlich ist zunächst, daß die Wichtigkeit der Zeugung zurückgedrängt wurde. Die Fruchtbarkeit des Oberhauptes einer Familie genoß in den patriarchalischen Gesellschaften überdurchschnittliche Wertschätzung, bei den Juden wie bei den Heiden. In dem Maße nun wie das Christentum sich ausbreitete, erfolgte eine Aufwertung der Keuschheit.

Es ist nicht eindeutig nachgewiesen, daß das Christentum allein für diese Entwicklung verantwortlich war. Lassen wir dem Kaiser, was des Kaisers ist. Die Historiker der römischen Geschichte lehren uns, daß seit dem Römischen Kaiserreich, das heißt vor der Verkündung des Christentums, die oberen Schichten der römischen Gesellschaft spontan einer immer strengeren Sexualmoral nacheiferten.[4] Auch läßt sich nachweisen, daß die ersten Christen weder das Zölibat noch das Keuschheitsideal erfunden haben. Einige philosophische Schulen, vor allem die Stoa, lehrten bereits Zurückhaltung und Vorsicht gegenüber dem Beischlaf und seinen Folgen. Auch kannten die antiken Religionen durchaus die Verehrung der Keuschheit. Der Vesta-Kult mag als Beispiel dafür dienen. Immerhin aber hatten die Anfänge des Christentums in dieser Beziehung verstärkende Wirkung. Keine Religion hatte vorher eine derartige Achtung vor geweihtem Zölibat, Virginität und Keuschheit. Für die Christen war allemal das Hören auf Gottes Wort und das Sichweihen für seinen Dienst die bessere Wahl als die Gründung einer Familie. Die Fruchtbarkeitskulte wurden unnachsichtig eliminiert.

Dieser Widerstreit zwischen Fruchtbarkeit und Keuschheit wurde jetzt markanter als je zuvor durch zwei Frauen verdeutlicht. Die Fruchtbarkeit wurde durch Eva verkörpert, Mutter der Menschen, dem Instinkt und dem Genuß ausgeliefert, schuld an der Erbsünde. Die Keuschheit symbolisierte Maria, Jungfrau, von Gott erwählt, seinen einzigen Sohn zur Welt zu bringen. Sicher, Maria ist fruchtbar, fleischliche Mutter, Vorbild für alle Mütter. Aber die Betonung lag auf ihrem Gehorsam, ihrer Frömmigkeit, ihrer völligen Hingabe an ihren Sohn und nicht auf ihrer Fruchtbarkeit.

Nach dem Tod Christi erweckte die Erwartung der Parusia, der Wiederkunft Christi, in den ersten Christen die Begier, wie Engel zu leben, um sich auf den Übergang in das Reich Gottes vorzubereiten. Später wurde die Enthaltsamkeit bei Eremiten und Mönchen der tragende Pfeiler des religiösen Lebens. Unterstrichen werden muß, daß der geweihte Zölibat auch dem weiblichen Geschlecht anempfohlen wurde, obwohl doch die Jungfernschaft der Frauen augenfällig weiterreichende Konsequenzen für das Überleben der Menschenart hatte als das der Männer. In der Praxis hat dieses religiös motivierte Askeseideal nur wenige Gläubige angezogen, aber es wurde *allen* als das beste dargeboten und gepredigt.

Von der Sexualität her gesehen bedeutete diese Moral die von Freud so bezeichnete Kastration. Sie war ureigene und wesentliche Dimension des Christentums (wenn auch nicht von ihm erdacht) und tat vor allem den Männern Gewalt an, deren sexueller Freiraum in den antiken Kulturen kaum begrenzt gewesen war.

Unter dem Blickwinkel der Fortpflanzung bewirkte die Aufwertung der Keuschheit eine Form der Geburtenbeschränkung. Zweifelsohne muß sie in den Zusammenhang mit dem Verbot der Kindstötung gesehen werden, das ebenso ein ureigenes und wesentliches Gebot des Christentums ist. Auch dies wurde nicht von ihm erdacht, es wurde vom Judentum übernommen. Auch gab es bei den Griechen Lehren wie den Pythagorismus und die Orphik, die bereits die Achtung vor dem Leben predigten. Beachtenswert ist jedoch auch hier, daß die Verbreitung des Christentums das Überschreiten einer Schwelle bedeutet: Fast alle alten Gesellschaften beseitigten ein Zuviel an Kindern in Familie und Gemeinwesen durch Kindstötung, während die Christen diese uneingeschränkt verboten. Die prinzipielle theologische Begründung ist bekannt: Jedes menschliche Geschöpf ist vor allem ein Werk Gottes und muß als solches geachtet werden (darauf wird später noch zurückzukommen sein). Könnte es neben diesem theologischen Motiv, das ohne Zweifel erstrangig ist, auch einen psychologischen Grund geben? Folgte der Kindsmord den Leiden und Gefahren des Gebärens, so ermangelte diesem jede Rechtfertigung und Entschädigung durch das Leben des Kindes: Die Frauen hatten also allen Grund, die Enthaltsamkeit als Mittel der Geburtenbeschränkung aufzuwerten. Aber die Männer? Wann, wie und vor allem warum haben sie eine so strenge Askese auf sich genommen? Diese entscheidende und für die westliche Zivilisation so wesentliche Umwälzung ist noch fast völlig ungeklärt.

Hinzu kommt, daß für die christliche Ehe die Fortpflanzung nicht das einzige Ziel ist. „Es ist besser zu freien als vor Begierde zu brennen", sagt Paulus: Die eheliche Vereinigung erlaubte den Gatten vor allem, die Unzucht zu umgehen und sich gegenseitig Heil zu spenden. Ganz unzweideutig ist ihre zweite Pflicht aber die Zeugung von Kindern und so besteht die Kirche auf dieser Pflicht. Dennoch wird einem unfruchtbaren Ehepaar die Scheidung nicht erlaubt und nie durfte sich ein Ehemann eine Nebenfrau nehmen, um für Nachkommenschaft zu sorgen. Die christliche Ehe war monogam und unauflöslich und konnte dementsprechend dem Wunsch nach Fortpflanzung unüberwindliche Hindernisse in den Weg legen. Überdies erschien die Fleischlichkeit der Verbindung von Mann und Frau lange Zeit als eines Sakramentes nicht würdig; wie Georges Duby zeigt[5], ist das kanonische Recht erst im 12. Jahrhundert in diesem Punkt präzisiert worden (auch darauf komme ich noch zurück). Jede große Reformwelle in der Geschichte der Kirche (im 11., 13. und 16. Jahrhundert) verursachte gleichzeitig eine

Aufwertung des Zölibats der Priester und der Heiligkeit der Ehe, die beide auf einer grundlegenden Wertschätzung der Keuschheit beruhen. Ebenso ist den Witwern und mehr noch den Witwen immer wieder nahegelegt worden, sich nicht wieder zu verheiraten. Diese Mahnungen beruhten unter anderem sicher auf dem Wunsch, die Menschen aus der Gewalt von Mutter Erde, aus naturbedingten Zwängen und von tierischen Verhaltensweisen zu erlösen.

Doch sollte diese Seite nicht allzusehr betont werden. Das Christentum ist der menschlichen Fortpflanzung durchaus geneigt. Erinnern wir uns der häufig zitierten Forderung „Wachset und mehret euch", wenn sie auch häufiger in übertragener Form gebraucht wurde, namentlich von den Predigern des 17. Jahrhunderts: „Wachset und vergrößert *eure Tugend*", oder aber in den Zeiten der Mission: „Vermehrt die Zahl der Christen *und tauft die Heiden*". Unleugbar ist auch, daß die Geistlichkeit erbarmungslos alle Ketzer, wie z. B. die Katharer, bekämpften, die die Enthaltsamkeit gegenüber der Fortpflanzung predigten. Wahr ist auch, daß den Verheirateten geboten war, die Zahl der Kinder Gottes zu vermehren. Wahr ist weiter, daß im Inneren der durch Sakrament geheiligten Ehe alle kontrazeptiven Praktiken verboten waren und sind. Nicht weniger wahr ist aber auch, daß den Ehegatten Keuschheit anempfohlen wird: Sie sollen ihre Lust beherrschen lernen und sich Bußen auferlegen. Die tierischen Triebe meistern zu können, ist die dem Menschen eigene Größe, der als Gottes Ebenbild erschaffen wurde. Die sexuellen Beziehungen auf ein Minimum zu beschränken ist keine Sünde, wenn diese Beschränkung die Gatten nicht der Gefahr des Ehebruchs aussetzt. Nun kann aber richtig eingesetzte Enthaltsamkeit durchaus zur Minderung der Geburtenzahlen beitragen...

Ist dann der Schluß paradox, daß mit dem Christentum im Abendland vielleicht die erste Stufe der Emanzipation der Menschen vom Drang nach Fortpflanzung erreicht wurde? Natürlich war es bis zu unserer heutigen gegenüber der Empfängnisverhütung offenen Gesellschaft noch ein weiter und entscheidender Schritt. Fürs erste aber hat dieser durch das Christentum bestimmte zwei Jahrtausende andauernde Zeitraum die Menschen vorbereitet, ihre Kinderwünsche zu kontrollieren, und Mittel ins Auge zu fassen, Geburten zu verhindern. Eine wirkliche Lehre zur Geburtenregelung aber hat die Kirche erst im Laufe des 19. Jahrhunderts entwickelt, also erst dann, als sie jede Kontrolle über Geburtenbeschränkung und geschlechtliche Beziehungen zu verlieren begann.

Achtung vor dem Leben

Kein Vater darf blind Kinder zeugen, da er die Aufgabe hat, gut für ihre Aufnahme und Erziehung zu sorgen, und zwar aller Kinder, die lebensfähig sind.

Seit dem Beginn der Verkündung der christlichen Botschaft war Kindstötung strengstens verboten; der Tag des bethlehemitischen Kindermords, nach kirchlicher Lehre am 28. Dezember begangen, beschwört seine Schrecken. Alle menschlichen Wesen sind von Gott nach seinem Bild geschaffen worden; darum haben alle das Recht auf größtmögliche Rücksichtnahme. Auch leben alle Kreaturen dafür, ihr Heil zu suchen; ein Kranker kann dies ebensogut und besser als ein anderer, denn für die Jünger Christi hat das Leid bei der Auferstehung besonderen Wert. In der Antike war nun, wie schon erwähnt, die Eliminierung der Neugeborenen geduldet. Das Verbot der Kindstötung durch die neue Religion schränkte eine Freiheit ein, die Väter für wesentlich gehalten haben mochten. Seine Durchsetzung war also sehr schwierig. *Unfälle* traten an die Stelle von Tötungen oder aber ritualisierte Gottesurteile, die in dem Kapitel über die Bauern im folgenden ausführlicher behandelt werden. Später wird die kirchliche Obrigkeit Unterstützung bei dem *weltlichen Schwert*, also bei der königlichen Macht, suchen, um die Kindstötung zu bekämpfen:

1556 verpflichtete ein Edikt des französischen Königs Heinrich II. jede schwangere Frau, ihren Zustand den lokalen Behörden zu melden, die Todesstrafe wurde ihr angedroht, sollte ihr Kind ungetauft sterben. Ganz augenscheinlich traute man dem Vater, sei er ehelich oder nicht, nicht zu, daß er für die Erhaltung des Lebens seines Kindes Sorge trug.

Die Fürsorge der Geistlichen umfaßte auch den Foetus: Seit den Anfängen des Christentums war Abtreibung strengstens verboten. Damit wurde der Einfluß der Religion auf eine bislang ganz und gar weibliche Domäne ausgeweitet, einen Bereich, den Männer bis dahin für außerhalb ihrer Sorgepflicht stehend gehalten hatten. Die Priester, auch sie Männer, versuchten also, den Verantwortungsbereich der Mutter einzuschränken, denjenigen des Vaters oder derer, die an seiner Stelle handelten, dagegen auszuweiten. Nun ist es immer schwierig, Abtreibungen nachzuweisen, und wenig weiß man darüber, ob diese Verbote tatsächlich befolgt wurden. Das Verbot von Kindstötung und Abtreibung bewirkte auf alle Fälle jedoch ein Ansteigen der Kindesaussetzungen.

Die den antiken Kulturen durchaus bekannten empfängnisverhütenden Praktiken hätten die Zahl der Kindstötungen und -aussetzungen einschränken können. Bekanntlich aber hatte die Kirche dagegen von Anfang an ein striktes Verbot verhängt. Wie oben bereits erwähnt, erlaubte sie nur, die Fruchtbarkeit durch die Beherrschung des Sexualtriebes zu steuern. Zeugung war nur im Rahmen der Ehe erlaubt, die Unterbrechung der ehelichen Beziehungen wurde als einzige Möglichkeit zugelassen, Schwangerschaften zu verhindern. Auch dieses verlangte eine Übereinkunft der Ehegatten, eine Möglichkeit, die wiederum erst nach der Geburt von Kindern eingeräumt wurde.

Diese Härte hatte die Einführung von Ammen zur indirekten und unvorhersehbaren Folge. Aus Gründen, die im Kapitel über die Vaterschaft im Rahmen der Gewohnheitsrechte besprochen werden, hatten reiche oder begüterte Familien in der Antike auf Ammen zurückgegriffen. Man sollte vermuten, daß die christlichen Eltern aus Liebe und Achtung für das Kleinkind von dieser Sitte abgekommen wären. Bekanntlich aber schützt das Stillen die Mutter nicht ausreichend vor einer neuen Schwangerschaft, bekanntlich kann sie auch nicht zwei Kinder gleichzeitig nähren, denn die Milch wird knapp und die Säuglinge sind gefährdet. Ein Vater, der das Überleben seines Kindes sichern wollte, mußte also die ehelichen Beziehungen unterbrechen. Den Heiden war erlaubt gewesen, sich Prostituierten oder Sklaven zuzuwenden. Ein Christ aber durfte keinen Ehebruch, eine Todsünde, begehen. War also die Versuchung zu groß, konnte er sich seiner Ehefrau nur dann nähern, wenn er eine andere Frau für die Ernährung seines Kindes fand. Eine solche Lösung des Problems wurde von der Kirche nicht untersagt. In der Antike blieb der Säugling, von einer Dienerin oder Sklavin genährt, im Hause des Vaters, umsorgt und unter seiner Aufsicht; und allem Anschein nach war diese Praxis für das Neugeborene nicht schädlich. Später hat sich der Brauch verbreitet, das Kind zu einer Amme aus dem Haus zu geben (darauf wird zurückzukommen sein): Dann war das Leben des Säuglings in Gefahr, die Kindersterblichkeit nahm zu. Väter und Geistliche haben sich in gutem Glauben lange in Unwissenheit gewiegt. Doch auch, als die Statistiken (gegen Ende des 18. Jahrhunderts) die Wahrheit ans Licht brachten, hob der Klerus sein Verbot jeder Empfängnisverhütung in der rechtlich sanktionierten Ehe nicht auf.

Wie konnte die Geistlichen an der Verzweiflung von Vätern vorbeigehen, die Kinder hatten und gezwungen waren, sie auszusetzen oder sie im Elend sterben zu lassen? Auch dieses schreckliche Schicksal konnte den Klerus nicht zum Nachgeben bewegen. Muß man ihn nicht der Unbarmherzigkeit zeihen? Einer schon exemplarischen Gleichgültigkeit, die über die Gewissen herrschte? Wo war denn in den Augen der Geistlichen die Grenze zwischen dem Willen

Gottes und der Verantwortung eines Vaters? Blieb sie der Kasuistik überlassen? Man nimmt zweifellos dem irdischen Leben seinen Wert, wenn man das himmlische allem anderen voranstellt.

Josef, ein anderer Adoptivvater

Jesus hat Josef zum Menschenvater gehabt. Dessen Person muß hier besonders gewürdigt werden. Er war nicht der Erzeuger, aber er war viel mehr als nur ein Pflegevater, da er alle Rechte eines normalen Vaters hatte: Er gab dem Kind seinen Namen, er trug die Verantwortung für es gegenüber anderen, er erzog es als sein eigenes Kind. Alles in allem adoptierte er es. Zweifellos wußte Josef nach der kirchlichen Tradition, daß ihm der Sohn Gottes anvertraut war, weil ihm dies in einem Traum vermittelt worden war und diese Adoption für ihn so eine außerordentliche Ehre bedeutete. Bemerkenswert aber bleibt, daß diese Adoption eine neue, von den Römern beträchtlich abweichende Ausformung zur Folge hatte. Hier ging es weder um die Fortführung des Ahnenkults, noch um den Erhalt von vaterschaftlichen Qualifikationen, noch um Weitergabe eines Erbes. Nicht das Eigeninteresse des Vaters zählte, sondern allein das des Kindes. Das ist eine entscheidende Verschiebung des Blickwinkels.

So hat die Kirche sich denn auch immer ablehnend gegenüber der römischen Form der Adoption verhalten, mit dem Erfolg, diese fast vollständig aus dem abendländischen Bewußtsein getilgt zu haben. In der Frühen Neuzeit war die Adoption in Frankreich fast vollständig aus der juristischen Literatur verschwunden. Doch blieb sie mit Billigung des Klerus im Gewohnheitsrecht erhalten. Der heilige Vinzenz von Paul hat im 17. Jahrhundert Familien gesucht, die Findelkinder aus dem Waisenhaus *de la Couche* adoptierten. Jetzt konnte also ein Vater aus Barmherzigkeit adoptieren, aus Liebe, unter Hintanstellung jedes anderen Motivs.

Nichtsdestoweniger bekämpfte die Kirche die Adoption in ihrer römischen Form. Jack Goody[6] weist nach, daß die christlichen Gemeinden von ihren Ursprung an kinderlose Menschen dazu aufforderten, zu Gunsten ihrer Gemeinde oder einer barmherzigen Stiftung zu testieren. Mitbedacht werden muß dabei, daß die Kirche zu Beginn, als sie nur eine Sekte in der Minderheit war, eine große Zahl von Armen anzog und kaum Mittel hatte, ihnen zu helfen und sie bei sich zu halten; sie war auf die Schenkungen und die Erbschaften ihrer reichen Pfarrkinder angewiesen. Diese Abneigung gegen die Adoption hat möglicherweise im Abendland dazu beigetragen, daß eine Aufwertung der biologischen Vaterschaft erfolgte (ein *Mystizismus der Zeugung*, wie man heute sagen würde), die die heidnische Antike, wie oben ausgeführt, nicht kannte.

Eine wichtige Rolle fand Josef auch zu Weihnachten, wenngleich das Weihnachtsfest erst recht spät eingeführt wurde. Die ersten großen christlichen Feste waren Ostern und Pfingsten. Verhältnismäßig spät, seit dem 4. Jahrhundert, wurde der Geburt Christi gedacht, und dieses Fest hatte anfänglich gewiß nichts mit dem Entstehen eines väterlichen Gewissens zu tun. Es ging damals darum, dem Umsichgreifen monophysitischer theologischer Strömungen Einhalt zu gebieten. Diese leugneten die doppelte Natur Christi und verneinten, daß er gleichzeitig *wahrer Mensch* und *wahrer Gott* sei. Die Erinnerung an die Geburt des Kindes Jesus war bedeutete auf diesem Hintergrund die Bestätigung der menschlichen Natur des Heilands. Dafür nahm man Bezug auf die Apokryphen, die detail- und anekdotenreich die Geburt Jesu schilderten. Im 6. Jahrhundert begann man Gebetshäuser nach dem Modell einer Grotte zu errichten, weil man sich diese als Ort der Geburt Christi vorstellte. Anschließend läßt sich das Entstehen einer noch recht stereotypen Ikonographie verfolgen: Auch Josef erscheint, melancholisch, rätselhaft, in byzantinischen Bildern (vor und nach dem Bildersturm im 8. und 9. Jh.[7]) wie in abendländischen Darstellungen. Seit dem 11. Jahrhundert entwickelte sich die Bildfindung weiter, sie wurde lebhafter und nahm anekdotisches Material auf: Eine kleine Welt von Dienern und Besuchern entstand um die Hauptpersonen.

Die Verbildlichung des Vaters Josef auf diesen Darstellungen der Geburt bringt uns jedoch nur wenig. Die ikonographischen Quellen sind schwer zu interpretieren: Sicher waren sie weit davon entfernt, ein Ausdruck der Volksfrömmigkeit zu sein. Zunächst verbildlichten sie Dogmen nach mitunter rigiden Normen; darüber hinaus haben sie ihre eigenen Regeln, die ihnen oft durch Maltechniken und -materialien oder durch Schultraditionen auferlegt waren.

Erst im 13. Jahrhundert hat sich – wie im kommenden Kapitel gezeigt wird – die Feier des Weihnachtsfests wirklich zu einem Lehrbeispiel für die Väter entwickelt.

Der Pate

Die Erziehung durch die Taufe war dagegen älter und wohl auch eindringlicher. Das Sakrament der Taufe bestand prinzipiell seit Johannes Jesus im Jordan getauft hatte, und es wurde zunächst den Erwachsenen, den Neubekehrten, dargeboten. Erst als die antike Welt weitgehend christianisiert war, begann man mit der Taufe von Kindern, gleich welchen Alters.

Die Taufe war ein Akt von überaus wichtiger sozialer und geistiger Bedeutung.[8] Sie galt als eine zweite – geistliche – Geburt nach der biologischen Geburt. Dazu bedeutete in dieser Zeit, in der es noch kein Geburtsregister gab, die Taufe die Aufnahme des Kindes in die kirchliche Gemeinde. Ohne auf die Einzelheiten der Taufzeremonie einzugehen, die sich überdies im Laufe der Jahrhunderte geändert haben, muß betont werden, daß der natürliche Vater dabei immer an zweiter Stelle stand, gewissermaßen verdrängt durch einen geistlichen Vater, den Paten. Die Patin erschien erst später im 8. Jahrhundert, die Figur des Paten kennen wir seit den Anfängen des Christentums, womit eine Gleichsetzung zwischen natürlicher und geistlicher Vaterschaft hergestellt und symbolische Übergänge zwischen beiden ermöglicht wurden. Die Kirche förderte diese Form geistlicher Vaterschaft nachdrücklich, so, als ob sie die Verantwortung des Erzeugers teilen, seine Macht über das Kind einschränken und damit dem Vater bedeuten wollte, daß Vaterschaft nicht nur ein Werk des Fleisches, sondern auch das Werk des Geistes, der Frömmigkeit im Angesicht des ewigen Lebens sei.

Pate und Patin wählten den Vornamen des Kindes, nicht zufällig und abhängig von einer Laune, da es sich um einen wesentlichen Ritus von Anerkennung und Zuschreibung handelte.[9] Mitunter wurde der Vorname von Vater auf den Sohn weitergegeben, um die Kontinuität eines Stammbaumes zu unterstreichen (so bei den französischen Königen); mitunter gaben auch die Großeltern, die ihrerseits Pate und Patin sein konnten, den Enkeln ihren Vornamen, als ob sie in ihnen weiterleben wollten. Aber die Kirche versuchte, andere Vorstellungen durchzusetzen. Der Vorname sollte das Kind frei machen, es von allzu engem Zugriff durch Familie oder Milieu lösen, seine Individualität durch ein Beispiel von Tugend und Frömmigkeit stärken: so war der Schutzheilige ein anderer geistlicher Vater, eine andere Ergänzung des Vaters. Die Kirche ließ das Individuum hervortreten, aber nur, um es nach ihrer Vorstellung zu konditionieren; sie vermittelte dem Kind ein anderes Vorbild als das seines natürlichen Vaters, so, als ob sie dessen Einfluß einschränken oder verdrängen wollte.

Allerdings beinhaltete die Taufe eine Ambivalenz. Ein kleines Kind, das getauft worden ist, kam nach den Vorstellungen der Gläubigen in den Himmel, da es keine Sünde begangen hat und das Sakrament der Taufe alle Spuren der Erbsünde in ihm getilgt hatte. Arme Väter konnten auf dem Hintergrund dieser Vorstellung weniger Gewissensbisse haben, ihr getauftes Kind, dem die ewige Glückseligkeit sicher war, sterben zu lassen als es im Elend großzuziehen; ohne Kindsmord zu begehen, konnten sie sich eines überflüssigen Säuglings entledigen: Eine Haltung, die unter den Bauern der Frühen Neuzeit nicht unüblich war. Moderne Soziologen würden das einen Umkehreffekt nennen.

Von der Macht zur Pflicht des Vaters

Die Macht des Vaters über Mutter und Kinder im Leben der Familie ist vom Christentum nicht direkt in Frage gestellt worden, wohl aber hat sich ihr Sinngehalt geändert.

Die kirchliche Lehre bezüglich der Unterordnung der Mutter unterscheidet sich in zwei Richtungen, beide im Brief des Paulus an die Epheser niedergelegt: einmal heißt es da „der Mann ist des Weibes Haupt", aber dann auch „Ihr Männer, liebet eure Frauen gleichwie auch Christus geliebt hat die Gemeinde", (d.h. bis zum letzten und höchsten Opfer). Hat die so aufgewertete eheliche Liebe auch die Lage der Mutter verbessern sollen? War die Mutter die Gefährtin oder die Dienerin des Vaters? Man kann nicht umhin zu konstatieren, daß die Mehrheit der Geistlichen auf der Unterwerfung der Mutter bestand, vielleicht, um die Männer für die Strenge der Forderung nach der monogamen und unauflöslichen Ehe mit einer Art Ausgleich zu entschädigen. Dabei handelte es sich im Wesentlichen um eine Erneuerung antiker Denktraditionen: Bekannt ist, daß Thomas von Aquin die diesbezüglichen Lehren von Aristoteles insgesamt wieder aufnahm. Dabei wurde häufig die Schöpfungsgeschichte für die Unterordnung der Frau instrumentalisiert: Eva ist nur ein Teil des Körpers von Adam, ein *überzähliger Knochen*, wie Bossuet sagt. Der Gatte kann und muß seine ungelehrige Gattin zum Gehorsam zwingen, wenn nötig auch mit körperlicher Gewalt. Dagegen vertraten einige Ordensgeistliche geradezu *feministische* Positionen, die mit der ontologischen Gleichheit der Geschlechter begründet wurden: Die Frau ist wie der Mann nach dem Bild Gottes geschaffen und durch das Blut Christi erlöst. Solche Stimmen fanden allerdings wenig Gehör.

Also blieb auch der christliche Vater das einzige Oberhaupt der Familie und der alleinige Herr seiner Kinder. Seine Autorität wurde niemals bestritten. Er war im Recht, wenn er streng war, denn die Kinder hatten keine Vernunft und waren überdies voller Bosheit; falls der Vater es für nötig hielt, konnte er ihnen schwere Strafen auferlegen und sie zum Dienen zwingen. In ihrer Mehrzahl übten auch die Geistlichen Strenge gegenüber den Kindern. Auf der anderen Seite war ihnen aber geläufig, daß Jesus gesagt hatte, „lasset die Kindlein zu mir kommen" und daß er von ihrer Unschuld gesprochen hatte. Überdies riefen sie dem Vater gerne den Grundsatz ins Gedächtnis, der sein Handeln vorrangig bestimmen sollte: Auch die Kinder sind zunächst und vor allem Kinder Gottes. Sie haben aus sich kein *natürliches Recht*, aber sie gehören dem Schöpfer. Diese *Rechte* Gottes hatten die Transformation der väterlichen Macht in väterliche Pflichten zur Folge.

So schuldete der Vater seinem Sohn über die Sorge für sein körperliches Wohl und seinen Lebensunterhalt hinaus eine sorgfältige Erziehung, vor allem in religiösen Dingen. Johannes Chrysostomos verglich ohne Zögern das Haus der Familie mit einer Kirche und den Familienvater mit einem Priester, der für die Seelen Sorge tragen mußte. „Seid ihr aus der Kirche in eure Häuser zurückgekehrt, deckt zwei Tafeln, die eine mit den Gerichten des Leibes, die andere mit den Gerichten der Heiligen Schrift [...] Macht ein jeder aus eurem Haus eine Kirche. Müßt ihr nicht Sorge tragen für das Heil eurer Kinder und eurer Sklaven, und müßt ihr nicht eines Tages Rechenschaft ablegen? Nachdem ihr euren Körper gelabt habt, tragt Sorge bei eurer Rückkehr, dieser geistlichen Tafel zu dienen, an der ihr den Stoff unserer Gespräche wiederholen sollt."

Nicht alle Väter waren für dieses Priestertum geeignet. Deswegen haben die Mönche sehr früh begonnen, ihnen ihre Pflichten abzunehmen: An Bischofssitzen oder Klöstern wurden erste Schulen gegründet und immer sind Ansätze religiöser Erneuerung von einem Aufschwung der christlichen Lehrtätigkeit begleitet gewesen. Die Ordensgeistlichen haben die Schule nicht erfunden und nie daran gedacht, sie obligatorisch zu machen.[10] Nichtsdestoweniger bestanden eine Reihe christlicher Texte auf eine Erziehung, die fern von den Umtrieben der Zeit stattfand. Elterlicher Zuneigung gegenüber war die Kirche zurückhaltend: Allzu leicht konnten Eltern ihre Kinder verwöhnen, sie waren schwach, zu nachgiebig gegenüber deren Eigensinn. Wollte man also ein Kind seinen angeborenen schlechten Neigungen entreißen, mußte man es streng erziehen, tat man dies nicht, hatte man mißratene Kinder. Und den Angehörigen von Orden (Mönchen und Nonnen), die sich allein erzieherischen Aufgaben widmen konnten, fiel solches leichter als allzu zärtlichen oder anderweitig beschäftigten Eltern. Immerhin wurden die kleinen Kinder davon ausgenommen, denn vor dem Verstandesalter „ist die Kindheit wie das Leben eines Tieres" wird Bossuet später schreiben.

Außerhalb des väterlichen Hauses konnten die Jugendlichen einen Ersatzvater, einen neuen geistlichen Vater, finden und zwar in der Person ihres Beichtvaters. Das Bekennen der Sünden und die Bitte um Sühne haben sich im Christentum früh eingebürgert. Im Grundsatz finden sie sich bereits in den Worten Christi an seine Jünger: „Welchen ihr die Sünden erlasset, denen sind sie erlassen; und welchen ihr sie behaltet, denen sind sie behalten". Die Macht, über die Sünden zu befinden, gibt dem Diener Christi auch das Recht, Sünden zu erfahren, und der Bußfertige hat die Pflicht, sie zu bekennen. Solches hat die Kirche immer gelehrt. Zu Beginn war die Beichte öffentlich und kollektiv; aber seit dem 8. Jahrhundert wurde sie unter dem Einfluß der irischen Mönche zu einer Privatsache.[11] Die

Beichte der Sünden wurde bei einem Geistlichen abgelegt, der zur Wahrung des Beichtgeheimnisses verpflichtet war. Nach und nach ist das Sündenbekenntnis der Kinder zu einer wesentlichen Aufgabe der geistlichen Erzieher geworden. Eine solche Beziehung schaffte enge und vielfältige Bindungen zwischen einem Kind und einem Erwachsenen, der nicht dessen Vater war. Weiter unten werden dafür andere Beispiele angeführt. Hier soll zunächst auf die Bedeutung dieser neuen Form geistlicher Vaterschaft hingewiesen werden: Der Priester machte sich väterliche Verantwortung zu eigen; von ihm geführte Kinder und Heranwachsende können ihn um Rat und Hilfe bitten, vor allem während der schwierigen Perioden der Pubertät. Da diese Hilfe institutionalisiert ist, ist sie kein Anlaß zu Auseinandersetzungen zwischen den Generationen, sie bringt den Vater nicht um sein Vatersein und macht das Kind nicht eo ipso zum Schuldigen, sie kann rücksichtsvoll und besonnen zur Lösung familiärer Konflikte beitragen.

Darüber hinaus konnte der Einfluß der Geistlichen auf die Heranwachsenden sogar die Macht des Vaters begrenzen. So duldete die Kirche nicht, daß ein Vater sich gegen die religiöse Berufung seines Kindes wehrte, auch wenn es der älteste Sohn oder der einzige Erbe war. In einem solchem Fall drängte sie den Sohn zur Revolte. Vielleicht war dies der Ursprung der Vorstellung von Mündigkeit, da doch von diesem Alter an ein Jugendlicher über sich selbst bestimmen konnte.

Desgleichen begrenzte das Sakrament der Ehe die Macht des Vaters bei der Heirat seiner Kinder. Die Unauflöslichkeit der Ehe konnte nur durch gegenseitiges, aber freiwilliges Einverständnis der Ehegatten begründet werden, und eine Verlobung war rechtmäßig und gültig von der Pubertät an, fixiert auf zwölf Jahre für die Mädchen und auf vierzehn Jahre für die Jungen wie im römischen Recht. Diese Position vertrat die Kirche seit den ersten Konzilien. Wären diese Bestimmungen jedoch befolgt worden, hätten sie in der Konsequenz zu einer Entfernung der kaum der Pubertät entwachsenen Kinder von ihrem Erzeuger geführt; sie hätten Mésalliancen zugelassen, damit enorme materielle Interessen aufs Spiel gesetzt, und die gesamte soziale Ordnung in Frage gestellt. Deshalb sind sie auf eine sehr starke Opposition von Seiten der Familien gestoßen und die Kirche hat sich zur Anpassung bereitfinden müssen.

Ein Hindernis für den Vater, der seine Kinder verheiraten wollte, waren die Heiratsverbote wegen zu naher Verwandtschaft; sie gingen sehr weit, vor allem während des hohen Mittelalters. Natürlich spielte hier auch das Inzestverbot eine Rolle, verstärkt durch das Anliegen der christlichen Urgemeinden, Einheit und Solidarität zu sichern und die Vereinzelung in kleine, auf sich selbst bezogene Gruppen zu umgehen. So summierten sich das Verbot einer Ehe bis zum siebten Grad, auf der väterlichen wie auf der mütterlichen Seite, das dazukommende Verbot einer Ehe bei geistlicher Verwandtschaft zu einer Gesamtheit von Verboten, die auf Ehe und Verheiratung gründende Familienstrategien durchkreuzen konnten. Abgesehen von den Gewohnheiten einiger germanischer Stämme begünstigten Väter nämlich oftmals eine Heirat zwischen Vettern und Kusinen: Die Zersplitterung des Familienerbes wurde verhindert, bzw. seine Zusammenlegung ermöglicht, sie vervielfältigte Bindungen innerhalb einer Sippe und erlaubte die Bildung stabiler und mächtiger *Häuser*, die die Erlangung, Ausübung und Absicherung der Macht ermöglichten. Und eben diese Macht fürchtete die Kirche...

Insgesamt weist das Heraufkommen des Christentums in drei wesentliche Richtungen. Als erstes hat der christliche Glauben sicher dazu beigetragen, das Bild des Vaters zu erhöhen und also in gewisser Weise die *patria potestas* zu bestätigen. Wenn Gott sich selbst zum Vater macht, ist „der Vater das Abbild Gottes", „durch das Gottvater selbst erscheint"[12].

Gleichzeitig gab die neue Lehre aber auch einem Wunsch nach Selbstbestimmung, nach Individualisierung Ausdruck, für den Vater wie für den Sohn. Das männliche Bewußtsein wollte nicht allein den Bedürfnissen der Arterhaltung unterworfen sein, mit deutlicher Entschiedenheit lehnte es einen Zwang zur Zeugung von Nachkommenschaft ab und fand dafür wesentliche Rechtfertigungen. Anscheinend betonte es auch, daß das Kind nicht der Besitz seines Erzeugers noch irgendeines anderen war, daß vielmehr die wichtigste Dimension der Vaterschaft die moralische und geistliche Verantwortung gegenüber dem Kind war. Der Antrieb der *patria potestas* änderte sich.

Schließlich ist zu beobachten, daß die ersten Sakramente (Taufe, Beichte der Sünden und geistliche Berufung) dahin tendierten, das Kind von seinem natürlichen Vater zu trennen und zwar im Namen höherer göttlicher Rechte: Alles in allem wurde damit dem Kind die Möglichkeit der Emanzipation gegeben. In der Praxis versuchten die Geistlichen den Vater zu überwachen, ja sogar, ihn zu vertreten. Es ergaben sich hier erfolgversprechende Eingriffsmöglichkeiten, der *patria potestas* erwuchsen gleichermaßen Grenzen und konkurrierende Ansätze.

Aber diese Erkenntnisse waren nicht für alle Männer einleuchtend, sie haben sich nur langsam durchgesetzt, und über ihre Verbreitung ist noch wenig bekannt. Auffällig sind Aufschübe, Verzögerungen, vorsichtiges Tasten. In der Tat wurde die christliche Lehre sehr bald durch eine Institution gelehrt und zusammengehalten, nämlich durch die Kirche. Diese erlebte aufeinanderfolgende Phasen von Aufschwung und Niedergang, während derer ihre Lehre nicht immer gleichermaßen deutlich und eindringlich war. Auch wechselten ihre Pfarrkinder. Nach den romanisierten Völkern des Mittelmeerraums mußte die Kirche ihre Predigten bald an unwissenden Horden mit sehr verschiedenartigen Gewohnheiten ausrichten, später noch wandte sich das Apostolat an feudale Gesellschaften, die während und nach den Einfällen der Völkerwanderungszeit entstanden... Und hier entwickelten sich neue Formen der Vaterschaft.

3. KAPITEL

Die Inthronisierung des abendländischen Vaters

Wenn im Folgenden ein ganzes Jahrtausend nur kurz abgehandelt wird, dann deswegen, weil für die hier interessierenden Probleme von dieser Epoche nur sehr wenig bekannt ist. Die Mediävisten haben gerade begonnen, sich mit der Erforschung von Familienverhältnissen zu befassen; sie nähern sich ihnen vom Standpunkt der Anthropologen und untersuchen sie hinsichtlich der Verwandtschaftsformen. Dabei konstatieren sie verschwommene Vorstellungen von der Familie in einer Gesellschaft, in der sich die zwischenmenschlichen Verbindungen komplex und eng gestalteten, in der es kaum ein autonomes Individuum gab.

Vom 4. bis zum 11. Jahrhundert herrschte die Gewalt, vor allem verursacht durch Völkerwanderung und Fehden. Die Gewalt machte die Menschen notgedrungen voneinander abhängig und bewirkte eine strenge Teilung der Aufgaben, Rollen und Funktionen. Es entstand eine Ständegesellschaft, die jedem seinen Platz zuwies. *Laborantes, pugnantes, orantes*: Die Bauern arbeiten für die Versorgung der Gesellschaft, die Krieger kämpfen zu ihrer Verteidigung und die Geistlichen beten, um sie vor dem Zorn Gottes zu bewahren; die einen wie die anderen widmeten sich derart verschiedenartigen sozialen Aufgaben, daß sie dementsprechend unterschiedliche Vorstellungen von der Vaterschaft entwickelten.

Die, die arbeiten[1]

Das Familienleben derjenigen, die von den Gebildeten bäurisch, d. h. unwissend und grob, genannt wurden, ist kaum bekannt und läßt nur die Darstellung grober Umrisse zu.

Mehr als fünf Jahrhunderte lang (vom 4. bis zum 9. Jahrhundert) hat im Abendland eine schreckliche demographische Krise gewütet. Sie war schon am Ende des Römischen Kaiserreichs bedrohlich, hatte sich aber in der fränkischen und merowingischen Zeit verschärft, zweifelsohne auf Grund der Völkerwanderung und der nachfolgenden Kriege, auch aber aufgrund von Verhaltensformen, die wir heute dem Malthusianismus zurechnen würden. Geheiratet wurde früh, aber die Nachkommenschaft war durch Geburtenkontrolle und häufige Kindstötung sehr eingeschränkt. Fast die Hälfte der Bevölkerung starb früh; Nekropolen angefüllt mit Leichen von Kindern und jungen Erwachsenen von weniger als dreißig Jahren sind aufgefunden worden; ihre Skelette zeugen von zerstörerischen rachitischen Erkrankungen, also von Elend. In karolingischer Zeit wurden die Umstände erträglicher, besserten sich aber nachhaltig erst vom 11. Jahrhundert an.

Der *servus* war in dieser Zeit kein Sklave mehr: In der romanischen Sprache wird er ein *serf* (Leibeigener). Im Unterschied zu Sklaven konnte er heiraten und Kinder haben. Diese Freiheit verdankte er dem Einfluß der Kirche und vielleicht auch der demographischen Krise, die die Zahl der Arbeitenden verringert hatte. Aber er konnte mit seinen Kindern nicht nach eigenem Belieben verfahren, denn ihre Arbeitskraft gehörte dem Lehnsherrn, so daß sie grundsätzlich das Lehen nicht verlassen durften. Daneben gab es freie Bauern, die Kolonen.

Die Bauern waren abhängig, ob Leibeigene oder Kolonen. Die meisten von ihnen wohnten zusammen in *Mansen*, Einheiten landwirtschaftlicher Betriebe, die einem mehr oder weniger mächtigen Besitzer gehörten. In diesen Gruppen entwickelten sich sehr enge vertikale und horizontale Verbindungen, die dem Individuum wenig Raum ließen – eine Folge der Unsicherheit, auch aber tradierter germanischer Bräuche, nach denen Familien Sippen bildeten. Daraus folgt, daß ein Kleinhaushalt (Vater, Mutter, Kinder) nicht selbstverständlich war, es ist unmöglich, den Vater, so wie wir ihn heute verstehen, herauszukristallisieren. Außerdem war die Patrilinearität nicht gesichert: Die Kinder trugen nicht den Namen ihres Erzeugers. Eigentlich hatte jede Gruppe einen *Kollektivvater*, einen Vorfahren oder aber ein Oberhaupt, einen Herren: Der Mann, der sich durchsetzte und geachtet wurde. Die Großfamilie beließ das Erbe der Vorfahren ungeteilt. Eine individuelle Vererbung von Gütern war demzufolge nicht möglich.

Es kam vor (in einigen Regionen und zu gewissen Zeiten), daß ein Bauer nicht völlig in seiner Gruppe aufging, daß er allein sein Stück Land bearbeitete. Aber dieses Land war oft nur Leihgut, dessen Nutzung ihm nur widerruflich zugestanden worden war. Die Verleihung von Gütern kam unter den Merowingern auf, das Lehnsgut konnte weder veräußert noch vererbt werden, der Bauer konnte es seinen Kindern nicht weitervererben. Um das Recht zur Weitergabe zu erhalten, mußte er einen Zins bezahlen (in einigen Fällen das Recht zur Toten Hand genannt). Erst vom 12. Jahrhundert an wurden diese Leihgüter auf Dauer und rechtmäßig vererbbar.

Alle Mediävisten sind sich einig, daß im Laufe des 11. Jahrhunderts eine einschneidende Veränderung der ländlichen Lebensverhältnisse einsetzte: Die Bevölkerung wuchs stark, es begann ein wirkliches Wirtschaftswachstum. Zu diesem Zeitpunkt lösten sich die oben beschriebenen Gruppierungen auf, die Abhängigkeiten wurden allgemein geringer und der Einzelhaushalt von Vater, Mutter und Kindern unabhängiger. Dabei wurde der Bauer Oberhaupt seiner Familie, er entwickelte persönliche Beziehungen zu seinen Kindern. Diese Veränderung fand nicht in allen Regionen zur gleichen Zeit und unter gleichen Bedingungen statt, aber im 13. Jahrhundert war sie fast überall abgeschlossen.

Gewalt und Elend verbreiteten sich aufs Neue im Laufe des Hundertjährigen Krieges. Plünderungen durch Kampftruppen und die Pest verwüsteten das Land, die Bevölkerungsdichte sank, die Gruppenbeziehungen der Menschen wurden wieder intensiver. Erst vom Ende des 15. Jahrhunderts an war den bäuerlichen Kleinwirtschaften eine gewisse Ruhe beschert. In dieser Zeit wurde die eheliche Kleinfamilie (Vater, Mutter, Kinder, mitunter einige Knechte und Mägde) auf dem Land die grundlegende Wirtschaftseinheit und begann, eine gewisse Unabhängigkeit zu entwickeln. Das Bild des Vater-Bauern bekam in dieser Zeit charakteristische, sogenannte *traditionelle* Züge, die beinahe intakt bis weit ins 19. Jahrhundert hinein beibehalten wurden.

Die, die kämpfen[2]

Bei den Mächtigen des Mittelalters entwickelte sich eine durchaus eigene Form von Vaterschaft, ebenfalls entscheidend bestimmt von Gefahr und Gewalt. Einige ihrer Charakteristika lassen sich der epischen und höfischen Literatur, den Chroniken und den Bußbüchern entnehmen.

Der Herr war vor allem Erzeuger. Die schreckenerregende Sterberate von Kindern und gebärenden Frauen durfte ihn keinesfalls um seine Nachkommenschaft bringen. Wenn seine Gattin starb, verheiratete er sich ohne Aufschub wieder, war sie unfruchtbar, verstieß er sie und nahm eine andere. War das Kind geboren, übergab man es einer Amme, damit die Ehefrau möglichst bald für eine neue Schwangerschaft bereit war. Da man annahm, daß üppige Mahlzeiten die Manneskraft verbessern, gab sich der Herr wahren Freßorgien hin. Nur selten zügelte er sich und setzte keine Bastarde in die Welt. Eine faktische Polygamie, nicht eine vom Recht erlaubte, blieb als Tradition erhalten; sie war bei den Germanen üblich, auch die Gallo-Romanen praktizierten das Konkubinat mit ihren Sklavinnen. Karl der Große hatte nacheinander vier Ehefrauen und mindestens sechs Konkubinen; man weiß sicher, daß er zwanzig Kinder hatte, sicher hat er sehr viel mehr gezeugt. Solche Bräuche wurden von der Kirche bekämpft und sind nur langsam zurückgedrängt worden. Blieben alle Kinder am Leben, konnte sich dieser Umstand als sehr problematisch erweisen: Emmerich von Narbonne beispielsweise war, als der Zeitpunkt gekommen war, seine Nachfolge zu regeln, in großer Verlegenheit, da er sieben Söhne hatte.

Der Vater sah sich als Herr seiner Kinder. Die Mutter hatte keinerlei rechtlich sanktionierte Macht. Das wird in der Geschichte von Griseldis beschrieben. Sie wurde von Marie de France im 12. Jahrhundert aufgegriffen, das heißt zu einem Zeitpunkt, als die Kirche sich um die Neufassung einer Lehre bemühte, die die Rechte der Herren nachhaltig beschneiden sollte. Viele moderne Schriftsteller sollten sich mit diesem Thema befassen. Der Marquis von Saluces heiratete die Bäuerin Griseldis erst, nachdem sie ihm einen allen seinen Befehlen gegenüber uneingeschränkten Gehorsam versprochen hatte. Die Prüfungen, denen er sie unterwarf, gingen bis zu ihrer Verstoßung, die sie von all ihren Kindern trennte. Aus ihrer gänzlichen Unterwerfung folgte die vollständige Rehabilitierung dieser beispielgebenden Ehefrau.

Daneben hatte der Lehnsherr eine symbolische Vater-Aufgabe, die weit über die Sorge für seine eigenen Nachkommen hinausging. In einer von Gewalt beherrschten Gesellschaft war die Gewährung von Schutz eine wesentliche Funktion. Er war der Herr eines umfangreichen ganzen Hauses, in dem viele Jugendliche lebten, die auf den Kampf vorbereitet werden mußten. Diese Großgruppe war sicherlich ein Erbe fränkischer Gewohnheiten. Die von den Chronisten beschriebene fränkische *familia* ist immer eine komplexe Gemeinschaft, ganz der Macht eines Herren unterworfen, der sie gleichermaßen schützte und beherrschte. So sorgte der Lehnsherr für seine Verwandten, die in Schwierigkeiten waren, vor allem für die Witwen und Waisen, er wachte über die Erziehung seiner Neffen, Nichten und Vettern. In den mittelalterlichen Heldenliedern (verfaßt am Ende des 11. und während des 12. Jahrhunderts) und in den höfischen Romanen (nur wenig später geschrieben) wurden unter anderem auch die Bande zwischen Onkel und Neffen beschrieben. Roland war so der Neffe von Karl dem Großen, Tristan derjenige von Mark von Cornwall, fünf Neffen umringten den König Arthur. Es konnte sein, daß ein Herr die Pflicht hatte, für die Kinder seiner Schwester zu sorgen, was einer engeren Verbindung zu seinem Schwager zugute kam. Dieser Fall kam nicht häufig vor. Aber während der 1120er Jahre zum Beispiel sieht man, wie Bertulf, der Kanzler Flanderns, die Söhne seiner Brüder aufzog (obwohl einer dieser Brüder durchaus am Leben war), sie in vornehme Häuser vermittelte und sie dabei gleichzeitig unter Aufsicht hielt; sein Haus war der prestigeträchtige Treffpunkt der gesamten Sippe.

In der Umgebung des Lehnsherren fanden sich weitere, nicht mit ihm verwandte Jugendliche, um deren Erziehung er sich ebenfalls kümmerte. In der Zeit der Merowinger, nahmen die Könige von Austrasien und Neustrien Pflegekinder auf, Söhne aus großen Häusern; diese sieben bis vierzehn Jahre alten Kinder sollten sich von klein auf mit den später auf sie wartenden Aufgaben vertraut machen. Der König übernahm die gesamte Verantwortung für sie, sie wurden von ihm beherbergt und unterhalten, er war für sie ein Adoptivvater. Der Monarch wußte die Zuneigung und Treue eines Alters, in dem noch wenig gekünstelt wird, zu schätzen, und solche gefühlsbedingten Kriterien bestimmten seine Wahl: eine bemerkenswerte Kaderschule... Karl der Große hat später einen anderen fränkischen Brauch verbreitet, nämlich die *recommandatio manum*, um sich der

Getreuen zu versichern, die man später die Vasallen nennen wird.[3] Wer sich seinem Gefolge anschließen wollte, warf sich vor ihm auf die Knie, legte seine gefalteten Hände in die des Kaisers, der die seinen darüber legte, nach altem germanischen Brauch: der *deditio*. Dem folgte ein Treueschwur, der auf Reliquien abgelegt wurde, und die Belehnung mit Land durch das Symbol eines Stabs oder eine Grasscholle. Auf diese Weise wurde das Band von einem *Pflegekind* zu seinem Ersatzvater bekräftigt. Dieses Zeremoniell und mit ihm die Bindungen von Mann zu Mann verbreiteten sich im 9. Jahrhundert im Adel. Sein Charakter als ergänzende Verwandtschaft ging aber in der Folgezeit verloren zugunsten der Ablegung des Lehnseids, eines Ritus von mehr politischem als familiären Charakter, der seit dem 9. Jahrhundert gebräuchlich wurde.

Für die meisten Jungen seines Gefolges war der Lehnsherr nicht nur ein Beschützer sondern auch ein Erzieher. Die Söhne seiner Vasallen kamen zu ihm wie seine Neffen, um das Kriegshandwerk zu lernen. Er gab sich vor allem Mühe, ihre Tapferkeit, ihre physische Stärke und ihren moralischen Mut zu fördern; er kultivierte ihre Aggressivität. Gaston Phébus, Graf von Foix und Herr von Béarn, war der Meinung, daß die Einübung dieser Eigenschaften früh, vor dem Alter von zwölf Jahren, einsetzen mußte. Er lehrte zu laufen, zu schwimmen, zu reiten und vor allem zu jagen. Später folgte die Unterweisung in das eigentlich kriegerische Handwerk, der Umgang mit Waffen: Bogen, Axt, Lanze und Schwert. Mit vierzehn als erwachsen angesehen, konnte der Jugendliche mit dem Ritterschlag in die Gruppe der Ritter aufgenommen werden. Fast immer war es der Lehnsherr, der Adoptivvater, der die Zeremonie vornahm. Er hieß den Knaben knien, gab ihm einen kräftigen Schlag auf den Nacken oder auf die Schulter, so als ob er seine Widerstandskraft prüfen wollte, nahm ihn dann auf und überreichte ihm seine Waffen, vor allem das Schwert, ein phallisches Symbol, wenn man so will.

Der Lehnsherr beschäftigte einen Erzieher, falls eine Ausbildung der geistigen Fähigkeiten sich als notwendig erweisen sollte, womit eine zwischen ihm und dem Kinde bestehende persönliche Beziehung gelockert werden konnte.

Im lehnsherrlichen Haus lebten auch zahlreiche Mädchen; neben denen, die der Herr als legitime oder illegitime Töchter selbst gezeugt hatte, auch Nichten, Verwandte und die Töchter seiner Vasallen. Ihre Erziehung überließ er seiner Ehefrau und kümmerte sich nicht weiter darum. Seine einzige Sorge war die Überwachung ihrer Jungfräulichkeit, da ihre Aussichten, sich vorteilhaft zu verheiraten, größer waren, solange sie unberührt blieben. Diese Kontrolle war offenbar nicht einfach, da viele Texte (kirchlicher Provenienz, um es deutlich zu sagen) die jungen Mädchen und Frauen dem Stachel der Begierde ausgeliefert zeigten, wobei, wie zu lesen ist, die illegitimen Töchter des Herren oder seiner Vasallen offenbar die freizügigsten und sehr bald ihrerseits Mütter künftiger Konkubinen waren. Die legitimen Töchter des Herren, *pucelles*, Jungfrauen, genannt, waren wohl die meist bewachten.

Seine Kinder zu verheiraten, war ein Weg, Verbindungen zu knüpfen, d.h. Prestige und Macht eines Hauses zu steigern. So erstrebte der Lehnsherr für seinen ältesten Sohn eine bessere eheliche Verbindung, d.h. er versuchte, für ihn eine Ehefrau höheren Rangs zu finden. Im schlimmsten Fall gab er sich mit einer gleichwertigen Verbindung zufrieden, bevor er jedoch einer Mésalliance zustimmte, wartete er lieber ab. So kam es, daß die Söhne mächtiger Familien sich erst spät, meist im Alter von schon über dreißig Jahren, verehelichten. Um eine Aufteilung seines Lehens zu verhindern, konnte der Lehnsherr davon absehen, seine jüngeren Söhne zu verheiraten; einige widmeten sich dem Leben als Geistliche oder Mönche, für andere konnte dieser nur schwer zu ertragende Ausschluß ein Grund zur Rebellion werden. Emmerich von Narbonne, mit sieben Söhnen belastet, vertrieb sechs von ihnen kurzerhand aus seinem Herr schaftsgebiet... Andere Lehnsherren suchten ihr Erbe zu vergrößern, um es teilen zu können; dann scharten sich die Jungen um ihren Erzeuger, um ihn zu unterstützen.

Auch gegenüber den Söhnen seiner Vasallen hatte der Herr Pflichten, auch für sie suchte er gute Partien. Im 15. Jahrhundert verpflichtete so der Herzog von Burgund die reichen Bürger von Lille, ihre Töchter mit verarmten Adeligen zu verehelichen.

Der große Herr bemühte sich, seine eigenen Töchter möglichst jung (zwischen zwölf und fünfzehn Jahren) zu verheiraten, um sie leichter bei Gehorsam zu halten. Auch versuchte er, sie alle zu verheiraten, denn seine Schwiegersöhne wurden Verbündete, so hoffte er jedenfalls. Das Gleiche galt für die Nichten: Wilhelm der Eroberer verheiratete die seinen, um sie im Dienst seiner Politik zu Spioninnen und Komplizinnen zu machen. Aber Mädchen sind nicht immer gehorsam. Einige verweigerten die Ehe und gingen ins Kloster. Der Wunsch, Gott ihre Jungfernschaft zu weihen und ihre Weigerung, eine fleischliche Ehe einzugehen, bildeten eine gemeinsame Konstante im Leben der weiblichen Heiligen. Andere verliebten sich in einen Ritter, dem der Vater seine Zustimmung verweigerte... Nicht immer wurde die väterliche Macht mit solchem Widerstand fertig, der außerdem gelegentlich von Geistlichen unterstützt wurde.

Faktisch spielte bei dieser Heiratspolitik nicht nur der Wille des Herren des Hauses eine Rolle. Die gesamte väterliche Sippe war involviert. Die zahlreichen zusammengehörigen Verwandten und Verbündeten scharten sich um den Herren, um Rebellen zu bezwingen oder Rivalen zu vertreiben. Nie war ein Vater allein.

Diese Heiratspolitik der großen Familien brachte im 12. Jahrhundert eine genealogische Literatur zum Blühen. Ausgangspunkte waren Flandern und das Anjou. Diese Genealogien ließen sich den Stammbaum mehr angelegen sein als die Sippe, d. h. mehr die männliche (agnatische) Linie als die ganze Verwandtschaft; die männliche Linie schien besser geeignet, das Zusammenhalten oder die Weitervererbung eines großen Besitzes zu rechtfertigen. Diese Neuerung war von weitreichender Bedeutung für die vaterschaftlichen Funktionen. Das Gewicht des männlichen Stammbaums verstärkte sich, es ließ sogar im Laufe des 13. Jahrhunderts den Brauch wieder aufleben, ein Kind mit dem Familiennamen zu bezeichnen, ein Brauch, der in Rom üblich gewesen war, sich im Lauf der Zeit der fränkischen Herrschaft auch bei den Galloromanen aber verloren hatte.

Das Auftreten dieser *Stammbaum-Ideologie* (Georges Duby) erklärt sich sicher aus einem Zusammentreffen mehrerer Faktoren. Seit dem 12. Jahrhundert durchlief die Lehnsherrschaft eine Krise. Zahlenmäßig und wirtschaftlich durch die Kreuzzüge geschwächt und bedroht durch die wachsende Macht der Städte und des Königtums, durch den Besitz von Ländereien und Titeln gefestigt, bildete sich hier langsam das heraus, was man den *Adel* nennt; die Lehnsherren bildeten eine Gruppe von Privilegierten, zu der Zugang nur über Ahnen möglich war. Zu jener Zeit wurden Regeln entwickelt, die juristisch das Erbrecht (vor allem das Recht der Ältesten) sicherten, dazu aber entstand ein gewisser Ehrenkodex, eine Familienmystik, die den Adeligen vom Gemeinen unterschieden. Daraus folgt aber nicht, daß die Vaterrolle jetzt individueller oder persönlicher aufgefaßt worden wäre; bis zur Französischen Revolution blieb der Vater Herr des Hauses und außerdem der zeitweilige Repräsentant eines adligen Stammbaums, ein Glied in der Kette, die den Großvater mit dem ältesten Sohn verband – in Zukunft ein weiterer wesentlicher Aspekt seiner Vaterrolle.

Auch der König von Frankreich hatte diese doppelte Rolle. Er sorgte für die Kontinuität seiner Familie, er schützte und beherrschte die von ihm Abhängigen, seine Untertanen, er war der Vater seines Volkes. Bei der Salbung zum König wurde diese Aufgabe von Gott geweiht, er galt als Stellvertreter von Gottvater. Die feudale Gesellschaft akzentuierte die Verwandtheit und sogar die Entsprechung der Vorstellungen von Stärke und Führung.

Die, die beten

Die Geistlichen sind für diese Untersuchung doppelt wichtig: Einmal übernahmen sie persönlich die Vaterrolle, zum anderen arbeiteten sie daran, sie zum Besten der Laien neu zu definieren.

Auch Priester zeugten Kinder. Während der ersten Jahrhunderte war der Zölibat ihnen nicht zwingend auferlegt, er war ihnen nur anempfohlen; im vierten Jahrhundert erhielten auch verheiratete Männer noch die Ordination, allerdings unter der Bedingung, sich ihrer Frauen zu enthalten. Diese Regelung wurde vom 6. bis zum 8. Jahrhundert vernachlässigt, unter den Karolingern wieder eingeführt, um die Mitte des 9. Jahrhunderts dann wieder aufgegeben. 1074 ließ Papst Gregor VII. die Priesterehe durch das Konzil von Rom verbieten; 1123 wurde dieses Verbot durch das Laterankonzil wiederholt, das Konzil von Trient erneuerte es am Ende des 16. Jahrhunderts. Erst in der Mitte des 13. Jahrhunderts aber begann sich die Realität dem kanonischen Recht anzugleichen: bis dahin lebten die Priester häufig in einem Verhältnis oder hatten Kinder. Später wurde diese Praxis mit dem Mantel des Schweigens zugedeckt: Pfarrer, Kanoniker und sogar einige Bischöfe hatten illegitime Kinder und zogen sie mehr oder minder im Geheimen groß. Erst nach dem Konzil von Trient, an der Schwelle zum 17. Jahrhundert, wurde das kirchliche Gebot des Zölibats respektiert.

Waren sie nicht Erzeuger, übernahmen Geistliche gerne die Rolle von Adoptivvätern. Gregor von Tours (um 538-um 594), selber Bischof, berichtet, daß er kleine Waisen aufgenommen, sie eigenhändig von klein an aufgebracht habe, und wie sehr ihr Tod ihn erschütterte. Viele Klöster hatten eine Kinderkrippe, sie nahmen die Kinder auf, die von den Eltern Gott dargebracht wurden: dem Klosterleben gewidmete Kinder. Die Herren bedienten sich gelegentlich dieser Möglichkeit, sich behinderter Sprößlinge zu entledigen (und einige Orden haben gegen solchen Mißbrauch Maßnahmen ergriffen); aber das Opfer konnte auch in durchaus frommer Absicht gebracht werden. Die Mönche verfolgten eine von der der Laien unterschiedene Erziehungsmethode, wenigstens im Kleinkindalter. Sie erzogen die Jungen nicht zur Aggressivität und die Mädchen nicht zur Unterwerfung, sie versuchten, die unschuldigen Tugenden der Kindheit zu bewahren. Waren sie mündig, konnten diese Kinder selbst entscheiden, ob sie ein lebenslanges Gelübde ablegen wollten.

Der Abt eines Klosters übernahm die Rolle des Vaters (*abba* = Vater) für alle Mönche und vor allem für die Novizen. Nach den benediktinischen Regeln sollte der Abt ein aufmerksamer Vater sein, der seine geistlichen Söhne auf dem Pfad zunehmender Kenntnis von Gott überwachte und anleitete.

Die Mönche gestalteten also die Vater-Kind-Beziehung auf eigene Weise. Stärker als ihre eigene Erfahrung war es jedoch ihre Eigenschaft als Diener Gottes, die ihrer Auffassung nach eine entsprechende Einmischung auch in weltliche Vater-Kind-Beziehungen rechtfertigte. Ihren Einfluß auf die Väter entfalteten sie vor allem mit Hilfe von Riten, Festen und Sakramenten, auch aber, indem sie mit der königlichen Macht kollaborierten.

Die Geburt Christi gab Anlaß zu Darstellungen, die mehr und mehr volksnah wurden. Sie wurde als liturgisches Schauspiel, das man als *Mysterien* oder in der Form von *Krippen* darstellte, in Szene gesetzt. Ein berühmtes Fresko von Giotto und seinen Schülern in der Oberkirche von Assisi zeigt, wie Franziskus in der Nähe von Greccio eine Krippe installiert: Er legt ein kleines Kind auf ein Strohlager zwischen Ochs und Esel. Man vermutet, daß von nun an (1223) die Erinnerung an die Geburt Christi in dieser Weise von der christlichen Welt wachgehalten wurde, dergestalt angehalten, über Reinheit und Unschuld des kleinen Kindes nachzusinnen. Neu belebt wurde diese Volksfrömmigkeit im 16. Jahrhundert: Die Kirche, die damals ihre Autorität durch die Fortschritte der Reformation bedroht sah, machte große Anstrengungen bei der Volkserziehung. Sie ließ die stark profanisierten Mysterien verbieten. An ihre Stelle traten die von jeder Gemeinde in der Kirche errichteten Krippen, die die im Evangelium erwähnten Figuren getreulich nachbildeten, häufig aber Lokalheilige hinzufügten, was die Pfarrer letztlich zuließen. Am Heiligabend kamen alle Gläubigen, das göttliche Kind anzubeten. Dabei beschauten sie dann das Idealbild von der Heiligen Familie: Vater und Mutter, die das Neugeborene achten und verehren; Maria, immer Jungfrau, Mutter und keine Frau, die voller Selbstverleugnung das Vorhaben Gottes auf sich nimmt; Josef, in schrankenloser Hingabe, ein demütiger und keuscher Pflegevater.

Zur gleichen Zeit wurde die Liturgie der Taufe präziser gefaßt, vor allem sollten auch kleine Kinder das Sakrament erhalten. Seit dem Konzil von Trient, also Ende des 16. Jahrhunderts, wurde die Taufe der Neugeborenen obligatorisch. Das Konzil beließ dem Vater noch eine Frist von acht Tagen nach der Geburt. Die Provinzialsynoden verkürzten diese Frist bald auf drei Tage; eine königliche Deklaration setzte sie in Frankreich auf zwei Tage herab (Strafbestimmungen gingen von einer Geldstrafe bis zur Exkommunikation). Die Nottaufe zu zarter Neugeborener wurde erlaubt, sollten das Wetter zu schlecht und die Kirche zu weit sein, um die Taufe regulär in einem Gotteshaus vorzunehmen.

Im ausgehenden Mittelalter war die Zahl von Paten und Patinnen bei den Wohlhabenden unbegrenzt: eine Möglichkeit zur Vermehrung von Wohltätern und Geschenken... Das Konzil von Trient reduzierte deren Zahl auf zwei Personen, ein Mann und eine Frau, beide getauft und nicht exkommuniziert, im Vollbesitz ihrer Vernunft und in Kenntnis ihrer Verantwortlichkeit, als Paten von den Eltern ausgewählt. Am Tage der Taufe war der Zug zur Kirche folgendermaßen zusammengesetzt: voran das Kind in den Armen der Hebamme, dann Pate und Patin, dann Familie und Freunde, die das Kreuz, eine geweihte Kerze und ein Tuch trugen. Der Vater war der letzte, die Mutter fast nie dabei. Während des heiligen Akts übernahmen die Paten die wichtigste Rolle. Sie trugen das Kind und antworteten an seiner Stelle auf die Fragen des Priesters. Ihre Verbindung mit dem Kind wurde als unauflöslich betrachtet, stärker als Blutsverwandtschaft, sie schloß die Ehe zwischen Paten und Patenkindern aus; diese geistliche Elternschaft hatte ihre Teilnahme (wohlgemerkt auch mit Geschenken) an allen wichtigen Abschnitten des Lebens der Kinder zur Folge.

Vom 12. Jahrhundert an wird die Bedeutung der Wahl eines Vornamens aufschlußreich. Vornamen germanischer Herkunft, deren Zusammensetzung häufig auf Tiernamen zurückgeht, waren im Hohen Mittelalter vorherrschend. Nach und nach wurden sie zurückgedrängt, ebenso die Vornamen antiker Herkunft. Der Klerus setzte den Gebrauch der Vornamen der christlichen Heiligen durch. Einige stark mit ihrer Heimat verbundene Familien vertrauten ihr Kind einem regionalen Schutzheiligen an: in der Franche-Comté Saint Claude, Saint Léonard im Limousin. Dies aber nur in frühen Zeiten, später griff eine Uniformisierung um sich. Im 16. Jahrhundert reichten fünf oder sechs weibliche oder männliche Vornamen für mehr als die Hälfte der Bevölkerung: Jean, Antoine, Pierre für die Jungen, Marguerite, Cathérine, Anne, Jeanne für die Mädchen. Später ersetzten Maria und Josef nach und nach die anderen Vornamen, auch dies ein Beispiel für die Durchsetzung des Modells von der Heiligen Familie.

Der Klerus bemühte sich auch um die Durchsetzung der kirchlichen Lehren in den Familien, mit Predigten, Beichtgesprächen oder durch Literatur über Kindererziehung. Eines der besten Beispiele dafür ist zweifelsohne Jean Gerson, berühmter Theologe und Zeitgenosse von Jeanne d'Arc, der mit der Liebe und der Klarsicht eines wirklichen Vaters über Kinder spricht. Er ist erfahren, war er doch vom König Karl VI. für die Erziehung seiner beiden Söhne, dreizehn und vierzehn Jahre alt, ausgewählt worden. Ebenfalls hatte er sich viel mit den Chorknaben von Notre-Dame in Paris befaßt. Als einer der ersten wies er auf die Bedeutung von Beichtgesprächen für Kinder hin, er wollte sie häufig, mindestens vier- oder fünfmal im Jahr stattfinden lassen, um eine wirkliche Bildung der kindlichen Gewissen zu ermöglichen. Er selbst hatte viel gebeichtet und hat eine tiefe und feine Kenntnis der Kinderseele. Dabei machte er sich keine Illusionen über die *Unschuld* der Kinder, auch nicht der kleinen: Sie masturbierten häufig, sie kannten Wildheit und Zorn, Neid und Faulheit, nach Gerson alles traurige Folgen der Erbsünde. Aber neben diesen ernüchterten Feststellungen findet sich bei Gerson viel Zärtlichkeit für Kinder. Er betonte, wie Bernhard von Clairvaux, die mystische Bedeutung der Kindheit. Die Liebe, die Jesus für sie gezeigt hat, läßt sie bevorzugte Heilsvermittler bei ihm sein. Deshalb sollten sie mit Achtung und Sorgfalt erzogen werden. Man mußte ihnen jeden grausamen oder unanständigen Anblick ersparen, der sie auf Dauer verschrecken könnte. Gerson kannte das, was wir Traumatisierungen nennen. Unter diesem Gesichtspunkt verurteilte er in mehreren seiner Werke, - *Vive le Roi*, Diskurs von 1403, *De parvulis trahendis ad Christum*, *L'ABC des simples gens* [Es lebe der König, Wie die Jugend zu Christus hin erzogen wird, Das ABC der Einfältigen] – die Gleichgültigkeit und Sorglosigkeit der Väter, die häufig die ersten seien, ihre Kinder mit schlechten Beispielen und unbedachten Befehlen auf den falschen Weg zu bringen. Das war vor allem bei den Mächtigen so... Die Väter sollten sich dagegen mit Tugend und Festigkeit wappnen, ihre Kinder nach bestem Wissen ohne Grausamkeit strafen, anstelle mit ihnen wie Spielzeug oder Wesen ohne Bedeutung umzugehen.

Gersons Gedanken sind Anzeichen einer bedeutsamen Veränderung.[4] Während des Späten Mittelalters (12. bis 15. Jahrhundert) haben Gewalt und Unsicherheit abgenommen, beginnt eine versittlichende und intellektuelle Erziehung an die Stelle einer Erziehung zur Aggressivität zu treten. Dabei ließen die Väter den Geistlichen immer mehr Raum bei ihren Kindern. So erhielten auch die nichtzeugenden Väter ihren Anteil an der Vaterschaft.

Diese Einmischung der Geistlichen ist auch entscheidend gewesen für die Definition der Vaterrolle in einem anderen Zusammenhang, nämlich dem der Legitimierung der Kinder durch die Ehe. Die Kirche hatte immer Großfamilien bekämpft und sich hartnäckig für die Begrenzung auf die eheliche Kleinfamilie eingesetzt, die Familie, in der der Vater allein, aber vollständig für die von ihm im engen Rahmen der christlichen Ehe gezeugten Kinder verantwortlich war. Einen wichtigen Abschnitt in diesem Bereich kirchlicher Einmischung untersucht Georges Duby in *Ritter, Frau und Priester*. Während des 11. Jahrhunderts begann die Kirche, Regeln für eine christliche Ehe aufzustellen und die Einheit von Frau und Mann zu einem Sakrament zu erheben. Mit wachsender Strenge beharrte der Klerus auf der Übereinkunft der künftigen Ehepartner, auch begann er sich über den Grad von Blutsverwandtschaft Gedanken zu machen; er widersetzte sich den häufig erzwungenen Ehen, Quelle vielfacher Konflikte, und bemühte sich, den Inzest zu eliminieren, der wohl in den großen Häusern noch weit verbreitet war.

Vor allem aber verstärkten die Geistlichen Tadel und Sanktionen gegen die Verstoßung von Ehefrauen und gegen das Konkubinat. Es ging ihnen darum, eine streng monogame und unauflösliche Ehe durchzusetzen, die auf gegenseitiger, ausschließlicher und endgültiger Treue der Ehegatten beruhte. Das hieß, gegen alte und wohlverankerte Bräuche vorzugehen: Warum denn mußte ein junger und mächtiger Herr, dessen legitime Gattin unfruchtbar war, sich um Nachkommenschaft bringen lassen? Das genau aber wollte man bei ihm durchsetzen. Seit dem zwölften Jahrhundert ist die Kirche streng mit den Herren verfahren, die sich in irregulären Verbindungen gefielen und ihre Bastarde zu legitimen Erben machten. Erneut wurden dieselben Normen während des Konzils von Trient im 16. Jahrhundert bekräftigt: Damals wurden Lehre und Sakrament der Ehe präzise formuliert und bis heute nicht abgeändert. Das Königtum, das sich damals zum Absolutismus hin entwickelte und den Einfluß der großen Herren zu beschneiden suchte, stellte sich auf die Seite der Kirche. Kanonisches und ziviles Recht wandten sich gemeinsam gegen den *Bastard*, der nicht nur von der Erbfolge ausgeschlossen, sondern auch von sozial schwerwiegender Rechtsunfähigkeit betroffen wurde: So wird er von richterlichen und ritterschaftlichen Ämtern, der Verwaltung von Staatsfinanzen sowie von der Übernahme kirchlicher Pfründen ausgeschlossen.

Das Sakrament der Ehe verbannte also die natürlichen Kinder nichtsakramentaler Verbindungen, selbst die, die von ihrem Vater anerkannt worden waren, in die Illegitimität (und beraubte sie des väterlichen Schutzes). Der Verruf, in den diese Kinder gerieten, hat möglicherweise der Kindstötung Vorschub geleistet, die seit dem 16. Jahrhundert zuzunehmen scheint. Unleugbar wagen Väter es nicht mehr, sich zu ihren illegitimen Kindern zu bekennen, wenn es beschämend wird, solche zu bekommen, womit die Last voll und ganz auf die Mutter fällt, auch wenn sie sie häufig alleine nicht tragen kann. In der Frühen Neuzeit (und später) sprechen die Statistiken von den gefallenen Mädchen als von den eigentlich Schuldigen für Kindstötung, und die, die dem ungewünschten Kind das Leben ermöglichten, gerieten, wie das Kind, in Verachtung und Elend. Kirche und

König haben versucht, diese traurige Entwicklung abzumildern, indem sie den *Verführer* zu dieser oder jener Wiedergutmachung gezwungen haben. Das war das Ziel des schon im vorangegangenen Kapitel erwähnten Edikts von Heinrich II. (1556), das jede Frau und jedes Mädchen zwang, ihre Schwangerschaft bei den Behörden anzuzeigen: Es erlaubte, die Schuldige nach dem Vater des Kindes zu fragen und ihn, wenn er Junggeselle war, möglicherweise zur Heirat zu zwingen, oder aber der Mutter eine substantielle Entschädigung zukommen zu lassen. Unnötig zu erwähnen, daß dieses Edikt entgegen seinen guten Absichten mehr dazu beigetragen hat, die unehelichen Mütter zu belasten als die Väter zu disziplinieren... Doch wäre es ungerecht, der Kirche allein die Schuld an einer solch unnachsichtigen Moral zu geben: Die monogame und unauflösliche Ehe, die Ausschließung des unehelichen Kindes und seiner Mutter, waren Ziel von einem weit verbreiteten Konsens, und die königliche Herrschaft hat diese Absichten ohne Zögern in Gesetze umgemünzt. So ist man am Beginn der Neuzeit Zeuge der Zurückdrängung von Bräuchen der feudalen Gesellschaft, die langsam von den Normen einer vornehmlich *bürgerlichen* Gesellschaft abgelöst wurden. Das *Paar* ersetzte nach und nach die *Abkunft* als normative Einheit der Familie. Der Vater, umgeben von Ehefrau und seinen Kindern, übernahm in Stadt wie Land die Lenkung einer grundlegenden Wirtschaftseinheit. Ihr Wohlergehen gründete sich auf der Solidarität der Mitglieder, auf der Einheit der Ehegatten, auf dem gegenseitigen Vertrauen zwischen Eltern und Kindern, den zukünftigen Erben. In diesem System war das uneheliche Kind fehl am Platze.

Man sollte sich der ganzen Tragweite dieses Triumphes der christlichen Ehe bewußt werden.[5] In ein und demselben Mann vereinigte sie alle väterlichen Funktionen – die Fortpflanzung, die Erziehung und die Übertragung des Erbes. Das ehelich geborene Kind errang den Status eines Erben seines Vaters und konnte seiner nie wieder beraubt werden;

von seinen Vorfahren erhielt es Namen und Rechte. Allein die Ehe begründete in Zukunft die verwandtschaftlichen Verbindungen. Sie überwölbte das Gebäude der Gesellschaft, dessen Hauptpfeiler der Vater war. Darüberhinaus aber wurde durch die Ehe der Vater eines Kindes bestimmt: Durch sie wurde die Abstammung vom Vater etabliert und fixiert, neben der allein evidenten Abstammung von der Mutter. Die Frau wurde in die Bedeutungslosigkeit verwiesen, das von ihr geborene Kind hatte einen Vater, d. h. den Ehemann. Hier tritt wieder das Bestreben des Mannes zutage, unzweideutig sein Vatersein zu definieren. In Rom hatte sogar der verheiratete *pater familias* sein Kind anzuerkennen oder zu adoptieren. An die Stelle der Anerkennung tritt bei den Christen jetzt die Ehe mit der Mutter; die Adoption wurde beiseite gedrängt.

Diese beiden letztgenannten Bereiche bedürfen noch näherere Ausführung: das Schicksal der ehelichen Mutter und die Ehe der Kinder.

Als die Kirche begann, sich für die Frau in der Ehe einzusetzen und sie mit der Weihe eines Sakraments aufzuwerten, müssen Teile des frauenfeindlichen Klerus das Bedürfnis verspürt haben, ihre untergeordnete Position in der Ehe auf Dauer festzuschreiben. In seinem Buch *Der schwangere Mann*[6] geht Roberto Zapperi dem in ausgezeichneter Weise nach, indem er die Darstellungen von Evas Erschaffung untersucht. Der Schöpfungsgeschichte zufolge fand diese Geburt in zwei Schritten statt. Zum ersten schläferte Gott Adam ein und entfernte eine seiner Rippen, zum zweiten formte Gott aus dieser Rippe die Frau und führte sie dem Mann zu. In der frühen Ikonographie (vor allem der karolingischen), waren diese beiden Szenen voneinander getrennt. Aber schon in der zweiten Mitte des 11. Jahrhunderts bürgerte es sich ein, beide Szenen zu einer einzigen zu verschmelzen. Am Portal des Doms von Augsburg findet sich ein Relief, das zeigt, wie Gott den schon vollständig ausgebildeten Körper von Eva aus Adams Körper herauslöst. Damit wurde aus der Schöpfung Fortpflanzung. Diese Interpretation der Schöpfungsgeschichte, die aus Eva die *Tochter* Adams machte, verlangte von ihr Gehorsam; gleichzeitig verkehrte sie zugunsten Adams die wichtigste gesellschaftliche Aufgabe der Frau, die, Leben zu spenden. Diese biologische Vermischung der Geschlechter zielte auf die Begründung einer symbolischen sozialen Beherrschung. Die Unterwerfung der Mutter ist vom Christentum nicht erfunden worden, denn sie bestand schon vorher, die Mehrheit der Geistlichen jedoch billigte sie, garantierte sie und sorgte für ihr Fortdauern.

Die Ehe der Kinder, die schon vorher zum Interessengegensatz zwischen Vätern und Kirche beitrug, wird nun zum Konfliktpotential zwischen staatlicher und kirchlicher Gewalt. Die Kirche bestand auf der Freiheit der Ehegatten: Sie sollten einander wählen, zumindest aber sich frei füreinander entscheiden können. Die Strenge der christlichen Eheauffassung verlangte gegenseitige Treue bis zum Lebensende; also mußten die Ehepartner die Möglichkeit haben, ihr Einverständnis zu einer solch schwerwiegenden Verpflichtung zu bekunden. Die Väter aber beharrten auf ihrer Autorität, da gewichtige Interessen auf dem Spiel standen. Unterstützung erhielten sie dabei von der königlichen Macht.

Vom 16. Jahrhundert an bestärkten die königlichen Ordonnanzen überall aus politischen Gründen die Autorität der Väter und handelten damit den Geboten der Kirche zuwider. Die Legisten des Königs waren glücklich, das römische Recht wiederzuentdecken: Sie versuchten, aus ihm gleichermaßen eine Definition königlicher wie väterlicher Macht abzuleiten. Der Monarch der Neuzeit repräsentierte auf Erden die Allmacht Gottes, verfügte also über absolute Macht, deren Weitergabe die Familienväter vermitteln sollten. Andererseits verbürgte die Unabdingbarkeit der Autorität des Familienvaters die des Königs und die Gottes. Diese Hierarchie, die man sich sakraler kaum vorstellen kann, läßt die väterliche Macht von Gott zum einfachsten

Mann über den König kreisen. Und so erlaubte ein anderes Edikt Heinrichs II. *Wider die heimlichen Ehen* (1556) den Eltern, ein minderjähriges Kind (dreißig Jahre bei einem Sohn, fünfundzwanzig bei einer Tochter) zu enterben, wenn es ohne elterliche Einwilligung eine Ehe eingegangen war. Unmittelbar darauf, während des Trienter Konzils, gab die Kirche teilweise nach. Das berühmte Dekret *Tametsi* (1563) erklärt heimlich geschlossene Ehen für ungültig: die Veröffentlichung des Aufgebots, die Gegenwart von Geistlichen und Zeugen waren von nun an gesetzlich vorgeschrieben. Obwohl das Konzil nun aber Ehen ohne elterliche Einwilligung verbot, weigerte es sich dennoch, derart geschlossene Ehen für ungültig erklären zu lassen...

Seit dem Zusammenbruch der antiken Welt hatte es also eines Jahrtausends bedurft, um dem Vater eine autonome Rolle als Individuum zuzuerkennen und seine Aufgaben festzulegen. Die neuen Regeln sind eindeutig:

– Jeder Mann hat das Recht auf Fortpflanzung, es gibt keine Sklaven mehr, denen dieses Recht abgesprochen werden könnte. Gegenüber dieser Gleichheit behalten die ökonomischen Faktoren allerdings noch lange ihr Gewicht. In der frühen Neuzeit haben die Ärmsten und manchmal auch die jüngeren Söhne großer Familien nicht immer die Mittel, eine Familie zu gründen.

– Der Vater darf sich nur im Rahmen des Sakraments der Ehe fortpflanzen, das von der königlichen Macht sanktioniert wird. Die Eigenschaft als Vater und seine Vorrechte werden ihm allein durch das Sakrament verliehen. Illegitime Kinder außerhalb der Ehe werden in Zukunft gebrandmarkt; auch hat er nicht mehr das Recht, von anderen gezeugte Kinder zu adoptieren.

– Seine Macht ist nicht mehr unumschränkt, im Grundsatz muß er für das Leben, die Rechtschaffenheit und die Freiheit aller von ihm gezeugten Kinder Sorge tragen.

– Schließlich eine Eigentümlichkeit: Der christliche Vater hat neben sich Geistliche, die aus freiem Willen keine leiblichen Väter sind, sich aber deswegen für um so geeigneter halten, geistliche Väter zu sein und tatkräftig bei der Erziehung der Kinder mitzuwirken.

Obwohl diese Grundsätze im allgemeinen gültig waren, ließen sie sich doch nie ohne weiteres durchsetzen: sie stießen auf andere Interessen, Traditionen, und tiefverwurzelte Bräuche wirkten ihnen sogar gelegentlich entgegen. In den Gewohnheitsrechten vollzog sich die Ausprägung der Vaterrolle nur mit Hilfe von Anpassung und Kompromissen.

TEIL II

Vaterschaft in den Gewohnheitsrechten

Gewohnheitsrechte sind ungeschriebene, jedoch als solche geltende Gesetze. Jeder der germanischen Stämme, die nacheinander seit dem 4. Jahrhundert in das Römische Reich eingefallen waren, hatte eigene Gewohnheitsrechte, d.h. von Generation zu Generation weitergegebene Rechte und Bräuche. Diese verschiedenen Traditionen wurden durch den Kontakt mit den Lehren der Kirche und den königlichen Ordonnanzen weiterentwickelt, nicht aber aufgegeben. In dem komplexen und bewegten Bild der von mir so bezeichneten *gewohnheitsrechtlichen Vaterschaft* lassen sich zwei voneinander unterschiedene Besonderheiten ausmachen. Erstens die Rolle des Vaters: Er ist kaum autonom. Er wird Vater inmitten der Seinen, eingebunden in eng aufeinander bezogene, verwandtschaftliche und nachbarschaftliche Gruppierungen, achtet deren Bräuche und Vorstellungen und lebt eingeengt, abhängig von der Gewalt von Mächtigeren. Der Versuch, ihn in diesem Rahmen als Individuum zu begreifen, muß ein Kunstgriff bleiben, denn eng geknüpft ist das Netz, das ihn umfängt. So ergeben sich beträchtliche Schwierigkeiten, was in den folgenden Kapiteln ersichtlich werden wird.

Die weiter ins Auge fallende Besonderheit der Vaterschaft in den Gewohnheitsrechten ist die Vielfalt ihrer Ausprägungen. Um sie genau zu beschreiben, müßte man alle geographischen und ethnologischen Variationen der Gewohnheitsrechte berücksichtigen – ich habe darauf verzichtet, um die Gefahr anekdotenreicher Folklore zu umgehen. Eine andere Vielfalt scheint mir zudem aufschlußreicher. Die Gesellschaft des Ancien Regime basiert auf Ungleichheit: Drei Stände bestehen, und das nicht nur in den Vorstellungen. Bauer und Edelmann konnten nicht auf gleiche Art Vater sein. Sie wurden Vater unter ganz unterschiedlichen Rahmenbedingungen und konnten auch sehr unterschiedliches Gut vererben. Auch die Bürgerlichen, Kaufleute und Handwerker, entwickelten in dem Maße, wie ihre Zahl stieg, neue Normen, die sie ihrerseits für erhaltenswert erachteten. So scheint in der Tat die soziale Funktion des Vaters, die der Weitergabe und Vererbung materieller Güter, im Bereich der gewohnheitsrechtlichen Vaterschaft den Vorrang zu haben.

4. KAPITEL

Die Bauern

Seit dem Neolithikum wurde die Vaterrolle in den bäuerlichen Kulturen mit einigen grundlegenden Charakterzügen gezeichnet. Der Wunsch, Nachkommen zu haben, die Ängste des Vaters während der Geburt, die Furcht vor Impotenz und Sterilität, die Qual beim Tod eines Kindes, die Belastung durch eine zu große Familie und die Sorgen für deren Versorgung, alle diese Probleme, die auch der Mann von heute noch hat, fanden zuerst ihren Niederschlag im Rahmen der bäuerlichen Gemeinschaften. Dieses Echo will ich hier in Erinnerung bringen. Die Bräuche, die ich aufzeichne, bestanden ohne Zweifel weit vor der hier beschriebenen Zeit, und einige bestehen bis heute, so als ob sie eigentlich zeitlos wären. Deswegen kann es hier nicht darum gehen, eine genaue chronologische Darstellung, eine Periodisierung vorzunehmen. Die Zeitvorstellung, die in diesem Kapitel beschrieben wird, ist vor allem die des Ethnologen. Vom Zeugungsakt bis zum Erwachsenwerden begleiteten Gewohnheitsrechte die Einübung in Vaterschaft. Wenn es auch gewisse territoriale Unterschiede gab, so überwogen doch bei weitem bestimmte, beinahe universelle Gebräuche, die sich im Kern nur wenig voneinander unterschieden. Sie sind in unserem Zusammenhang zweifellos von größter Bedeutung. Sie kommen scheinbar aus der Tiefe der Vergangenheit und gehen vermutlich auf den Ursprung der Menschheit zurück. Und doch bezeugen sie die Existenz einer sehr entwickelten Kultur, der bereits alle Widersprüchlichkeiten der Vaterrolle innewohnten. Sie wurden allem Anschein nach durch das Christentum überformt.

Der Bauer war zunächst und vor allem einer, der ein bestimmtes Eigentum, so klein es immer sein mochte, besaß, nutzte und weitergab. Er war ihm um so mehr verbunden, als er sich diesen Besitz mit großer Mühe angeeignet hatte. Als Leibeigener hatte er lange auf den Ländereien des Lehnsherrn gearbeitet. Erst seit dem Beginn des 11. Jahrhunderts waren die Lehen nach und nach freigeworden. Im Austausch gegen bestimmte *Herrenrechte* hatte der Bauer die Freiheit erhalten, sein Land so zu bestellen, wie er es für richtig hielt, es zu vergrößern, zu zerstückeln, seinen Nachkommen zu vererben. Dieses Stück Erde war Symbol seiner Freiheit und seiner Würde. Ebensosehr und mehr als juristische und religiöse Grundsätze war es diese Bindung an das Land, die seine Vaterseele geformt hat.

Kinder werden gebraucht

Psychologen von heute unterscheiden die *Absicht*, den *Wunsch* und das *Bedürfnis*, Kinder zu haben. Sie haben es nicht gern, wenn man *Bedarf* an einem Kind hat, was heißt, daß man es für sich haben, es auf den Charakter einer Sache reduzieren und es *versachlichen* will – man *braucht* Kinder, wie man ein Paar Schuhe *braucht*.

Den Bauern der Frühen Neuzeit waren solche Feinheiten unbekannt. Sie bedurften der Kinder, und diese Bedürftigkeit war weit selbstverständlicher als heute: Es war nötig, das Überleben der Sozialgruppe zu sichern, für Arbeitskraft Ersatz zu schaffen und für Unterstützung im Alter zu sorgen. Wunsch und Planung von Kindern mußten sich nicht in Worten ausdrücken, so selbstverständlich waren sie. Sie verkörperten eine kollektive Erwartung, die die Einheit von Mann und Frau einschloß. Anthropologen sprechen davon, daß das Kind mehr in den Kreis generationenübergreifenden Kulturwillens hineingehörte als dem Wunsch der Eltern selbst entstammte – umso schwieriger gestaltet sich die Suche nach individuellen Wünschen der Väter.

Die ursprüngliche Quelle aller Fruchtbarkeit war die

Mutter Erde, die im ununterbrochenen Zyklus der Jahreszeiten neue Wesen schafft und tote Wesen in sich aufnimmt. Die Menschen waren diesem Rythmus ebenso unterworfen wie Tiere und Pflanzen, und ihr Wunsch nach Fortpflanzung bewegte sich zunächst in diesem Rahmen in sich selbst ruhender Harmonie. Diese Hinnahme bewirkte jedoch nicht Tatenlosigkeit: Jeder Mann suchte auf seine Weise zumindest teilweise die Naturerscheinungen zu beherrschen, indem er Praktiken anwandte, die später magisch genannt werden. Dank ethnologischer und historischer Untersuchungen sind diese Praktiken heute gut bekannt.[1] Für die Bauern von einst war alles Zeichen. So weit, wie man in der Geschichte unserer Dörfer zurückgeht, findet man symbolische Riten zur Beschwörung von Fruchtbarkeit: Ein weißes Huhn führte den Hochzeitszug an, man warf Körner auf die Braut, schenkte ihr eine Puppe in einem Holzschuh; zog sich das Brautpaar am Abend zurück, folgte man in das Brautgemach und zwang es, die *rôtie* zu verspeisen, ein Gebräu oder eine Suppe, die angeblich Zeugungskraft verschaffte.

An die Ehe knüpfte man selbstverständlich die Erwartung von Schwangerschaft, und wenn sie sich zeigte, war der junge Ehemann beruhigt und konnte sich vor den Seinen bestätigt fühlen. Sein Willen, das Ungeborene zu schützen, gehorchte sehr viel anderen Vorstellungen als den unseren. Er entließ seine Frau nicht aus der Feldarbeit: Auf dem Lande ist Arbeit so häufig eine Überlebensfrage, daß sie bereits ein moralischer Wert an sich ist. War der Haushalt arm, war die Mühe um so nötiger, je größer die Familie wurde. Auch die schwangere Frau wurde körperlich gezüchtigt, sobald sie ihren Herrn und Meister erzürnte, denn im Gewohnheitsrecht wie im *Code Civil* war der Mann das *Oberhaupt der Frau* und mußte seine Autorität jederzeit unter Beweis stellen können. Hatte eine Frau in der Folge von Schlägen eine Fehlgeburt, machte niemand den Ehemann dafür verantwortlich. Noch im Jahre 1821 erklärte der Arzt Capuron in *La Médecine légale relative à l'art des accouchements* [Die Gerichtsmedizin in Bezug auf Niederkünfte], daß ein Ehemann nicht immer Herr seiner selbst sein könnte... Zur gleichen Zeit mußte die schwangere Frau aber eine große Zahl von Ver- und Geboten befolgen, die alle zum Ziel hatten, die Eigenschaften ihrer Leibes-*Frucht* zu verbessern. Ihr Ehemann beeilte sich, die von ihr geäußerten Gelüste nach Möglichkeit zu befriedigen. All diese Vorkehrungen, heute dank zahlreicher Arbeiten[2] bekannt, scheinen wirklich Gaben an das, wie wir es nennen würden, *imaginierte* Kind gewesen zu sein. Es gab auch Versuche, das Geschlecht eines Kindes im Voraus zu bestimmen; immer hoffte der Vater auf einen Jungen, der ihm bei seiner Arbeit helfen sollte. In einer bestimmten Gemeinde in der Vaucluse hielt man sich dafür an die Mondphasen, Jungen wurden in der Phase abnehmenden Mondes gezeugt, Mädchen während des zunehmenden (das Mädchen ist ein unvollkommenes Wesen).

Geburt

Bei der Geburt wurde die fehlende Symmetrie zwischen beiden Geschlechtern erkennbar. Sie scheint beide Erzeuger voneinander geschieden zu haben.

Die Geburt gehörte den Frauen. Sie stärkte die weibliche Identität, zunächst die der Gebärenden, da die Mutterschaft eine Frau vollkommen macht, aber auch die der Mitmütter, die *helfen* kamen, in jeder Bedeutung des Wortes. Hebamme, Verwandte, Nachbarinnen, alle betonten bei dieser Gelegenheit die weibliche Solidarität und bekräftigten ihre Gemeinschaft.

Natürlich war der Mann niemals davon ausgeschlossen und konnte, falls nötig, mit anpacken. Wenn zum Beispiel die Geburt auf einem weitabliegenden Bauernhof (wie häufig) in der Nacht stattfand, konnte der Vater sich allein am Bett seiner Frau finden; und er war keinesfalls unfähig, ihr

Hilfe zu erweisen, da er fast immer auch dem Vieh beim Gebären der Jungtiere helfen mußte. Selbst wenn er überflüssig war, fühlte er sich betroffen. Er wußte, daß seine Frau gefährdet war. Die Müttersterblichkeit war wahrscheinlich nie so hoch, wie man gelegentlich angenommen hat; jedenfalls war sie weniger vom Wissen der Hebammen als von den Lebensbedingungen insgesamt abhängig, die je nach Epoche, Region und Milieu schwankten, ohne daß man schon exakte Angaben dazu machen könnte. In prosperierenden Zeiten, bei wohlhabenden Familien lag die Müttersterblichkeit knapp über zwei Prozent (die Folgezeit nach der Geburt bis zum vierzigsten Tag miteingerechnet). In Zeiten des Elends jedoch und bei armen Familien, in denen die Frauen unter den Folgen übermäßiger Arbeit und schlechter Versorgung litten, konnte die Sterblichkeit bei über zehn Prozent liegen. Starb die Mutter, überlebte auch das Kind nur selten. So begleiteten Furcht und Angst die Geburt und haben wohl auch den Vater bedrückt. Selbst wenn alles gutging, konnte er sich schlecht fühlen mit all diesen geschäftigen und gackernden Frauen, die ihn überhaupt nicht nötig hatten.

Der alte Brauch der *couvade*, die Vorstellung vom schwangeren Mann, der erst kürzlich die Aufmerksamkeit von Zeitschriften und Illustrierten fesselte, bezeugt dieses männliche Unwohlsein.

Die *couvade* ist eine Sitte, die vom Vater verlangt, daß er eine Schwangerschaft fingiert. „Der Ehemann nimmt im Bett den Platz der Gebärenden ein, läßt sich an ihrer Stelle pflegen und spielt diese Rolle unterschiedlich lange".[3] Eine berühmte Passage aus der mittelalterlichen Geschichte *Aucassin et Nicolette* ist zweifelsohne das älteste abendländische Zeugnis dafür. Noch im 19. Jahrhundert fand man sporadische Spuren davon vom Baskenland bis zum *Limousin*. Welche Bedeutung hatte die *couvade*? War sie Ausdruck einer Identitätskrise? Kennzeichnete sie die Eifersucht des Vaters auf die zu bedeutsame Mutter? Oder spiegelte sie das Bemühen, an der Geburt teilzuhaben, den Wunsch, das Kind als das seinige zu betrachten, sich als sein Vater zu fühlen?[4] Der Brauch ist verschwunden, nicht aber das Unwohlsein: Noch heute sind viele Männer bei der Geburt ihrer Kinder krank.

Auch andere Arten der Identifizierung des Vaters mit der Geburt lassen sich beobachten. Er war es, der symbolisch das Kind von der Mutter trennte: Er vergrub die Placenta, das *double* des Kindes, und die Nabelschnur, sinnbildhaft das Band zwischen Mutter und Kind, unter einem Baum. In einigen Gegenden war die erste Windel des Neugeborenen ein altes Hemd des Vaters. Die stillende Mutter fügte der Nahrung so früh als möglich (etwa ab dem dritten Monat) etwas Körnersuppe zu: Der Vater, der sät und erntet, wurde so einbezogen in die Ernährung seines Kindes. „Brot des Mannes und Milch der Frau machen gesunde Kinder", sagt ein Sprichwort.

Die erste Darstellung des gebärenden Mannes[5] stammt offenbar aus der zweiten Hälfte des 11. Jahrhunderts: Ein Relief am Portal des Doms von Augsburg zeigt die Geburt Evas aus dem Bauch Adams. Der erste Mann bringt die erste Frau zur Welt. Diese Darstellung aus der Zeit einer neuen kirchlichen Lehre von der Ehe unterstreicht die Hierarchie der Geschlechter.

Fast zur gleichen Zeit wurde der schwangere Mann der Gegenstand zahlreicher Märchen, Fabeln und Erzählungen, die in ganz Europa in verschiedenen, mehr oder minder subversiven Formen kursierten. Bald war es ein despotischer Pfarrer, der sich schwanger glaubte, weil er in seinem Bauch die Bewegungen eines Schalks fühlte, den die Diener aus Rache in sein Bett plaziert hatten, während er schlief; halb wahnsinnig vor Furcht, bat er die Frauen seiner Gemeinde um Rezepte für Abtreibung, stieß aber nach einer gewaltigen Kolik den Schalk wieder aus. Bald machte die Fabel die Leichtgläubigkeit eines Bauern lächerlich, der in der Stadt von Bürgern geprellt wurde, bald auch war es der

Ehemann, der schwanger wurde, weil er sich unter seiner Frau plazierte, anstelle sich auf sie zu legen, so daß sein Samen in seinen Bauch zurückfloß... Von Boccaccio bis zu Maupassant ist der schwangere Mann häufig Thema der Literatur gewesen.

Der schwangere Mann, das muß hier unterstrichen werden, war immer Gegenstand des Spotts und nie hat er ein wirkliches Kind zur Welt gebracht. Die Volkskultur ließ den biologischen Tausch, den das Relief aus Augsburg andeutet, nicht zu. Hingegen legte sie Wert auf die soziale Hierarchie der Geschlechter. Die Gattin des schwangeren Mannes war häufig ein Mannweib, das jenseits allen Anstands die Rollen getauscht hatte und nach schlechten Erfahrungen zur Vernunft kam. Eine andere Version des Themas erzählt übrigens von einem Mann, der als schwanger galt und auf Rat seines Arztes seine Schwangerschaft einer jungen Magd zum Geschenk machte: Hintergeht der Ehemann seine Frau, findet er seinen Rang und seine wahre männliche Natur wieder.

War das Kind geboren, erhielt es einen Namen. In Gesellschaften ohne Geburtsregister war der Name des Vaters vielleicht von geringerer Bedeutung als man ihm später beigemessen hat: Der väterliche Stammbaum war während des hohen Mittelalters ungewiß geworden, bei den Bauern fand er sich erst im Laufe des 13. Jahrhunderts wieder. Die *öffentliche Anzeige* eines Kindes wurde mit der Taufe vollzogen. Es erhielt dabei den Namen eines Vorfahren oder eines Verwandten und wurde damit in seinen Stammbaum eingebunden. Es konnte aber auch den Namen eines Schutzheiligen erhalten, der ihm Vorbild sein sollte wie im 2. und 3. Kapitel beschrieben.

Der Kindstod

Eine weitere Unwägbarkeit des Geburtsgeschehens bestand darin, daß der Mann, der Vater wurde, nie wußte, ob sein Kind am Leben bleiben würde. Oft kam das Kind nur zur Welt, um sie sogleich wieder zu verlassen.

Muß daran erinnert werden, wie sehr der Tod in diesen alten Gesellschaften gegenwärtig war? Er traf vor allem die kleinen Kinder. Unter der Regierung Ludwigs XIV. rechnet man mit ungefähr 3% Totgeburten, etwa 10% der Kinder starben im Laufe der ersten Woche, insgesamt betrug die Kindersterblichkeit (Tod im ersten Jahr) zwischen 12% und 36%.[6] Sicher schwankte sie erheblich nach Zeit und Region: Zufällige örtliche und andere Gegeben- und Besonderheiten konnten so ausschlaggebend werden, daß jede Generalisierung die eigentlichen Gründe für den Kindstod verschleiert. Überall läßt sich jedoch in den Sommermonaten eine Zunahme der Säuglingssterblichkeit beobachten, zurückzuführen auf Durchfall und anderer Darmerkrankungen. Es stand nicht immer in der Macht des Vaters, die stillende Mutter oder Amme zu schonen; völlig überarbeitet, hatte sie nicht die Zeit, sich um das Wohlergehen des Kleinkindes zu kümmern oder ihre Milch war ungenießbar.

Die Sterblichkeit der Kinder im Alter von eins bis fünfzehn Jahren stieg zu Beginn des Herbstes, vor allem wegen Darmerkrankungen auf Grund des Genusses von infiziertem Wasser oder unreifem Obst.[7] Wohl wurde im 17. Jahrhundert die Pest besiegt, aber andere epidemische Krankheiten boten weiter Anlaß zu Furcht: schreckenerregend die Pocken, aber auch Masern, Scharlach, Angina, die Erkrankungen der Atemwege. Sie hatten umso gravierendere Folgen, als die Hungersnöte (im 16. und 17.) und die Teuerung (im 18. Jahrhundert) den Boden bereitet hatten: Insgesamt starb von zwei Kindern eines vor Erreichung des 10. Lebensjahres.

Auch hier muß das Ungleichgewicht zwischen Vater und Mutter betont werden. Die Mutter, die in enger Bindung an das Kleinkind gelebt hatte, empfand den Verlust als einschneidend, dagegen sprechen zahlreiche Texte für relative Gleichgültigkeit der Väter. Man schloß einen Säugling nicht allzuschnell in sein Herz, und ein Kind mußte seine Lebenskraft unter Beweis stellen, damit der Vater sich seiner annahm. Heute verursacht der Tod eines Kindes Erschütterung, damals machte ihn seine Banalität erträglicher. *Gott hat's gegeben, Gott hat's genommen.* Die Väter hatten wohl auch eine undeutliche Kenntnis von dem, was wir heute *natürliche Auslese* nennen, sie sahen, daß auch unter den Pflanzen und Tieren nur die Stärksten überlebten, und sie wußten, daß sie selbst zu elend lebten, um die Last dieser schwächlichen, kränklichen und arbeitsunfähigen Wesen auf sich nehmen zu können. Doch sollte man sich vor Verallgemeinerungen hüten, denn weder Kummer noch zärtliche Liebe wurden nach außen gekehrt. Das Christentum, das den Glauben in die Auferstehung lehrt, hatte die Klageweiber von einst zum Schweigen verdammt (Johannes Chrysostomos bedrohte sie mit Exkommunikation), es hat Wehklagen nach und nach durch Gebete ersetzt.[8] Man sollte also besser von Resignation und nicht von Gleichgültigkeit sprechen.

Überdies kam nach Meinung der Gläubigen das getaufte Kind unmittelbar in den Himmel. Statt sich also im irdischen Jammertal abzumühen, lebte es in himmlischer Glückseligkeit und konnte überdies ein gutes Wort für die Seinen einlegen. Die Wichtigkeit der Taufe in der alten Gesellschaft erklärt sich unter anderem aus dem Trost, den sie den geängstigten Eltern angesichts der Hinfälligkeit eines Neugeborenen brachte. Sie half, die Trauer zu ertragen und sich in den häufigen und trotz seiner Häufigkeit so erschreckenden Tod eines kleinen Kindes zu fügen. Welch Trost zu wissen, daß das Kind nicht wirklich stirbt, sondern fern allen Leides das Angesicht Gottes schaut!

Die Totgeborenen dagegen stürzten die Eltern in Verzweiflung und Angst, denn sie konnten weder getauft, noch in geweihter Erde begraben werden, so daß sie vom Paradies ausgeschlossen blieben. Diese unglücklichen kleinen Wesen quälten die Lebenden in mannigfacher Weise. Im 14. Jahrhundert erfand die Kirche erstmals einen Trost, indem sie die Existenz eines Limbus behauptete, einer Zwischenstation, in der auch die Ungetauften weilten, die keine Sünde begangen hatten. Der Volksglauben erfand dagegen einen anderen Ausweg, die Gnadenkapellen.[9] Es waren dies meist der Jungfrau Maria geweihte Kapellen, in die man das tote Kind trug, es bewachte und zur Muttergottes flehte, das Kind für kurze Zeit zum Leben zu erwecken, um es taufen lassen zu können. Die Leichenstarre bewirkte gelegentlich irgendeine Grimasse oder eine Bewegung: In aller Hast schritt man zur Taufe. Der hohe Klerus, der die Taufe von Gestorbenen nicht zulassen konnte, ist immer gegen diese frommen Lügen angegangen, aber Pfarrer und Nonnen, die den Gläubigen näher waren, haben ihnen nichts in den Weg gelegt. Man hat zweihundertdreißig dieser Kapellen gezählt, vornehmlich im Osten Frankreichs, in Bayern und in Schwaben, sie wurden vom Ende des 14. Jahrhunderts bis 1914 aufgesucht. Ihre größte Anziehungskraft hatten sie im 17. Jahrhundert.

Aber auch die Taufe war – wie oben schon gesagt – ambivalent, mußte ein Vater doch weniger Skrupel empfinden, ein getauftes Kind sterben zu lassen, da ihm das ewige Leben versprochen war.

Die Hekatomben kleiner Kinder waren Grund für die Väter, für reichlichen Nachwuchs zu sorgen. Wie zahlreich die Kinder auch waren, niemals konnte er sicher sein, einen Erben zu behalten. Es muß erlaubt sein, sich Gedanken darüber zu machen, ob die hohe Geburtenrate früherer Zeiten mehr mit der Voraussicht eines Familienvaters als mit seiner Instinkthaftigkeit oder seinem Gehorsam gegenüber den Geboten des Klerus zu erklären ist.

Natürliche oder kontrollierte Fruchtbarkeit?

Wahrscheinlich also wurde die Fruchtbarkeitsrate durch die Kindersterblichkeit bedingt. Aber wie und in welchem Umfang? Die Ergebnisse der Internationalen Bevölkerungskonferenz von Mexiko (1980) lassen den Schluß zu, daß in den Ländern der dritten Welt die Kurve des Bevölkerungswachstums im allgemeinen erst in der Folge zurückgehender Kindersterblichkeit sinkt. Die Abnahme der Sterblichkeit könnte, nach Meinung der Experten, mit den Ausschlag für die *Modernität* geben, insofern, als sie das Erleben des Todes seltener und das des Alterns häufiger macht; die daraus resultierende Erfahrung von Trauer beeinflußt die kollektive Mentalität, mindert das Bewußtsein von schicksalhafter Sterblichkeit und damit die Dringlichkeit, für Nachwuchs zu sorgen.[10]

In der frühen Neuzeit hatte dieser Rückgang der Kindersterblichkeit noch nicht eingesetzt. Verheiratete und fruchtbare Männer zeugten viele Kinder. Aber waren sie frei, in planender Vorausschau zu handeln? Wollten sie wirklich unvorhersehbaren Einbußen entgegenwirken? Oder waren sie unbewußt Werkzeuge biologischer Mechanismen? Die Bevölkerungshistoriker meinen die Existenz struktureller Beziehungen zwischen Heiratshäufigkeit, Fruchtbarkeit und Sterblichkeit zu erkennen, die zusammen ein sich selbst regulierendes System ergaben.[11]

Dieses läßt sich aus den Fruchtbarkeitsraten im 17. und 18. Jahrhundert herauslesen: Untersucht man die Abstände zwischen Heirat und erster Geburt finden sich fast überall die gleichen Zahlen. Die durchschnittliche Dauer beträgt dreizehn Monate für alle Eheschließungen, zwölf Monate für Frauen, die mit 25 heirateten (maximale Fruchtbarkeit), siebzehn Monate für diejenigen, die vor dem Alter von 20 Jahren heirateten, vierzehn Monate für die Altersgruppe der 35- bis 39jährigen. Außerhalb der Zeiten maximaler Fruchtbarkeit waren die Abstände größer: 18–20 Monate bei den frühen und 24–30 Monate bei den späten Geburten. Vor allem die Stilldauer wirkte sich auf den Geburtenabstand aus. Stillte die Mutter nicht (sei es wegen des frühen Todes von dem Kind, sei es, weil es einer Amme übergeben wurde), wurde sie früher wieder schwanger. So hat man sogar berechnen können, daß beim Tod von 20 % der Kinder vor dem sechsten Monat die Häufigkeit der legitimen Geburten automatisch um etwa 8 % zunahm. Die Fruchtbarkeit der Frauen über 35 Jahren nahm um so mehr ab, je zahlreicher die Geburten vorher waren.

Diese biologischen Gesetzmäßigkeiten drücken sich bei Menschen aber nur durch das Medium kultur- und gesellschaftsabhängiger Faktoren aus. Kein *Instinkt* entgeht dieser Regel, weder der *genetische* noch der *mütterliche* Instinkt. Die Fruchtbarkeit eines Ehepaares ist niemals *natürlich*. In der Frühen Neuzeit wurde sie bestimmt von zwei Faktoren: dem Heiratsalter und den Stillpraktiken.

Während im 16. Jahrhundert eine Eheschließung von Mädchen im Pubertätsalter noch häufig gewesen zu sein scheint, haben die Bevölkerungshistoriker mit Erstaunen festgestellt, daß im 18. Jahrhundert die Mädchen durchschnittlich erst zwischen dem 24. und 26. Lebensjahr, die jungen Männer zwischen dem 26. und 28. heirateten, was die Geburtenziffer beträchtlich minderte. Verschiedene Faktoren lassen sich zur Erklärung dieses Phänomens heranziehen: Die ausschlaggebenden sind sozio-ökonomischer Natur. Im mittleren Nordfrankreich wartete der junge Mann, um heiraten zu können, auf die Möglichkeit, sich selbständig zu machen. Das war nicht leicht. Auf dem Land legten die erstarrten Sozialstrukturen jeder Änderung der Teilung von Land und der Formen der Wirtschaftsführung Zügel an. Adel, Klerus und das städtische Bürgertum bevorzugten die Verpachtung großer Ländereien an Großbauern gegenüber der Aufteilung in kleine Parzellen für Kleinbauern. Die Großbauern bauten auf ihren Ländereien in großem Rahmen Getreide an, was wenig Arbeitskraft erforderte, aber geringe Erträge des Bodens zur Folge hatte. Das hatte wiederum eine andere Konsequenz: Die geringen Erträge ließen die Ernährung von nur ungefähr 35 bis 45 Einwohnern pro Quadratkilometer zu, wogegen die gleiche Fläche bei intensiver Landwirtschaft z. B. im Fernen Osten mindestens die doppelte Zahl ernähren konnte.

Die Verzögerung des Heiratsalters dürfte auch der Absicht gedient haben, die Geburtenzahl zu verringern. Das lassen wenigstens die *Caquets de l'accouchée* [Geschwätz einer Gebärenden] durchklingen, ein (von Männerhand geschriebenes) Pamphlet des 17. Jahrhunderts. Da rief die Mutter der Gebärenden, besorgt angesichts vieler Geburten ihrer Tochter: „Hätte ich gewußt, daß meine Tochter so eifrig bei ihrem Geschäft ist, hätte ich sie sich unverheiratet ihren Bauch kraulen lassen, bis sie vierundzwanzig gewesen wäre."

Die hier explizit erwähnte Masturbation wurde erst seit Ende des 18. Jahrhunderts, nach der berühmten Veröffentlichung des Doktors Tissot über *L'Onanisme*[12] verfolgt und unterdrückt. Vorher hatte sie zweifellos vielen jungen Menschen, Jungen wie Mädchen, erlaubt, sich in Geduld zu fassen. Die *Sodomie*, eine andere Möglichkeit der Geburtenverzögerung, zog schon seit dem späten Mittelalter den Donner der Prediger auf sich. Sie war übrigens nur mangelhaft definiert: Möglicherweise bezeichnete man damit die Gesamtheit aller Verhütungsmethoden. In der Tat sind Bevölkerungshistoriker gelegentlich überrascht über den Geburtenabstand von Frauen über 30 Jahren in bestimmten Bevölkerungsgruppen (z. B. der Florentinerinnen aus dem Kleinbürgertum des 15. Jahrhunderts). Möglicherweise hatte sich auch der Verkehr mit Tieren in einigen Landschaften erhalten, trotz wiederholter strenger Verbote der Kirche.

Beobachten läßt sich auch, daß stillende Frauen nicht schwanger wurden. War das so, weil sie keinen Eisprung hatten oder weil ihr Mann den ehelichen Verkehr aussetzte?

Nach den Lehren der Ärzte und der Geistlichen sollte der Ehemann die *fleischliche Vermischung* meiden, solange seine Frau stillte, aus Furcht, ihre Milch könne sich durch eine neue Schwangerschaft verschlechtern. Diese sexuelle Abstinenz konnte ein oder zwei Jahre dauern... Die starke Aufwertung, die die Keuschheit in einer immer mehr christianisierten Gesellschaft erfuhr, erleichterte vielleicht die *Sublimation* männlicher Triebe; eine solche Askese ist aber nicht jedermanns Sache. Die Historiker neigen mehr und mehr dazu, die Verbreitung kontrazeptiver Praktiken bei den Ehepaaren auf den Willen zurückzuführen, das Verbot zu umgehen, das sexuellen Verkehr während des Stillens untersagte. Kurz, entgegen einer weitverbreiteten Annahme waren kontrazeptive Praktiken nicht unbekannt: Ein anonymer Text des 18. Jahrhunderts mit dem Titel *L'Ecole des filles* [Schule der Mädchen] gibt einen für die damalige Zeit vielleicht zu ausufernden Überblick; der *coitus interruptus*, in der Bibel als die Sünde Onans beschrieben, war in der galanten Welt durchaus verbreitet.

Welche Praktiken auch immer angewandt wurden, jedenfalls läßt sich in Frankreich seit dem Ende des 18. Jahrhunderts in bestimmten sozialen Gruppen und in einigen Regionen eine gewollte Geburtenbeschränkung erkennen. Es gibt, wie Pierre Goubert[13] es ausdrückt, schnelle und langsame Paare. Die *schnellen* Paare, zahlreich vor allem in der Bretagne, hatten alle 10 bis 15 Monate ein Kind, was, wenn alle überlebten, Familien mit fünfzehn oder sechzehn Kindern zur Folge hatte – oder war es vielleicht gerade der Tod eines Neugeborenen, der die Stillzeit abkürzte und eine neue Empfängnis ermöglichte. Im Südwesten herrschten die *langsamen* Paare vor, bei denen der Abstand zwischen den Geburten schnell größer wurde und die selten mehr als vier bis sechs Kinder zeugten. War es der Vater oder war es die Mutter, die den Abstand bestimmte? Welche Faktoren beeinflußten dies unterschiedliche Verhalten? Wie wirkte es sich auf die Vater-Kind-Beziehung, auf die Definition der

Vaterrolle aus? Die Historiker haben noch keinen genauen Überblick über diese verschiedenen Probleme. Nach Jacques Dupâquier[14] bedienten sich zwischen 1740 und 1789 etwa 10% der Paare kontrazeptiver Methoden und zwischen 1789 und 1814 etwa ein Drittel, mit großen Unterschieden von einer Kirchgemeinde zur anderen. Man weiß auch, daß Frankreich anderen europäischen Ländern diesbezüglich etwa ein Jahrhundert voraus war – eine Frühreife, die noch der Erklärung bedarf.

Unfruchtbarkeit und ihre Bekämpfung

Einige Männer waren unfähig, Kinder zu zeugen. Die Unfruchtbarkeit, die heute 5–6% der Paare betrifft, war ohne Zweifel früher höher (10–30%). Wurde eine Ehefrau nicht schwanger, beunruhigte das den Ehemann. Er sah, wie alle Wesen um ihn herum sich fortpflanzten und Leben und Tod ineinander griffen: Außerhalb dieser allgemeinen Erneuerung zu bleiben, mußte als Verhexung, aber auch als mangelnder sozialer Erfolg erscheinen. Diese Prüfung war so gefürchtet, daß die Kirche in einigen Ländern (z. B. auf Korsika) Schwierigkeiten hatte, ein Verbot vorehelicher Beziehungen durchzusetzen: Der Verlobte wollte die Fruchtbarkeit der Verlobten bewiesen sehen, bevor er sich endgültig band. Auch der Karneval hat in ähnlicher Weise den Predigten der Pfarrer widerstanden. Er war als Feier des Winterendes, der Wiederkehr des allgemeinen Keimens, in gewisser Weise eine Fortsetzung der alten Fruchtbarkeitskulte. An diesen Tagen war alles erlaubt. Ausgeschlossen ist nicht, daß ein Ehemann seine Frau nach dem Karneval schwanger fand.

Es gab jedoch viele andere Hilfsmittel. Der junge Ehemann konnte sich von Impotenz geschlagen glauben: Ein Zauberer oder eine Hexe hatten *den Senkel verknotet*[15]. Dieses Malefizium wurde häufig von den Kirchenmännern und den Ärzten der Frühen Neuzeit zur Sprache gebracht, sei es, daß Impotenz tatsächlich ein verbreitetes Übel war, sei es aber auch, daß die Bevölkerung sie besonders fürchtete. Die Geistlichkeit bekämpfte derart heftig die Sünde der Wollust – sogar in der Ehe – sie predigte eine solche Mißachtung der Fleischlichkeit, daß daraus durchaus unübersteigbare psychische Hemmungen entstehen konnten. Die Gesellschaft ging mit dem Unglücklichen, der mit diesem Unvermögen geschlagen war, nicht eben zimperlich um. Wenn die Ehefrau sich beklagte, Jungfrau geblieben zu sein, mußte der Mann die Prozedur des *congrès* über sich ergehen lassen, während derer er öffentlich Probe seiner Männlichkeit ablegen mußte. Gelang dies nicht, wurde die Ehe aufgelöst. Diese erniedrigende Prozedur wurde 1677 verboten. Sie beweist, daß der Mann hinsichtlich der Fortpflanzung über nicht mehr Autonomie verfügte als die Frau. Der impotente Mann konnte einen Exorzisten bemühen, dem es mitunter gelang, ihn von seiner Schwäche zu erlösen. War seine Ehe geschieden, durfte er sich wiederverheiraten. Es gab Fälle, in denen die zweite Heirat erfolgreicher war.

Meist jedoch wurde der Mann von solchen Vorwürfen freigesprochen. Abgesehen von erwiesener Impotenz wurde die Unfruchtbarkeit einer Ehe der Frau angelastet – unfruchtbares Erdreich, in dem der Samen nicht gedeihen konnte. Man bezeichnete sie als Maultier oder als anderes unfruchtbares Haustier, eine schwer zu ertragende Erniedrigung. Die junge Frau suchte Hilfe bei der Mutter Erde. Sie ging, sogar ohne mit ihrem Mann davon zu sprechen, sich an aufgerichteten Steinen, phallischen Symbolen, zu reiben oder das Wasser von einer bestimmten Quelle zu trinken oder darin zu baden, denn es ist das Wasser, das es den Samenkörnern ermöglicht, in der Erde zu keimen. In einigen Mittelmeerregionen pflegte sie Feigen oder Granatäpfel zu essen: Die Feige hat die Form von Hoden und der geöffnete Granatapfel gleicht der Vulva einer Gebärenden. Überall kannte man Pflanzen zum Bereiten von Tee, Sud oder Zaubertrank. Die Alraune, diese Pflanze mit menschlicher Gestalt, war besonders beliebt. Alles war Zeichen. Es gibt viele

Zeugen dafür, daß diese Praktiken auch heute noch nicht verschwunden sind. Sie machen deutlich, für wie sekundär der männliche Anteil beim Geschäft der Fortpflanzung gehalten wird. Der Mann beschränkte sich darauf, den Samen zu legen, aber damit dieser gedieh, waren noch weit andere Vitalkräfte vonnöten. Das Kind war Sprößling des heimatlichen Bodens, erst danach Kind seiner Eltern. Und die Mutter war sehr viel mehr Mutter als der Vater Vater war.

Unter dem Einfluß des Klerus hat der Heiligenkult im Laufe des Mittelalters diese alten Praktiken überlagert, wenn auch nicht völlig zum Verschwinden gebracht: Jeder Stein, jede Quelle, jeder heilbringende Ort wurde unter den Schutz eines Heiligen gestellt. Der Rückgriff auf diese heilenden Kräfte erforderte die Kollaboration des Ehemanns, denn natürlich mußte die *fleischliche Vermischung* den Gebeten folgen: Hier lag die eigentliche Bedeutung des Ehemannes. Im Rahmen seiner Möglichkeiten begab sich das Ehepaar also nicht, wie man heute sagen würde, auf einen parcours, sondern machte sich auf einen Pilgerweg von einem Ort der Heiligenverehrung zum anderen, um einen Heiligen oder noch lieber die Muttergottes selbst zum Eingreifen zu bewegen. Unter den berühmten Pilgern kennt man besonders Ludwig XIII. und Anna von Österreich: Beide, 1601 geboren und 1615 verheiratet, mußten dreiundzwanzig Jahre warten und mehr als fünfzehn Wallfahrtsorte besuchen, bevor es ihnen gelang, Louis Dieudonné, den späteren Ludwig XIV., und bald darauf den künftigen Herzog von Orléans zur Welt zu bringen. Natürlich sind König und Königin keine Bauern, aber was für sie galt, war grundsätzlich auch für ihre Untertanen richtig. Der einzige Unterschied bestand darin, daß ein armer Bauer natürlich weder Geld noch Zeit für Pilgerreisen hatte; er begab sich nur zu der nächstgelegenen Pilgerstätte.

Leider gibt es keine Statistik, um den Erfolg dieser beharrlich tätigen Frömmigkeit zu messen, aber ihr Andauern spricht für sie. Sie bestand bis weit ins zwanzigste Jahrhundert hinein. Bibel und Heiligenviten brachten zahlreiche Beispiele für Spätgeburten, was die Hoffnung der Ehegatten aufrechterhielt und ihnen den Mut gab, weiter auszuharren. Aber auch im Falle des Mißerfolges war Trost nicht fern. Die Kirche, die nie Anhänger von Geburten um jeden Preis war, wenn man auch häufig andere Meinungen hört, ließ unfruchtbare Ehepaare nicht an den Pranger stellen. Hatte die *Vermischung* stattgefunden, waren zahlreiche Gebete und Opfer des Ehepaares umsonst gewesen, konnte der Mensch sich nur in die göttliche Vorsehung ergeben. In seiner Unfruchtbarkeit konnte er sogar eine Quelle der Erhebung finden: Ohne die Sorgen und die Plackerei, die das Aufziehen der Kinder begleiten, konnte er den größten Teil seiner freien Zeit und seines Vermögens den guten Werken widmen. Die Ärzte ihrerseits erinnerten die Frauen an die Gefahren und Schmerzen der Geburt und erklärten Frauen für verrückt, die *kinderwütig* waren.

Adoptionen

Auch kam es nicht selten vor, daß ein unfruchtbares Paar sich eines Waisenkindes annahm, gab es ihrer doch so viele in der Frühen Neuzeit. Wenn die Adoption in juristischen Werken auch fast nicht mehr vorkam, blieb sie doch eine soziale Realität. Das *Dictionnaire de l'Académie française* von 1694 widmet ihr breiten Raum:. „Adoptieren heißt, jemanden zu seinem Sohn erklären", „Mein Adoptivsohn, Adoptivkinder, Adoptivtochter" finden sich verzeichnet. Der Chef einer Familie ohne Kinder nahm gerne einen Neffen in sein Haus, stattete ihn aus, verheiratete ihn. Der Mann, der ein fremdes Kind als sein eigenes aufzog, konnte ein Testament zu seinen Gunsten machen, ihm einen Namen und Güter schenken. In Ermangelung einer Waise oder eines Neffen konnte man sich an ein bedürftiges Ehepaar mit vielen Kindern wenden. Es gibt unzählige Beispiele. Ich zitiere einen Auszug aus den *plaidoyers* von Le Maistre, einem berühmten Pariser Advokaten. Er handelt von Stadtbürgern, könnte sich aber auch auf das Land beziehen: „Da Pierre Preud-homme und Marie Fromentin, seine Frau, keine Kinder haben, haben sie Louis Ponset und Jeanne Cottin gebeten, ihnen Jacqueline Lupin, Tochter von Jeanne und Toussaint Lupin, ihrem ersten Mann, anzuvertrauen. Sie gaben sie ihnen am 12. Februar 1618. Sie war damals erst neun Jahre alt [...]. Preud-homme ist 1626 gestorben; Marie Fromentin, seine Witwe, hat Louys Bretonne wieder geheiratet". Arrangements dieser Art waren häufig und für niemanden überraschend. Jacqueline Lupin hatte schließlich nacheinander vier Väter und zwei Mütter. Sie war keinesfalls eine Ausnahme: Nur selten wurden Kinder gänzlich von den beiden Erzeugern aufgezogen, denn junge Erwachsene, vor allem Frauen im Kindbett, starben häufig. Witwer (und auch Witwen, wenn sie konnten) gingen oft und schnell eine weitere Ehe ein, häufig aus wirtschaftlichen Gründen; die Arbeit verlangte es. Eine Witwe mit ihren Kindern zu heiraten, war auch ein Mittel, sich seiner Nachkommenschaft zu versichern. Erst gegen Ende des 17. Jahrhunderts erhält das Wort Stiefmutter einen eindeutig negativen Sinn. Beinahe könnte man behaupten, daß Kinder ein Allgemeingut waren, das man je nach Umständen immer wieder neu verteilte.

Auswege

Man konnte natürlich auch durch den Kauf eines Kindes, einer an sich strafbaren Handlung, Vater werden. Der Kauf wurde selbstverständlich nur selten publik gemacht und geschah kaum ohne Hintergedanken: Fast immer war das Ziel Erbschleicherei. Die Transaktion blieb verschwiegen. Die Ehefrau simulierte mit Hilfe ihres Mannes eine Schwangerschaft, und das Neugeborene konnte von dem Ehepaar als Ergebnis seiner ehelichen Beziehung zur Schau gestellt werden. Die Eheleute praktizierten das, was das alte Recht eine *Kindsunterschiebung* nennt. Diesbezügliche Prozesse waren nicht selten, wenn auch die Schuldigen meist wohlhabende Stadtfrauen und kaum Leute vom Lande waren. Auf alle Fälle war das Mißtrauen von Erben wach, und ein endgültiger Erfolg dürfte selten gewesen sein.

Die Kindsunterschiebung darf nicht verwechselt werden mit der heutigen Praxis der Vermietung der Gebärmutter oder der *Leihmutterschaft*. Eine *Leihmutter* erhält das Sperma des Ehemanns einer unfruchtbaren Ehefrau. In der alten Gesellschaft, in der ja die künstliche Befruchtung unbekannt war, hätte der angehende Vater, um eine Leihmutter zu befruchten, Ehebruch begehen müssen – eine Todsünde. Natürlich wurde diese Sünde, auch wenn es eine Todsünde war, mit Sorglosigkeit, sogar mit Elan von Männern begangen – aber jedenfalls nicht in der Absicht, ein Kind zu zeugen. Überdies konnten Sarah und Hagar, deren Namen heute so oft ins Spiel gebracht werden, kaum als Beispiel dienen: Wenige Christen, noch weniger Christinnen, kannten die Bibel: abgesehen von Protestanten. Der Fall der Frauen von Abraham ist außerdem einigermaßen schwierig zu interpretieren. Und das, was in der Gesellschaft des Alten Testaments, die die Polygamie zuließ (der Mann konnte mehrere Frauen heiraten), möglich war, war es sehr viel weniger in der christlichen Gesellschaft, in der die monogame und unauflösliche Ehe für alle Pflicht war.

Hätte der mögliche Rückgriff auf eine Leihmutter vermocht, eine uneheliche Geburt zu umgehen, Unfruchtbarkeit zu verschleiern und sich eine Erbschaft zu erschleichen? Auch hier wäre es unbedingt notwendig gewesen, den Schwindel völlig im Dunkeln zu lassen. Aber wer eigentlich hatte ein solches Geheimnis nötig? Waren das wirklich Fragen, die sich in der Frühen Neuzeit stellten? Das, was man über die traditionelle Gesellschaft weiß, läßt eher die Annahme zu, daß die Männer von damals keine Leihmütter brauchten. Sie hatten durchaus die Möglichkeit, sich anderweitig Nachkommen zu verschaffen.

Unerwünschte Kinder

Der Zölibat der Armen

Zudem waren auch nicht alle dazu bestimmt, Nachkommen zu haben. Die Gesellschaft des Ancien Régime ließ den Zölibat durchaus gelten. Weiter unten wird von dem geweihten Zölibat zu sprechen sein, aber es gab auch den nicht geweihten Zölibat, und er wurde keinesfalls mit Mißachtung gestraft. Er betraf sehr häufig Menschen, die selbst nicht die Mittel hatten, eine Familie zu unterhalten, so z. B. die Tagelöhner oder die Dienstboten, die meist selten oder sehr spät heirateten. Selbst in begüterten Familien mit vielen Kindern kam es vor, daß jüngere Geschwister geopfert wurden, d. h. sie erhielten keine Mittel, um zu heiraten, durften also keine Nachkommen haben. In einer auf Ungleichheit begründeten Gesellschaft ist Nachkommenschaft eine Art Privileg.

Auch befand der bäuerliche Menschenverstand die studierten Männer für ungeeignet zum Werk der Zeugung. Geistige Tätigkeit schien unvereinbar mit körperlicher Anstrengung. Man meinte, daß der Gelehrte nur selten und überdies nur schwächliche Kinder zeugen könnte: Er täte besser daran, sich zu enthalten. Diese Furcht gehört in den größeren Zusammenhang von tiefem Mißtrauen gegenüber geistiger Tätigkeit, dieser Quelle von Hochmut und Entbehrungen seit dem Sündenfall Adams. Mediziner der Frühen Neuzeit untermauerten dieses Verdikt, die der Aufklärung bekräftigten es weiter, so z. B. im *Dictionnaire des sciences médicales* von Panckoucke (1812–1822; etwa im Artikel *Géneration*). Erst im Laufe des 19. Jahrhunderts verflüchtigten sich diese alten Vorbehalte, zumindest, was die Männer anlangte.

Keine außerehelichen Kinder

Betont werden muß weiterhin, daß Bauern nur selten außereheliche Kinder hatten. Aus Kirchenbüchern läßt sich ersehen, wie selten uneheliche Geburten waren. Dort, wo sich in der Frühen Neuzeit Zahlen finden lag ihre Häufigkeit unter 2%. Sie stieg erst am Ende des 18. Jahrhunderts. In den dörflichen Gemeinden kannte jeder jeden, ein unerlaubter Verkehr konnte nicht unbemerkt bleiben, eine strenge Sozialkontrolle, unterstützt von Klatsch und mit *Katzenmusiken* (Charivaris)[16] verfolgt, zwang jede/n dazu, auf dem rechten Weg zu bleiben. Jedes Kind mußte einen Vater haben, und jeder Vater mußte für sein Kind sorgen. Eine alleinstehende Frau hatte nicht die Mittel, für ein kleines Kind aufzukommen, wenn der Vater sie nicht unterstützte: Das leuchtete allen ein. Die Kirche ihrerseits erlaubte Zeugung nur innerhalb des vom Sakrament geschützten Bereichs und verlangte von den Eheleuten absolute und gegenseitige Treue. Nach dem Konzil von Trient, das die Lehre von der Ehe und den Ritus der Eheschließung genau fixierte, wurden die Weisungen der Kirche immer strenger. Es wurde zur Schande, ein uneheliches Kind zu haben. Das Königtum verfolgte die gleiche Strategie, es begünstigte die rechtmäßig geschlossenen Ehen, denn die Autorität des Vaters entsprach der des Königs. Diese vereinten Anstrengungen gipfelten in dem schon im vorigen Kapitel erwähnten Dekret Heinrichs II. von 1556, das jeder Frau befahl, ihre Schwangerschaft den Behörden mitzuteilen. Das Dekret wirkte, wie schon erwähnt, in verschiedene Richtungen, unter anderem auch dahin, die nichtverheiratete Mutter und ihre *Frucht* zu schützen, indem es mögliches väterliches Fehlverhalten korrigierte.

Erklärte ein Mädchen seine Schwangerschaft, konnte es sicher sein, eine Entschädigung zu erhalten. Das Prozedere war folgendes: Man wartete ihre Niederkunft ab, erfragte dann den Namen des Verführers, wobei man sie mit dem baldigen Tod und allen Höllenqualen bedrohte, falls sie die Unwahrheit sagte. Mit dem angegebenen Namen gab man sich dann zufrieden. Anschließend zwang man den Vater, sich an den Kosten der Niederkunft und der Erziehung zu beteiligen. Es ist durchaus denkbar, daß Mißbräuche häufiger vorkamen, daß ein Unschuldiger gelegentlich für den eigentlich Schuldigen zahlte. Auf alle Fälle bezeugt der Druck von Kirche und Krone die Absicht, dem Vater seine Pflichten ins Gewissen zu rufen und ihn für seinen Teil der Zeugung geradestehen zu lassen. Er mußte das Wesen, das er gezeugt hatte, anerkennen und es unterhalten.

Dieses Edikt mußte in regelmäßigen Abständen mehrmals im Jahr von der Kanzel aller französischen Kirchengemeinden verlesen werden, was offenbar bis in die Mitte des 18. Jahrhunderts hinein befolgt wurde. Über seine Umsetzung in die Praxis ist leider wenig bekannt. Nach einer Periode rigider Anwendung trat in Paris an die Stelle der Todesstrafe Auspeitschung oder Verbannung, (für die Frau, die ihre Schwangerschaft nicht angezeigt hatte und deren Kind ohne Taufe gestorben war). In der Provinz variierte die Strenge der Anwendung nach Ort und Zeitpunkt.

Kindsmord

Manche, auch eheliche, Kinder mochten in den Augen der Väter unerwünscht sein. Aber Kindstötung, die in der Welt der Antike erlaubt und praktiziert wurde, war, wie bereits beschrieben, durch das Christentum ausdrücklich verboten; die christlichen Kaiser untersagten sie und begannen mit ihrer Verfolgung. Bei einem allzu fruchtbaren Paar kam es gelegentlich zu *Unfällen*: Ein Neugeborenes, das des Nachts ins Ehebett genommen wurde, um es zu wärmen und zu stillen, konnte gelegentlich von einem schlafschweren Körper erdrückt werden. Wie konnte man genau wissen, ob es sich um eine Tötung oder um einen Unfall handelte? Hier gelangt man die Grenzen menschlichen Wissens und Gewissens. Die Kindstötung, nachgeburtliche Geburtenregelung, hatte Vorteile gegenüber der Abtreibung. Letztere verlangte schwierig zu dosierende Arzneien, die immer die Mutter in Gefahr brachten; überdies war die Mutter schon allzu bald danach wieder empfängnisfähig. Dagegen ermöglichte eine regulär beendete Schwangerschaft mit Geburt und anschließendem Einschießen der Milch ihrem Gatten elf bis zwölf Monate risikoloser sexueller Kontakte. Abtreibung war Sache der Frauen, besonders der käuflichen, und der Städterinnen.

Kindstötung betraf zweifellos vor allem behinderte, anormale und überzählige Kinder, wie in der Antike. Während des hohen Mittelalters beseitigte man vorzugsweise Mädchen. Der außergewöhnlich hohe männliche Bevölkerungsanteil, der z. B. die im Polyptychon von Saint-Germain-des-Prés beschriebene Bevölkerung im neunten Jahrhundert charakterisiert, legt diesen Gedanken nahe.

Noch fremder und noch barbarischer muten uns die gewissermaßen ritualisierten Kindstötungen an einigen Kultstätten an, die entgegen kirchlicher Verbote stattfanden. Eltern, die mit der Last eines kranken Kindes lebten, überantworteten es bestimmten Heiligen *auf Leben oder Tod*, d.h. um geheilt zu werden oder zu sterben. Man unterwarf das Kind Versuchen, die es kaum überleben konnte. So wurde in den *Dombes* mindestens sechs Jahrhunderte lang, vom 8. bis zum 13. Jahrhundert, der Kult des heiligen Windhunds praktiziert.[17] Man erzählte sich, daß in einem unwegsamen, einsamen Ort ein Windhund ein Kind gefunden und aufgezogen habe. Der Volksglauben verlangte von ihm auch die Rettung anderer Kinder. Man brachte ihm Kinder, die bei der Geburt normal erschienen, anschließend aber rachitisch oder krank geworden waren. Die bestürzten Eltern hielten das Kind nicht für das ihre und glaubten, Opfer einer Kindsunterschiebung zu sein; eine böse Fee habe das schöne Kind geraubt und ein kränkliches an seine Stelle gelegt. Dieses war der *Wechselbalg*. Man verlangte vom heiligen Windhund Wiedergutmachung, und man unterwarf das kranke Wesen immer schlimmer werdenden Strapazen. Die Mutter und eine alte Frau warfen sich das Kind über drei Baumstümpfe hinweg neunmal zu; das Kind wurde in der Nähe eines Baums zwischen zwei Kerzen auf Stroh gelegt, woraufhin die Frauen sich entfernten; das Kind wurde neunmal in die Strömung eines Flusses getaucht... Überlebte es, blieb aber krank, konnte die Mutter ihm die Brust verweigern, es schlagen, es zu Boden werfen, um die böse Fee dazu zu zwingen, das schlechte Kind mitzunehmen und das gute wiederzubringen. Diese befremdlichen Bräuche blieben unter Frauen, aber es ist kaum anzunehmen, daß die Väter davon nichts wußten. Sie überließen den Frauen diese an Hexenkunst gemahnenden Praktiken und legten ihnen nichts in den Weg.

Selbst ein gesundes Kind konnte als fünftes oder sechstes Kind armer Eltern unerwünscht sein, möglicherweise ließ man es dann an Entkräftung sterben.

Kindsaussetzung

Andere Väter ließen ihre Kinder einfach im Stich. Den Verzicht auf ein Kind im juristischen Sinne gab es im Ancien Régime nicht. Es gab verlorengegangene Kinder, wie den kleinen Däumling, und Findelkinder, derer sich z. B. Vincent von Paul annahm. Fast immer war es das äußerste Elend, ein Elend, das wir uns heute kaum mehr vorstellen können, das die ihrerseits verlassenen Eltern dazu trieb, sich von ihren Sprößlingen zu trennen und sie meist einem nahegelegenen Hospiz anzuvertrauen. Aus den Registern dieser Anstalten läßt sich entnehmen, daß der Vater häufig ein Mann mit einer kranken Frau oder auch ein Witwer mit kleinen Kindern war, der hart arbeiten mußte, um das tägliche Brot zu verdienen, und der dementsprechend keine Zeit hatte, sich um Kinder, vor allem um Kleinkinder, zu kümmern. So weit sich dieses Phänomen mit Zahlen umreißen läßt, steigt und fällt die Zahl der Kindsaussetzungen mit dem Getreidepreis... Die Archive der Hospize lassen erkennen, daß die Eltern fast nie ältere Kinder, sondern fast immer dritte und vierte Kinder aussetzten. Die Zahl der anonymen und damit definitiven Aussetzungen (durch Niederlegen in der *Drehtür* eines Hospizes [18]) war überall geringer als die der gemeldeten und damit zeitlich begrenzten Aussetzungen (das Kind wurde in die Amtsstube eines Hospizes gebracht) – in diesem letzteren Fall äußerten die Eltern den Wunsch, das Kind zurückholen zu dürfen, wenn sie die Notlage überstanden hatten. Das geschah auch mitunter: Zwischen 1770 und 1782 wurden in Rennes 689 Kinder im Hospiz von St. Yves aufgenommen, 300 überlebten und 51 von diesen wurden wieder von ihren Eltern abgeholt (also eines von sechs Überlebenden).[19]

Da die Mortalität in diesen Kinderhospizen enorm hoch war, liegt zwar die Vermutung nahe, daß eine solche Aussetzung eigentlich eine verschleierte Kindstötung war. Die Wirklichkeit ist aber zweifelsohne vieldeutiger. Heute können wir Statistiken erstellen, sie deuten und uns ihrer bedienen. Das konnten die Untertanen von Ludwig XIV. und Ludwig XV. nicht. Sie mochten wohl glauben, daß die Zukunft ihres Kindes in einem Hospiz besser gesichert sei als bei sich im Haus. Das könnte zur Erklärung des Phänomens beitragen, daß am Ende des 18. Jahrhunderts durchaus wohlhabende Pariser Bürger mit vielleicht überzähligen Kindern oder in einer momentanen Notlage einige ihrer Kinder dem Hospital *de la Couche* (von Vincent von Paul für Findelkinder gegründet) überließen. So verteidigte sich Jean Jacques Rousseau, der die Aussetzung seiner Kinder gegen die Tränen seiner Gefährtin durchgesetzt hatte, mit einer Erklärung, deren Aufrichtigkeit man letztlich nicht anzweifeln darf: „Alles in Allem wählte ich für meine Kinder das Beste oder doch das, was ich dafür hielt".[20]

Das Ammenwesen

Unter die todbringenden Praktiken zählen manche Historiker auch das Gewerbe der Ammen, das im vorliegenden Zusammenhang nur unter dem Blickwinkel des Ziehvaters behandelt werden soll, desjenigen, der das Kind eines anderen erhielt und aufzog; im darauffolgenden Kapitel betrachte ich den Standpunkt des Erzeugers.

Man übersieht gerne, daß das Gewerbe der Ammen von Männern und nicht von Frauen betrieben worden ist. Christiane Klapisch-Zuber[21] hat in Florenz eine Reihe von Verträgen gefunden, in denen immer zwei Männer miteinander in diesbezügliche Geschäftsbeziehungen traten: ein Florentiner Bürger, werdender Vater, und ein *balio*, der Ehemann der künftigen Amme. Zwischen den beiden und allein zwischen ihnen wurde ein Vertrag unterzeichnet. Der *balio* verpflichtete sich, während der Zeit von dreißig Monaten *die Brust zu geben*, und den Erzeuger davon in Kenntnis zu setzen, wenn seine Frau (die Amme) wieder schwanger wurde. Dieser Vertrag schloß Besuche ein, die die Pflegeeltern bei dem eigentlichen Elternpaar machten, um das Kind vorzuführen; er fixierte auch die Modalitäten der Entwöhnung. Machte der *balio* große Unterschiede zwischen dem Verkauf der Milch seiner Kuh und der Milch seiner Frau? Die Bauern lebten in der Nähe ihres Viehs. Das menschliche Weibchen hat große Ähnlichkeit mit den Tierweibchen, nur war es lukrativer zu nutzen. Ein männlicher Willensakt unterteilte die reproduktive Funktion der Frau in verschiedene Abschnitte: Er trennte die Schwangerschaft vom Stillen. Die reproduzierende Frau wurde als Produzentin gehandelt und für eine begrenzte Aufgabe eingesetzt.[22]

Was der *balio* eigentlich verkaufte (und was der Florentiner Bürger kaufte), ist nicht nur die Milch, sondern die gesamte mütterliche Arbeit des Aufziehens, der sorgenden Wachsamkeit, vielleicht der Zärtlichkeit für ein Kleinkind, von dem sich die Amme später trennen mußte. Zugespitzt könnte man sagen, daß die Amme die eigentliche Vorläuferin der Leihmutter ist, nur gab sie dem Kind nicht ihre Gebärmutter, sondern ihre Brust und ihre Milch. Um die Leihmutter heute anzuprangern, rückt man die Intimität der Schwangerschaft in den Vordergrund, ohne zu berücksichtigen, daß die Intimität des Stillens für Kind wie Stillende länger andauert und mit mehr Zärtlichkeit erlebt wird. Man verurteilt das Entgelt, das für die *Vermietung des Uterus* gezahlt wird, obwohl doch die Brust der Ammen jahrhundertelang ohne Skrupel vermietet wurde.

Läßt sich der männliche Anteil an diesem Unternehmen überall nachweisen? Neben Florenz kam er in der Gegend von Siena und Bologna vor. Für Frankreich fehlen Untersuchungen, wenn sich auch entsprechende Indizien finden. Im gesamten alten Recht ist nachweisbar, daß *der Ehemann der Chef der Frau* und daß ihre vornehmste Pflicht die des Gehorsams ist. Das *Dictionnaire de l'Académie française* (1694) räumte dem *Nährvater*, dem Ehemann der Amme, viel Platz ein. Und der heilige Josef machte diese Funktion heilig und anbetungswürdig. Wenn die Heiligenbilder des 15. Jahrhunderts die Flucht nach Ägypten darstellen, zeigen sie häufig Josef, wie er mit Bedacht die Suppe für das Jesuskind kocht.[23] Geht es hier nur um die Sorge für das Gotteskind, wenn er sich dieser Pflicht unterzieht?

Worin aber lag das Mörderische des Ammenwesens? Der reiche Erzeuger, der den *balio* bezahlte, war sicher, daß sein Kind, immerhin die Einkommensgrundlage des *balio*, gut versorgt wurde. Die kleinen Pflegekinder aus Florenz starben selten, ungefähr 170 von 1000 (weit weniger als die Ziffern der französischen Städte des 18. Jahrhunderts offenlegen). Das eigentliche Risiko war das der Kindsunterschiebung: Wenn ein Kind starb, konnte der Nährvater in Versuchung geraten, an dessen Stelle ein eigenes oder das Kind eines anderen zu bringen, damit ihm der Lohn für das Nähren nicht entging. Laut dem *Dictionnaire de l'Académie Française* und der *Encyclopédie* war diese Art Betrug nicht selten. Übrigens sagte man von einem Kind, das älter werdend seine Eltern enttäuschte, es sei als Ammenkind vertauscht worden.

Dagegen konnte das eigene Kind des *balio* Entbehrungen ausgesetzt sein, nämlich dann, wenn seine Eltern dem fremden den Vorzug gaben. Überdies war die beste und gesuchteste aller Ammen diejenige, die gerade ein Kind geboren hatte, das nach der Geburt gestorben war; der Grund für seinen Tod wurde in den Verträgen nie erwähnt... Sehr gefährdet waren auch die Kinder von Armen, die oft bei den Ammen starben. Die Sterblichkeitsrate der von ihren Müttern aufgezogenen Kinder belief sich im Rouen des 18. Jahrhunderts auf 187 Promille, diejenige der Ammenkinder dagegen auf 381 Promille – die gleichen Zahlen finden sich in Lyon, kaum niedriger sind die von Paris. Ist diese hohe Säuglingssterblichkeit aber den Nähreltern anzulasten? Sie scheint eher auf eine kritische Phase der Verstädterung und der Industrialisierung hinzudeuten. Die von Maurice Garden beschriebenen Arbeiter von Lyon[24] brachten ihre Säuglinge zu Ammen, damit die Ehefrau weiter neben ihrem Mann arbeiten konnte. Da sie selbst arm waren, bezahlten sie wenig und fanden deshalb nur sehr arme, schlecht genährte Ziehmütter für ihre Kleinen; dazu waren diese Kinder des Elends häufig nicht sehr lebenskräftig. Das gleiche läßt sich *im Großen und Ganzen* von den im Hospiz aufgenommenen und unter durchweg beklagenswerten Umständen zu Ammen gegebenen Säuglingen sagen. Viele kamen um, aber denjenigen, für die man keine Amme fand, war der Tod fast sicher. Die heftige Kritik, der das Ammenwesen vom 18. Jahrhundert an ausgesetzt war, beweist vornehmlich seinen Verfall, der mit den gleichzeitigen Krisen der wirtschaftlichen Entwicklung einsetzte.

Bevor die Mediziner der Aufklärung den Ammen den Krieg erklärten, war man ihnen im allgemeinen wohlgesonnen. Die meisten Texte des 17. Jahrhunderts betrachten die Pflegeeltern als wirkliche Ersatzeltern; das Kind nannte seine Mutter *Brust-Mutter* und behielt häufig sein ganzes Leben hindurch zärtliche Gefühle für seine Milchbrüder und -schwestern. Gelegentlich entwickelten die Näheltern derart starke Beziehungen zu den Säuglingen, daß sie sie adoptierten, wenn sie Waisen oder sonst verlassen waren und gute Anlagen aufwiesen. Diese Fälle kennt man allerdings vornehmlich aus dem 19. Jahrhundert.

Der Vater und seine Untertanen

Reine Frauensache

Eigentlich betraf alles, was die Kleinkinder anlangte, den Vater nur wenig. Er traf zwar Entscheidungen, überließ ihre Ausführung aber den Frauen.

Einige Autoren allerdings stellen Fragen zum Ausmaß der väterlichen Verantwortung auf die Ausprägung bestimmter, nur im christlichen Abendland zu findender Bräuche.[25] Sie haben beispielsweise die Beobachtung gemacht, daß überall in der Welt die Frauen ihren Säugling in engem und dauerndem Körperkontakt mit sich herumtragen; gehen sie aus oder arbeiten sie, tragen sie ihn auf dem Rücken, des Nachts lassen sie ihn bei sich schlafen, um ihn stillen zu können. Europäerinnen dagegen nehmen ihr zu versorgendes Kind in die Arme oder auf die Knie, legen es aber die übrige Zeit in die Wiege. Wie groß war der väterliche Einfluß bei der Entwicklung dieser Gewohnheiten? Wer verlangte eine solche Trennung? Unleugbar waren es die Geistlichen, die das Kind schon als gezeugtes Wesen für autonom und nicht als Teil des Körpers der Frau erachteten, und die versuchten, diese Autonomie mit allen Mitteln durchzusetzen. Sie forderten auch den Gebrauch der Wiege, um nächtliche Unfälle wie das Ersticken der Säuglinge im elterlichen Bett auszuschließen. Nichts weiß man darüber, ob sie auch Anweisungen gaben, wie das Kind tagsüber zu tragen sei.

Dagegen wissen wir aus gelegentlichen Äußerungen von Ärzten, daß der abendländische Mann nicht gerne seine Frau mit einem Kleinkind teilte. Es uriniert, entleert sich, spuckt; es beschmutzt sich, es stinkt. Trägt die Frau es bei sich, wird auch sie beschmutzt. *Scheißer, Pisser, Rotznase* sagen Männer, wenn sie von kleinen Kindern sprechen. Für alle Väter? Wir wissen nichts darüber.

Mit Aufmerksamkeit wird von den Autoren auch das Einwickeln des Kindes verfolgt. Die Frauen der Frühen Neuzeit wickelten das Neugeborene in Windeln und Bandagen, die Beine und Arme bewegungslos machten, und zwar während der ersten vier bis sechs Lebenswochen des Kindes; anschließend wurden die Arme befreit, aber die Beine blieben fünf oder sechs Monate lang umwickelt. Diese Behandlung erleichterte natürlich den Umgang mit dem Kind bei der Feldarbeit, vor allem aber sollte sie der Streckung von Rücken und Gliedern dienen. Man fürchtete die Folgen der Rachitis, die auf Grund gewisser Ernährungsfehler weit verbreitet war. Ebenfalls aber wollte man dem kleinen Körper den aufrechten Gang anerziehen, der den Menschen eigen ist. Vater oder Dorftischler verfertigten Spezialmöbel, damit das Kind sich aufrecht und nicht auf allen Vieren zu bewegen lerne. Die Früherziehung bemühte sich vor allem, dem Rückfall in das Dasein eines Tieres vorzubeugen. Läßt sich hierin eine von den Psychologen so genannte *Projektion* erkennen?[26] Projizierten die Erwachsenen ihre Schuld- und Angstgefühle auf ihre Sprößlinge, bekämpften sie bei den Kindern das Übel, das sie bei sich selbst erahnten? Sie erkannten nicht, daß sie ihr kleines Kind leiden ließen, oder aber sie glaubten, daß diese Leiden heilsam seien.

Härte und Zuneigung

War ein Junge dem Kleinkindalter entwachsen, blieb er der väterlichen Erziehung überlassen, die von Härte bestimmt war. Das jedenfalls ist den Arbeiten zu entnehmen, die bislang zu diesem Punkt veröffentlicht wurden.[27] Der Vater scheute weder Schläge noch Beschimpfungen. Seine Gewaltausbrüche waren offenbar durch keinerlei Erziehungsgrundsätze eingeschränkt. Zorngewitter und Stürme von Beschimpfungen gingen nieder, Gewalt gegen Kinder war fast so alltäglich wie Gewalt gegen Tiere. Körperliche Züchtigungen schreckten bis weit ins 20. Jahrhundert kaum jemanden, auch nicht im Milieu der Reichen, wie z. B. in den englischen Internaten. Zuneigung und Zärtlichkeit wurden in den ländlichen Gesellschaften nur selten zum Ausdruck gebracht, sie wären als Schwäche aufgefaßt worden, wo doch Kraft und Autorität das eigentliche Wesen des Vaters ausmachten. Muß man deswegen den Schluß ziehen, daß die einfachen Bauern der Frühen Neuzeit ihre Kinder *nicht liebten*? Das wäre eine fast lächerliche Simplifizierung und grenzte an eine quasi *rassistische* Verachtung dieser Epoche. Am väterlichen Herd waren Gefühlsbande sehr lebendig und begründeten teilweise den Zusammenhalt der Familie. Man arbeitete zusammen, man scharte sich um den gleichen Herd, man teilte alle Mahlzeiten, man schlief häufig im gleichen Bett, Eltern und Kinder eng nebeneinander. Ethnologen von heute betonen die Wichtigkeit dieser sinnlichen Kontakte: Gerüche, Wärme, vielfältige Gefühlseindrücke, die die Zusammengehörigkeit von Eltern und Kindern bewirkten.[28] Härte war Realität, aber sie bestimmte diese nicht allein.

Väterliche Monarchie

Das Regiment des Vaters begann, wenn seine Kinder das Kleinkindalter hinter sich hatten. Von einem Autor wie Restif de la Bretonne wird es folgendermaßen gepriesen:

„Kam er nach Hause, war Edmé Rameau ein König und ein Gott, für den alle flogen: Sorgsame Geschäftigkeit empfing ihn, im Sommer an einem kühlen Ort, im Winter am warmen Feuer, warme Schuhe, ein gefüttertes Mützchen, ein weicher Sessel und ein großes Glas warmen Weins wurden ihm zuteil, bevor er geherzt wurde. Schon wenn man ihn von weitem kommen hörte, hatte Barbara gerufen: *Kinder, euer Vater kommt! Flink, macht ihm Platz!* Er konnte sich in aller Ruhe aufwärmen, dieser innig geliebte Vater und Gatte, neben ihm wurde das Abendbrot aufgetragen, der Tisch wurde an seine Seite gerückt, und man wartete, daß er sich zu den Seinen wandte, um zu beginnen."[29]

„Bei jedem Abendbrot, der einzigen Mahlzeit, zu der die ganze Familie beisammen sein konnte, sah er sich als ehrwürdiger Patriarch an der Spitze eines zahlreichen Hauses; denn man war normalerweise mit 22 Personen bei Tisch, einschließlich der Pflugknechte und der Winzer, [...] des Ochsen-, des Schafhirten und zweier Mägde [...]. Alle saßen am gleichen Tisch: Der Familienvater am Kopfende des Tisches neben dem Feuer, neben ihm seine Frau, in der Nähe der angebotenen Speisen (denn sie allein war es, die sich um die Küche kümmerte, da die Mägde, die den ganzen Tag gearbeitet hatten, ruhig saßen und aßen), schließlich die Kinder des Hauses nach ihrem Alter, das allein ihre Reihenfolge bestimmte, dann der älteste Pflugknecht und seine Kameraden; schließlich die Winzer, nach ihnen Ochsen- und Schafhirt; die beiden Mägde schließlich bildeten das Ende; sie saßen am Tischende gegenüber ihrer Herrin, vor der keine ihrer Bewegungen verborgen bleiben konnte."[30]

„Währenddessen hatte die gesamte Familie, Kinder und Dienstboten, einen Kreis um den großen alten Kamin gebildet. Man warf zwei Bunde Weinranken, zwei große Eichenreiserbündel und einige Stücke Holzkohle herein, alles zusammen gab ein lustig flackerndes und großes Feuer, so daß der ganze große Kreis es schön warm hatte. Und wenn die Familie diese Freude genoß, die vor allem im Winter für die leicht bekleideten Bauern groß war, hatte der Vater seine schönste Stunde: Er war gesprächig, erzählte Geschichten, gab Lehren und man folgte ihm mit großer Aufmerksamkeit, vor allem seine Frau."[31]

Gelegentlich wird seine Ehefrau übrigens unter die Kinder gerechnet: „Als Gattin hatte Barbara alle Eigenschaften und alle Gefühle, die schicklich waren. Sie betrachtete ihren Gatten als ihr Oberhaupt und ihren Führer, als ihren Herren und Vater. Sie war weit entfernt von jener Gleichheit, die nur leichtfertige Städterinnen herausstreichen; sie hielt sich für abhängig und war ihm als Tochter, nicht aber als Sklavin, untertan."[32]

Jedermann respektierte den Vater und ordnete sich ihm unter. In dieser Zeit duzte ihn niemand. In seiner Gegenwart sprach man nur, wenn man dazu aufgefordert wurde.

Diese Monarchie beruhte nicht auf den gleichen Grundlagen wie die des römischen *pater familias*. Letzterer war vor allem Bürger, und seine Verantwortung als Vater war Ausdruck seines bürgerlichen Daseins: Alles schuldete er seiner Vaterstadt, außerhalb derer er ein Nichts war; vor allem schuldete er ihr seine eigenen Kinder, die mit einer strengen Erziehung dem allen gemeinsamen Recht unterworfen wurden. Der Bauer dagegen hatte sein Land zur *patria*: die Erde, die er besaß und die er bebaute, war, um es zu wiederholen, die Basis seiner Freiheit und seiner Würde. Nicht immer hatte sie ihm gehört. Die Landarbeiter der Antike waren nicht alle Freie, es gab viele Sklaven unter ihnen; und während des Mittelalters arbeiteten sie als Leibeigene für den Herren. Frühestens seit dem 9. Jahrhundert konnte jeder Bauer das Stückchen Land, das er urbar gemacht hatte und das er kultivierte, das er als Erbe seinen Nachkommen hinterlassen konnte, als sein eigen betrachten. Dieses mühselig erworbene Gut war ihm heilig, kostbarer als alles andere. Das Familiengut mußte, war es auch noch so bescheiden, tunlich gemehrt weitergegeben werden, auf keinen Fall durfte es durch schlechtes Wirtschaften, durch Sorglosigkeit, Nachlässigkeit oder Faulheit desjenigen, der dafür verantwortlich war, gemindert werden oder verkommen. Also war harte Arbeit Voraussetzung für Freiheit, Wohlstand und Ehrbarkeit einer bäuerlichen Sippe. „Arbeitet, müht euch, denn an diesem Grund und Boden fehlt es euch nie", sagt La Fontaine. Diese Lehre vor allem mußte der Vater um jeden Preis weitergeben.

Erziehung durch Arbeit

Der wichtigste Leitsatz der väterlichen Erziehung bestand also darin, allen seinen Kindern mühevolle Arbeit aufzuzwingen. So früh als möglich unterwarf er sie den jahreszeitlichen Bedürfnissen von Land und Vieh. Agricol Perdiguier erzählt, daß sein Vater ihm im Alter von nur fünf Jahren beibrachte, eine bestimmte Art von Dünger herzustellen, indem er Mist mit Stroh und Gras vermischte. Als er eine bestimmte Menge fertig hatte, bezahlte ihn der Vater mit einem Geldstück.[33] Auf dieser lebensnotwendigen Arbeit wurde die Strafgewalt begründet, die der Vater ohne Zögern und gelegentlich ohne Zurückhaltung ausübte. Gewalt war Teil der männlichen Identität und war so Teil der Erziehung, wie bereits erwähnt. Unterwarf sich ein Kind dieser Gewalt nicht, blieb ihm nur der Ausweg ins Abenteuer, was durchaus vorkam.

Ein Chronist aus der Dauphiné erzählte folgende Anekdote: Ein Junge von zwölf Jahren erhielt für seine Hilfe beim Nachbarn einen Lohn, den ihm der Vater mit den Worten „solange du unter meinem Dach lebst, solange du mein Brot ißt, gehört das, was du verdienst, mir" sofort wieder abnahm. Das Kind beugte sich dem väterlichen Willen. Einige Tage später erschien ein Hausierer im Dorf. Der Junge erklärte seinen Eltern, daß er das Haus verlassen und mit dem Mann gehen wolle. Der sehr überraschte Vater entschloß sich, ihn gehen zu lassen und tröstete seine weinende Frau damit, daß er bald wiederkommen werde – erst fünfzehn Jahre später kam er als Besucher wieder. Er war Dienstbote in Marseille geworden.

Gelernt wurde durch Nachahmung und Zusammenarbeit, Worte wurden kaum gebraucht. Der Roman von

George Sand, *La Mare au Diable* [der Teufelsteich] entwirft ein großartiges Panorama bäuerlicher Mühe und Arbeit, in dem man Germain, den Bauer, den Pflug führen sieht, wobei sein fünfjähriger Sohn mit einem Stock den Ochsen antreibt: Der Kleine *unterstützte* seinen Vater, vor allem beobachtete er ihn aufmerksam. Berechtigt ist der Einwurf, daß diese übrigens fiktive Szene aus dem frühen 19. Jahrhundert stammt, aber sie hätte sich ein bis zwei Jahrhunderte früher wohl kaum anders abgespielt.

Festzuhalten ist dagegen, daß entsprechend der Arbeitsteilung der Geschlechter der Vater fast nie seine Tochter zur Arbeit anleitete. Diese folgte den Frauen des Hauses, sie half ihrer Mutter in der Küche, auf dem Geflügelhof, in der Milchwirtschaft. Das Landleben beließ den Frauen einen gesonderten und relativ selbständigen Arbeitsbereich. Zwar schuldeten sie dem Vater Gehorsam, arbeiteten aber nicht dauernd unter seinen Befehlen, sie blieben unter sich. Überdies vermittelte jedes Elternteil dem Kinde seines Geschlechts nicht allein wie es arbeiten, sondern auch, wie es erwachsen werden, wie es sich bei jeder Gelegenheit verhalten mußte. Bei seiner Mutter, bei seiner Patin und den anderen Frauen der Familie lernte das Mädchen, Frau zu sein, eine besondere Rolle, die ihm der Vater nicht vermitteln konnte. Die Trennung der Geschlechter war so streng, daß, wenn der Schulbesuch anstand, dieser den Jungen vom Vater, den Mädchen von der Mutter bezahlt wurde. So jedenfalls beschreibt es Agricol Perdiguiers in seinen ungefähr um 1810 verfaßten *Mémoires d'un compagnon*.

Es konnte vorkommen (vor allem in den nördlichen Gegenden Frankreichs und Europas), daß selbst ein wohlhabender Vater seine Kinder oder eines von ihnen als Dienstboten weggab, meist im Alter von fünfzehn, gelegentlich auch schon mit zehn Jahren. Für zahlreiche weniger wohlhabende Familien war dies auch eine Möglichkeit, die Last eines großen Haushaltes zu vermindern und „weniger Münder zu stopfen". Auch ermöglichte dieser Brauch, Familienkonflikte zu vermeiden, die ja vor allem in der Pubertät aufbrechen, und verlangte von dem jungen Menschen eine frühe emotionale Selbständigkeit. Aber auch, wenn die Kinder bei den Eltern blieben, sahen sich diese ihren Sprößlingen gegenüber niemals alleingelassen: Auch die Kleinfamilie (Vater, Mutter, Kinder) war in Gruppen eingebettet, Gruppen von nahen und entfernteren Verwandten, Vettern, Schwägern und Nachbarn, unter denen eine besondere Art von Solidarität und Wahlfreundschaften entstehen konnte. Überdies konnten die Jugendlichen, vor allem die Jungen, in ihrer Adoleszenz sich von ihrem fünfzehnten Lebensjahr an Jugendgruppierungen[34] anschließen, in denen die Erziehung mit mehr oder minder ritualisierten Zeremonien, Spielen und Feiern abgeschlossen wurde. So gab es Schlupflöcher in dem engen Netz des Gehorsams gegenüber dem Vater.

Die Weitergabe des Erbes

Die Gewalt über den Familienbesitz lieferte die Rechtfertigung dafür, daß die Macht des Vaters über seine Kinder lange über die Kindheit hinaus ausgeweitet wurde. Gesetze und königliche Ordonnanzen haben diese Macht im 16. Jahrhundert bestätigt und bestärkt, nachdem die Gesetzgeber das Römische Recht neu entdeckt hatten. Kein Sohn unter dreißig, keine Tochter unter fünfundzwanzig Jahren konnten ohne die Zustimmung ihrer Eltern einen Vertrag eingehen (vor allem nicht ohne die des Vaters, dessen Zustimmung mehr Gewicht hatte); das heißt, daß sie sich nicht verheiraten, keine geistliche Laufbahn einschlagen, nicht über ihr Eigentum verfügen konnten. Einige Gewohnheitsrechte überlebten in den Ländern geschriebenen Rechts. So konnte ein Kind, unabhängig von seinem Alter, solange unter der Gewalt des Vaters bleiben, bis dieser starb. Der Vater konnte seinen Sohn ohne richterliches Urteil gefangen setzen lassen und seine Tochter bis zum vollendeten 25. Lebensjahr in ein Kloster geben. Er allein entschied über die Zukunft jeden Kindes, mitunter sogar, ohne es davon in Kenntnis zu setzen. Er war es, der über die für sie *vorteilhaften* Ehen entschied, die eher der Vernunft als den Gefühlen folgen sollten. So bemühten sich die Väter in der Provence, alle ihre Kinder zu verheiraten und waren damit häufig erfolgreich.[35] Sie suchten gerne nach *parallelen* (zwei Brüder heiraten zwei Schwestern) oder *überkreuzten* (Bruder und Schwester heiraten Schwester und Bruder) Möglichkeiten der Eheschließung, denn diese stärkten die Familienbande und ließen auf gutes Einvernehmen hoffen. Mitunter bestimmten sie die jüngeren Brüder für eine geistliche Karriere, wobei diese aber die Verbindungen zu ihrer Familie nicht abbrachen, sondern ihren Neffen und Nichten Schutz gewährten und sie mitunter ausstatteten; häufig wurde ihnen die Vormundschaft über die Waisen übertragen.

Jeder Widerstand wurde mit erhöhtem Druck auf den Rebellen beantwortet (z. B. bei der Abfassung von Testamenten). Das verheiratete Kind war erst wirklich frei von der Gewalt seines Vaters, wenn es dessen Haus verließ; blieb es im Haus, schuldete es dem Patriarchen bis zu seinem Tode Gehorsam, zumindest solange wie der Vater, alt und verbraucht, nicht selbst die Emanzipation veranlaßte. Ganz selten führte die Ungeduld des Sohnes zum Vatermord, einem verabscheuungs- und todeswürdigen Verbrechen (Tod durch Rädern oder Verbrennen). Glaubt man den Beichtbüchern, war diese Versuchung nicht selten, aber der Sohn konnte sich in Geduld fassen, denn der natürliche Tod kam selten spät...

Der Vater wiederum hatte Angst, auf seine alten Tage allein und ohne Unterstützung zu sein. So bestand seine Familienstrategie häufig darin, eines seiner Kinder neben sich zu installieren, mit Vorliebe den ältesten Sohn mit Schwiegertochter und Enkeln. Die Unterschiedlichkeit der testamentarischen Bestimmungen verbietet aber jede Verallgemeinerung. Bei den Basken bevorzugte der Vater die älteste Tochter, was ihm die Möglichkeit gab, seinen Schwiegersohn auszuwählen (einen Sohn kann man sich nicht aussuchen) und damit möglichen Differenzen zwischen Schwiegermutter und Schwiegertochter aus dem Wege zu gehen. Im Gévaudan suchte sich der Vater einen Erben unter seinen Kindern aus, also nicht unbedingt den Ältesten. Hier sagte man, daß er *einen Ältesten macht*, und fast jedermann beugte sich dem.[36]

Lebten zwei Generationen unter einem Dach, hat man das, was Le Play die Stamm-Familie nennt. Dieses Modell war möglicherweise weiter verbreitet als man annimmt, vor allem im mittleren Süden Frankreichs. Wenn alles gut ging, erlaubte dieses Modell eine vorteilhafte Weitergabe allen erworbenen Guts von einer Generation zur anderen; denn die noch lebenden Großeltern konnten zu aller Zufriedenheit ganz ihre Aufgaben bei den Enkeln erfüllen. Verstand man sich nicht, trennte man sich; in der Provence teilte man bei Unverträglichkeit das Haus in zwei Teile.

Wurde auch der Älteste im Testament der Eltern fast immer begünstigt, so gingen die anderen Kinder doch nicht alle leer aus: Der Vater ließ ihnen einen Ausgleich zukommen, dessen Höhe natürlich von der Zahl der Kinder und der Größe des Familienvermögens abhing. Die jüngeren Söhne ließ er häufig ein Handwerk lernen, im gleichen oder in einem benachbarten Dorf. Die Töchter erhielten niemals Land, aber eine Mitgift, deren Größe von Provinz zu Provinz variierte. In der Provence wurde vom Vater häufig ein Teil des Erbteils hinzugefügt, der größer war als es der Brauch vorsah.

Die provençalischen Väter zeigten sich als über ihren Tod hinaus eifersüchtig: Sie versuchten über ihr Testament, ihre Witwe von einer neuen Ehe abzuhalten, indem sie ihr für diese Eventualität ihr Erbe strichen. Der Mann hielt darauf, daß „das Gefäß, in das er seinen Samen gelegt und das seine Nachkommen, die seinen Namen tragen, geborgen hat, leer bleibt, damit es gewiß keine Möglichkeit habe, andere Früchte aus anderen Wurzeln zu tragen".[37]

In der Frühen Neuzeit wurde das Land von Generation zu Generation weitervererbt, es bildeten sich tatsächlich bäuerliche Stammbäume heraus. Zahlreiche Forscher bemühen sich heute, ihre Abstammung festzustellen. Gelegentlich werden sie von der Feststellung überrascht, daß ihre Ahnen seit dem 14. Jahrhundert auf dem gleichen Hof zu finden sind. Es kommt vor, daß sich Name und Vorname der jeweiligen Besitzer nicht änderten. Der Erbe nahm, selbst wenn er bei der Geburt einen anderen Vornamen erhalten hatte, denjenigen seines Vaters und Großvaters an, sobald er das Erbe übernahm. Das Individuum wurde ausgelöscht: Es hat den Anschein, als ob derselbe Mann über dasselbe Land jahrhundertelang herrscht. In den Archiven erhält so der bäuerliche Vater mitunter den Charakter eines dauerhaften, fast unsterblichen Wesens.

5. KAPITEL

Adel und Bürger

Das Land gehörte nicht allein den Bauern. Auch Adelige und Bürgerliche hatten daran einen beträchtlichen Anteil. Aber für nichtbäuerliche Väter war das Land nicht das einzige und nicht einmal das wichtigste weiterzugebende Gut. In den Augen eines großen Herren, war das symbolische Gut (Titel, Ruhm, *la gloire*, wie Corneille es nennt) ebenso entscheidend, wenn nicht bedeutsamer als das materielle Gut. Intakt, möglichst vermehrt sollte er die *Ehre* seines Stammbaums weitergeben.

Das Wort *bourgeois* [Bürger] bezeichnete anfänglich die Bewohner eines Fleckens *[bourg]*, einer Stadt. In dem Maße wie die Städte anwuchsen und die Gesellschaft komplizierter wurde, begann die Bezeichnung sehr unterschiedliche soziale Kategorien zu umfassen: Zum einen Handwerker, die den Kindern ihre Meisterschaft in einer Fertigkeit und berufliche Unabhängigkeit vererben wollten, zum anderen Emporkömmlinge, denen vor allem daran gelegen war, über ihre Sprößlinge geduldig und zäh ihren Aufstieg zu realisieren.

Der Adel

Die Hochachtung vor der noblen Abstammung kommt schon in den Evangelien von Matthäus und Lukas zum Ausdruck: Beide verfaßten eine Aufzählung der Vorfahren Christi. Ersterer begann mit Abraham und endete mit Jesus, der andere stieg von Adam zu Jesus auf. Die aufgezählten Vorfahren sind bei beiden Evangelisten nicht identisch. Wichtig war ihnen, daß die Familie des Messias durch die Jahrhunderte hin zurückverfolgt werden konnte, für Lukas begann sie sogar mit der Schöpfung der Welt. Welch Triumph des Menschen über Zeit und Tod!

Reichtum und Verschiedenartigkeit des die Filiation betreffenden Vokabulars in der ersten Ausgabe des *Dictionnaire de l'Académie française* (1694) sind dazu angetan, einen Menschen des 20. Jahrhunderts in Erstaunen zu versetzen. Das Wort selbst wurde für die Ahnen ebenso gebraucht wie für Erzeuger: *Er hat seine Filiation für dreihundert Jahre bezeugt.* Die Wörter *Blut, Geburt, Geschlecht, Haus, Herkunft* oder *Abkunft* brachten eine Vielzahl von Ausdrücken hervor: von *edlem Blut, erlauchtem Blut, schlechtem Blut, königlichem Blut* sein, *Fürsten von Blut, gutes Blut kann sich nicht verleugnen,* von *hoher* oder *niederer Geburt,* von *vornehmer* oder *gemeiner Geburt* sein, *Geburt haben* (Adel und Geburt werden synonym gebraucht); auch sagte man *Kind von guter Abkunft, aus gutem Hause*, etc.

Durch eine edle Abstammung vererbte sich sehr viel mehr als ein materielles oder selbst ein symbolisches Erbe (Güter, Titel, Wappen, Prestige), nämlich jener undefinierbare *Wert*, der einen vornehmen Mann ausmachte. G.E. de la Roque schrieb in seinem *Traité de la noblesse* (1690) „Im männlichen Samen gibt es eine gewisse Kraft und ein gewisses Wesen, das Neigungen der Väter auf Nachkommen überträgt". Paul Valéry formulierte das folgendermaßen: „Adel ist eine mit Mystik durchtränkte Eigenschaft der Samenflüssigkeit", (in *Mauvaises Pensées* / Schlimme Gedanken).

Diese Vorstellungswelt hatte sich nach und nach seit dem Beginn des Feudalismus entwickelt und lebte immer von Neuem auf anläßlich der Perioden von Adelsreaktion, während derer der Adel sich der verschiedenen Bedrohungen seiner Position zu erwehren suchte. Er beeinflußte unmittelbar höchstens 2–5 % der Bevölkerung, aber er hat sich zehn Jahrhunderte lang gehalten und eine große Faszination auf den Rest der Bevölkerung ausgeübt. Welchen Forderungen wurden Eltern dadurch unterworfen?

Dauer des Geschlechts

Die Geschlechter durften weder ausdünnen noch in Verfall geraten: Eine gesamte soziale Hierarchie, eine ganze soziale Ordnung würde mit ihnen zugrunde gehen. Abstammung bedingte Macht.

Allein der Vater vererbte den Adel. Vom 13. Jahrhundert an hat die Renaissance des römischen Rechts unaufhörlich zur Stärkung des Patriarchats beigetragen. Daß der Stammbaum sich in der väterlichen Linie fortsetzte, wurde im 13. Jahrhundert festgelegt, der Gebrauch des Namens des väterlichen Geschlechts setzte sich seit dem 14. Jahrhundert durch; zur gleichen Zeit wurden die Frauen mit einem zur gelegenen Zeit entdeckten *salischen Gesetz* vom Thron ausgeschlossen und sogar für außerstande erklärt, die Krone zu vererben. Überdies verbreiteten die Ärzte der Frühen Neuzeit (mit Aristoteles), daß der Mann allein Erzeuger und die Frau nur eine Herberge für den Foetus sei. *Die Rute adelt*: ein Adliger konnte durchaus eine Bürgerliche heiraten, er hob sie zu sich empor und seine Kinder waren edel wie er selbst. Dagegen konnte ein Bürgerlicher nicht aufsteigen, wenn er eine Adelige heiratete: Seine Kinder waren bürgerlich wie er.

Wenn es also keinen weiblichen Stammbaum gab, so wäre es doch irrig anzunehmen, daß die weibliche Familie nicht ins Gewicht fiel. Auf ehelichen Verbindungen lastete eine Furcht vor *Mésalliancen*, die man sogar als Grundlage einer Art Rassehygiene betrachten könnte. In verschiedenen Perioden adeliger Reaktion waren sie streng verpönt; der Herzog von Saint-Simon, der Autor der *Mémoires*, verabscheute sie. De facto war das Verbot weder je von sehr großem Gewicht noch von langer Dauer: reiche Bürgerliche zu heiraten, erlaubte nicht nur, das *Wappen zu vergolden* oder das *Land zu düngen*, wie Madame de Grignan schreibt, sondern auch das blaue Blut und die soziale Basis der herrschenden Klasse zu verbreiten. Allein dem König war diese

Möglichkeit verstellt, daher war ihm geboten, Ehepartner in der väterlichen Verwandtschaft des königlichen Geschlechts zu suchen.

Mehr als in den anderen Familien war in den großen Adelsfamilien die Zeugung von Nachkommenschaft durch alle Kinder, vor allem aber durch den Ältesten eine fast zwingende Notwendigkeit. Man mußte häufig Kinder zeugen, um sich Nachkommenschaft zu sichern. Die Kindersterblichkeit wütete nämlich in diesen Familien kaum weniger als anderswo; überdies kostete das *Waffenhandwerk*, das der Aristokratie oblag, das Leben vieler junger Adeliger, die durch Kriege, Turniere und Duelle dahingemäht wurden. Die Fürsten unterwarfen sich der Forderung, Vater zu werden, wie auch immer ihre Neigungen sein mochten. Der Herzog von Orléans, Bruder Ludwigs XIV., in der Erbfolge nur nachgeordnet und von Liebhabern umgeben, zeugte gewissenhaft zwei Kinder, ein Mädchen und einen Jungen, mit seiner Ehefrau, Liselotte von der Pfalz; anschließend schlug er ihr getrennte Schlafzimmer vor, was sie erleichtert annahm, da sie, wie sie sagte, wenig Geschmack am Beruf des Kinderkriegens fand.

Vielgeliebte Bastarde

Es war wichtig, daß eine Ehefrau fruchtbar war und daß sie lebensfähige Söhne zur Welt brachte. In Zeiten des Feudalismus wurde sie, wenn sie dieser Aufgabe nicht nachkam, von ihrem Gatten verstoßen; er nahm darauf eine andere. Die wachsende Strenge des kanonischen Rechts machte diesen Bruch vom 12. Jahrhundert an immer schwieriger und nach dem Konzil von Trient vollständig unmöglich. Der Schuldige riskierte die Exkommunikation und damit einen Skandal. Aber daneben hatten die Herren die Gewohnheit, Bastarde zu zeugen... In den vorhergehenden Kapiteln sind die Bastarde bereits erwähnt worden. Hier jedoch ist noch unter einen anderen Gesichtspunkt auf sie zurückzukommen: dem eines Vaters von hohem Adel. Auch in den folgenden Kapiteln wird von ihnen noch die Rede sein. Als Nebenprodukt der monogamen und unauflöslichen christlichen Ehe sind sie vorzüglich geeignet, Spannungen aufzudecken, die das männliche Gewissen angesichts von Vaterschaft belasteten.

Herren praktizierten gerne eine faktische Polygamie,[1] die fruchtbare Virilität des Chefs eines Hauses bewies die Vitalität seines Geschlechts und verstärkte seinen Einfluß. Nun war es aber nicht nötig zu heiraten, um sein Blut zu vererben. Der Bastard war adlig wie sein Vater. Auch hiergegen hatte die Kirche, wie oben erwähnt, seit dem 12. Jahrhundert heftig opponiert: Sie hatte jedes außerhalb der Ehe geborene Kind für illegitim erklärt und dafür gekämpft, daß ein Bastard keine Möglichkeit hatte, einen Stammbaum fortzusetzen. Vor allem im Westen Frankreichs haben einige Gewohnheitsrechte diese Verbote integriert, im Süden und in den Gebirgsgegenden hatte die Kirche dagegen keinen Erfolg. Überdies hatten die großen Krisen, die die Kirche im 14. und 15. Jahrhundert erschütterten, ihre Autorität derart gemindert, daß die adeligen Sitten im 16. Jahrhundert in dieser Beziehung recht frei waren, mit allerdings bemerkenswerten Unterschieden von Provinz zu Provinz.

Das Beispiel kam von oben: Die Kühnheiten von König Heinrich IV., des *Vert-Galant*, sind bekannt. Vor seiner Ehe mit Maria von Medici, lebte er getrennt von seiner ersten Ehefrau, Marguerite, die ihm kein Kind geboren hatte. Da er aber einen Erben wollte, hatte er mit königlichem Patent vom 3. Februar 1595 den Sohn Cäsar, den er mit Gabrielle d'Estrées hatte, legitimiert. Aber selbst nach seiner zweiten Heirat und auch nach der Geburt des zukünftigen Ludwig XIII. hörte er nicht auf, weiter Bastarde zu zeugen, deren Geburt der Hof mit großen Festen feierte: Triumphgeläut, Hochrufe der Herolde, feierliche Taufe, Festmahl mit illustren Gästen. War der Augenblick gekommen, befaßte er sich damit, seine Kinder ihrem Rang entsprechend (eben unter dem eigenen) zu verheiraten: Er wählte für sie reiche Erbinnen aus den ersten Familien Frankreichs.

In jener Zeit kamen die meisten Herren in der gleichen Weise ihren Verantwortlichkeiten nach. In ihren Schlössern installierten sie Konkubinen und Bastarde in gelegentlich überraschender Zahl. Im 16. Jahrhundert zählt man z. B. bei den Fontanges 24 Bastarde von drei Männern in zwei Generationen. In der überwiegenden Zahl der Fälle ist die Erinnerung an die Mutter ausgelöscht. Es war der Mann, der den Bastard machte. Er gab ihm seinen Namen, seine Waffen, erzog ihn mit seinen legitimen Kindern, und, da er nicht die Möglichkeit hatte, ihn zu seinem Erben zu machen, hinterließ er ihm mit seinem Testament einen Teil seiner Güter (ausgenommen den Teil des Patrimoniums, auf dem der Titel beruhte). Dafür war der Bastard seinen Halbbrüdern ein treuer Gefährte, gelegentlich der Waffenbruder bei Waffengetümmel und Strafexpeditionen. Seine Mutter war oft Bäuerin. Über sie stand er in Kontakt mit Pächtern und Dienstboten. Wenn nötig übernahm er die Rolle des Vermittlers. Seine verschiedenen Rollen ließen ihn von Nutzen sein; er integrierte sich in die väterliche Familie und wurde von allen akzeptiert, selbst von der legitimen Ehefrau des Herren; einige von ihnen erwähnten in ihrem Testament die Bastarde ihres verstorbenen Gatten. Weite Teile der oberen Klassen waren dem Bastard durchaus wohlgesonnen. In seinem dritten Plädoyer erklärte der Advokat Le Maistre 1630: „Natürliche Kinder gehören wie die legitimen zu ihrem Vater, sie sind ein Teil seines Wesens, ein Teil seines Bluts.[...] Die Liebe zur Keuschheit und die an sich lobenswerte Leidenschaft, die wir für die Unschuld des Lebens und die Reinheit der Sitten hegen, dürfen uns nicht veranlassen, Verbindlichkeiten des Bluts und der natürlichen Zuneigung zu zerstören" – und erhielt so vom Gericht die Bestätigung einer Schenkung, die Sieur François Fouquet zwei natürlichen Kindern gemacht hatte, die er als

Witwer mit einer Magd hatte, eine Schenkung, die von den Kindern aus einer früheren Ehe angefochten worden war.

Die Zahl der illegitimen Geburten im Adel betrug im 17. Jahrhundert in der Auvergne noch ungefähr 20%. Aber die Tendenz schlug bereits um, die Position des Bastards wurde schwächer. Mit weitreichenden Reformen hatte die Kirche Achtung und Autorität zurückgewonnen; unterstützt wurde sie in ihren Bestrebungen durch ein Königtum, dem an der Einschränkung der Vorrechte eines allzu aufsässigen Adels gelegen war. Im März 1600 sprach ein Steueredikt den Bastarden den Rang von Adeligen ab (der ihnen die Steuerfreiheit garantierte). Die großen Herren leisteten Widerstand, aber der kleine Adel mußte sich schließlich beugen: 1693 erklärte das Parlament von Paris den Bastard eines Barons zum Bürgerlichen. Auch fanden jetzt königliche und kirchliche Macht Verbündete in der legitimen Familie: Die legitimen Erben wandten sich gegen die Schenkungen zugunsten ihrer Halbbrüder; ebenfalls empörten sich Ehefrauen gegen die Gegenwart einer Konkubine im eigenen Haus. Selbst dort, wo die katholische Kirche wenig Einfluß hatte, wurde der Bastard die Zielscheibe von Mißtrauen und Haß. Shakespeare machte aus Edmund, dem Bastard des Herzogs von Gloucester, in König Lear einen gierigen Betrüger und einen skrupellosen Verführer. Auch die Könige gaben nach. Ludwig XIV. hat sicherlich viele Bastarde gezeugt; aber er hat zunächst ihre Geburt verschwiegen und sich erst dazu entschlossen, sie zu legitimieren, als der Tod ihn seiner legitimen Kinder beraubt hatte. Zumindest bekannte er sich zu ihnen und erklärte sich für sie verantwortlich trotz der Einwendungen des Klerus. Ludwig XV. war dann in Bezug auf diesen Bereich sehr verschwiegen. Selbst für einen König wurde es immer weniger rühmlich, seinen Samen zu verstreuen. Der bereits erwähnte Herzog von St. Simon verabscheute Bastarde ebenso wie Mésalliancen; in seinen Memoiren läßt sich diese Veränderung der Mentalität nachlesen.

In den Augen eines Mannes von Adel, war die wichtigste Pflicht seiner Ehefrau demnach, den Stammbaum ihres Gatten zu erhalten; in diesen Kreisen war Unfruchtbarkeit trotz besänftigenden Einflusses der Kirche weit weniger gelitten als in den niedrigeren Schichten. So behauptete Le Maistre, daß es vor allem Damen aus hohen Kreisen waren, die sich der Kindsunterschiebung schuldig machten.[2] Er meinte, daß sie getrieben würden „von einer geheimen Gier, die der Grund vieler Verbrechen von Frauen ist [sic], vor allem derer, die keine sanftere und angenehmere Erfüllung ihrer leeren und ehrgeizigen Launen finden als die Großartigkeit eines Luxus, der dem Adel ihrer Geburt und der Höhe ihrer Vornehmheit angemessen ist, und die von ihrem *Chef* nur bescheidene Güter geerbt haben und nach dem Tod ihrer Gatten nur wohlhabend werden können, indem sie durch einen adligen Beschützer in diese Lage versetzt werden". Eine von diesen wußte sich einen falschen Bauch zu fabrizieren, der selbst die Untersuchungen der Hände mehrerer Frauen täuschte; sie bestach ihre Dienerinnen und *kam nieder* mit ihrer Hilfe; nichtsdestotrotz wurde ihr Betrug aufgedeckt. Le Maistre stellte einen anderen typischen Fall dar. Madame de Néry, eine Abenteuerin aus kleinem Adel, hatte ihren Blick auf einen alten und reichen Witwer, den Sieur Pitart, Leutnant von Maine, geworfen. Nachdem sie durch ihn *ihrer Ehre verlustig* geworden war, zwang sie ihn, dieses durch eine Heirat *wiedergutzumachen*, und hatte sich anschließend angestrengt, ein Kind zu bekommen, das zumindest einen Teil des Erbteils hätte erhalten können. „Da die Natur ihr dieses versagte, nahm sie Zuflucht zur Kunst, täuschte öffentlich eine Schwangerschaft vor und schickte nach Paris nach einer Hebamme namens la Fouré, um sich ihrer als Beistand bei ihrem Verbrechen zu bedienen." Der Mann entdeckte jedoch den Schwindel und verjagte die Hebamme. Danach starb er, worauf die Witwe den Versuch aufs Neue unternahm und sich für schwanger erklärte. Die Erben ihres Gatten verlangten von ihr, sich einer Prüfung zu unterziehen oder sich doch zumindest in ein gutbeleumdetes Haus zurückzuziehen, in dem sie ihre Schwangerschaft unter wachsamen Augen beenden konnte. Anstelle dessen verschwand sie aber ohne Adresse und kam einige Monate später stolzgeschwellt mit einer Tochter zurück, die sie für die ihre erklärte und die sie durch eine Amme nähren ließ. Le Maistre, der gegen sie einen Prozeß führte, hatte keine Schwierigkeiten, sie durcheinanderzubringen: Mangels biologischer bediente er sich moralischer Beweise, indem er sich auf die Vergangenheit der Dame Néry bezog. Das Gericht erklärte nicht nur die Erbschaft des Kindes, das sie für das ihre erklärte, für nichtig, sondern nahm der einnehmenden Witwe auch noch das Recht auf ihr Wittum (die Rente, die ihr Mann ihr ausgesetzt hatte) und verurteilte sie zur Tragung der Kosten des Verfahrens.

Statt auf eine Kindsunterschiebung zurückzugreifen, konnte eine adlige Dame auch schwanger werden, indem sie Ehebruch beging. Wie reagierte dann ihr Mann?

Ganz sicher haben weder Gewohnheitsrecht noch geschriebenes Gesetz jemals den Ehebruch einer Gattin zugelassen, und es lassen sich zu allen Zeiten zahlreiche Beispiele untreuer und grausam bestrafter Ehefrauen finden. Der Ehemann, der seine Frau deswegen tötete, wurde nur selten verurteilt. Also zog die Schuldige im Allgemeinen eine Abtreibung vor, auch bei Todesgefahr. Die Histörchen des Tallemant des Réaux, die Liebesgeschichte Galliens von Bussy-Rabutin, um 1660 abgefaßt, geben darüber des Längeren und Breiteren Auskunft. Doch konnte diese Prinzipienstrenge bei entsprechenden Umständen sehr abgemildert werden. Und auf alle Fälle bewegte sich die aristokratische Moral außerhalb des allgemein Üblichen. Hier ein berühmtes Beispiel: Herzog Heinrich II. von Longueville, Witwer und Vater einer Tochter, war siebenundvierzig Jahre alt, als er 1642 die dreiundzwanzigjährige Anne Geneviève de Bourbon Condé, älteste Schwester des großen

Condé, heiratete. Dieser Verbindung entstammten drei Kinder, zwei im Kleinkindalter gestorbene Töchter und ein 1646 geborener Sohn, Charles d'Orléans, Graf von Dunois. Die Herzogin nahm mit viel Verve am Aufstand der Fronde teil und hatte dabei eine kaum verheimlichte Liaison mit dem Herzog de la Rochefoucault, dem Verfasser der Maximen. Am 19. Januar 1649 kam sie im Rathaus in Paris, dem Hauptquartier der Aufständischen, mit einem Sohn nieder: Sie hatte sich in die Obhut des Volkes begeben. Das Kind hatte als Paten den Pariser Vorsteher der Kaufmannschaft und als Patin die Herzogin von Bouillon; es wurde durch den Koadjutor de Retz in der Kirche Saint-Jean-de-Grève unter dem Namen Karl von Paris getauft.[3] Der Graf von Dunois erwies sich heranwachsend als geisteskrank, wohingegen das *Kind der Fronde* brillant begabt war. Nach zwanzig Jahren Überlegung entschloß sich der Herzog von Longueville, seinen Ältesten Abbé werden zu lassen, legitimierte das Kind der Fronde und machte es zu seinem Erben. Leider wurde der junge Mann 1672 beim Übergang über den Rhein getötet.

Wie konnte dieses Kind eines Ehebruchs so problemlos integriert werden? Zunächst einmal, weil es ein jüngeres Kind war, vor allem aber, weil sich mit ihm der einzig ehrenvolle Ausweg bot, den Stammbaum fortzusetzen, vielleicht auch, weil der Herzog die Familie seiner Frau, die *vornehmer* war als die seine, nicht beleidigen wollte, schließlich wohl, weil der Erzeuger Edelmann war (*Gutes Blut läßt sich nicht verleugnen!*).

Diese Flexibilität der aristokratischen Moral läßt sich darüber hinaus mit einer ganzen Reihe von anderen Gründen erklären. Man muß im Auge behalten, daß die Edelleute, die fast immer dem Waffenhandwerk nachgingen, möglicherweise getötet werden konnten, bevor sie Kinder gezeugt hatten; überdies trennten die Feldzüge sie häufig und mitunter für lange Zeit von ihren Ehefrauen. Die Konvenienzehen vereinten Eheleute, die nicht unbedingt einander zugetan sein mußten; der häufig beträchtliche Unterschied des Alters, bedingte, daß die Jungverheiratete häufig nur widerwillig ihren Graubart ertrug, und wenn er im Krieg oder anderweitig fern von ihr war, wurde ihr das Alleinsein schwer. Das alles wußte ein Ehemann. Dazu erklärten die Ärzte jener Epoche sich nicht in der Lage, die Dauer einer Schwangerschaft genau zu bestimmen: War es tatsächlich Unsicherheit oder der Wunsch, die *Frau des Caesar* unbescholten bleiben zu lassen?[4] Die großen Damen genossen also relativ viel Freiheit. Und wenn sie den rechtmäßigen Erben zur Welt gebracht hatten, war man bei den jüngeren Söhnen weniger genau. Es war jedoch unumgänglich, daß sie sich bemühten, Gerüchte und jeden Schatten eines Skandals zu vermeiden, denn dieser konnte für sie das Kloster bedeuten; der Duchesse von Longueville half der Aufruhr der Fronde den Aufruhr um ihre Liebe zu bemänteln.

Im gleichen Vorstellungsrahmen bewegt sich das Beispiel des Cicisbeos, den man im Venedig im 18. Jahrhundert in großer Zahl antrifft. Die junge Venezianerin heiratete oft einen reifen und vielbeschäftigten Mann, der nicht die Zeit hatte, sich um sie zu kümmern; nach ein oder zwei Geburten durfte sie die Begleitung eines Kavaliers annehmen, der ihr überall hin folgte; ihre Beziehungen zu dem jungen Mann waren offiziell platonisch, und die Kinder, die sie zur Welt brachte, waren Kinder ihres Ehemannes. Es kam auch vor, daß die junge Frau ohne Zaudern einen Cicisbeo nahm, wenn die erste Geburt auf sich warten ließ; die Unfruchtbarkeit ihres Gatten fand sich so glücklich verschleiert und bemäntelt.[5]

Balzac und de Vigny lassen durchblicken, daß dieser Ausweg auch noch den großen Damen des 19. Jahrhunderts offenstand. Die Herzogin von Langeais, die in den Herzog von Montriveau verliebt war, wünschte den offiziellen Bruch mit ihrem Gatten. Die alte Herzogin von Blamont-Chauvry, eine Verwandte, brachte ihr jedoch ihre Pflicht in Erinnerung...

„Wenn Montriveau dir gefällt, kannst du ihn lieben wie immer und wie sehr du magst... das jedenfalls hätte ich in deinem Alter getan. Nur, mein Augenstern, würde ich nicht das Recht aufgeben, Herzöge von Langeais zu machen". Vigny seinerseits veröffentlichte 1833 eines seiner kleinen Stücke *Frei aller Furcht*, in dem ein flatterhafter Ehemann erfuhr, daß seine Frau offensichtlich durch die Bemühungen eines anderen schwanger geworden war, und sich ostentativ an ihre Seite begab, um das Kind, das sie erwartete, zu dem seinen zu machen.

Allerdings muß man differenzieren. Selbst in den oberen Kreisen gab es eine strenge Sozialkontrolle, und das private Leben wurde unnachsichtig überwacht, vor allem von Dienstboten. Weiblicher Ehebruch war nur möglich, wenn der Ehemann die Augen schloß. Überdies leitete die neue moralische Erziehung junger adeliger Mädchen seit dem 17. Jahrhundert eine weitere Disziplinierung ein. Mit den Romanen der Madame de la Fayette (La Princesse de Clèves, La Comtesse de Tende), wurde weiblicher Ehebruch in der Literatur zu einer verwirrenden, schmerzlichen und gefährlichen Versuchung. „Man kennt die Frauen nicht. Sie kennen sich selbst nicht", schrieb sie. Tändeleien wurden zweifelsohne von vielen den großen Leidenschaften und schuldhaften Liaisons vorgezogen, zumal intime Beziehungen dadurch hinausgezögert werden konnten. Das Wort *Galanterie* bekommt im 17. Jahrhundert einen neuen Sinn: Es bezeichnet die artigen Gefälligkeiten eines Mannes gegenüber einer Frau. Die Damen wünschten, daß man ihnen *geduldig* den Hof machte. Bekannt ist daß Julie d'Angennes, Tochter der Madame de Rambouillet und berühmte *Précieuse* den Herzog von Montausier mehr als zehn Jahre warten ließ, bevor sie einer Heirat mit ihm zustimmte. Auf sich warten und um sich dienen zu lassen, bot den Frauen damals die Möglichkeit, über Männer zu regieren – und die Geburtenziffer zum Sinken zu bringen.

Diese neuen Sitten sind neben vielen anderen ein Anzeichen dafür, daß die Notwendigkeit, Nachkommenschaft zu haben, immer weniger zwingend wurde. Demographen haben darauf hingewiesen, daß Herzöge und Pairs seit dem Ende des 17. Jahrhunderts nicht mehr als 2,7 Kinder pro Familie zeugten.

Erziehung auf Distanz

Es war offiziell Sache des Ehemannes, des Herrn der Frau, zu entscheiden, ob sie stillte oder nicht. Noch im 16. Jahrhundert wurde das so gehandhabt. In den medizinischen Lehrbüchern finden sich entsprechende Beispiele: „Nachdem Madame X mehrere Kinder im frühen Alter verloren hatte, gebar sie ein hübsches kleines Mädchen und bat ihren Mann um die Erlaubnis, es stillen zu dürfen". Meist war die Antwort ein Nein. In diesen Zeiten des Feudalismus lag dem Ehemann an einer möglichst großen Fruchtbarkeit seiner Ehe: Die Ehefrau, die nicht stillte, konnte früher wieder schwanger werden und die hohe Kindersterblichkeit erforderte zahlreiche Geburten. Es war einfach, Ammen im eigenen Hause zu haben: Der Ehemann mußte nur eine Dienerin oder eine Sklavin zur gleichen Zeit wie seine Frau schwängern... Das kirchliche Verbot, das eheliche Beziehungen während der Stillzeit untersagte,[7] hat die Ehemänner sicher angeregt, diese Form der Ammengewinnung zu forcieren. Überdies widerstrebte es einem Mann um so mehr, seine Frau mit einem quengelnden und dreckigen Säugling zu teilen, je reicher, kultivierter und sensibler er selbst war. In Bezug auf die Florentiner des 15. Jahrhunderts schlägt Christiane Klapisch-Zuber noch eine andere Hypothese vor: Versuchte der Ehemann vielleicht, den Einfluß der mütterlichen Sippe zu begrenzen? In der Tat wurde damals angenommen, daß Milch ebenso wie Blut die Charaktereigenschaften einer Familie übertrug; nahm der Ehemann seiner Frau das Kind, bewahrte er es vor der Übermacht ihrer Sippe und verhinderte überdies eine zu enge

Intimität zwischen Mutter und Kind. Andere Tendenzen zeigen sich dann im 16./17. Jahrhundert: Die Verwendung von Ammen ist Teil des Gegensatzes von Stadt und Land. Heute würden wir davon sprechen, daß der Vater sein neugeborenes Kind aus Gesundheitsgründen in die frische Landluft brachte. Die ungesunde Stadt voller schädlicher Ausdünstungen mit schrecklich wütenden Epidemien, flößte mit zunehmender Größe wachsende Furcht ein (das bezeugt eine reichhaltige Literatur[8]). Das Kind, Frucht der Natur, mußte in der Natur aufwachsen, in engem Kontakt zu Mutter Erde: Es brauchte Sonne, Luft, Grün. Montaigne sprach die Vermutung aus, daß es richtig sei, wenn die kleinen Kinder „in der niedersten und allen gemeinen Form des Lebens groß werden und unter volksnahen und natürlichen Regeln [...] leben".[9] Auch mußte das Kind gute ländliche Milch haben. Zwar mangelte es keiner Frau nach der Geburt selten an Milch, aber sie konnte mehr oder weniger, nahrhafte oder weniger nahrhafte, lange oder weniger lang Milch haben. Eine Bäuerin bei guter Gesundheit, die nicht zu viel arbeitete, würde eine bessere Amme sein als eine Städterin, das vertraten vor allem die Ärzte und nicht nur aus Gutdünken. Darüber hinaus glaubte man, daß das Kind bis zum *Verstandesalter* unzurechnungsfähig und ein kleines Tier sei, und daß eine gute Amme für die *Aufzucht* genüge. Dazu kam, daß Stillen in der Stadt ehedem einige Unbequemlichkeit mit sich brachte und zwar aus Gründen des Wassermangels. Die Frau, die nährt, muß viel trinken; sie und das Kind beschmutzen viel Wäsche, die gewaschen und getrocknet werden muß.

Ein weiterer Grund scheint jedoch den Ausschlag gegeben zu haben. Er wird von Louis de Bonald angedeutet, dem Vordenker des französischen Adels nach der Revolution. Ein Kind an der Brust zu stillen, ist für eine Dame von Rang eine allzu animalische Tätigkeit, sie schuldet ihrem Kind Dienste von höherer Qualität. Stillen würde zwischen Mutter und Kind eine für die wirklich adlige Erziehung abträgliche Vertraulichkeit schaffen, erforderlich sei Distanz.

Dieser Ruf nach Distanz fand sich auch in den Erziehungsgrundsätzen. Derselbe Bonald entwarf ein theoretisches Modell der Kleinfamilie, das berühmt geworden ist und eine Rolle des Vaters zeichnet, die uns seltsam hochmütig anmutet. „Der Mann, dem Wissen gegeben ist, wird nur willentlich Vater. Die Frau kann, selbst wenn ihr Wissen gegeben ist, unwillentlich Mutter werden. Das Kind hat weder Willen noch Wissen, geboren zu werden. Die notwendige Mithilfe der Mutter bei dem Tätigwerden des Vaters für das Kind, diese doppelte Beziehung, die sie mit dem einen und mit dem anderen verbindet, und die bewirkt, daß die Frau in ihrem Körper wie in ihrem Geist an der Kraft des einen wie an der Schwäche des anderen teilhat, nennt sich Vermittlung oder Dienst. So läßt sich schließen, daß der Vater die Macht ist oder hat, mit Hilfe der Vermittlung oder des Dienstes der Frau die fortpflanzende und bewahrende Handlung zu verwirklichen, deren Ziel oder Anlaß das Kind ist."[10]

In der Tat wurde ein Kind von hoher Geburt, wenn es dem Kleinkindalter entwachsen war, zunächst und vor allem durch seine Ahnen erzogen. Ihre Porträts schmückten die Wände des Familienschlosses und ihre Geschichte, vor allem die der berühmtesten Vorfahren, wurde jedem Abkömmling eingeprägt. Mit ihren Verdiensten wurden Ehre und Glanz der Familie gefördert, ihre adelige Vorbildhaftigkeit sollte den Jüngeren nahelegen, ihnen nachzueifern. Dies zumindest ließ Molière Don Louis, den Vater von Don Juan sagen: „Errötet ihr nicht, Eure Geburt so wenig zu verdienen? [...] Wir haben nur Teil am Ruhm unserer Vorfahren wenn wir uns bemühen, ihnen zu gleichen, und der Glanz ihrer Taten, der auf uns scheint, verlangt von uns die Verpflichtung, ihnen die gleiche Ehre zu erweisen, den uns vorgezeichneten Schritten zu folgen, und auf keinen Fall von ihren Tugenden abzuweichen, wenn wir als ihre wahren Nachkommen geachtet werden wollen". Die Vorfahren von Chateaubriand haben bei seiner Erziehung in Combourg eine ebenso große Rolle gespielt wie sein Vater, der fast nie das Wort an ihn richtete; François-René erwähnte am Anfang seiner Erinnerungen seinen Stammbaum mit einem ganz aristokratischen Stolz. Die Erzeuger waren nur Treuhänder dieses symbolischen Erbes von *Ehre* und *Ruhm*, dem wichtigsten Thema von Corneilles Schauspielen. Das Kind von Adel, mit starken Wurzeln in seiner Vergangenheit fest verankert, wandte sich allein vermittels seine Erbes der Zukunft zu. Der Vater mußte immerwährend seine Kinder in eine Geschichte einflechten, die ihn und sie weit überragte. Das Geschlecht trug und lenkte das Individuum, das erhöht, aber auch eingeengt wurde.

Wenn der Vater nicht selbst die Aufgabe übernahm, seine Kinder zu erziehen, so geschah das sicher nicht aus Gleichgültigkeit: Wie konnte er sich nicht für die interessieren, die nach ihm das Geschlecht verkörpern würden? Er bemühte sich im Gegenteil, ihnen die bestmögliche Erziehung zu vermitteln. Und hier schalteten sich die Geistlichen ein, immer bereit, die Rolle eines Ersatzvaters zu übernehmen: Fürsten und Adel überließen ihnen gerne einen großen Teil ihrer Verantwortung. Sie übernahmen zwei Aufgaben, die des Erziehers und die des Seelsorgers. Bossuet und Fénelon, beide Bischöfe, waren Lehrer der königlichen Kinder. Die Figur des Erziehers, die so häufig in den Erziehungsromanen und Memoiren vorkommt, würde eine besondere Studie verdienen. Fénelon verlieh ihr mythische Statur: Sein Telemach (auf der Suche nach seinem Vater...) wird von Mentor erzogen, der Verkörperung Athenes, Göttin der Weisheit. Die Texte jener Zeit schweigen über die Beziehungen, die sich zwischen Lehrer und Kind entwickelten; im 19. Jahrhundert wird von Zuneigung gesprochen. George Sand erinnert sich sehnsüchtig des Unterrichts von Dechartres. Stendhal läßt Julien Sorel eine aufrichtige Zärtlichkeit für die Kinder des Monsieur de Renal – und für ihre Mutter – empfinden.

Der Ausdruck *Seelsorger* wird seit dem 17. Jahrhundert gebräuchlich; er war bezeichnend für eine Weiterentwicklung der Beichtpraxis. Im 16. Jahrhundert hatte die Kirche, bedroht durch die Reformation, alle Mittel in Bewegung gesetzt, ihre Schäflein, vor allem die jungen Menschen der oberen Schichten, wieder um sich zu scharen. Die Jesuiten haben nach der geistlichen Führung aller weltlichen Häupter der katholischen Welt getrachtet. Auch Franz von Salis, der seine teilweise calvinistische Diözese zurückgewinnen wollte, bewies eine geradezu charismatische Begabung für die Seelsorge. So beobachtet man im 17. Jahrhundert in Zusammenhang mit dem Bußsakrament das Entstehen einer ganz eigenen Beziehung zwischen Beichtkind und Beichtvater. Die Ohrenbeichte führte die Beichtenden zur Selbstbeobachtung; sie vermittelte besonders sensiblen Geistlichen eine oft durchdringende Kenntnis der menschlichen Seele. Einige Briefwechsel verdeutlichten diese ebenso distanzierten wie intimen Bindungen, so z. B. die Briefe zwischen Vinzenz von Paul und Louise de Marillac. Die junge Witwe, von Angst verzehrt, vertraute sich ihrem *sehr verehrten Vater* an, der sich bemühte, ihr inneren Frieden zu geben und ihre Anstrengungen beständig anzuerkennen.[11] Es kam vor, daß der Beichtvater von Kindern auch derjenige der Mutter wurde, wobei er den Ehemann und Vater in seiner Verantwortlichkeit für die Moral ersetzte: Vinzenz von Paul war der Lehrer der Kinder von Philippe-Emmanuel de Gondi, dem Marquis von Belle-Isle, bevor er der Beichtvater ihrer Mutter wurde. Natürlich waren die Folgen nicht nur positiv: Sie konnten eine übermäßige Abhängigkeit des oder der Bußfertigen zur Folge haben; in den besten Fällen schuf das Beichtverhältnis gegenseitiges Vertrauen und Zuneigung, die lange andauern konnten. Der natürliche Vater mußte deshalb nicht eifersüchtig sein.

Im 19. Jahrhundert sollte die Seelsorge um so mehr Bedeutung erhalten, als der katholische Klerus seinen Einfluß bedroht spürte. Zahlreiche Familienväter wurden Voltairianer, distanziert gegenüber dem Christentum, sogar antiklerikal. Vor der befürchteten Verbreitung solcher Ideen wollten die Geistlichen Frauen und Kinder schützen, ausdrücklich beabsichtigten sie, den fleischlichen Vater beiseitezuschieben oder zu ersetzen. Deutlich erkennbar war dieses Bestreben bei dem Pater Mercier, einem Jesuiten, dessen 1850 abgefaßten Predigten Marcel Bernos untersucht hat.[12] In der darauffolgenden Generation widmete sich der Kanoniker Timon-David insbesondere der Kinderbeichte; seine Erfahrungen waren Grundlage für ein Werk, das ein halbes Jahrhundert lang häufig rezipiert wurde: *Abhandlung über die Beichte von Kindern und jungen Menschen* (1865–1867). Im 20. Jahrhundert bestand diese Tendenz weiter, die Romane von Mauriac und Bernanos zeugen von ihrem Fortwirken. In *La ville dont le prince est un enfant* [Die Stadt, deren Fürst ein Kind ist, 1952] von Montherlant behauptet einer der Protagonisten, der Abbé de Pradts, daß, wenn Gott einigen Männern erlaubt habe, nicht fleischlicher Vater zu werden, so, um ihnen die wichtigste Mission, nämlich die des geistigen Vaters zu überlassen. Aber dieser Vater war ein Übervater. Zudem gibt das tragische Ende dieses Stücks zu verstehen, daß das Ende einer kulturellen Tradition erreicht war: Seelsorge dieser Art hatte keinen Raum in einer Gesellschaft, die gelegentlich als *postchristlich* bezeichnet wird.[13] Heute versuchen Psychologen und Psychoanalytiker ihre Aufgabe zu übernehmen.

Aber kehren wir in das 17. Jahrhundert und zu dem Vater zurück, der sein Kind adlig erziehen wollte. Er blieb in angemessener Entfernung. Wollte er sein Kind sehen, fand ein zeremoniöses Treffen statt, dessen Feierlichkeit den Vater mit großem Glanz umgab. Von Heinrich IV., der ein Vergnügen daran hatte, mit seinen Kindern zu spielen, zu Ludwig XIV., dessen Majestät sich zu keiner Vertraulichkeit herabließ, war die Distanz beträchtlich gewachsen. In der Zwischenzeit war Frankreich die erste Macht Europas geworden; die Fürsten, die es repräsentieren, mußten jederzeit diese Suprematie verkörpern, sie hatten kein Privatleben mehr. Und ihr Benehmen diente ihrer Umgebung als Vorbild.

Nur die mächtigsten und reichsten Väter konnten ihren Kindern eine vollständige Erziehung im eigenen Hause bieten. Die anderen vertrauten ihre Kinder Internaten an. Auch hier fanden sich Geistliche, die den Bedürfnissen der herrschenden Klassen entsprechende Lehrprogramme zusammenstellten. Jesuiten und Oratorianer bemühten sich um die Jungen, Ursulinen und Visitantinnen um die Mädchen. Ihre Schüler lernten, in der Gesellschaft Ansehen zu erringen sowie hohe Ämter zu übernehmen. Im Laufe des 18. Jahrhunderts sanken die geistlichen Schulen in der Achtung der Familien; bevorzugt wurden von Laien gegründete Erziehungsanstalten; auch diese waren sich sicher, die Erziehung in den Familien zum Vorteil aller ersetzen zu können. In ihren Prospekten wurde davon gesprochen, daß Lehrer und Lehrerin die Rolle und den Platz von Vater und Mutter einnehmen.[14]

War das Kind im Internat, sah der Vater es selten. Aber bevor man ihn der Gleichgültigkeit zeiht, muß man wissen, daß von Besuchen abgeraten wurde, weil sie die Trennung schmerzhafter machte, für die Eltern wie für die Kinder. Madame de Maintenon erlaubte nur wenige Minuten alle sechs Monate. Es wurde behauptet, daß die Eltern unter solchen Bedingungen zu ihren Kindern keine emotionalen Beziehungen aufnehmen konnten. Aber diese Behauptung muß eingeschränkt werden: Das Kind, das fern von den Eltern ist, behält seinen Platz in ihrer Einbildung, es wird immer geliebt, erwartet, nie vergessen. Ganz so, als ob seine Geburt nur verschoben sei.

Diese Erziehung par distance löste manche schwierigen Probleme des undankbaren Alters. Jeder Konflikt, jede gegenseitige Verbitterung wurden vermieden. Das Kind enttäuschte nicht und wurde nicht enttäuscht, es behielt jede Freiheit, seine Eltern zu bezaubern und umgekehrt. Nach der Rückkehr aus dem Internat nahmen der junge Mann oder das junge Mädchen als Erwachsene zu ihrer Familie Beziehungen auf, die sehr herzlich sein konnten.

Ungleichheit der Kinder

Berechtigt ist die Frage, ob in den Augen des Vaters alle Kinder gleich waren oder nur der älteste Sohn auf seine Aufmerksamkeit zählen konnte. Unleugbar, daß Gleichheit beim Adel keine Wertschätzung genoß. Das Ältestenrecht kam im 11. Jahrhundert auf, zu einer Zeit, in der die Lehnsherren, geschwächt durch die Kreuzzüge und durch den Aufstieg der Städte, ihre Herrschaft bedroht sahen und sich mit Hilfe rechtlicher Strukturen zu wehren versuchten. Ein solches Recht bewahrte die Unteilbarkeit des Lehens, indem es dem ältesten Sohn, unter der Form des *Präcipuums* den entscheidenden Teil des Erbes übermachte, der Rest wurde unter die Jüngeren geteilt.

Läßt sich daraus schließen, daß der Älteste, der alle Hoffnungen des *Hauses* verkörperte, mehr Zuwendungen und Gunst erhielt als die anderen Kinder? Das ist durchaus nicht sicher. Zunächst war man nie sicher, daß der Älteste bei guter Gesundheit überlebte. Bekannt ist das grausame Schicksal von Charles-Maurice de Talleyrand-Périgord, der, als er bei einer Amme aufgezogen wurde, auf Grund eines Unfalls lahm wurde, und dem sein Ältestenrecht zugunsten seines jüngeren Bruders genommen wurde. Tatsächlich blieb jeder jüngere Bruder ein potentieller Ältester, bis dieser selbst Nachkommenschaft hatte. Die Mädchen konnten auch als Jüngere nutzbringende Ehen eingehen. Es muß allerdings eingeräumt werden, daß dieses rigorose Ältestenrecht das Leben in den Familien vergiftet hat, vor allem in minderbemittelten Kreisen. Der Vater neigte dazu, den Ältesten zum Meistbegünstigten zu machen, damit das *Haus* seinen Glanz bewahren konnte. Die Jüngeren kamen dann zumeist recht schlecht weg. Alle Arbeiten über den Adel des 16. und 17. Jahrhunderts berichten von der Ränkesucht und den unzähligen Prozessen, die die Familien entzweiten, da einige Kinder mit Ungestüm einen Teil des Erbes verlangten, das ihnen genommen werden solle. Nicole Castan zeigt in *La Criminalité familiale* [Kriminalität in Familien],[15] daß im Languedoc die Jüngeren soweit gingen, Bündnisse zu schließen, um sich gegen die Bevorrechtung des Ältesten zu wehren, die damals in allen adeligen und in allen besitzenden Familien gebräuchlich war. Der Streit konzentrierte sich um Auseinandersetzungen wegen Gütern, die bei Erbfällen entstanden. Am häufigsten enterbt wurden die *überzähligen Töchter*. Der Advokat de Maistre erklärt in seinem siebzehnten Plädoyer (1633), daß „die männlichen Kinder... uns in der Hoffnung wiegen, auch nach unserem Tode weiterzuleben. Diese Gedanken hat man jedoch nicht, wenn man nur Töchter hat, weil man sich in ihnen sterben sieht". Der Vater ohne legitimen Sohn konnte eine „Einsetzung anstelle eines anderen" vornehmen, daß heißt, seine Töchter enterben und per Testament seine Güter einem männlichen Verwandten vermachen.

Er rechnete mit der Kirche, um sich seiner jüngeren Kinder zu entledigen. Der geweihte Zölibat, der wie oben beschrieben, eine der inhaltsschwersten christlichen Neuerungen war, ist von Vätern sehr gerne akzeptiert worden. Sie haben ihn jedoch seiner ursprünglichen Bedeutung beraubt, die in der freiwilligen Hingabe bestand, und daraus eine Möglichkeit gemacht, überflüssige Erben beiseitezuschieben, wenn der Tod in den Reihen der Nachkommen nicht genügend Platz geschaffen hatte. Vor allem die Töchter waren Opfer dieses Systems: Es kostete den Vater vier oder fünfmal weniger Geld, eine Nonne anstatt einer Ehefrau auszustatten. Diese erzwungenen Berufungen, die so heftig von den Philosophen der Aufklärung bekämpft wurden, haben sicherlich viel schmerzlichen Verzicht hervorgerufen. Einige Mädchen zeigten sich fähig zu widerstehen: In seinem 1666 geschriebenen Buch *Erinnerungen an die großen*

Tage der Auvergne erzählt Fléchier, daß einige Novizinnen noch am Tage ihrer Aufnahme in der für dieses Fest hergerichteten Kirche laut ihren Widerspruch äußerten. Vor dieser offenen Revolte wichen Geistlichkeit und Eltern zurück, wenn sie auch unbeanstandet später die Rebellin für ihre Widerspenstigkeit zahlen lassen konnten. Doch diese Revolten waren selten. Der Vater, die Eltern, wußten, wie sie ihre Kinder durch Drohungen oder Bestechung zum Einlenken zwangen, fast immer erhielten sie eine resignierte Zustimmung. Auch muß gesagt werden, daß der Eintritt in das geistliche Leben durchaus nicht immer grausam war. Auch dort lieh die Sippe ihre Unterstützung: Von einem jüngeren Bruder zum anderen, von Onkel zu Neffen, von Tante zu Nichte, reservierten die miteinander versippten Bischöfe, Äbte und Kanoniker, Äbtissinnen und Kanonikerinnen den ihren gute Präbenden. Wenn auch die Gegenreformation die Sitten des Klerus strenger machte, hat sie doch nie vollständig oder überall unerträgliche Härte durchgesetzt. 1602 noch erzog Angélique d'Estrées im Kloster, in dem sie Nonne war, ihre zwölf Kinder, die von verschiedenen Vätern stammten... Nichtsdestotrotz ist die Disziplin nach und nach strenger geworden; viele jüngere Geschwister mußten auf die Möglichkeit der Freiheit und von Nachkommen verzichten und sich widerstrebend zum Gehorsam zwingen. Für die Kinder, die verheiratet werden konnten, behielt sich der Vater das Recht vor, einen geeigneten Partner zu finden.

Für den Ältesten konnte die Last, die Ehre der Familie aufrechtzuerhalten, erdrückend werden. Weh ihm, wenn er versagte. „Ich wünschte mir einen Sohn von leidenschaftlichem Streben", ruft der Vater von Don Juan, „Ich habe unaufhörlich mit großer Leidenschaft darum gebetet, und dieser Sohn, den ich durch Ermüdung des Himmels erhielt, ist Kummer und Marter meines Lebens, anstatt, wie ich hoffte, Freude und Trost zu sein". Viele Fürsten haben diese Erschütterung erlebt: Beispiele sind die Zusammenstöße

Karls VII. mit dem zukünftigen Ludwig XI., Franz I. mit dem späteren Heinrich II., Friedrich Wilhelms von Preußen mit dem späteren Friedrich II., oder ein Ausnahmefall, von Peter dem Großen mit dem Zarewitsch, der zum Tode verurteilt wurde. Montherlant zeigt in seiner *Toten Königin* den König Ferrante, der seinen Sohn Pedro „wegen Mittelmäßigkeit dem Gefängnis" überantwortete.

Rechte und Pflichten

Der Vater verfügte über beträchtliche Möglichkeiten, einen unwürdigen Sohn zu bestrafen oder ihn zu etwas zu zwingen. Die *väterliche Gewalt* galt im ganzen Königreich Frankreich. Nachdem sie zunächst als eine Art Reflex der göttlichen Gewalt begründet wurde, wurde sie im 18. Jahrhundert eine Art natürliches Recht des Vaters. „Die väterliche Gewalt ist nicht ein von Menschen gemachtes Gesetz, es ist die Natur, die sie in uns verankert hat" schreibt noch der Jurist Merlin de Douai 1787, in seinem *Répertoire universel et raisonné de jurisprudence* [Allgemeines und mit Gründen belegtes Repertorium der Rechtswissenschaft]. Immerhin unterlag diese Gewalt nicht durchgängig den gleichen Regeln. Die Länder mit *geschriebenem* Recht (im Großen und Ganzen die südlich der Loire) befolgten in großen Linien noch die vom Römischen Recht ererbte, und im Interesse des Vaters verfaßte *patria potestas*, wohingegen die Länder des Gewohnheitsrechts mehr die Rechte der Kinder vertraten. Einige Beispiele für diese Unterschiede: In den Ländern des geschriebenen Rechts war die *patria potestas* dauerhaft, d. h. sie dauerte während des ganzen Lebens des Vaters, eine Reihe kleinerer Verschiedenheiten ausgenommen: Die Kinder wurden davon nur befreit durch eine ausdrückliche Mündigkeitserklärung vor dem Richter (in Toulouse vor dem Notar); der Vater hatte den Nießbrauch der seinen Kindern (durch Erbe oder Geschenk) gehörigen Güter, der Sohn, selbst wenn er mündig war, war nicht völlig rechtsfähig – er hatte weder das Recht zu testieren noch konnte er bestimmte Verträge unterzeichnen. In den Ländern mit Gewohnheitsrecht, hatte die väterliche Gewalt mit der Mündigkeit der Söhne (je nach Region mit fünfundzwanzig oder mit dreißig Jahren) oder aber vom Zeitpunkt ihrer Eheschließung an ein Ende; der Vater hatte das Recht, die Güter der Kinder zu verwalten, hatte aber nicht deren Nießbrauch; auch konnte der mündige Sohn testieren und Verträge unterzeichnen. Dies gilt im Grundsatz: In der Praxis herrschten eine Menge feiner Unterschiede je nach Ort, Schicht und Zeit.

Im 16. Jahrhundert hatten die königlichen Ordonnanzen vor allem die Ehe Regeln unterworfen, wie in Kapitel III behandelt worden ist. Die Kinder, sogar die mündigen, mußten die Zustimmung des Vaters zum Abschluß eines Heiratskontrakts erbitten; taten sie das nicht, konnten sie enterbt werden. 1639 verschärfte eine Deklaration diese Gesetzgebung, „in Anbetracht dessen, daß die natürliche Ehrfurcht der Kinder gegenüber ihren Eltern die Bande des gesetzmäßigen Gehorsams gegenüber ihrem Souverän sind". Die, die einen Ehekontrakt entgegen den Ordonnanzen abschlossen, wurden wie auch ihre Kinder für unwürdig erklärt, irgendeine Erbschaft anzutreten und sollten aller Vorteile beraubt werden, die sie mit diesem Kontrakt erlangt hatten.[16] Prinzipiell konnte ein Sohn ohne die Zustimmung seines Vaters auch nicht Geistlicher werden.[17]

Der Vater verfügte auch über ein Strafrecht, das vom Staat kontrolliert (das *Parlement* von Paris regelt es im 17. Jahrhundert) und auch bestätigt wurde. In seiner strengsten Form erlaubte dieses Recht dem Vater, sein Kind in ein Zuchthaus einsperren zu lassen, entweder allein kraft seiner Autorität oder aber mit Hilfe der *lettres de cachet*, und es dort zu belassen, wie lange es ihm gefiel. „Auch wenn man ein Kind wie ein Kind aus gutem Hause behandelt, bedeutet das nicht, ihm Strafen zu ersparen" belehrt uns das *Dictionnaire de l'Académie française* (erste Ausgabe). De facto konnte diese Strenge je nach Zeit und Schicht variieren; aber sie war aber in den Augen der Eltern zweifelsohne unerläßlich, gute Eigenschaften zu entwickeln.

Auch Chateaubriand erkennt ihr in seinen Erinnerungen eine gewisse Effizienz zu. „Der Starrsinn des Grafen von Chateaubriand, ein Kind allein im obersten Stockwerk eines Turmes schlafen zu lassen, konnte von Übel sein, aber er schlug zu meinem Besten aus. Diese gewalttätige Art, mit mir umzugehen, verlieh mir männlichen Mut, ohne mich der Empfindsamkeit der Einbildung zu berauben, die man heutzutage so leicht der Jugend nimmt. Anstelle zu versuchen, mich zu überzeugen, daß es keine Gespenster gäbe, zwang man mich, ihnen zu trotzen. Als mein Vater mir mit ironischem Lächeln sagte: ‚Haben *Monsieur le Chevalier* Furcht?' hätte ich mit dem Tod selbst schlafen können."

Dieser *Chevalier* war nur ein jüngerer Sohn eines wenig vom Glück gesegneten bretonischen Junkers, seine Erziehung ist deshalb aber keinesfalls vernachlässigt worden. Er hatte nacheinander die Gymnasien von Dol, Rennes und Dinan besucht. Anschließend bemühten sich die Seinen, ihm eine gesicherte Zukunft zu verschaffen. Sein Vater hatte versucht, ihm einen Zugang zur königlichen Marine zu eröffnen. Seinem ältesten Bruder gelang es, ihn Louis XVI. vorzustellen und ihn dann in den Malteser-Orden aufnehmen zu lassen. Als junger Mensch wurde François René von der „ungeselligen und wortkargen Art" seines Vaters abgestoßen, ließ ihm aber Gerechtigkeit widerfahren, als er über sein letztes Zusammentreffen mit ihm berichtet: „Sie nehmen Abschied, um nach Rennes und von dort aus nach Cambrai zu gehen. Hier sind einhundert Louis, gehen Sie sparsam damit um. Ich bin alt und krank, ich habe nicht mehr lange zu leben. Betragt euch als vornehmer Mann und entehrt niemals euern Namen.

Er umarmte mich. Ich fühlte dieses durchfurchte und strenge Gesicht sich mit Rührung an das meine legen: es war für mich die letzte väterliche Umarmung.

Der in meinen Augen so furchterregende Graf von Chateaubriand, schien mir in diesem Augenblick wie ein Vater, der wirklich meiner Zuneigung würdig war. Ich warf mich auf seine hagere Hand und weinte. Er begann gelähmt zu sein, was ihn schließlich ins Grab brachte, sein linker Arm machte eine krampfartige Bewegung, die er mit seiner rechten Hand zurückhalten mußte. Und nachdem er mir sein altes Schwert übergeben hatte, begleitete er mich zur Kutsche, die mich im Grünen Hof erwartete, ohne mir Zeit zu lassen, ihm zu danken."

Sicher nicht zufällig entnahm Chateaubriand Montaigne die Worte, mit denen der Marschal de Montluc, in Trauer wegen seines Sohnes. dem Autor der *Essais* gegenüber „den Verdruß und das Herzeleid" äußerte, „das er empfand, da er sich ihm nie mitgeteilt hatte, und, wegen dieser Laune väterlicher Strenge und Verstellung die Freude verloren zu haben, an seinen Sohn Gefallen zu finden und Bekanntschaft zu schließen, und ihm überdies die große Zuneigung nahezubringen, die er für ihn empfand [...]. Und dieser arme Knabe, sagte er, hat nichts von mir gesehen als diesen verdrießlichen und verächtlichen Ausdruck und hat mich in der Annahme verlassen, daß ich ihn nicht nach seinem Verdienst liebte und achtete [...]. Für diese leere Grimasse habe ich mich gezwungen und gequält".

Liebe wurde nur selten offen gezeigt, aber, noch einmal, es wäre verfehlt, daraus zu schließen, daß solche reservierten und auf kühle Distanz bedachten Väter ihre Kinder *nicht liebten*. Im großen und ganzen wurde die Vater-Sohn-Beziehung gegen Ende der Aufklärung sanfter, der Ausdruck von Zuneigung wurde zugelassen. Es muß jedoch festgehalten werden, daß das aristokratische Modell der vorherrschend werdenden bürgerlichen Stimmung zu widerstehen wußte, es blieb bei der Distinktion. Selbst zu Ende des 19. Jahrhunderts war das Duzen noch die Ausnahme, ein Kind erhob sich, wenn Vater oder Mutter in das Schulzimmer traten, zog Handschuhe an, um den Salon zu betreten, etc.

Bürgerliche

Gesetze und Ordonnanzen galten für alle Untertanen des Königs, der bürgerliche Vater verfügte über dieselben Rechte wie der Vater aus adeligem Hause. Sein Sohn unter dreißig, seine Tochter unter fünfundzwanzig Jahren konnten ohne seine Zustimmung keine Verträge eingehen, was bedeutet, daß sie sich weder verheiraten, noch ins Kloster gehen noch über ihre eigenen Güter verfügen konnten. Manche Gewohnheitsrechte überbieten noch die geschriebenen Rechte im Süden des Landes: So blieb ein Kind, welchen Alters auch immer, unter der Gewalt seines Vaters, solange dieser am Leben war. Auch der bürgerliche Vater, sei er aus gehobenem oder niederem Milieu, konnte seinen Sohn ins Gefängnis werfen, seine Tochter ins Kloster zwingen, ohne daß sie bis zum vollendeten fünfundzwanzigsten Lebensjahr die Möglichkeit gehabt hätten, an die Gerichte zu appellieren.

Immerhin war in den bürgerlichen Familien die väterliche Autorität nicht so lastend. Hier hatte der Stammbaum nichts Mystisches, man schmückte sich nicht mit seiner Dauer, der Begründung einer geheiligten Ordnung; die Ahnen waren für sich genommen nicht von großer Bedeutung (außer möglicherweise in Korsika...). In jedem Fall aber mußten die Existenzmöglichkeiten vererbt werden.

Handwerker

Die ersten Handwerker waren Bauern: Sie bearbeiteten das Land und waren je nach Jahreszeit auch Schmied, Tischler oder Weber. Solange diese Handwerker im Dorf blieben, erhielten sie sich die Mentalität und die Sitten der Bauern, aber wenn sie sich in der Stadt niederließen, entwickelten sie nach und nach einen ihnen eigenen Charakter, der auch das Gefüge der Familie beeinflußte. Das Gewicht von Familie und Milieu wurde leichter, das des Vaters stärker spürbar.

In der Tat entwickelte sich hier eine Trennung zwischen Patrimonium und Beruf, wobei der Beruf wichtiger wurde als das Erbe; überdies wurde der Beruf *personalisiert*, was zu einer Fortentwicklung der Rolle des Vaters führte: Er übermittelte nicht mehr ein Gut sondern eine Kunst und ein Talent. Wenn er seinen Sohn zum Lehrling nahm (was in unseren Breiten häufig vorkam), waren die Beziehungen zwischen Vater und Sohn noch enger als auf dem Lande, denn obwohl der Vater der Meister blieb, wurde er doch auch zum Lehrer, zu einem Lehrer in einer bestimmten Technik. Nun hatte sich in der Frühen Neuzeit in fast allen Fabrikationszweigen die Technik stark fortentwickelt. Zur einfachen Handfertigkeit trat theoretisches oder sogar naturwissenschaftliches Wissen (Geometrie, Materiallehre) und künstlerisches Talent, also die schöpferische Erfindung. Immer länger und immer mehr verfeinert wurde die Lehre, gekrönt schließlich durch die Fertigstellung des Meisterwerks. Ein richtig vollendetes und gutgelungenes Werk brachte seinem Hersteller Selbstbewußtsein und Achtung. Das Handwerk wurde ein wesentliches Element männlicher Identität.

Auch mußten Verhandlungen mit immer anspruchsvolleren Kunden geführt werden: Die sozialen Beziehungen waren konturierter und komplizierter als auf dem Land, sie verlangten mehr Anpassung. Stellte man die reichen Kunden zufrieden, konnte man selbst reich werden. Ein qualitätvoll und sorgfältig ausgeführtes Handwerk bedingte Einstieg und Aufstieg auf der sozialen Leiter. Eine zweckmäßig ersonnene Arbeitsmoral von Berufswissen und Beziehung zu dem Kunden kam auf. Der Handwerker war weit weniger als der Bauer der Natur unterworfen und leichter davon überzeugt, daß sein Vermögen auf seinem Verdienst beruhte; er gewann Vertrauen in sich selbst und konnte für sich und für seine Kinder wohlbegründeten Ehrgeiz hegen.

Alle diese Errungenschaften bemühte er sich, seinen Nachkommen weiterzugeben. Auch hier wurde häufig der älteste Sohn als Erbe und Nachfolger ausersehen. Ihn vor allem sollte seine Mutter gerne stillen, die jüngeren wurden leichteren Herzens zu Ammen gegeben, vor allem, wenn ihre Zahl groß war. Der Vater nahm seinen Sohn mit sich und brachte ihm mit vielen Ohrfeigen bei, was er selbst wußte.

Einige Autobiographien zeugen von dieser Kraft des Vater-Sohn-Bandes. Ende des 18. Jahrhunderts wurde Jacques-Louis Ménétra Glaser in Paris bei seinem Vater,[18] letzterer ist wiederverheirateter Witwer, gelegentlich ein Saufbruder und oft brutal: Die Zusammenstöße zwischen beiden waren häufig und heftig. Niemals jedoch stellte Jacques-Louis die Autorität seines Vaters in Frage, er erwies im Gegenteil seinem Vater eine tiefe Achtung und ein umfassendes Verständnis, da er ihn doch im Laden und auf Bauplätzen in das Leben eingeführt hatte. Der junge Geselle begab sich anschließend sieben Jahre lang auf Wanderschaft in Frankreich, ohne jemals Kontakt und Briefverkehr aufzugeben; und wenn er sich nach seiner Rückkehr auch weigerte, mit seinem Vater zusammenzuarbeiten und seine Unabhängigkeit vorzog, bewies er ihm doch bei jeder Gelegenheit seine Solidarität und bot ihm bereitwillig seine Hilfe an. Als er selber Vater wurde, wiederholte sich diese Vater-Sohn-Beziehung und vermittelte nun selbst seinem Sohn alle seine Erfahrung und all sein Wissen. Victor Gelu wurde gegen Anfang des 19. Jahrhunderts Bäcker; er hatte dieses Handwerk gelernt wie sein Vater, aber war erst fünfzehn Jahre alt, als dieser starb. Er verwandelte ihn in ein übermenschliches, intelligentes und großzügiges Wesen, dessen Vollkommenheit und Verdienst durch alle Seiten seiner Erinnerungen klingen. Zum Beispiel erzählt er, daß sein Vater ihn Donnerstags mit seiner Schwester zusammen an einen frischen Bach führte. „Papa hieß uns sorgfältig den ganz Körper im kühlen Bach waschen. Anschließend aßen wir Brot und Wurst. Welche Freude für unsere jungen Herzen! Welche Sprünge auf der mit Blumen bewachsenen

Wiese! Welch ermüdende Litanei von Fragen an Papa! Dieser so geliebte Papa, der mit uns glücklich über unser Vergnügen war, der niemals müde wurde, uns zu antworten und der sich in seinen Erklärungen immer unserem Verständnis anpaßte. [...] Mein Vater wußte uns gleicherweise Achtung, Ergebung, Liebe und Vertrauen einzuflößen". Als Victor erwachsen war, konnte er den väterlichen Ofen wieder in Betrieb setzen, „unsern Ofen", und seine Freude war rührend.

Aus diesem Text läßt sich entnehmen, daß die väterliche Erziehung weit über die Erlernung des Handwerks hinausging, sie erstreckte sich auch auf Freizeit und auf viele Wissensgebiete. Der Vater spielte eine Hauptrolle in der Sozialisation seiner Kinder. Das bezog sich auch auf die Töchter, die sich wie ihre Mutter in gewisser Weise in das Handwerk einbezogen sahen. Die Werkstatt war fast immer nahe des Domizils. Auch wenn sie nicht die Techniken lernten, kannten die Töchter doch die Freuden, die Sorgen, die Sprechweise, die Riten und die Beziehungen, die die Arbeit des Vaters implizierte. Eine gutzerzogene Tochter war geeignet die würdige Frau eines Zunftbruders oder eines Gesellen zu werden. Hatte sie keinen Bruder, so würde ihr Mann als *Schwiegersohn des Meisters* die Nachfolge in der Werkstatt sichern können. Die Frauen waren eingefügt. Die *Profession der Frauen* wurde die Versorgung der Familie. Ein Vater mit einiger Selbstachtung wäre erschreckt gewesen, hätte er sein Handwerk einer Tochter beibringen müssen: Das wäre ein Zeichnen von Armut gewesen. Immerhin blieben einige Handwerksarten den Frauen vorbehalten. Diejenigen, die sich auf den Körper bezogen, blieben von Frauen besetzt, solange die Schranken der Schamhaftigkeit bestanden: Die Hebamme oder die Wäscherin übten ein anerkanntes Handwerk aus, das häufig von Mutter auf Tochter vererbt wurde. Immer häufiger aber war eine Hebamme Frau oder Tochter eines Arztes; sie verlängerte seinen Arm oder war seine Hilfe. Immer seltener wurde die weibliche Identität durch Handwerk bestimmt.

Vom Mann beherrschte Ehen bestimmten diese Gesellschaftsschichten und sicherten deren Stabilität. Sie gingen im Laufe des 19. Jahrhunderts durch Einwirken der Industrialisierung nur langsam zurück. Yves Lequin beschreibt einprägsam einen solchen schrittweisen und entwürdigenden Niedergang bei den Arbeitern von Lyon.[19] Ein Handwerker, der in einer Fabrik arbeitete, verlor sehr bald die sozialen Fähigkeiten und das seinem Handwerk angemessene Verhalten: Sein Sohn lernte kein Handwerk; seine Tochter heiratete nicht einen Zunftbruder, sondern einen Arbeiter ohne handwerkliche Ausbildung oder aus einem anderen Handwerk kommend. Das Ende der vom Beruf bestimmten Männerherrschaft in der Ehe war eines der wichtigsten Indikatoren für die Proletarisierung. Der Proletarier hatte keine handwerkliche Ausbildung und keinen Stammbaum, er verlor beides auf einmal.

Kaufleute und Beamte

Die Entwicklung konnte aber auch eine entgegensetzte Richtung einschlagen. Die Sprößlinge des Handwerkers (oder des großen Bauern) konnten in die höheren Schichten der Gesellschaft aufsteigen. In der frühen Neuzeit wurde dieser Aufstieg vor allem über den Handel bewerkstelligt. Er erfolgte langsam und allmählich und vollzog sich unter Bedingungen, die nie die Autorität des Vaters oder die soziale Ordnung in Frage stellten. Pierre Goubert faßt die Etappen am Beispiel der Bourgeoisie von Beauvais folgendermaßen zusammen:[20] Den Anfang machte ein Tuchmacher, der sich eines Tages entschloß, seine Webstühle zu verkaufen, seine Arbeiter zu entlassen und sich dem Handel zuzuwenden. Seine Güter beschränkten sich erst auf ein Haus, zwei oder drei kleine Parzellen, einen kleinen Vorrat von Stoffen und einen großen Sack voller Dukaten. Hatte er Glück, erwarb er sich mit neuem sichtbarem Reichtum die Achtung der Notabeln, wurde zum Schöffen gewählt, heiratete, wenn möglich, in den Kreis der *Familien* ein: Damit war die zweite Etappe bewältigt. Der neue Schöffe brachte seine Töchter bei den Ursulinen unter, versuchte für den schwächsten oder frömmsten seiner Söhne ein Kanonikat zu bekommen, lauerte für den arbeitsamsten unter ihnen auf ein Amt im Gerichts- oder Finanzwesen, und träumte für sich selbst von der roten und violetten Robe des Bürgermeisters von Beauvais. Selten betrieben die Familien damals mehr als drei Generationen lang den Handel. Sie widmeten sich Ämtern, die Einkünfte, Befreiung von Steuern, den Vorsitz irgendwelcher Gremien und freie Zeit mit sich brachten, und die es erlaubten, sich lohnenderen Beschäftigungen zuzuwenden: z. B. der Steuererhebung bei weltlichen oder kirchlichen Herrschaften. Das war die dritte Etappe. Die letzte bestand darin, sich in den Adel durch den Erwerb königlicher Ämter einzukaufen; diese Ämter waren vererbbar. Käuflichkeit und Erblichkeit der Ämter in den verschiedenen Bereichen beförderten die Herausbildung richtiger Dynastien an der Spitze der Verwaltung von Frankreich. Der Aufstieg in eine solche Familie der Notabeln war fast immer von Dauer. Die Notabeln heirateten untereinander und verheirateten ebenfalls ihre Kinder miteinander.

In Beauvais ist der Aufstieg der Familie Danse, den Goubert beschreibt, beispielhaft. Über die verschiedenen Familienmitglieder läßt sich nachvollziehen, wie die Dynamik eines bürgerlichen Geschlechts die Vater-Kind-Beziehungen bestimmte. Im 17. Jahrhundert hatten die Danse einen Großteil ihrer Kinder in der Kirche plaziert: Domherr, Prior, Mitglied von Mönchsorden wurde man damals gerne, da es sichere Posten waren, mit Hilfe derer zeitliche Ansprüche und geistliches Sehnen vereinbar waren. Die Mitgift einer Nonne war immer geringer als die Mitgift einer Braut (3000 oder 4000 anstelle von 10000 bis 25000 Livres); die Söhne konnten in der kirchlichen Hierarchie eine honorige Karriere machen; auch fiel das Erbteil der Kanoniker schließlich immer wieder an die Neffen zurück.

Mit dem Beginn des 18. Jahrhunderts wurde die Anziehungskraft der Kirche geringer. Von den elf Kindern des Lucien Danse (1668–1727) schlug keines eine kirchliche Laufbahn ein. Dieser Industrielle, seines Zeichens *Feinwäscher*, wagte es, seine feinen Tuche, sein Geld und sogar seine Söhne auf den Routen nach den beiden Amerika und China einzusetzen. Für die Versorgung seiner Kinder verfolgte er eine beharrliche und von Erfolg gekrönte Strategie. Seine vier Söhne weihte er dem Handel und verheiratete sie vorteilhaft: Dem Ältesten gelang es sogar, dank einer Heirat mit einer Erbin, den persönlichen Adel zu erhalten. Die Töchter heirateten reiche Kaufleute und Beamte. Nach dem frühen Tod von Lucien 1727 bewies seine Witwe bemerkenswerte Energie und Geschicklichkeit, es gelang ihr, all den ihren ein beträchtliches Erbe zu verschaffen. Sechzehnmal Großmutter zu ihren Lebzeiten, konnte sie sich lange an ihrer zahlreichen und reichen Nachkommenschaft freuen.

Diese *bürgerlichen Dynastien* waren noch im 19. Jahrhundert in allen französischen Städten zahlreich und mächtig:[21] Louis Henri Caune, ein Makler aus Marseille, (1823–1891), der ein Hausbuch verfaßte, um den Familienzusammenhalt zu erhalten, schrieb in diesem Zusammenhang: „Ich habe oben geschrieben, daß die Töchter den Charme der Häuslichkeit darstellen; die Söhne verwirklichen den Familienehrgeiz; sie sind es, die Namen und Tradition fortpflanzen sollen: Ihr Verstand und ihre Lebensführung wird es ihnen erlauben, die Familie auf der höchsten Sprosse der sozialen Leiter anzusiedeln." Es folgten entsprechende Ratschläge, vor allem bezüglich der Wahl guter Ehefrauen.

Die Versorgung der Kinder war die wesentliche Sorge der Eltern, die Garantie dafür, daß ihr eigener sozialer Aufstieg sich in die Zukunft fortsetzte. Annehmlichkeiten des täglichen Lebens, Gemütskultur, Verwöhnung traten ohne jeden Zweifel dahinter zurück. Historiker der Bourgeoisie von Marseille waren überrascht, daß noch zu Beginn des

19. Jahrhunderts die Kinderzimmer nicht besser ausgestattet waren als die der Dienstboten. Vornehm hergerichtet waren nur die Gesellschaftsräume im ersten Stock: das Gesellschafts-, das Eßzimmer, der Salon der Hausfrau. Darüber war alles auf das Nötigste beschränkt. Aber die Mißachtung alles dessen, was wir heute Komfort nennen, bedeutete keinesfalls eine Mißachtung des Kindes. Sie läßt nur darauf schließen, daß die Zukunft des Kindes ernster genommen wurde als die Gegenwart.

Für die meisten Bürgerlichen des 17. und 18. Jahrhunderts war der Gipfel des Erreichbaren der Zugang zu der Welt der Privilegierten, des Adels. So wandten sie alle Kraft auf, ihren Kindern eine vornehme Erziehung angedeihen zu lassen, um ihnen die Möglichkeit zu eröffnen, später die Schwelle zu dieser Welt zu überschreiten, sei es durch Eheschließung, sei es durch Kauf eines hohen Amtes. Diese ehrgeizigen Väter schickten ihre Söhne und Töchter in die besten Internate und überwachten ihre Fortschritte; sie sahen sie nicht oft, was die großen Herren ja auch nicht taten, aber sie übersandten ihnen feierliche und moralisierende Botschaften, deren Länge und Häufigkeit auf ihre Weise von einer großen Anhänglichkeit zeugen. Es hat den Anschein, daß die Bürgerlichen Nähe zu ihren Kindern suchten und die Familienbeziehungen aufrechterhielten, ohne damit die Privilegien väterlicher Gewalt aufzugeben. Das gesamte Werk Molières ist Zeugnis dafür.

Auffällig ist, daß diese Bürgerlichen keine Bastarde zeugten, sei es, daß sie mehr Achtung vor den Lehren der Kirche hatten, sei es auch, daß es ihnen klüger schien, sich nicht allzusehr zu belasten. Einmal geadelt produzierten diese Bürgerlichen dagegen ohne weiteres Bastarde, vielleicht, um sich den Regeln der neuen Schicht anzupassen...

In der Weitergabe und Vererbung von Hab und Gut bestand also im Ancien Régime die wesentliche Funktion eines Vaters. In dieser Funktion mit all ihren Sorgen und Pflichten bestand zweifelsohne die eigentliche und wesentliche Begründung der väterlichen Gewalt, die ja von allen akzeptiert wurde. Die väterliche Autorität, zunächst als Ausfluß göttlicher Gewalt, später als wirkliches Naturrecht verehrt, lastet so schwer auf Mentalitäten und Lebensführung, daß dadurch fast jede andere Beziehung zwischen Vater und Kind verdeckt wurde. Solide Normen und wohlverankerte Traditionen bestimmten die Vaterschaft in den Gewohnheitsrechten. Wie weit wurden diese erschüttert durch eine Revolution, deren Streben vornehmlich darin bestand, das Individuum aus seiner Unmündigkeit herauszuführen?

TEIL III

Vaterschaft des Individuums

Wie jede revolutionäre Krise wurde auch die, die in Frankreich aufbrach, und die sich zwischen 1789 und 1815 auf Europa ausweitete, von konstruktiven und destruktiven Antrieben bestimmt.

Die destruktiven Triebkräfte lassen sich folgendermaßen kennzeichnen: Die Philosophie der Menschenrechte stellte die zwei Grundprinzipien der väterlichen Gewalt in Frage. Sie bedrohte deren rechtmäßige Grundlage, weil sie grundsätzlich jeden Absolutismus in Frage stellte. Die Herrschaft des Einzelnen in der Familie wie die im Staat wurde fragwürdig. Sie bedrohte auch deren religiöse Grundlage, weil die Lehren der Kirche insgesamt in Frage gestellt wurden. „Zermalmt die Niederträchtige", hatte Voltaire gesagt. Dies gilt im Grundsatz. Die Wirklichkeit war vielfältiger: Einerseits haben die Dekrete der Revolutionsregierung den Umbruch beschleunigt, andererseits wurde er durch den *Code Civil* wieder eingeschränkt. Aufbruch und Einschränkung machen deutlich, was die Männer der Aufklärung mit ihrer neuen Definition der Vaterschaft nicht erreichen konnten. Schon unmittelbar nach der Revolution stellte sich heraus, daß der Vater nur wenig von seiner Macht eingebüßt hatte – das neugefundene Gleichgewicht beließ ihm weiterhin eine Sonderrolle. Es waren die ökonomischen Faktoren – mehr als die Politik –, die dazu führten, daß die Rolle des Vaters in der Gesellschaft verändert und seine Macht eingeschränkt wurde.

Im Unterschied dazu deuten sich folgende konstruktiven Momente an: Die Philosophie von den Menschenrechten erhob den Anspruch, die Freiheit des Individuums zu begründen. Was aber konnte dieses Gut für den Vater bedeuten? Wovon genau sollte er sich befreien? Von den Bräuchen der Vorfahren? Von der christlichen Moral? Hat der Vater seine Freiheit genutzt, um ein anderes Verhältnis zu seinen Kindern zu finden? Hat er zum Beispiel Gewalt durch Liebe ersetzen wollen?

Nur langsam haben die Väter den Verlust ihrer Macht verwunden und es kam sie schwer an, ihre Position in der Familie neu zu überdenken. Unter diesem Gesichtspunkt erscheinen das 19. und ein großer Teil des 20. Jahrhunderts wie eine lange Übergangsperiode.

6. KAPITEL

Die Menschenrechte

Unleugbar war der Ertrag der Revolution für das Leben in der Familie nur gering. Weder der Angriff auf absolutistische Herrschaftsformen und damit auch auf die väterliche Gewalt, noch die Verkündung der individuellen Freiheit hatten zunächst wirklich einschneidende Konsequenzen in der gesellschaftlichen Praxis. Wohl aber wurde eine wirkliche Wende in der theoretischen Definition der väterlichen Gewalt in Gang gesetzt.

Verlorene Macht?

Erstaunlich ist, daß die Männer der Revolutionszeit so viel Eifer an den Tag legten, die Macht des Vaters zunichte zu machen. Warum waren sie so erpicht darauf, einen der Hauptpfeiler männlicher Gewalt zu beseitigen? Einige Mitglieder des Konvents waren jung (Saint Just z. B. war 27 Jahre alt), unverheiratet und kinderlos. Möglicherweise handelten sie als unterdrückte Söhne unter dem Zwang, ein unerträgliches Joch abzuwerfen. Aber die anderen? Waren es frustrierte jüngere Brüder? Wir wissen in der Tat nur wenig über das Privatleben der Männer des Konvents. Die biographischen Lexika (das von A. Kuscinsky, 1916 veröffentlicht, beschränkt sich auf den Konvent) lassen sich nur über die politische Laufbahn der Abgeordneten des Volkes aus; unmöglich, zu erfahren, ob sie verheiratet waren, ob sie Kinder hatten (ausgenommen den Fall, daß diese Kinder in irgendeiner Form dem politischen Werdegang ihres Vaters verbunden waren). Diesen Problemen sind die Historiker noch nicht nachgegangen.

Der Streit um die Macht des Vaters

Es ist überdies schwierig, herauszufinden, von wann an und warum die väterliche Macht strittig wurde. Im 16. Jahrhundert neigte man auf Grund der wiedergeborenen Achtung vor dem römischen Recht dazu, die Figur des Gatten und Vaters aufzuwerten. Und doch ließ sich kurz danach im Theater verfolgen, wie sie demontiert wurde: In *König Lear* wütete Shakespeare mit erstaunlichem Ungestüm gegen den König selbst und den Grafen Gloucester, zwei blinde und ungerechte Väter, die von ihren Kindern aller Würde entblößt, zurückgewiesen und verhöhnt wurden. Auch Molière war in seinen Komödien weit davon entfernt, den Vätern zu schmeicheln. Später gebärdete sich die Aufklärung gegenüber dem väterlichen Despotismus noch feindlicher. So entwickelten die Enzyklopädisten im Artikel *Kind*, und Rousseau im *Contrat social* eine Lehre, die von Locke und Pufendorf bereits vorgezeichnet war: Die Autorität des Vaters war nur durch die Bedürfnisse des Kindes gerechtfertigt und mußte enden, sobald das Kind keiner Hilfe mehr bedurfte; der Staat, Ausdruck des gemeinsamen Willens von Individuen, sollte sowohl die Rechte des Vaters wie die Erziehung des Kindes Regeln unterwerfen können.

„Die gebieterische Stimme der Vernunft wurde gehört; es gibt keine väterliche Gewalt mehr; man darf die Natur nicht täuschen, indem man seine Rechte durch Zwang geltend macht. Die Rechte der Eltern sind Schutz und Aufsicht, ihre Kinder zu nähren und erziehen ist ihre Pflicht". Diese erste Fassung des *Code Civil*, die dem Konvent vorgeschlagen wurde, bewirkte eine abrupte Umkehrung aller Werte: Aus den Rechten der Eltern wurden Pflichten. Die Gesetzgebung der Revolution war in der Tat hart für die Eltern. Das Gesetz vom 20.–25. September 1792 setzte das Mündigkeitsalter auf einundzwanzig Jahre fest; der Vater verlor alle Gewalt über sein Kind, männlich oder weiblich, das dieses Alter erreicht hatte. Ausdrücklich wurden die Verbote aufgehoben, nach eigenem Willen zu heiraten oder einen Beruf zu erlernen. Und das Gesetz vom 7.-11. März 1793, das die gleichmäßige Aufteilung des Erbes postulierte, verbot jede Möglichkeit, ein Kind zu enterben: Es beraubte den Vater in der Tat der freien Verfügung über seine Güter.[1]

Die Enthauptung von Ludwig XVI. am 21. Januar 1793 war ein Symbol für diesen *Vatermord*. Balzac drückte es in seinen *Mémoires de deux jeunes mariées* [Erinnerungen zweier jungvermählter Frauen] so aus: „Mit der Enthauptung von Ludwig XVI. hat die Republik alle Familienväter enthauptet".

Auch in zwei weiteren Bereichen, beim Züchtigungs- und Besserungsrecht und im Unterrichtswesen, konnten die Angriffe auf die Autorität des Vaters bedrohlich wirken. Das erstere wurde am 26. März 1790 eingeschränkt: Die Konstituante schaffte die geheimen Verhaftungsbefehle *[lettres de cachet]* ab und führte Familiengerichte ein, die den Auftrag hatten, in den Familien für Eintracht zu sorgen.

Die Patrioten strebten danach, sich der Zukunft zu versichern, indem sie die zukünftige Generation die Menschenrechte lehrten. Daher florierten Projekte für öffentliche Schulen. Die ersten Entwürfe von Talleyrand und Condorcet wollten Staatsschulen mit landesweiten Programmen einrichten, ohne sie jedoch obligatorisch zu machen. Der Konvent ging einen Schritt weiter: Unter dem Einfluß des *Contrat social* beschloß er, daß die Rechte des Staates vor dem *Egoismus der Familien* rangieren sollten. „Wir bemächtigen uns der kommenden Generation", sagte Rabaut Saint-Etienne und Danton betonte: „Die Kinder gehören der Republik, bevor sie ihren Eltern gehören". Laut Robespierre soll die Erziehung *national* für alle Kinder (auch Mädchen), gleich und obligatorisch sein. Das Gesetz vom 29. Frimaire, Jahr II der Republik, sah eine Strafe für alle Eltern vor, die ihre Kinder nicht in die Schulen der Republik schicken sollten.

Der *Code Civil* und die Reaktion

Unter Napoleon Bonaparte gewann die väterliche Autorität an Einfluß. Selbst eine Veröffentlichung so flüchtigen Charakters wie das *Journal des Dames* hatte sich über seinen Verfall Sorgen gemacht: „Die Lage des Vaters ist außerordentlich kritisch. Zum Nichts geworden ist die Autorität des Vaters in Ländern mit schlechten Sitten. Strenge wird für Barbarei gehalten: Das Alter wird mißachtet. Einziges Erziehungsprinzip ist eine blinde und gleichgültige Nachsicht."² Der väterlichen Gewalt waren zahlreiche Parteigänger erhalten geblieben, die sich von den Argumenten Rousseaus und der anderen Philosophen keineswegs hatten überzeugen lassen. Die großen Rechtsgelehrten sahen in der Macht des Vaters weiterhin ein mit gewichtiger Verantwortungsfülle ausgestattetes Naturrecht. Und den meisten Familienvätern lag daran, sich Möglichkeiten der Kontrolle und des Drucks über ihre Nachkommen zu erhalten. Mit in Betracht gezogen werden sollten die persönlichen Vorstellungen des ersten Konsuls, bald des Kaisers. Er entstammte einer Gegend des Mittelmeers, die unter der Herrschaft des römischen Rechts und des Patriarchats stand. Überdies strebte er, sobald das Kaiserreich ausgerufen war, nach der Wiedererrichtung der Monarchie und der Gründung einer Dynastie, d.h. nach der Wiederherstellung der symbolischen Vaterschaft der alten Könige von Frankreich sowie der Wiedereinführung der Erblichkeit der Titel. Seine eigenen Vorstellungen gingen in Richtung Vaterherrschaft: „Wir haben Schluß gemacht mit dem Roman der Revolution", erklärte er dem Staatsrat, „man muß sehen, was bei der Umsetzung ihrer Prinzipien realistisch und möglich, nicht, was spekulativ und hypothetisch ist".

Dieser Realismus führte zur Einschränkung der Wirksamkeit der vorherigen Ansätze und zur Beschränkung der Freiheit der Kinder, über wesentliche Dinge selbst zu entscheiden. Der *Code Civil* blieb zwar beim Mündigkeitsalter von einundzwanzig Jahren, setzte aber die Freiheit zu heiraten auf fünfundzwanzig Jahre fest; und auch im Alter von 25 bis 30 Jahren war der Sohn gehalten, die Einwilligung der Eltern durch drei, Monat für Monat wiederholte, Heiratsgesuche einzuholen (die Tochter war nur im Alter von 21 bis 25 Jahren dazu verpflichtet). Überdies war die Möglichkeit, wirtschaftlichen Druck auszuüben, in der Hand des Vaters verblieben, zumindest in den mittleren und oberen Schichten der Gesellschaft. Ein Kind, selbst ein mündiges, konnte sich von der väterlichen Autorität nur wirklich befreien, wenn es selbst die Mittel für seine Existenz aufbringen konnte: Zugang zu dieser Autonomie hatten die Jungen nur selten, für fast alle Mädchen war sie unerreichbar.

Bezüglich des Züchtigungsrechts des Vaters gab der Code Napoléon dem Vater das Recht zurück, seine Kinder einkerkern zu lassen, wenn auch mit beträchtlichen Einschränkungen: Für die Kinder von weniger als sechzehn Jahren konnte die Einkerkerung auf simple Anforderung erfolgen, war aber auf einen Monat begrenzt; für die Älteren von sechzehn bis einundzwanzig Jahren war die Zustimmung eines Gerichts notwendig und die Gefangensetzung durfte sechs Monate nicht überschreiten. Jederzeit konnte der Vater der Strafe ein Ende setzen. Dieses Strafrecht wurde gegen Ende des 19. Jahrhunderts durch gesetzliche Maßnahmen eingeschränkt, bestand im Grundsatz aber bis 1958 weiter.

Napoleon verzichtete vollständig auf die Schulpflicht. Jedoch hatte er ein allzu despotisches Temperament, um seinen Ehrgeiz auf pädagogischem Gebiet ganz zum Schweigen zu bringen. Er begründete das Monopol der Universitäten; bei der Einrichtung der staatlichen Gymnasien ging es ihm mehr um die Heranbildung der Jugend für den Staatsdienst als um ihre Bildung im Interesse der Familien. Die auf ihn folgenden Regierungen haben beide Einrichtungen nicht abgeschafft. Die Absichten eines laizistischen Staates begannen denen der katholischen Kirche, die das Unterrichtssystem im Ancien Régime bestimmt hatte, zu entsprechen und mit ihnen zu konkurrieren. Unter der Julimonarchie sollten Väter damit beginnen, sich für *Unterrichtsfreiheit* einzusetzen. Louis-Henri Caune, Makler aus Marseille, kämpfte „leidenschaftlich" für „die ganz und gar unstrittige Freiheit und das geheiligte Recht des Vaters gegenüber seinen Kindern [...] Diese Ungeheuerlichkeit, mir, einem Familienvater, das Recht zu nehmen, meine Kinder so erziehen zu lassen, wie es mir mein Gewissen befiehlt, ist meiner Ansicht nach ein empörendes Unterfangen, wie es schlimmer kaum denkbar ist".[3]

In einem wesentlichen Bereich blieb die väterliche Gewalt jedoch eingeschränkt. Der *Code Civil* verordnete eine gleichmäßige Verteilung des Erbes unter die Kinder, der Vater hatte nicht mehr die Möglichkeit, seinen Ältesten zu privilegieren. Unter der Restauration zeichnete sich das Bestreben ab, das Vorrecht des Ältesten wieder einzuführen, doch nur mit eingeschränktem Erfolg. Die Mehrheit der Allgemeinheit fand sich, so scheint es, gerne mit dieser wichtigen Reform ab, die dem Vater erlaubte, seine Kinder gleich und mit gleichen Gefühlen zu behandeln. Die ökonomischen und demographischen Konsequenzen waren allerdings beträchtlich. Die großen Familien suchten nach Mitteln, sich zu arrangieren, indem sie z. B. eine bestimmte Besitzung für unteilbar erklärten. Einige Bauern gingen ähnlich vor oder bedienten sich eines Vorwandes (solche Strategien waren keinesfalls neu). Viele nahmen Zuflucht zur Reduzierung ihrer Nachkommenschaft.

Insgesamt ist es übrigens mehr die wirtschaftliche Entwicklung als der *Code Civil* von 1804 gewesen, die den zunehmenden Verfall der väterlichen Autorität mit sich brachte. In der ländlichen Gesellschaft, in der der Wandel langsamer vor sich ging, bedeutete die Tradierung von Erbe im Allgemeinen die Reproduktion des immer Gleichen, was die Autorität des Vaters begünstigte. Mit der industriellen Revolution und ihren Folgen wurde dieses Tradition hinfällig. Im Verlauf der Industrialisierung wurden die Modalitäten der Tätigkeit nämlich nicht mehr vom Vater auf den Sohn weitergegeben. In *La Fortune de Gaspard* beschreibt die Comtesse de Ségur vereinfachend einen vielleicht exemplarischen Fall. Gaspard geht gerne zur Schule und hat dort Erfolge. Sein Vater aber, ein rückwärtsgewandter Bauer, sieht in ihm nur den Faulenzer und jagt ihn vom Hof. Der Junge geht in die Fabrik und entwickelt dort so bemerkenswerte Fähigkeiten, daß der Besitzer, Monsieur Feréor, ihm all sein Vertrauen schenkt und ihn schließlich richtiggehend adoptiert (der *Code Civil* hatte nämlich, wie weiter unten beschrieben, die Adoption wiedereingeführt). Dieser Vatertausch ist bezeichnend.

Auswirkungen der industriellen Revolution

Die industrielle Gesellschaft war ein Produkt des Wirtschaftsliberalismus und ein Ergebnis der 1789 erkämpften Freiheit. Ihre Folgen begannen die Vater-Kind-Beziehungen umzuformen: Sie führten meist zu einem Niedergang des väterlichen Ansehens und seiner Macht, obwohl hierbei, je nach Schicht, beträchtliche Unterschiede deutlich werden. Bei den Armen tauchte nach und nach eine neue, mitleidsregende Verkörperung des Vaters auf, der Proletarier. In den oberen Schichten der Gesellschaft wurde die traditionelle Trennung zwischen Vätern und Kindern kaum abgebaut, hier machte sich der Wechsel nur zögernd bemerkbar. Die Suche nach wirklich neuen Verhaltensweisen ging wohl von den Männern der Mittelschicht aus.

Proletarier und Randgruppen

In der Gruppe der Handwerker und Ladenbesitzer, wo, wie beschrieben, die Vater-Kind-Beziehung innig und effizient war, zeichnete sich ein Prozess der Proletarisierung ab, der durch Arbeiten über die soziale Mobilität eindeutig nachgewiesen werden kann. In der Mitte des 19. Jahrhunderts haben von 1147 Pariser Ladenbesitzern, die das Geschäft von ihrem Vater geerbt hatten, nur 434, d.h. 37,83 %, dieses ihr ganzes Leben lang für sich erhalten können. Zählt man die Aufsteiger dazu (nur ungefähr 13 %) kommt man auf eine Zahl von 50,76 %. Das heißt, daß einer von zwei Söhnen eines Geschäftsbesitzers Opfer einer Deklassierung wurde.[4] Der Älteste einer zahlreichen Familie wurde doppelt so rasch Arbeiter wie der Älteste einer kleinen Familie; sobald der Pariser Ladenbesitzer mehr als drei Kinder hatte, reduzierte er die Aufstiegschancen jedes einzelnen auf fünf zu eins. Wenig erstaunlich, daß Péguy, der einer Familie kleiner Handwerker entstammte, in dem Familienvater den Abenteurer der Moderne zu erkennen glaubte. Der mehrfache Familienvater gab seine Kinder häufig in die Lehre, aber da kein Gesetz, kein Vertrag anschließend einen Lehrling schützten, war dieser häufig das Objekt brutaler Ausbeutung, ohne wirkliche Aussicht, seine Lehre zu beenden. Mit einem Schlag verlor der Vater den Anspruch auf die Tradierung seines Wissens und seines Könnens. Er mußte von seiner Aufgabe der Übertragung und Weitergabe Abstand nehmen, denn sein Beruf erlaubte ihm nicht mehr, für die Zukunft der Seinen zu sorgen. Sicher nicht zufällig wechselte das Wort Proletarier zu Beginn des 19. Jahrhunderts seine Bedeutung; es verlor den Rückbezug auf die lateinische Bedeutung (Bürger der letzten Klasse eines Volkes, für den Staat von Nutzen durch die Kinder (proles), die er für ihn erzeugte), es erhielt im politischen Kontext die Bedeutung vom ausgenutzten Arbeiter, der sich ohne wirkliche Freiheit und ohne Schutz durchbringen mußte.[5]

Zu Beginn der Industrialisierung lassen sich dabei gelegentlich Übergangsphänomene beobachten. So konnte ein Bergarbeiter mit seinem Sohn als *Lehrling* (faktisch als Hilfsarbeiter) einfahren: Er bewahrte so seine Macht und einen Teil seines Ansehens. Aber die sich beschleunigende

Entwicklung der verschiedenen Techniken disqualifizierte das Wissen des Vaters mit wachsender Geschwindigkeit. Auch wenn er sich von seinem Sohn in das Bergwerk (oder in eine Fabrik) begleiten ließ, konnte er ihn nicht immer anleiten und schützen; das Kind zu Hause zu lassen, hätte jedoch bedeutet, der Familie ein kleines Zubrot vorzuenthalten, das in mageren Zeiten nicht zu verachten war. In dieser Zeit begannen sich fromme Seelen über die Kinderarbeit zu entrüsten, es kamen Worte in Gebrauch, wie *schlechter*, *nichtswürdiger* oder *verkommener* Vater.

Die Herrschaft des Vaters über seine minderjährigen Kinder wurde ab 1841 mit dem Gesetz über das Verbot der Kinderarbeit in Fabriken in Frage gestellt. So traten die gegen dieses Gesetz opponierenden Abgeordneten als Verteidiger der väterlichen Autorität auf. Sie führten an, daß der Vater das Recht habe, seine Kinder in Arbeit zu bringen, nicht nur, um die Familieneinkünfte zu verbessern sondern auch, um sie an Arbeit und Disziplin zu gewöhnen. Dieses Gesetz wurde faktisch nicht angewandt. Im übrigen haben sich die Umstände sehr schnell weiter entwickelt. Am Ende des Jahrhunderts warfen Philanthropen den Vätern nicht mehr vor, ihre Kinder arbeiten zu lassen, sondern sie zu Verbrechen, die Töchter zur Prostitution, die Söhne zum Diebstahl anzustiften. Hunderte von vagabundierenden Kindern, eine wirkliche *Armee des Übels*, trieb sich in den Straßen der großen Städte herum und stellte eine furchteinflößende soziale Gefahr dar. Die Polizei überantwortete sie Wohltätigkeitseinrichtungen, meist in kirchlicher Trägerschaft, die aber die Kinder ihren Vätern zurückgeben mußten, sobald diese darum ersuchten. Diese Kinderbewahranstalten waren dann auch die ersten, die gegen das Vaterrecht Front machten, und zwar im Namen einer neuen, vielversprechenden, noch recht verworrenen, aber revolutionären Vorstellung, der vom *Wohl des Kindes*. Ein entsprechendes Gesetzesprojekt wurde 1880 in Angriff genommen: Die weitreichenden Untersuchungen und die leidenschaftlichen Debatten, die darüber geführt wurden, lassen darauf schließen, daß sich in der Auffassung von der Familie im Rahmen des *Code Civil* wesentliche Veränderungen ergeben hatten. Die väterliche Gewalt, Ursache von Mißbrauch, der die soziale Ordnung bedrohte, wurde als *Überrest heidnischer Barbarei* dargestellt. Das 1889 verabschiedete Gesetz erlaubte den Gerichten, gegen heftigsten Widerstand, einem Vater wegen schwerer und wiederholter Verbrechen *seine Rechte abzuerkennen*.[6]

Dieses Gesetz muß in seinem symbolischen und ideologischen Gehalt in seiner ganzen Tragweite begriffen werden. Ein sakrosanktes Prinzip war zusammengebrochen: Die Gewalt eines Vaters über sein Kind war *an sich* nicht mehr unberührbar; sie wurde explizit Kriterien der Sicherheit und des öffentlichen Nutzens unterworfen und der Kontrolle des Kollektivs unterstellt. Dies bedeutete eine Zerrüttung der männlichen Solidarität, die die Basis der patriarchalischen Gesellschaft war. Schon dem Wort *Aberkennung*, das einen Zusammenhang mit der Absetzung eines Fürsten herstellt, wohnt eine Feierlichkeit inne, die aufmerken läßt.

Gleichwohl kann man nicht behaupten, daß von diesem Zeitpunkt an eine neue Epoche in der Geschichte der Väter begann. Denn die Anwendung des Gesetzes ließ deutlich erkennen, daß es nur auf Randgruppen, nur auf Männer an der untersten Stufe der sozialen Leiter abzielte. Es war von Furcht diktiert: Die zu gleicher Zeit erschienene Fülle von Veröffentlichungen über schuldbeladene Kindheit hatte die öffentliche Meinung kopflos gemacht. Die Zahl der Väter, denen ihr Vaterrecht aberkannt worden ist, wurde nie festgestellt; überdies wurde sie in dem Maße geringer, wie sich im 20. Jahrhundert die Vorstellung von Erziehungshilfe durchsetzte. Die Behörden konnten nach und nach mit Hilfe von privaten Hilfsorganisationen und von Sozialarbeitern eine Überwachung der Familien der unteren Schichten durchsetzen, um die Kinder zu schützen und die richterliche Kompetenz, den Vätern ihre Rechte *abzuerkennen*, beiseite zu lassen. Insgesamt ist es der Gesellschaft gelungen, nach und nach unter neuen Formen die Sozialkontrolle wiedereinzuführen, die ehemals in den Dörfern und den Gemeinden über den Umweg von Klatsch und Tratsch ausgeübt wurde. Heutzutage spricht man nicht mehr von der *Aberkennung väterlicher Rechte*; der zehnbändige Larousse erwähnt in den ersten Ausgaben des 20. Jahrhunderts den Begriff nicht einmal.

Auch wenn dem Vater offiziell nicht seine Rechte aberkannt wurden (was die Ausnahme blieb), war der proletarische Vater häufig Demütigungen ausgesetzt. Er verlor die Herrschaft über seinen Haushalt, weil er häufig zu wenig verdiente, um für die Ernährung der Seinen aufkommen zu können. Seine Frau und seine Kinder arbeiteten, aber nicht unter seiner Kontrolle; er hatte nicht mehr die Mittel, sich ihrer Dankbarkeit, ihres Gehorsams, geschweige denn, sich ihrer Liebe zu versichern. Die Literatur führt uns diese in den Augen ihrer Kinder durch zu harte Arbeit, Trunksucht oder Arbeitslosigkeit erniedrigten Väter vor Augen. Solche Figuren finden sich nicht selten bei Zola. In *Les Humbles* [Die Demütigen] schildert auch Jules Romains einen Arbeiter-Vater, einen würdigen Mann, aber durch Arbeitslosigkeit in schlimmste materielle und moralische Not gestürzt. Sein Sohn, Louis Bastide, versucht, mit kleinen Aufträgen etwas Geld zu verdienen; ein Jahrhundert früher hätte sein Vater ihn als Dienstboten verdingt, jetzt aber zwingt ihn die Schulpflicht, seinen Sohn zu ernähren... Neben diesen schwergebeugten Vätern tauchen Ersatzväter auf, wenn auch andere als früher. In *Les Humbles* unterzieht sich der Volksschullehrer Clanricard bei Louis vorsichtig einer solchen Aufgabe. Und später im 20. Jahrhundert tauchten immer spezialisiertere Sozialarbeiter auf.

Ein letztes Phänomen verdient unsere Aufmerksamkeit, nämlich die Verschiebung des alten Gleichgewichts in den Binnenbeziehungen eines Ehepaares. Die durch ihren eigenen Lohn emanzipierte Frau eines Arbeiters stand nicht mehr abhängig und bescheiden im Hintergrund. Zudem aber schenkten ihr vor allem Sittenhüter, Mediziner und öffentliche Instanzen, eine vorher nicht gekannte Achtung und Aufmerksamkeit: Nicht den Vater sondern die Mutter drängten sie und hielten sie für fähig, ihr Heim sittlich zu veredeln. Auf sie zählten sie, um Ehemann und Söhne einer gewissen Disziplin zu unterwerfen, ihnen ein säuberliches Heim, weit ab von Spelunken und sozialistischer Propaganda zu bieten; auch aber, um im Haus die neuen Pasteurschen Vorschriften über Hygiene durchzusetzen, um ihrer aller Gesundheit zu erhalten.[7] Die Mutter erhielt eine Bedeutung, die nicht mehr nur auf ihrer Gebärfähigkeit beruhte. Der Vater dagegen begann durch die herrschende Ideologie in gewisser Weise aus seiner Verantwortung für die Familie verdrängt zu werden: Mehr und mehr übergingen amtliche Verlautbarungen, vor allem der Mediziner, seine Präsenz, lange bevor man ihm aus seiner Abwesenheit einen Vorwurf machte. Noch im 18. Jahrhundert wandten sich amtliche Stellen nur an den Vater, sie kannten nur ihn. Am Ende des 19. Jahrhunderts bevorzugten sie die Mutter als Adressatin ihrer Bemühungen. Man könnte sogar sagen, daß die Mutter sehr subtil mehr und mehr die Aufgabe der Tradierung von Werten übernahm. Arbeiten über soziale Mobilität lassen erkennen, daß ein Arbeiter, der eine Volksschullehrerin heiratet, seinen Kindern bestmögliche Aufstiegschanchen vermittelt, wohingegen derjenige, der eine Hausfrau heiratet, die seinigen zur Stagnation, wenn nicht Schlimmerem, verurteilt.

Die Mächtigen

In anderen Schichten war die Veränderung weniger dramatisch.

An der Spitze der sozialen Stufenleiter fanden sich nicht nur die Repräsentanten der alten Aristokratie, sondern auch alle die, die durch die neuen ökonomischen und sozialen Verhältnisse reich geworden waren oder es zu ehrenhaften Positionen gebracht hatten. In den Beziehungen zu ihren Kindern gab es keine Neuerungen. Noch immer überantworteten sie ihre Neugeborenen Ammen und Dienstboten und immer aus den gleichen Gründen. „Ein verliebter Ehemann gibt sein Kind zu einer Amme", schrieb Doktor Garnier in *Le Mariage* [Die Ehe, 1875]. Doch gab es einen wichtigen Unterschied. Das Kind wurde nicht mehr auf das Land geschickt, denn die Städte waren gesünder geworden. Nun war es die Amme, die in das Haus des Vaters kam, damit sie besser überwacht werden konnte; ohne Skrupel zwang man sie, ihren eigenen Säugling zu verlassen. Das Kind reicher Eltern wurde nach den ersten Lebensjahren immer noch von speziell ausgebildeten Lehrern erzogen, sei es im Hause (dafür wählte man eine Erzieherin oder einen Hauslehrer), sei es auch in einer Schule, fast immer in einer Privatschule. Auch hier gab es immerhin einen Unterschied zu vorher: Man wählte lieber eine Schule, die externe Schüler aufnahm, als ein Internat. Diese beiden Unterschiede legen die Vermutung nahe, daß dem Vater mehr als früher daran lag, seine Kinder innerhalb der Familie zu erziehen, so, als wenn er die früher übliche Distanz aufheben oder vermindern wollte. Doch erhalten blieb sie.

Dafür finden sich in der Literatur einige Hinweise. Man kann sich ihrer allerdings nur mit Vorsicht bedienen, da uns allein fiktionale Beispiele zur Verfügung stehen: Ein Schriftsteller sieht die Gesellschaft durch die Brille seiner Fantasie, seiner Sensibilität und seiner Bildung; doch bürgt sein Erfolg dafür, daß seine Leser sich mit den durch ihn lebendig werdenden Figuren identifizieren können. Anhand von Romanen kann man versuchen zu erkennen, was am Ende des Jahrhunderts aus der Macht der Väter in den großen Familien geworden war.

In Frankreich entwickelte sich seit der Serie der *Rougon-Macquart* [von Zola, erster Band 1871] bis zu den *Hommes de bonne volonté* [Jules Romains, Die guten Willens sind, erster Band 1932] der Roman im Rahmen von Familien-Sagas. Selten richtete sich dabei das Augenmerk auf die Vater-Sohn-Beziehung, so, als wenn dieses Verhältnis in der Geschichte einer Familie keine Rolle mehr spielte, oder aber sie wurde mit Pessimismus behandelt. Die am sorgfältigsten ausgearbeitete Studie ist wohl die von Roger Martin du Gard in den ersten zwei Bänden der *Thibault*s (bezugnehmend auf fiktive Ereignisse, die 20 Jahre vor der Veröffentlichung, 1920, stattgefunden hatten). Jérôme de Fontanin war ein *homme à femmes*, der Dienstboten verführte und dann das eheliche Heim verließ, um mit einer Kusine zu leben; an seine Kinder verschwendete er keine Sorgen. Oscar Thibault war ein autoritärer, egoistischer und brutaler Mann; er war zu öffentlichen Ehren gelangt, indem er Wohltätigkeitsanstalten gründete und leitete; die Befriedigung, die er daraus bezog, gab ihm seiner Meinung nach das Recht auf Strenge und sogar auf eigensinnigen Despotismus gegenüber den Seinen. Als sein Sohn Jacques einmal ausgerissen war, verbannte er ihn in die Oscar-Thibault-Stiftung, ein Erziehungsheim, in dem er Jacques einer Behandlung unterwarf, die er selbst erfunden hatte und die einer Gehirnwäsche nahekam. Dem Einspruch Antoines, seines ältesten Sohnes, begegnete er unbeugsam und wich erst dem Druck seines Beichtvaters, des Abbé Vécard, der ihm mit der Hölle drohte. Von Oskar Thibault wurde der Stammbaum aufrechterhalten, er wollte seinen Söhnen Namen, Bekanntheit und Macht hinterlassen. „Was habe ich von ihm gekannt?" fragt sich Antoine beim Tod von Oscar. „Eine väterliche Funktion? Ein Regiment göttlichen Rechts, das er dreißig Jahre lang über mich, über uns ausgeübt hat? Übrigens nicht ohne mit dem Gewissen dabei zu sein, mürrisch und hart, aber mit guten Beweggründen, mit von Pflichtbewußtsein getragener Zuneigung für uns... Niemals hat er mir gegenüber Gedanken oder Gefühle offenbart, bei denen ich einen Schatten von Intimität bemerken konnte." Nicht übergangen werden soll hier, daß Antoine Thibault, ein Arzt, den Todeskampf seines Vaters mit einer Morphiumspritze verkürzt hat.

Wie Oscar Thibault blieben sicher viele Väter fixiert auf ihre patriarchalische Macht. Auch sollte nicht vergessen werden, daß von der Restauration bis zum Krieg 1914—18 die Stereotype des Männlichen und Weiblichen dem Vater stets die Aufgabe zuwiesen, Kraft, Ordnung und Autorität, der Mutter dagegen Zärtlichkeit und Sanftmut zu verkörpern. Das findet sich bei allen Schriftstellern, seien sie konservativ wie Louis de Bonald oder der Bischof Dupanloup, Republikaner wie Michelet oder Sozialisten wie Proudhon. Diese Stereotype wurden von allen Wörterbüchern und allen Enzyklopädien des 19. Jahrhunderts und von den meisten Romanen transportiert.

Gelegentlich tat sich allerdings ein Riß auf, insbesondere zwischen Vater und Sohn. Jacques Thibault, der jüngste Sohn von Oskar, wurde ein leidenschaftlicher Anhänger der sozialistischen Internationale. Die wirtschaftliche Entwicklung und die Ohnmacht des Kapitalismus, den Reichtum gerecht zu verteilen, brachten eine Ungerechtigkeit mit sich, die die Hochherzigsten unter den Jungen zur Revolte veranlaßten. Das ideologische Engagement von Jacques, dem Sohn aus der Großbourgeoisie, der zu den Sozialisten übergewechselt war, bedingte das, was man als Generationskonflikt bezeichnen könnte. Ist es ein Phänomen, das der heutigen Gesellschaft eigen ist?[8] Freud und seine Schüler haben uns gelehrt, daß die Revolte gegen den Vater und die Verweigerung gegenüber den von den Erwachsenen getragenen Werten eine notwendige Etappe auf dem Weg des Heranreifens sei und sich in allen Gesellschaften beobachten ließe. Aber dieser Konflikt kann mehr oder minder heftig ausgelebt werden. Im Ancien Régime wurde er gleichzeitig durch die Allmacht des Vaters und durch soziale Institutionen, Gruppen von Älteren, die die Initiation des Jugendlichen in die Erwachsenenwelt mit Hilfe von Zeremonien oder ritualisierten Gebräuchen vornahmen, kontrolliert. Die gesamte Gesellschaft kooperierte, um ihre Jugendlichen zu integrieren oder mitleidlos diejenigen auszustoßen, die sich gegen diese Integration wehrten. Es hat den Anschein, als ob die Modalitäten der Integration oder des Ausschlusses im 20. Jahrhundert nicht mehr funktionierten.

Andere Väter

Die Mittelklassen lassen sich nur in ihrer Vielfalt erfassen. Auf der untersten Stufe grenzten sie an das Proletariat, aus dem sie sich teilweise rekrutierten; sie teilten die Sorgen und Demütigungen mit den Ärmsten. Auf dem obersten Niveau hatten sie Zugang zu dem, was man *Elite* nennt und eigneten sich deren Verhaltensweisen an.

Wie die einfachen Proletarier sahen auch Väter von bescheidener Herkunft die früheren Quellen ihres Prestiges und ihrer Autorität versiegen. Die Familienbetriebe verschwanden mit der Industrialisierung: Statt mit Hilfe der Seinen bei sich zu arbeiten, war der Vater gezwungen, ins Büro oder in die Fabrik zu gehen. Das Nebeneinander, das ehemals zwischen Haushalt und Erwerbsarbeit bestand, konnte nicht aufrecht erhalten bleiben. Der Vater ging zur Arbeit aus dem Haus, eine Arbeit, die ihn mehr und mehr in Anspruch nahm und ihn daran hinderte, sich um seine familiären Sorgen zu kümmern. Er wurde unsichtbar, im Wort- wie im übertragenen Sinn: Seine Arbeit und ihr Ergebnis waren nicht mehr zu sehen. So entbehrte seine Autorität mehr und mehr jeder Rechtfertigung, und es blieb ihr nur, zum Mittel der Unterdrückung zu greifen, die an der Teilnahmslosigkeit des Kindes abprallte oder aber seine Aggressivität und Rebellion auslöste.

Ein anderer diese Trennung vorantreibender Faktor war das Lernen in der Schule. Ein möglicher Erfolg des Sohnes schien mehr und mehr allein sein eigener; er verdankte sich häufig Kenntnissen, die der Vater nicht beherrschte, die er dem Kind aber ermöglicht hatte. So erzählt Diderot, Sohn eines Messerschmieds aus Langres: „Einer der schönsten Augenblicke meines Lebens war [...], als mein Vater mich aus dem Gymnasium zurückkehren sah, die Arme beladen mit Preisen. Von weither sah er mich kommen, er ließ seine Arbeit liegen, trat auf die Türschwelle und begann zu weinen." Der junge Mann entzog sich jedoch schnell den väterlichen Plänen: Nachdem er sich verabschiedet hatte, um die Rechte in Paris zu studieren, kam er schnell auf andere Bahnen, und sein Vater hatte keine Kontrolle mehr über ihn. Im 19. Jahrhundert vermehrten sich dank Schule und Universität solche Fälle. Victor Duruy, brillanter Schüler der *École Normale* und Minister unter Napoleon III., entstammte einer Familie, die 200 Jahre lang Generation um Generation als Teppichweber in der Manufaktur von Gobelins gearbeitet hatte. Mignet, der *provençalische Bruder* von Adolphe Thiers, ein seinerzeit sehr bekannter Historiker und bewundertes Mitglied der Akademie während der 1830er Jahre, war Sohn eines Schlossers. Als die Republikaner in Frankreich um 1880 die obligatorische Schulpflicht einführten, gründeten die konservativen Gegner ihren Protest auf zwei Argumente: Erstens beeinträchtige die Schulpflicht die Autorität des Vaters, der frei bleiben müsse, seine Kinder ausbilden zu lassen oder nicht; zweitens würde der gebildete Sohn seinen Vater verachten. Diese Argumentation ging in die Irre. In ihrer überwältigenden Mehrheit haben die Väter sich nicht nur in die Schulpflicht gefügt, sondern sogar danach verlangt. Allerdings verkehrte eine höhere Schulbildung des Sohns oder der Tochter bis zu einem gewissen Grade die Fronten der Ehrerbietung. Der Jugendliche erwartete von seinem Vater nicht mehr nützliche Kenntnisse, kluge Ansichten und gute Beziehungen. Der Vater bedurfte im Gegenteil des Rats seines Sohns und bewunderte ihn oft. Erwähnt werden muß, daß die Lehrer, während des Ancien Régimes meist Junggesellen, gegen Ende des 19. Jahrhunderts aber fast immer verheiratet und selber Väter waren.

In den Mittelschichten läßt sich auch eine Neubestimmung der Aufteilung der elterlichen Aufgaben beobachten:[9] Dadurch, daß der Vater abwesend war, verschob sich das Gravitationszentrum der Familie zur Mutter. Man vertraute ihr nicht mehr nur die Mädchen, sondern auch die Jungen jeden Alters an, zumindest während der Zeit, in der sie noch zur Schule gingen. Diese Verlagerung der Herrschaft erhielt seit Rousseau, der die Fähigkeiten der Frauen in Bezug auf die Erziehung sehr hoch einschätzte, weitgehend Zustimmung. Allerdings begegnete eine solche Einstellung auch Zurückhaltung. Die Gesetze bezeugen deutlich die Zweideutigkeit männlichen Vorgehens, ein dauerndes Mißtrauen gegenüber der Mutter: Befürchtet wurden der Einfluß, den sie möglicherweise auf den Sohn hatte, und die Konflikte, die sie zwischen Vater und Sohn heraufbeschwören konnte. Unter anderen weist der Roman von Ernest Legouvé, *Péres et enfants* [Väter und Kinder, 1867] deutlich auf diese Sicht der Probleme in besseren Kreisen hin. Der Mutter wurde Zärtlichkeit zugewiesen, Sanftmut bis zur Schwäche, auch die von der richtigen Moral gestützte Erziehung zur Religion. Vom Vater verlangte man die Ausübung einer strengen Kontrolle und die Korrektur unvermeidlicher Fehler der mütterlichen Erziehung.

Sicher ist der Einfluß der Mütter im Laufe des 19. Jahrhunderts vor allem bei der Erziehung der Söhne größer geworden. Sie waren es, die das Lernen beaufsichtigten, die Schulaufgaben erledigen, die Lektionen auswendig lernen und die Schulmappe vorbereiten ließen. Philippe Ariès erzählt, daß es in seiner Familie häufig die Mütter waren, die die künftigen Karrieren ihrer Söhne förderten. Statt einen jungen Mann als Dorfnotar oder Landarzt seinem Vater folgen zu lassen, ermunterte die Mutter ihn, die Hochschulen zu besuchen. „Jeder Mann ist zunächst Sohn seiner Mutter", erkannte Michelet. Das traf in der Zeit davor sehr viel weniger zu, vor allem im Denken der Allgemeinheit. Daß die Mutter den Vater in den Schatten stellte, war offensichtliche Realität geworden. Dieses Ungleichgewicht hatte gelegentlich eine Krankheitsbild zur Folge, das Freud als erster beschrieb und analysierte (Ödipuskomplex). Es hieße jedoch die Verhältnisse verkennen, wollte man behaupten, der Vater wäre völlig ins Abseits geraten. Im nächsten Kapitel soll dargestellt werden, wie er nach und nach neue Beziehungsformen realisierte.

Insgesamt hat die Philosophie der Menschenrechte den Kindern Chancen der Emanzipation eröffnen wollen und hat sie damit indirekt auch den Müttern verschafft. Sie hatte nicht die Ausschaltung des Vaters zum Ziel, sondern allenfalls die Einschränkung seiner Macht und die Verhinderung ihres Mißbrauchs, was bereits Anliegen des Christentums gewesen war. Als Ausgleich eröffnete sie dem Individuum Freiheiten, die im Bereich von Fortpflanzung und Vaterschaft Anwendung finden konnten.

Freiheit für den Vater

Man darf nicht übersehen, daß im Bereich der Zeugung die neue Freiheit zunächst negativ genutzt wurde. Losgelöst von Ordnungen, Gewohnheitsrechten und Zwängen der alten Gesellschaft fand sich der Mann frei, der Pflicht zur Fortpflanzung zu entgehen, ohne doch deswegen die geistliche Laufbahn einschlagen zu müssen, das Gewicht der auf ihm lastenden Familie zu verringern und einige seiner Kinder nicht anzuerkennen.

Der Charme des Junggesellenlebens

Soll man im Junggesellen des 19. Jahrhunderts einen Mann sehen, der sich zu zeugen weigerte oder nur einen Mann, der es ablehnte, sich mit einer Frau zu belasten? Der Zölibat jener Zeit, vor allem Formen zölibatären Lebens von Männern sind kaum erforscht, trotz der glänzenden Arbeit von

Jean Borie.[10] Statistisch gesehen gab es vielleicht nicht mehr Junggesellen im 19. Jahrhundert als in den Jahrhunderten davor, aber ihr Junggesellentum war ein anderes. Zunächst einmal wurde dem geweihten Zölibat weit weniger Achtung entgegengebracht, nachdem sich während der Revolutionszeit so viele Priester ihre Lebensform aufgegeben hatten. Zum anderen hatten die jüngeren Brüder, deren Zahl insgesamt auf Grund des Geburtenrückgangs geringer geworden war, von jetzt an Recht auf den gesamten Teil ihres Erbes, da der *Code Civil* von 1804 das Ältestenrecht abgeschafft hatte. Blieben die Armen, die Dienstboten: Diejenigen also, denen es an persönlicher Freiheit mangelte und die kein Geld hatten, ihrer Einberufung zu entgehen, oder ihre Papiere nach ihrem Weggang in die Stadt kommen zu lassen, um sich niederzulassen. Sie gingen keine juristisch verbriefte Ehe ein, lebten aber immer häufiger in freier Ehe und erkannten ihre Kinder an, wenn sie welche hatten; Wohltätigkeitseinrichtungen, wie vor allem die speziell dafür gegründete Gesellschaft Saint-François-Régis waren deshalb bestrebt, sie zu verheiraten.

Neben diesem unfreiwilligen Zölibat, das mit Elend oder Krankheit einherging, erlebte das 19. Jahrhundert die Entfaltung des Junggesellendaseins als einer neuen Form männlicher Freiheit. Der junge und mündige Mann, der genügend Einkünfte hatte, entzog sich gerne den Heiratsstrategien seiner Familie und hörte auf, in der Ehe und der Fortpflanzung eine Pflicht zu sehen. Er konnte enthaltsam leben – und der Fall war vielleicht nicht einmal die Ausnahme, sofern man einigen Personen der Literatur Glauben schenken kann (vor allem *Pécuchet* von Flaubert). Er verfügte aber auch über genügend Mittel, seine sexuellen Bedürfnisse zu befriedigen. Er konnte mit seiner Dienstmagd schlafen, denn Dienstboten waren noch sehr zahlreich und nicht in der Lage, sich zu wehren; er konnte Bordelle frequentieren, offiziell tolerierte Institutionen, die mit einer raffinierten Auffächerung allen Anforderungen der verschiedenen Milieus entsprachen; er konnte in der mondänen Welt auch Ehebruch begehen und sich damit für längerer Zeit an eine schon verheiratete Frau binden, in einer Zeit, in der es keine Scheidung gab (sie wurde 1816 abgeschafft und erst 1884 wieder eingeführt). Überdies bewahrten die neuen Formen männlicher Geselligkeit, der Klub und das Café, das Restaurant und gesellige Zirkel, den Junggesellen vor Einsamkeit und boten gleichberechtigt neben dem eigenen Hausstand einen Lebensraum. Heiraten hieße *sich eine Schlinge um den Hals legen*, die sexuelle Freiheit aufgeben und sich Lasten und Sorgen aufzubürden. Einige kamen soweit, völlig auf eine Ehe zu verzichten, wie Frédéric in der *Education Sentimentale* von Flaubert. Soweit erkennbar, war es weniger die Vaterrolle und mehr die Ehe, die sie erschreckte und entmutigte. Das entdeckt man schon bei Alceste, im *Misanthrope* von Molière. Das traf für viele Künstler und Schriftsteller zu, die sich lieber ihrem Werk widmeten als eine Familie zu gründen. Balzac, Stendhal, Baudelaire, Flaubert, die Brüder Goncourt sind Junggesellen. *Das Glück einer Frau zu machen, eheliche Pflichten* auf sich nehmen, bedeutete, sich einem zu großen Zwang zu unterziehen, und Nachkommen machten zu viele Schwierigkeiten. Im Zeitalter des Malthusianismus verlor Fortpflanzung ohnehin an Plausibilität.

Die öffentliche Meinung kritisierte die Junggesellen, ertrug sie aber gern. Man sah in ihnen *Lebemänner*, man vermutete in ihnen Perverse (von Homosexualität sprach man noch nicht, das Wort entstand in medizinischem Zusammenhang und trat erst gegen Ende des Jahrhunderts auf). Die Mediziner prophezeiten ihnen vorzeitige Senilität, Wahnsinn und Selbstmord. Aber niemand machte den Versuch, ihnen wirklich Zwang anzutun. Die Familien hatten keine Zwangsgewalt mehr, das mündige Kind von einundzwanzig Jahren schuldete niemandem Gehorsam. Staatliche Stellen ergriffen nur gelegentlich Gegenmaßnahmen, mehr aus politischen als aus moralischen Gründen. Der

Konvent betrachtete Junggesellen aus Abneigung gegen die Kirche und die frivolen großen Herren (Don Juan!) mit großer Abneigung. Eine Verordnung vom 29. Februar 1793 erhöhte die Grundsteuer des Junggesellen von über zwanzig Jahren um 25 %, das Gesetz kam aber nicht mehr zur Ausführung; das Direktorium schloß nichtverheiratete Männer aus den gesetzgebenden Versammlungen aus (Rat der Fünfhundert, Rat der Alten). Napoleon I. beschränkte sich darauf, die Junggesellen bevorzugt in die Armee einzuberufen. Später war es nur noch das Gespenst der *Entvölkerung*, das zur gegebenen Zeit Junggesellen als unerwünscht erscheinen ließ; so machte Tardieu (Arzt, Jurist und Spezialist für *Vergehen gegen die Sittlichkeit*) nach der demütigenden Niederlage von 1871 den Vorschlag einer Sondersteuer für Junggesellen. Der Vorschlag tauchte 1900 wieder auf, dann 1920 aufs Neue, was Julien Benda zu seiner kleinen Flugschrift *Pour les vieux garçons* [Für die Junggesellen] animierte.

Beschränkung der Geburten

Andererseits zeugten auch die Männer, die sich verehelichten, immer weniger Kinder, und seit der Mitte des 19. Jahrhunderts wurde die Statistik deutlich von ihrer Zurückhaltung geprägt. Die Beschränkung der Geburten, die sich in Frankreich sehr früh bemerkbar machte, ist ihrem Ursprung wie ihrer Verbreitung nach ein weithin unbekanntes Phänomen.[11] Ging sie auf männliche oder weibliche Initiative zurück? Eine heikle Frage, der sich auch die Demographen kaum stellen; auch muß berücksichtigt werden, daß sich in einem so intimen Bereich die gegenseitige Verantwortlichkeit schwer abschätzen läßt. Einige Einzelheiten lassen sich jedoch ausmachen. Der *Code Civil* wie das alte Recht verlangten von der Ehefrau Gehorsam und machten aus dem Ehemann das Oberhaupt der Familie. Die üblichen kontrazeptiven Praktiken (in Frankreich war der Coitus interruptus am weitesten verbreitet) beruhten eher auf männlicher Initiative. Mehr Männer als Frauen zweifelten die Autorität des Klerus an, der der Empfängnisverhütung ablehnend gegenüberstand. Und zieht man die Abtreibungen in Betracht, deren Zahl am Ende des 19. Jahrhunderts zunahm, so ist keineswegs sicher, daß alle Frauen sie selbständig oder freiwillig vornehmen ließen; die *Mediziner-Juristen* zitieren häufig Fälle, bei denen der Partner das *Verbrechen* veranlaßt hatte. Als Paul Robin[12] sich zum Apostel der „ihrer Verantwortung bewußten Generation" machte, waren seine Anhänger vornehmlich Männer. Ihr Ziel war die Begrenzung der Zahl der Arbeitskräfte, damit die Löhne stiegen. Sie waren es, die den *Streik der Bäuche* verkündeten, jedoch ohne großen Erfolg bei den Frauen. Auch wenn man einräumt, daß die Ehegatten gemeinsame Entscheidungen trafen, ist nicht zu übersehen, daß die Verweigerungshaltung gegenüber der Zeugung vom Mann des 19. Jahrhunderts immer häufiger bewußt und absichtlich eingenommen wurde. Ist, anders gefragt, die Abschaffung der Strafe bei Empfängnisverhütung und Abtreibung ein Sieg der Frauen? Auf alle Fälle hat hier auch das männliche Geschlecht davon seine Vorteile.

Jedenfalls signalisieren das Junggesellentum und der Malthusianismus, daß die Fortpflanzung im männlichen Denken in jener Zeit viel an Gewicht verlor. Das Aufblühen des Kapitalismus und der Demokratie brachten überdies eine Art dauernder Aufwärtsbewegung mit sich, die die Erfolgschancen in unterschiedlichen finanziellen, politischen, künstlerischen, später wissenschaftlichen und sportlichen Bereichen sehr vermehrten. Die Rolle des Vaters mochte gegenüber diesen Chancen recht blaß erscheinen. Balzac brachte mehrere junge Männer, beseelt von dem Begehren, Paris zu erobern, auf seine Bühne; neben ihnen wirkt der *Père Goriot*, verzehrt von väterlicher Liebe, eher mitleidals neiderregend. Flaubert seinerseits zog die selige Zufriedenheit des Vater gewordenen Charles Bovary ins Lächerliche: „Er genoß die Vorstellung, gezeugt zu haben. Nichts fehlte ihm jetzt mehr. Er kannte die Existenz zur Gänze und ließ sich dort mit aufgestützten Ellenbogen mit Behagen nieder." Überdies machte man den Vater einer kinderreichen Familie nach und nach lächerlich: An der Schwelle zum 20. Jahrhundert beschuldigten ihn scharfzüngige Schreiber, sich wie ein Kaninchen aufzuführen, sie beschuldigten ihn also der Verantwortungslosigkeit. Man hielt ihn für unfähig, seine Nachkommenschaft zu begrenzen, man hielt ihn für ein Tier, ein Opfer primitivster Instinkte, bemitleidenswert ungeschickt. Roger Pons, ein militanter Katholik, beschuldigte ihn 1946 des Verlustes aller Würde: „Das Unheil ist, daß so wenige Väter anfänglich mit Absicht Väter werden, denn sie werden vom Instinkt getrogen oder Opfer einer Unbesonnenheit, einer falschen Berechnung". Der Vater wurde beargwöhnt. Wie fand er „die richtige Einstellung, wenn er den anderen und sich selbst verbergen muß, daß sein Sohn auf Grund eines unglücklichen Zufalls geboren ist"?[13]

Uneheliche Kinder: Annahme oder Ablehnung?

Doch der *Code Civil* verschaffte den Vätern die Möglichkeit, den Risiken eines *Unfalls* aus dem Wege zu gehen, und zwar beispielsweise in Fällen, in denen das Kind ein illegitimes war.

Ein Mann kann sich niemals seiner leiblichen Vaterschaft sicher sein. Dieser Zweifel verband sich häufig mit Erniedrigung und Furcht. Auf jeden Fall war der Mann der Frau hier untergeordnet: Allein die Mutter konnte darüber Auskunft geben, welcher Mann der Vater ihres Kindes war; Vaterschaft gründete sich auf das Wort der Frau. Damit, daß der *Code Civil* seelenruhig festsetzte, daß das in der Ehe geborene Kind den Ehemann zum Vater hatte, begründete und bestätigte er die Emanzipation des Mannes von der Aussage der Frau, eine Freisetzung, die bereits in der christlichen Ehe vor sich gegangen war (siehe 3. Kapitel).

Andererseits ist ebenfalls einleuchtend, daß diese Unsicherheit über die leibliche Vaterschaft dem Mann einen Freiraum verschaffte: Er konnte gewisse Kinder anerkennen, andere ignorieren, was insgesamt darauf hinauslief, daß im 19. Jahrhundert das uneheliche Kind und die uneheliche Mutter immer mehr verachtet und ignoriert wurden. Alles zusammengenommen wurde in der neuen Gesellschaft eine Art Rückschritt in Gang gesetzt, eine Zersetzung der Verantwortung des Vaters: Der sexuelle Akt wurde mehr als früher von seinem Ergebnis, nämlich von dem Kind, unterschieden.

Trotzdem hat es den Anschein, als sei das Schicksal des Bastards gegen Ende des Ancien Régime erträglicher geworden, in dem Maße, wie der Klerus an Einfluß verlor. Die meisten gesetzlichen Beschränkungen, die ihn mit der ganzen Härte der Gegenreformation getroffen hatten, waren außer Gebrauch gekommen. Ein großer Teil der aufgeklärten Öffentlichkeit strebte danach, das Edikt Heinrichs II. (das die Schwangerschaftserklärung eingeführt hatte) aufzuheben und den Status des *natürlichen Kindes* erträglicher zu machen. Allein die Tatsache, daß der Ausdruck *natürliches Kind* an die Stelle des mit negativen Assoziationen belegten Wortes *Bastard* trat, ist ein positives Zeichen. Der Konvent hatte dieser Tendenz Rechnung tragen wollen. Er wollte *die Rechte der Natur* und das heilige Prinzip der Gleichheit *anerkannt* wissen. Indem er die Unterschiede zwischen Bastarden und legitimen Kindern abschwächte, hoffte er, der Republik neue Parteigänger zu gewinnen und vielleicht auch durch Vervielfältigung der Erben die großen Vermögen zu zerstückeln. Darauf zielte das Gesetz vom 12. Brumaire des Jahres II (2. November 1793), das auf heftige Opposition der legitimen Kinder traf und nicht zur Ausführung kam. Demgegenüber bewirkte der *Code Civil* (1804) hier eine vollständige und abrupte Umkehr: Nicht nur, daß er dem anerkannten natürlichen Kind jede Qualifikation als Erbe aberkannte, sondern auch, indem er es jeder Möglichkeit beraubte, Schenkungen und Legate zu erhalten. Das soziale Interesse sollte vor den persönlichen Neigungen stehen: „Die Natur kennt keinen Unterschied bei der Geburt von Individuen, aber daneben hat auch die Gesellschaft Existenzberechtigung".

Zwei Arten von Vaterschaft wurden also schon durch das Gesetz bestätigt, aber daneben gab es noch eine dritte, nämlich die nicht anerkannte Vaterschaft. Es hatte nämlich, wenn die Mutter mit einem anderen Mann verheiratet war, der biologische Vater nicht einmal das Recht, sein inzestuös oder ehebrecherisch gezeugtes Kind anzuerkennen. Überdies untersagte der *Code Civil* eine Suche nach der väterlichen Abstammung, die doch unter dem alten Recht noch immer möglich gewesen war. Diese neue Härte war die Folge von im Ancien Régime häufig gewordenen Mißbräuchen: Eine skrupellose, nichtverheiratete Mutter klagte einen reichen Mann an, sie verführt zu haben und erhielt von ihm eine reichliche *Entschädigung*, obwohl er unschuldig war. Mißtrauisch geworden, begannen einige Gerichtshöfe, Klagen dieser Art abzuweisen. Sogar Klagen wegen Vergewaltigung wurde nur zögernd nachgegangen, da die Mediziner sich für unfähig erklärt hatten, eine Vergewaltigung von freiwilligem Geschlechtsverkehr zu unterscheiden; der Richter verlangte *Beweise*, die nur schwer beizubringen waren, vor allem wenn das Mädchen eine von ihrem Dienstherren verführte Magd war. So annullierte der *Code Civil* tatsächlich jegliche väterliche Verantwortung: Verführung war nicht mehr strafbar, wenn das junge Mädchen über fünfzehn Jahre alt war; sogar dem Heiratsversprechen, selbst wenn es schriftlich fixiert, datiert und unterschrieben war, wurde keinerlei Bedeutung zugebilligt. Vaterschaft konnte dementsprechend ein Geheimnis bleiben: Jeder Mann konnte die Frucht einer flüchtigen oder mehrerer Liaisons einfach ignorieren, durch nichts konnte er gezwungen werden, ein Kind anzuerkennen, selbst wenn er sicher war, der Erzeuger zu sein. Noch tiefer ließ sich biologische Abstammung kaum einstufen, weiter konnte sich der Mann kaum von seiner Verantwortlichkeit als Erzeuger freimachen.

Die Männer des 19. Jahrhunderts haben diese Freiheit ausgiebig genutzt. Sie haben in aller Sorglosigkeit Kinder gezeugt, für die sie nicht mehr die Verantwortung übernahmen. Von jetzt an waren es nicht mehr die Männer, die Bastarde machten, sondern die Frauen hatten uneheliche Kinder. So wurde für das männliche Wesen die Trennung zwischen dem Faktum, Leben zu spenden, und dem Faktum, ein Kind zu haben, legalisiert. Als wenn der männliche Samen nur zufällig verstreut würde, als wenn er nicht der Träger von Erbe sei, oder als wenn dieses Erbe ohne jede Bedeutung wäre. Die Samenspender von heute zeigen eine ähnliche Gleichgültigkeit: Sie wollen keinesfalls Väter sein, sie fordern anonyme Behandlung und Geheimhaltung (so behaupten Spezialisten, daß man sie zur Flucht veranlaßte, wenn man ihr Geheimnis lüften würde). Die Regeln für eine solche anonyme Behandlung kommen fast denjenigen gleich, die im 19. Jahrhundert die Nachforschung nach der Vaterschaft untersagten.

Ist das ein Spezifikum männlichen Seelenlebens? Eine Art Widerstreben, Furcht, Flucht vor den Konsequenzen sexueller Aktivitäten, gegenüber einem Phänomen, das Wissen und Willen weit übersteigt: gegenüber neuem Leben? Maupassant beklagte „die Heimtücke dieser grausamen Posse der Natur, die niemals einem Mann mit Sicherheit zu wissen erlaubt, ob er der Vater seines Kindes ist" Er erfand 1890 die Geschichte der *Mouche*: Das gute Mädchen hatte fünf Liebhaber, fröhliche Burschen, die sich ohne Eifersucht in sie teilten. Als sie schwanger wurde, erklärten sie sich nicht ohne Zögern und nach einiger Verwirrung bereit, gemeinsam die Verantwortung für das zukünftige Kind zu übernehmen; ein Unfall verursachte jedoch einen Abbruch der Schwangerschaft, und Mouche empfand großen Kummer wegen des Verlusts. Darauf erklärten ihr die Freunde: „Tröste dich, kleine Mouche, tröste dich, wir machen dir ein anderes". Leicht möglich, nichts zu wissen. Der Mann konnte und wollte keine Kenntnis haben. Besteht dieser mehr oder minder bewußte und mehr oder minder gebilligte Wunsch nach Unwissenheit ewig und überall? Ist er eine Konstante der männlichen Psyche? Wir wissen es nicht. Ganz sicher ist er aber ein historisches Phänomen, aus leicht einsehbaren Gründen verifizierbar vor allem im 19. Jahrhundert. Tatsächlich stieg die Zahl der illegitimen Geburten, zumindest in der ersten Hälfte des 19. Jahrhunderts an. Um 1750 lag sie bei 1 %, bei 5 % um 1805, bei 7,7 % zwischen 1841 und 1845 in ganz Frankreich; für Paris steigen die Ziffern in der gleichen Zeit insgesamt auf 10 % bis 25 %. Hinzugezählt werden muß sicherlich der größte Teil der Findelkinder, deren Zahl in den Jahren 1831/32 mit 38 000 am höchsten war, um sich später bei etwa 25 000 einzupendeln. Dieser *Verfall der Sitten* ging zum Teil zu Lasten der sinkenden Autorität der Kirche, die immer dafür eingetreten war, die *Verführer* zur *Entschädigung* zu zwingen. Er beruhte aber zum größten Teil auf den Umschichtungen, die in Begleitung des Frühkapitalismus auftraten: Industrialisierung und Urbanisierung zogen eine größere Mobilität der Frauen nach sich, die entsprechend weniger integriert und überwacht waren als in den ländlichen Gesellschaften. Ihre Freiheit (immer relativ gesehen) entschuldigte die Männer oder diente ihnen als Alibi: Die Mädchen, die zur Nachgiebigkeit neigten, waren *lasterhaft*, man traute ihnen nicht; und die Kinder, die sie zur Welt brachten, erbten die gleichen Eigenschaften. Die Jungen wurden Banditen und die Mädchen *gefallene* Mädchen oder Prostituierte. Welcher ehrbare Mann wollte sich schon mit so jämmerlichen Nachkommen abgeben?

Es gab aber auch vom Glück begünstigte Bastarde: Juliette Récamier, Eugène Delacroix, der Herzog von Morny zählten zu den bekanntesten. Ihr glänzendes Schicksal verdankten sie jedoch neben ihren persönlichen Talenten dem Stand ihrer Mutter. Denn die im vorangegangenen Kapitel beschriebene Situation verlängerte sich in das 19. Jahrhundert hinein: Eine wohlgeborene, reiche, geachtete Frau konnte in vielen Fällen ungestraft Ehebruch begehen und Bastarde zur Welt bringen, denen der Ehemann seinen Namen gab. Dabei kam es vor, daß die Konvenienzregeln gebrochen wurden: Als Liszt die Gräfin d'Agoult, eine verheiratete Frau, entführte, verpflichtete er sich, die *natürlichen* Kinder, die er mit ihr haben würde, anzuerkennen. Die romantische Geisteshaltung forderte wahre Liebe, die wiederum die Aufrichtigkeit des Vaters mit einschloß. In gewisser Weise erfüllte sie so eine der Grundforderungen des Christentums, stellte aber gleichzeitig die Unauflöslichkeit der Ehe in Frage und lieferte ein Vorspiel für die Kampagnen zur Einführung der Scheidung. Neben dem moralischen entstand damit ein soziales Problem: Gab es jetzt, deutlicher unterscheidbar als vorher, zwei Arten unehelicher Kinder, die, deren Mutter unabhängig, und die, deren Mutter bedürftig war? Tendierte die Zahl ersterer zur Abnahme, nahm die Zahl letzterer zu? Ist an dieser Entwicklung ein Zurückweichen der aristokratischen und eine Zunahme der sogenannten *bürgerlichen* Moral festzumachen? Noch keine Studie hat sich methodisch exakt mit der Aufklärung dieser obskuren Bereiche befaßt. Das ist umso bedauerlicher, als im Kontext der Familien- und Gesellschaftsmoral das *natürliche* Kind einen Schlüssel zum Bewußtsein des Vaters im christlichen Abendland darstellt.

Gegen Ende des 19. Jahrhunderts entwickelte sich das väterliche Gewissen gegenüber den nicht achtbaren, unehelichen Kindern zu einem schlechten Gewissen. Komplexe Gefühle von Scham, Furcht, Mitleid traten zutage. Beispielsweise bei Alphonse Daudet, der die beklagenswerte Geschichte von *Jack* (1876) erzählt. Mehr noch bei Maupassant, der diesem Thema mehrere Novellen widmete. Die grausamste ist *Un fils* [Ein Sohn, 1882]. Ein Mitglied der Académie Française, der in die Bretagne reist, erinnert sich daran, dreißig Jahre vorher eine junge Wirtshausmagd mit

Gewalt genommen zu haben; er erkundigt sich nach ihr und erfährt, daß sie neun Monate nach der Vergewaltigung im Kindbett gestorben ist, obwohl niemand sie je mit einem Liebhaber zusammen gesehen hatte. Der Sohn, den sie hinterlassen hatte, ist jetzt ein hinkender Pferdeknecht, „zerlumpt, scheußlich und schmutzig [...], hilflos und dumm [...], ein unheilbarer Säufer": „Und ich sagte mir, daß ich die Mutter getötet habe und dieses schwächliche Wesen, diesen im Mist ausgekrochenen Wurm aus einem Stall verloren habe, einen Menschen, der, erzogen wie andere, ihnen gleich wäre. Und man muß sich dieses seltsame, verwirrte und unerträgliche Gefühl vorstellen, das ich ihm gegenüber empfinde, wenn ich daran denke, daß er dank jener schrecklichen Gesetze der Vererbung aus mir herrührt, daß er mit tausend Fasern, durch sein Blut und durch sein Fleisch mein Ich ist". „Unablässige Gewissensbisse" empfindet er, die ihn „schrecklich martern". Diese Reue war ebenfalls ein Ergebnis der bürgerlichen Moral; wenn jugendlicher Leichtsinn ein schlechtes Gewissen machten, so vor allem deswegen, weil er zum Anwachsen der Kriminalität beitrug. „Denken Sie daran, daß fast alle Frauen, die wir *öffentlich* nennen, ein oder zwei Kinder ihr eigen nennen, deren Väter sie nicht kennen. [...] Wer sind die Erzeuger? Sie, ich, wir alle, Männer *comme il faut*! Es sind die Ergebnisse unserer fidelen Abendessen mit Freunden, unserer fröhlichen Abende, der Stunden, in denen unser satter Leib uns in Liebesabenteuer treibt. Die Diebe, die Strolche, alle die Unglücklichen sind eigentlich unsere Kinder".

Es scheint, daß zu jener Zeit die Öffentlichkeit den Nachforschungen nach der Vaterschaft zugänglicher wurde: 1912 wurden sie durch ein neues Gesetz wieder ermöglicht, allerdings unter so restriktiven Bedingungen (es mußten schriftliche Beweise vorgelegt werden), daß die Wirkung praktisch gleich Null war. Nebenbei sollte angemerkt werden, daß zahlreiche Feministinnen sich diesem Gesetz gegenüber ablehnend verhielten: Verpflichtete man einen

Mann dazu, seine Vaterschaft anzuerkennen, räumte man ihm damit zum Nachteil der Mutter Einfluß auf das Kind ein.

Einige Gesetze aus der Revolutionszeit, die die Scheidung und die Adoption ermöglichten, hätten die Legitimierung der natürlichen Kinder zugelassen, wurden aber aus eben diesem Grunde wenig beachtet. Die Scheidung wurde 1816 wieder außer Kraft gesetzt und die Möglichkeit einer Adoption sehr eingeschränkt – wie im folgenden Kapitel beschrieben wird.

Zwischen einem Vater und seinem natürlichen Sohn konnten sich jedoch Gefühle der Zuneigung entwickeln, die Wunder bewirkten. Der Fall von Zola ist ein berühmtes Beispiel: Seine Ehe mit Alexandrine Meley war kinderlos geblieben; er verliebte sich dann in eine junge Näherin, Jeanne Rozerot, und hatte mit ihr zwei Kinder. Er erlebte eine verspätete (er war gut fünfzig) und entsprechend enthusiastisches Vaterschaft. Zola erkannte seine Kinder an und liebte sie leidenschaftlich und zärtlich. Trotz des Unwillens seiner Frau unterhielt er fast offiziell zwei Haushalte. Nach seinem Tod erlaubte die jetzt besänftigte Alexandrine, daß die beiden Kinder den Namen Zolas trugen. (Dieses Zugeständnis läßt nun aber keinesfalls zu, in Jeanne Rozerot eine *Leihmutter* zu sehen, wie es jüngst geschehen ist).

Ungefähr gegen Ende des 19. Jahrhunderts läßt sich also erneut eine Abmilderung der harschen Mißachtung von unehelichen Kindern beobachten: Die dritte Republik war antiklerikal und schaffte einige Verbote kirchlicher Provenienz ab. Das läßt gleichzeitig versteckt auf den Niedergang der monogamen und unauflöslichen Ehe schließen: Die Scheidung, die durch das Gesetz Naquet 1884 wieder zugelassen wurde, unterstreicht diese Beobachtung.

Wenn auch einige Männer ihre Bastarde verachteten und sich ihrer entledigten, so nahmen sich andere, mit Sterilität geschlagene Männer sehr bereitwillig der Bastarde von anderen an.

Zunächst muß beachtet werden, daß der Charakter der biologischen Filiation mit einer Art Tabu belegt wurde: Männliche Impotenz und Sterilität gerieten zunehmend in ein Dunkel, man schwieg über sie. Die Prozedur des öffentlichen Beischlafes[14] war 1677 abgeschafft worden. Pothier, ein berühmter Jurist des 18. Jahrhunderts, hielt es für unannehmbar, daß eine Frau die Schwäche ihres Oberhauptes anzeigen könnte. So entging männliches Ungenügen nach und nach der Sozialkontrolle. Geschah dies, um es in den Bereich medizinischer Untersuchungen einzubeziehen? Genaueres dazu läßt sich erst sagen, wenn Doktorarbeiten und wissenschaftliche Arbeiten daraufhin durchgearbeitet und Untersuchungen angestellt worden sind, ob die medizinische Wissenschaft des 19. Jahrhunderts in diesem speziellen Bereich einen *Willen zum Wissen* aufweist. Das ist zumindest zu bezweifeln, da sich der Arzt Virey im 60bändigen *Dictionnaire encyclopédique des sciences médicales* (1812–1822) darüber ereiferte, daß eine Frau so wenig Scham haben könne, die Geheimnisse ihres Ehebetts vor Richtern auszubreiten.

Überdies trug der *Code Civil* Sorge, die männliche Sterilität zu bemänteln. „Das in der Ehe geborene Kind hat den Ehemann zum Vater". Wer zeugungsunfähig war, mußte nur die Augen vor dem Ehebruch seiner Frau verschließen oder ihn herausfordern: In jedem Fall war er der Vater des Kindes, das sie zur Welt brachte. Zweifellos sah das Strafgesetzbuch strenge Strafen für die ehebrecherische Frau vor. Unleugbar – aber der Ehemann mußte ja Klage erheben, und er war es allein, der dies tun konnte. Öffentlicher Klatsch wie auch die Katzenmusiken, Ausdruck früherer Sozialkontrolle, verloren an Einfluß. Auch wenn der *Code Civil* dem Mann Waffen gegen den Ehebruch seiner Frau in die Hand gab, ließ er eine diskrete Duldung zu. Die Literatur des 19. Jahrhunderts läßt durchblicken, daß einige Männer mit diesen Vorkehrungen sehr zufrieden waren. So setzte Jean Richepin in *Le Chemineau* [Der Landstreicher,

1897] einen zeugungsunfähigen Landbesitzer in Szene, der von einem Saisonarbeiter verlangte, seine Frau mit Nachkommenschaft zu versorgen. Ganz ähnlich liegt der von Maupassant beschriebene Fall in der *Histoire d'une fille de ferme* [Geschichte einer Bauernmagd]: Der Bauer, der seine Magd heiratet, weiß nicht, daß sie bereits Mutter ist. Nachdem er aber feststellt, daß ihre Vereinigung ohne Früchte bleibt, erfährt er voll Freude die *frohe Botschaft* und erkennt das natürliche Kind als das seine an. Jeder kennt auch den Helden von Pagnol, Panisse, der überglücklich ist, Fanny zu heiraten, die von Marius schwanger ist. In all diesen Fällen zählte nur die Tatsache, daß der Erzeuger das Weite suchte und nicht daran dachte, seine Rechte einzuklagen. Heutzutage begeben sich sterile Männer, die der Befruchtung ihrer Frau durch das Sperma eines anonymen Spenders zustimmen, in eine ähnliche Situation.

7. KAPITEL

Väterliche Liebe

In der patriarchalischen Gesellschaft waren emotionale Beziehungen zwischen Vater und Kindern, wenn auch nicht mit Verboten belegt, so doch verhalten und reserviert. Die in den Augen aller Zeitgenossen lebenswichtige soziale Funktion von Tradierung und Vererbung erforderte und rechtfertigte die Autorität des Vaters und behinderte den Ausdruck von Empfindungen, die Verletzlichkeit offengelegt hätten. Der im achtzehnten und neunzehnten Jahrhundert zu beobachtende Wandel (ökonomischer, juristischer und politischer Natur), der die Bedingungen dieser Tradierung tiefgreifend veränderte, hat den Vater teilweise der Verpflichtung enthoben, sich vor seiner Nachkommenschaft als Herrscher zu gerieren. Rousseau legte ihm auch eine andere Rolle ans Herz. Mit jetzt nicht mehr so zahlreichen, weniger von frühem Tod bedrohten Kindern gelangte ein zartes und liebevolles Verhältnis in den Bereich der Möglichkeiten. Väterliche Liebe konnte jetzt neben dem Autoritätsanspruch zum Ausdruck gebracht werden.

Das Problem war, daß sich gleichzeitig auch die Mutterrolle weiterentwickelte.[1] Während des gesamten 19. Jahrhunderts priesen Schriftsteller in der Folge von Rousseau die mütterliche Liebe als ein bislang verkanntes, an unerwarteten Erfahrungen reiches Wunder. Die mütterliche Liebe wurde Gegenstand eines veritablen Kults, zumindest verbal. Erhielt auch die Liebe des Vaters den ihr gebührenden Platz?

Die Befreiung der Gefühle

Kein Historiker spricht mehr von der Herzenskälte der Väter von einst. Jean-Pierre Bardet und Jacques Dupâquier[2] haben bei ihren Nachforschungen in Montaignes Schriften, die so häufig falsch interpretiert wurden (sogar von Philippe Ariès), festgestellt, daß er den Tod eines Kindes, selbst eines ganz kleinen, als ganz persönliche Tragik empfand: „Gibt es doch kaum ein Unglück, das Männer tiefer trifft". Ein ganzes Kapitel der *Essais* (Buch II, Kapitel VIII) hat übrigens den Titel *Von der väterlichen Liebe*. Der große Humanist will in Termini der Stoa vermitteln, daß es ratsam sei, Leid und Tod stets tapferen Sinnes entgegenzutreten, da sie unabwendbar sind. Jene *Kaltblütigkeit* von einst, Resignation und Gleichmut, die aus dem Glauben ans Jenseits herrührten, können Leser von heute dazu verleiten, Gleichgültigkeit anzunehmen. Doch ist dieses Mißverständnis ein Beleg dafür, wie groß der seither eingetretene Wandel ist.

So konnte übrigens auch die Strenge der Erziehung völlig falsch interpretiert werden. Da sie als Dressur begriffen wurde, verlangte sie von den Vätern, auch die von ihnen empfundene Wärme zu verbergen, da sie ein Kind hätte verleiten können, seinen Zauber ein- und seine eigenen Spielregeln der Verführung durchzusetzen. Im 5. Kapitel wurde dargestellt, wie der Marschall de Montluc in Trauer um seinen Sohn klagte, sich gezwungen gegeben und eine Kälte gezeigt zu haben, die er keinesfalls empfunden hätte. Was natürlich nicht bedeutet, daß alle Väter ihre Kinder zärtlich geliebt hätten, aber es gab im Durchschnitt sicherlich nicht mehr gleichgültige Väter als heute.

Was sich mit der Aufklärung änderte, ist, daß väterliche Liebe offen gezeigt werden durfte. Warum zu diesem Zeitpunkt? Philippe Ariès ist ausführlich auf den Umfang und die Komplexität dieses Phänomens (das *Bewußtsein von der Kindheit*) eingegangen, das von vielfältigen Faktoren geprägt wurde. Ich will hier nur festhalten, daß *neue Väter* schon damals auszumachen sind. Die Männer der Aufklärung zeichneten nämlich ein neues Bild vom Vater. Sie rückten das Gefühl, dem die Kirche mißtraute, in den Vordergrund; sie sahen darin die eigentliche Quelle des Glücks in der Familie. Man kennt die Begeisterung Diderots vor dem Bild von Greuze *Le père de famille* [Der Familienvater], eines von Verehrung und Liebe umgebenen Patriarchen. Diderot selbst hat ein Schauspiel *gleichen Namens* geschrieben (1758), in dem der Protagonist ausruft: „Was in aller Welt liebt ein Vater mehr als sein Kind?". Dies ist die von jetzt an vorherrschende Darstellung von Vaterschaft.

Diese neue Empfindsamkeit war aber keinesfalls gemütlich. So ließ Diderot, den Familienbeziehungen sehr beschäftigt haben, in seinen Schauspielen Angst erkennbar werden. Dorval, die Hauptperson des *Fils naturel* [Der natürliche Sohn, 1757] hat Angst, Vater zu werden und seine Verstörtheit beruht auf zwei Ursachen: Zum einen fürchtet er, Ursache des Unglücks seiner Kinder zu sein, fürchtet aber ebenso, von ihnen enttäuscht zu werden. „Dorval könnte wagen, Sorge für das Glück einer Frau zu tragen!... Er wäre Vater!... Er hätte Kinder!... Kinder!... Denke ich daran, daß wir allein durch unsere Geburt in ein Chaos von Vorurteilen, von Narrheit, von Lastern und Elend geraten, schaudert es mich [...] Wenn ich Kinder hätte, wie ich so viele sehe, unglücklich und böse... ich kenne mich; ich würde sterben vor Schmerz." Denkt man daran, daß Rousseau alle seine Nachkommen dem Waisenhaus anvertraut hat (zumindest sagt er das in seinen Bekenntnissen), kommt einem zu Bewußtsein, wie unbehaglich sich die neuen aufklärerischen Väter in ihrer Rolle fühlen mußten.

Denn die Vatermacht hatte sich auf ungeschriebene und geschriebene Gesetze stützen können, das Gefühl aber kennt keine Strukturen. Die alte Gesellschaft war in all ihrer Rauheit Regeln und Ritualen unterworfen gewesen: Sie vermittelte jedem, der sich den allgemein anerkannten Regeln unterwarf und der sich an den ihm zugemessenen Stand hielt, schlecht und recht eine gesicherte Zukunft. Die Rolle des Vaters war insgesamt im Voraus festgeschrieben, wenn er sich damit abfand, mit einem *Chaos von Vorurteilen* zu leben. Die Aufklärer widerstrebten mit aller Kraft diesen Traditionen, aber sie waren nicht sicher, sie überwinden zu können, und sie wußten noch nicht, welche Welt sie anstelle der alten errichten würden. Daher ihre Angst.

Der Einfluß Rousseaus

Diese unruhigen Männer nun wurden plötzlich, 1762, von *Émile* überwältigt. Rousseau brachte das Wunder zustande, die Erziehungsfunktion zu verklären, sie außerordentlich anziehend und für Väter verführerisch erscheinen zu lassen.

In seinem Werk wurde die Autorität der Erwachsenen nicht in Frage gestellt. Emile entging nie der Wachsamkeit seines Mentors: Vom Kleinkindalter bis zur Geburt seines ersten Kindes unterstand er stets dem Einfluß eines allgegenwärtigen und allwissenden Lehrers. Dieser aber versuchte nie, die Intelligenz seines Schülers vorzeitig zu formen noch ihn mit den Pflichten des reifen Mannes vertraut zu machen; er unterwarf ihn nicht der Achtung vor sozialen Regeln noch den Geboten einer Religion noch den Erfordernissen eines Stammbaums. Er folgte den Grundsätzen einer *natürlichen*, d.h. auf der Natur gegründeten Erziehung. Instinkte, Eindrücke, erste Gefühle, erste Urteile, die im menschlichen Geist im Kontakt mit der Natur entstehen, waren der beste Leitfaden für sein Verhalten und die kostbarste Bildung, die er erhalten konnte. Der Erwachsene beschränkte sich darauf, die Entwicklung dieser instinktiven Reaktionen zu beachten und zu fördern. Die natürliche Erziehung war gewissermaßen verneinend: Sie schützte vor Irrtum und Laster, Wahrheit und Tugend wurden nicht gelehrt, doch wurde das Kind dazu gebracht, sie zu entdecken und zu lieben. Ein aufmerksames Studium der kindlichen

Natur war für ihren Erfolg erforderlich. Rousseau hatte diese Grundsätze teilweise Locke entnommen, den er als seinen einzigen Vorläufer ansah, und über dessen 1693 veröffentlichte *Gedanken über Erziehung* er lange nachgedacht hatte. Er entwarf in der Folge einen vollständigen Plan, eingeteilt in vier Perioden, die der Entwicklung des Körpers, der Sinne, des Gehirns und des Herzens entsprechen.

Das Buch war zunächst ein Skandal und wurde von der Kirche verurteilt. In Kreisen der *Aufklärer* hat es aber einen wahren Begeisterungssturm entfacht. Der Stil, beredt und leidenschaftlich, reich an poetischen Abschweifungen, verführte und fesselte den Leser auf Anhieb. Der Kern seines Ansatzes hatte umwälzende Offenbarungen zur Folge. Vor allem und zuerst diese: Erziehung muß nicht eine schmerzvolle Dressur, sondern darf ein freudiges Fest sein, im Verlauf dessen der Erwachsene die Sinne, das Herz und den Verstand des Kindes zur Entfaltung bringt, immer in Achtung vor dessen innerer Freiheit und menschlicher Würde. Gab es eine erhebendere Aufgabe für einen hochherzigen Menschen? Die zahlreichen Väter, die den *Émile* gelesen hatten, betrachteten ihr Kind jetzt mit anderen Augen; sie neigten dazu, sich mit ihm in die Idylle einer wohlgeleiteten Erziehung zu begeben und so von väterlicher Macht zu väterlicher Liebe hinzuführen.

Indirekt unterstützte Rousseau übrigens den Einfluß des Vaters; er brachte Lehrern und gegebenenfalls auch Müttern Mißtrauen entgegen. Tatsächlich wurde Émile von einem Lehrer erzogen; in der *Nouvelle Héloise* (1761) wird Saint-Preux aber schuldig, weil er Julie in Verwirrungen stürzt, als er sie Liebe und Leidenschaft aussetzt. Die überzeugendere Rolle überträgt Rousseau Monsieur de Wolmar, der der Ehemann Julies und der Vater ihrer Kinder wird. Dieser Vater herrscht mühelos über eine glückliche Familie, weil seine Autorität auf seiner aufmerksamen Hingabe für das Glück jedes Einzelnen beruht. Er wahrt Initia tive und Entscheidungen, die Rolle der Mutter bleibt untergeordnet. „Ich nähre die Kinder und ich habe nicht die Absicht, Männer aus ihnen zu machen", sagt Julie. „Ich bin Frau und Mutter, ich weiß an meinem Platz zu bleiben. Noch einmal: Die mir zugewiesene Aufgabe ist nicht, meine Söhne zu erziehen, sondern sie für die Erziehung vorzubereiten". Hier wird männliches Mißtrauen ins Spiel gebracht.

Der Vater, der Rousseau las, erfuhr übrigens, daß eine angemietete Brust seines Kindes unwürdig war; er wurde ermutigt, seinen Egoismus beiseite zu lassen und dem Säugling das Recht auf seine Mutter einzuräumen. Auch lernte er, daß Wickeln für Kinder eine Tortur sei, und daß die Mehrzahl der von den Ammen blind befolgten und verbreiteten Bräuche Ammenmärchen seien. Er, der Vater, durfte sich nicht scheuen, sich in die Aufgaben, die das Kleinkindalter mit sich brachte, einzumischen, und nicht zulassen, daß sie den Frauen überlassen blieben. Der Doktor Fourcroy de Guillerville ist einer dieser Väter. Er gebot seiner Frau zu stillen, entgegen der Opposition der gesamten Familie; versessen auf Wasserkuren ließ er seinen Sohn tagtäglich in kaltem Wasser baden, zur großen Empörung seiner Umgebung, die ihm mit Anklage drohte, falls das Kind sterben sollte. Aber das Kind überlebte...

Ein anderer wichtiger Teil der neuen Erziehung war die Wichtigkeit von Spielen und Übungen, die mit Freude am Körper, Schönheit und Gesundheit einhergehen sollten. Daraus ergaben sich für einen Vater erfreuliche Erfahrungen, vor allem mit seinen Söhnen. Er konnte mit ihnen ausreiten oder mit ihnen zur Jagd gehen, in bescheidenerem Rahmen konnte er mit ihnen große Wanderungen machen, bei denen sich mannigfache Möglichkeiten zur Naturbeobachtung boten. Denn die *Schule der Natur* war besser als der Unterricht an Büchern.

Der Graf de Flavigny, der Vater der späteren Madame d'Agoult, gehörte zu den Vätern, denen es Vergnügen machte, die Wißbegierde und die Anteilnahme der Jugend zu erwecken und auszubilden. In den Erinnerungen seiner Tochter erscheint er als ein Mann der Aufklärung, einer, der den Verstand weckt und Wissen spendet. Er erklärte die Entwicklung einer Raupe, die seine Kinder in einem Kästchen gefangen hielten und zeigte einen Wassertropfen unter dem Mikroskop. Er las vor und leitete zur Lektüre von Ovid, Horaz, Rabelais und Montaigne, La Fontaine und Voltaire an. Der Unterricht fand in seinem Zimmer statt, ohne Tadel und Strafen; die größte Belohnung bestand darin, mit ihm zusammen auf die Jagd zu gehen.[3]

Die in *Émile* enthaltenen Vorstellungen fanden ein überwältigendes Echo, das bis heute nicht verklungen ist. Sie waren, wie schon gesagt, die Grundlage für die Verordnungen der Revolution, die darauf abzielten, die väterliche Macht abzuschaffen und die ersten Planungen für eine öffentliche Erziehung zu entwerfen. Ihre Verbreitung in der Öffentlichkeit hatte nach und nach so große Ausmaße angenommen, daß sie sogar die Gedanken derer beeinflußten, die Rousseau nie gelesen hatten. Eine naturgemäße Erziehung entsprach sehr wohl romantischer Empfindsamkeit, insofern als sie vom Vater als Erzieher wache und einfühlsame Aufmerksamkeit verlangte.

Vater und Tochter, Vater und Sohn

Das Hervorbrechen der Gefühle schien zunächst dem weiblichen Kind zugute gekommen zu sein, das vom Vater in zunehmendem Maße akzeptiert wurde, wenn er die Geburt von Söhnen auch immer noch als höherwertig ansetzte.

Die Theaterstücke von Molière bis Musset hoben die Sanftmut der Väter hervor, zumindest derer aus der Mittelschicht. Argan, der eingebildete Kranke (1673), ist kein Unmensch. Als seine kleine Tochter Louison unter der Drohung von Stockhieben in Ohnmacht zu fallen scheint, gerät er außer Fassung: „Was habe ich Elender getan? Diese hundsmiserablen Ruten! Zur Hölle mit den Ruten! Ach, meine arme Tochter, meine arme kleine Louison!" Handelt es sich aber darum, die Älteste, Angélique, zu verheiraten, kehrt er seinen väterlichen Anspruch auf Macht bis hin zum Despotismus wieder hervor: „Eine gutgeartete Tochter muß entzückt sein, jemanden zu heiraten, der für das Wohlergehen des Vaters von Nutzen ist". Er scheint seine Töchter nur für diesen Zweck aufgezogen zu haben. Ein halbes Jahrhundert später hatte sich bei Marivaux dieses Vater-Gesetz bereits humanisiert. In *Le Jeu de l'amour et du hasard* [Das Spiel von Liebe und Zufall, 1730] schlägt Orgon seiner Tochter Sylvia einen Ehemann vor, läßt ihr aber die Freiheit, ihn zurückzuweisen; eigentlich triumphiert er, als sie in die von ihm gestellte Liebesfalle tappt. Er hat sie nicht gezwungen, aber er hat damit gerechnet, sie zu fangen und wollte, daß sie sich dort fängt, denn jede Tochter muß der Macht der Liebe, d. h. der des Mannes, nachgeben. Ähnlich könnte man das Verhalten von Laertes, der Hauptperson von Musset in *A quoi rêvent les jeunes filles* [Wovon junge Mädchen träumen, 1832], interpretieren. Er veranlaßt seine beiden Töchter, von der Liebe zu träumen, damit sie um so eher den Gatten akzeptieren, den er für sie vorgesehen hat. Väterliche Einfühlsamkeit wurde hier dargestellt als eine höhere, zauberische Macht, zu keiner Gewalt fähig, jedoch in der Lage, Revolte und Widerstand zu unterlaufen.

Die Ehe blieb in der Tat das wesentliche Moment im Leben einer Tochter. Es war bedeutsam, sie richtig ins Spiel zu bringen: Der Vater bestand darauf, über seine Tochter zu verfügen, und legte großen Wert auf diese Macht, die erst im 20. Jahrhundert zurückgedrängt wurde. Aber er benutzte sie vorsichtig, denn er wurde immer empfindlicher und immer mitleidiger gegenüber der weiblichen *Schwäche*. Selbst ein so frauenfeindlicher Arzt wie der Doktor Virey wurde weich und sagte: „Eben wegen dieser Schwäche sorgt sich der Vater im Allgemeinen mehr um seine Tochter als um seinen Sohn". So beschwor er die Feinfühligkeit, die

Gelehrigkeit und die große und entwaffnende Liebenswürdigkeit dieser jungen Menschen. Noch überströmender drückte sich fünfzig Jahre später der Doktor Fonssagrives aus. „Lebendiges Abbild der Grazie, die das Heim erhellt [...], entzückender Traum [...], lebendes Symbol von der Kraft der Schwachheit".

Gerne ließ sich der Vater auch von dem Zauber und der Anmut der Heranwachsenden rühren. Großen Wert maß Rousseau der Schönheit von Sophie, der Quelle des Glücks für Emile bei. Er behauptete, daß die eigentliche Wirklichkeit der Frauen die Liebe sei, eine vollkommene Einheit mit der Natur und den Geschöpfen; die Frau durfte nicht denken, sie durfte nur lieben, denn schon ein Gedanke bedeutete Distanz; der Vater mußte befürchten, daß seine Tochter sich zu viele Gedanken machte. Er mußte ihre Dozilität erhalten, damit ihr zukünftiger Gatte sie nach seinen Vorstellungen modellieren konnte.

Dieser pädagogische Trick brachte nun die jungen Mädchen dazu, ihren Vater zu vergöttern: War er nicht der Herr des Hauses, schlechthin das Ideal von Männlichkeit? Anfang des 19. Jahrhunderts hielten umsichtige Erzieherinnen, wie etwa eine Necker de Saussure und eine de Gasparin, die Bemühungen der Töchter um die Achtung ihres Vaters für die beste Vorbereitung auf die Ehe. Ein Vater von vielen Töchtern wollte immer eine von ihnen bei sich behalten, damit sie ihn in seinem Alter pflegte. Das ist die Strategie, zu der sich unter anderen die Kaufleute aus Marseille bekannten.

Hatten diese Herren freie Zeit, beschäftigten sie sich gerne mit ihren Töchtern. Die berühmten *Conseils à ma fille* [Ratschläge an meine Tochter] von Jean Nicolas Bouilly, in den Jahren von 1812 bis 1878 mehr als 25mal wieder aufgelegt oder neu herausgegeben, bezeugen wirkliche Intimität, aufrichtige und anhaltende Zuneigung. Diese liebenswerten kleinen Geschichtchen predigten höchst traditionelles Verhalten mit einem sehr verführerischen Charme.

Zweifellos bestand Ende des 18. und in der ersten Hälfte des 19. Jahrhunderts eine Art Idylle zwischen Vätern und Töchtern. Deren Erziehung verursachte wenig Probleme. Die wichtigsten Maximen waren die Erhaltung ihrer Jungfräulichkeit (dies lag aber ohnehin im Verantwortungsbereich der Mutter) und die Aufgabe, sie später passend zu verheiraten. Diese Idylle blieb bestehen, solange die Töchter weder Freiheit noch wirkliche Bedeutung hatten. Sobald Interessenkonflikte auftraten, lag eine Verhärtung der Väter durchaus im Bereich der Möglichkeiten.

Gegen Ende des Jahrhunderts dann verdunkelten Wolken die Vater-Tochter-Beziehungen: Louise Weiss erinnert sich in ihren *Mémoires d'une Européenne* (Erinnerungen einer Europäerin] der Gereiztheit ihres Vaters, als sie plante, sich eine höhere Schulbildung anzueignen, anstatt sich dem Haushalt zu widmen. Bevor er ihr erlaubte, an der Sorbonne zu studieren, zwang er sie zu einem Jahr Haushaltungsschule in Deutschland. Bald aber gewöhnten sich Väter an die schulischen Erfolge ihrer Töchter und wurden stolz auf sie. Sie lernten schnell, in ihre Töchter Vertrauen zu setzen, mehr als in ihre Söhne. Heute behaupten die meisten in der Politik engagierten Frauen, von ihrem Vater entweder durch dessen Beispiel oder aber durch dessen expliziten Willen dazu angespornt worden zu sein. Das trifft vor allem für Einzelkinder zu, oder aber für die Ältesten, die nur Schwestern haben: Ihnen ist bewußt, daß sie den Sohn ersetzen, den ihr Vater gerne gehabt hätte. Oder aber sie fühlen sich ganz einfach gehalten, sein Werk weiter zu führen. So schreibt Mariette Sineau[4]: „Ein bißchen überspitzt kann man sagen, daß eine ödipale Beziehung zum Vater sehr häufig der wesentlichen Beweggrund für den Eintritt ins politische Leben ist". Unter anderem zitiert sie Martine Buron (einzige Tochter Robert Burons) und Michèle Alliot-Marie, die Ältere von zwei Schwestern, die zur Stellvertreterin ihres Vaters, Bernard Marie, Bürgermeisters von Biarritz, gewählt worden war; letztere hatte ihre Stellvertretung „sehr angenehm" gefunden, allerdings „unter der Voraussetzung, daß es keine der Rivalitäten gab, die zwischen hauptamtlichen und stellvertretendem Stelleninhabern existieren können". Es gab sicher weniger Konkurrenz zwischen Vater und Tochter als zwischen Vater und Sohn; die Tochter war eine gelehrigere und treuere Schülerin.

Eine andere schwer zu überwindende Barriere war die der Empfängnisverhütung: Daß die Tochter die Pille nahm und frei mit jemandem *schlief*, erschien einer ganzen Generation von Vätern unerträglich. Lange Zeit war es ein in den Augen der Väter wesentliches Recht, über ihre jungfräulichen Töchter zu verfügen. Die Stadien ihres Verzichts im Laufe des 19. und dann des 20. Jahrhunderts verdienten sicherlich eine ins Einzelne gehende Studie. Letztlich aber haben auch sie diese neue Form der Emanzipation akzeptiert; sie haben die Waffen gesenkt und haben die Wache über die töchterliche Unschuld aufgegeben. Damit ließen sie im Bereich der Sexualität und der Zeugung eine Art weiblicher Komplizenschaft neu erstehen, die das 19. Jahrhundert abgeschafft hatte. Gleichzeitig delegierten sie aber einen Teil ihrer Verantwortung an die Ärzteschaft, die in ihrer Mehrzahl aus Männern besteht.

Das Zulassen von Gefühl im Verhältnis zwischen Vätern und Söhnen stieß auf mehr Widerstände. Aber die Schranken zwischen beiden sind im Laufe des 19. und noch mehr im 20. Jahrhundert deutlich niedriger geworden.

Das Rollenstereotyp der Männlichkeit, das den physischen Ausdruck von Gefühlen zwischen Männern verbietet, war im Jahrhundert der Aufklärung stark erschüttert worden, als auch die Männer begannen, Ströme von Tränen zu vergießen und sich gefühlvoll zu umarmen. Auch hatte die Krise der Revolution den Gebrauch des demokratischen Du verbreitet, das zunächst vor allem in den Mittelschichtsfamilien gebräuchlich wurde.

Da die Jungen immer früher das Mündigkeitsalter erreichten (mit 25 Jahren im Ancien Régime, mit 21 seit der Einführung des *Code Civil*, mit 18 seit dem Gesetz vom 5. Juli 1974), wurde möglichen Konflikten eine vom Gesetz verordnete Grenze gesetzt. Gleichzeitig bot das väterliche Erbe weniger Stoff für Streitigkeiten als im Ancien Régime: Der Vater konnte die gerechte Aufteilung des Erbes unter seine Kinder nicht mehr verhindern. Überdies änderte sich die Art des Erbes. Das ehemals so wertvolle Familiengut, für dessen Weitergabe der Vater sorgen mußte, spielt von jetzt ab eine sekundäre Rolle im wirtschaftlichen Leben und im Vermögen der Haushalte. An seine Stelle traten mobile Werte (Aktien, Schuldverschreibungen), die mit ihrer allseitigen Verfügbarkeit weniger Rücksicht zu verdienen scheinen: Man kauft und verkauft viel unbeschwerter. Der Vater fühlt sich also weniger in der Pflicht, sie weiterzureichen, und der Sohn rechnet weniger mit ihnen. Die Bindung, die früher das Erbe zwischen Vater und Sohn dargestellt hatte, wurde fraglos schwächer. Damit wurde das Tor zur Entfaltung uneigennütziger und selbstloser Gefühle geöffnet.

Dennoch waren die dynastische Ausformung der Familie und die Vorstellung einer männlichen Generationenfolge im Laufe des 19. Jahrhunderts nur langsam aufgegeben worden. Wieviele Bürgermeister waren doch in unseren Breiten Söhne oder Enkel ehemaliger Bürgermeister! Wieviele Professoren an medizinischen Fakultäten waren Söhne ehemaliger Professoren von dort! Wieviele Unternehmen wahrten ihren Charakter von Familienunternehmen! Historiker und Soziologen beginnen, sich aufmerksam mit diesem Phänomen dynastischer Formen in den Grenzbereichen zwischen Familie und Gesellschaft zu befassen. Seine Auswirkungen auf die Beziehungen zwischen Vater und Sohn konnten positiv oder negativ sein. Positiv, wenn Vater und Sohn die gleichen Vorstellungen und Ziele hatten: In diesem Fall kann der Vater in seinem Sohn ein zweites Ich sehen, einen treuen Nachfolger, der ihn vor den Folgen des Todes bewahrte. Negativ, wenn die Ziele einander entgegenstanden, denn die Rivalität zwischen beiden Männern hatte gelegentlich Haß und für den Vater schließlich Demütigung zur Folge: Er fühlte sich entehrt, abgelehnt und dem Tod ausgeliefert.

Neben dem väterlichen Erbe, neben Wissen und Eigenschaften, die für Beruf oder ähnliche Obliegenheiten von Wert sind, entdeckte der Vater nach und nach andere Dinge, die der Tradierung wert waren. Zusammen mit seinen Söhnen suchte er offenbar nach einer Neudefinition von Männlichkeit. Was ist eigentlich der Sinn des Mann-Seins, wenn die väterliche Gewalt nicht mehr zum Ziel hat, den männlichen Erwachsenen allen anderen Familienmitgliedern voranzustellen? Diese Suche nach neuer männlicher Identität kommt treffend in dem berühmten Gedicht von Kipling *If* [In der Übertragung von Norbert Jacques, List Verlag, Frankfurt 1965] zum Ausdruck:

> Wenn du beharrst, da alle um dich zagen
> und legen ihren Kleinmut dir zur Last,
> Vertraun zu dir bewahrst, da andre dir's versagen,
> doch auch Verständnis für ihr Zweifeln hast.
> Wenn du zu warten weißt und bleibst gelassen,
> Betrogen, fern dich hältst von dem Betrug.
> Wenn du, gehaßt, dich hütest mitzuhassen,
> gut nicht scheinst noch sprichst zu klug [...]
> Wenn du das Herz, die Nerven und die Sehnen
> zum Dienst zwingst, da sie letzte Kraft verläßt,
> Dastehst mit hart zusammengebissnen Zähnen.
> Wenn nichts, als nur der Wille sagt: Steh fest, [...]
> Dein ist mit allem, was sie trägt, die Erde,
> Und – mehr als das – mein Sohn, du bist ein Mann.

Hier gerät das stoische Ideal von Männlichkeit ein wenig statuarisch und die Rede etwas pompös. In weniger hochfliegenden literarischen Texten entstanden andere Formen der Komplizenschaft zwischen Vater und Sohn. So in dem

Roman *Le Diable au Corps* [Den Teufel im Leib] von Raymond Radiguet. Der jugendliche Held (dessen Namen niemals erwähnt wird) hat einen schwachen Vater, dem er ohne Scham seine kleinen Dummheiten und seine ersten Erlebnisse mit Mädchen gesteht, einem Vater, den es freut, seinen Sohn als Kamerad auf dem Wege zum Mannsein, hier auf dem Wege zur sexuellen Reife, zu begleiten. Während der Affäre mit Marthe genießt dieser gefallsüchtige Vater die Frühreife seines Sohnes, erlebt mit ihm von neuem die Spannungen einer ersten Liebe und entzieht sich bis zum Ende jeder strafenden Rolle.[5]

Dieses letzte Beispiel verweist auf das heikle Problem der sexuellen Erziehung. Solange die christliche Moral Keuschheit bis zur Ehe ebenso vom männlichen wie vom weiblichen Geschlecht forderte, konnten Väter so tun, als ob ihnen die Sünden ihrer Söhne nicht bekannt seien, da sie allein dem Beichtvater zur Kenntnis gelangten. In der Tat haben Väter die sexuellen Seitensprünge ihrer Söhne immer toleriert. Gelegentlich wurde ihr Sprößling sogar von ihnen selbst oder durch eine von ihnen beauftragte Person an eine galante Dame vermittelt; es hat den Anschein, daß Ninon de Lenclos bei dieser Art von Initiierung über eine außerordentliche Begabung verfügte.[6] Die Argumente, mit denen die Mediziner Ende des 18. Jahrhunderts auf die Gefahren der *Onanie* (d. h. wohl der Masturbation) hinwiesen, mußten Väter vermehrt dazu veranlassen, ihren Söhnen möglichst *normale* Entspannung zu verschaffen. Es fehlen aber Quellen, um das zu verifizieren. Noch verschwiegener ist das 19. Jahrhundert. Viele Männer waren damals der Religion gegenüber skeptisch oder gleichgültig geworden; gleichzeitig aber blieben sie bei der Ignorierung der Pubertät ihrer Kinder, so als ob die Sünden des Fleisches in ihren Augen weiterhin tabu oder mit Schande beladen seien. Die Federn (und Zungen) lösten sich nur während des ersten Drittels des 20. Jahrhunderts, als Mediziner die verheerenden Wirkungen der Geschlechtskrankheiten aufzeigten, deren Zunahme vor allem durch den ersten Weltkrieg bedingt war. Sexualerziehung wurde wünschenswert, nicht mehr im Namen der Tugend sondern namens der Hygiene. Hatte das zur Folge, daß der der Familie verbundene *Hausarzt* den Beichtvater als Ratgeber und Vertrauter des Adoleszenten ersetzte? Oder, daß der Vater jetzt das Gespräch mit seinem Sohn zu suchen begann? Das wenige, was man weiß, läßt eher vermuten, daß man den Jungen Bücher zu ihrer diesbezüglichen Information zuspielte.

Zwischen den Weltkriegen zeichnete sich in der öffentlichen Meinung eine Tendenz ab, die Sexualerziehung der Schule zu überlassen, was die meisten Familien aber ablehnten. Seither bringen gemischte Klassen und die Emanzipation der Mädchen das Problem einer Lösung näher, ohne daß Väter und Erzieher etwas davon erfahren: Die Heranwachsenden klären sich untereinander auf. Wendet sich ein Sohn an seinen Erzeuger, wenn es ihm wünschenswert scheint, einen Erwachsenen um Rat zu fragen? Warum nicht? Dann aber wird die Initiative von ihm und nicht von seinem Vater ausgehen: Vielleicht handelt er so zum ersten Mal selbständig. Es könnte die erste der eigenen Freiheit bewußte Aktion eines Mannes werden.

Vor allem im Bereich der Freizeit konnten Vater-Sohn-Beziehungen aufgebaut werden. Unlängst erfolgte Untersuchungen bei Männern von mehr als sechzig Jahren bestätigen, daß der Kameradschaft von Vätern und Söhnen in Ferien und Perioden von Entspannung ein wachsendes Gewicht zukommt.[7] So berichten Erwachsene, die von ihrer Kindheit zwischen den Kriegen erzählen, von ihrem Vater mit dem gleichen Enthusiasmus wie Victor Gélu.[8] Sie erzählen vom Fußball oder von der Ankunft der *Tour de France*, die sie mit ihrem Vater erlebten. Andere Väter haben ihren Söhnen das Interesse für gewerkschaftliches Engagement oder die Leidenschaft für das Kino vererbt und haben ihnen damit wesentliche Elemente einer neuen Kultur vermittelt.

In einem kürzlich in *Les Temps Modernes* veröffentlichen Artikel *La paternité à la française* [Vaterschaft auf französisch][9] befassen sich Geneviève Delaisi de Parseval und Françoise Hurstel mit dem Vätern gemachten Vorwurf von *Abwesenheit, mangelnder Präsenz* und *Aufgabe ihrer Funktion* und sehen darin den Ausdruck einer *konservativen* Gedankenwelt, die sich von den alten Formen der *Macht* faszinieren läßt, und überdies nicht in der Lage ist, die neuen Beziehungen, die sich nach und nach zwischen Vätern und Söhnen entwickelt haben, richtig einzuordnen. In dieser Beobachtung steckt ohne Zweifel viel Wahres.

Trotz allem ist nicht zu leugnen, daß sich eine Neu-Definition väterlicher Funktionen mühselig anläßt. Davon zeugen alle Arbeiten, die sich in der zweiten Hälfte des 20. Jahrhunderts wißbegierig daran machten, den *Vaterberuf* neu zu bestimmen. Schon der Gedanke daran hätte Männer früher in Erstaunen versetzt, für die Beruf und Vaterschaft zwei deutlich getrennte Funktionen waren, selbst wenn dem Vater an einer Tradierung seines Berufs gelegen war. Zwar werden Vaterberuf und berufliche Tätigkeit auch heute noch voneinander unterschieden; aber die modernen Schriftsteller definieren den Vaterberuf doch als einen weiteren Beruf, den der Vater zusätzlich zu der Aufgabe, seinen Lebensunterhalt zu erwerben, ausüben muß. Der Vaterberuf ist insofern als ein zweiter Beruf zu bezeichnen, da er mit Bescheidenheit, Selbstdisziplin oder natürlicher Begabung, Sachkenntnis und Beharrlichkeit, mit Fachwissen und Integrität ausgeübt werden muß; ein Beruf, dessen Kenntnis durch das Beispiel, ohne Anspruch, aber auf einer Vertrauensgrundlage tradiert werden muß.

Die Entdeckung des Vaterberufs

Zwei Zeitpunkte, die bei der Definition dieses Vaterberufs wichtig geworden sind, lassen sich – zumindest in Frankreich – ausmachen: der eine in der Konsequenz des Zusammenbruchs 1940, der andere während der Krise von 1968. Der erste Zeitpunkt wird von einigen kurz, aber dicht geschriebenen Werken unter christlichem Einfluß gekennzeichnet. Zu nennen ist hier vor allem ein Vortrag von Gabriel Marcel vom Juli 1943 über *Der Schöpfungswillen als Wesen der Vaterschaft*[10], von Roger Pons mit dem Titel *Beruf des Vaters*, als Artikel 1946 veröffentlicht in *L'Anneau d'Or*[11], schließlich ein Artikel des Mediziners André Berge *Beruf der Eltern*[12]. Ab 1950 publizierte die *École des parents et des éducateurs* eine Monats- und eine Vierteljahrsschrift (*Le Groupe familial*), in denen zahlreiche Veröffentlichungen zu den Bedingungen von Vatersein erschienen.

Diese Autoren lehnten eine nur dem Zufall überlassene Zeugung von Nachkommenschaft als perspektiv- und gewissenlos ab. Bereits 1909 hatte sich Professor Adolphe Pinard vor der Medizinischen Akademie entrüstet: „Auch heute noch macht man sich an die Zeugung wie in der Steinzeit. Die wichtigste Handlung des Mannes, dieser im wahrsten Sinne des Wortes sublime Akt, da er auf die Fortpflanzung zielt, wird mit so viel Unwissenheit wie im Höhlenzeitalter vollzogen. Wer denn würde mir widersprechen, wenn ich behaupte, daß auch heute noch die Zeugung von Kindern allein vom Zufall bestimmt ist?" Dieses Ärgernis wurde Mitte des Jahrhunderts vollends unerträglich. Roger Pons verlangte vom Vater, daß er „umsichtig, bewußt und sorgfältig" handle, daß ihm bewußt werde, welche Folgen sein Willen und seine Aktionen haben. Christliche Lehrer haben zweifellos zu allen Zeiten eine solche charakterliche Festigkeit gefordert; und es sollte in diesem Zusammenhang auch daran erinnert werden, daß während der dreißiger Jahre dieses Jahrhunderts von katholischen Ärzten eine vom Kalender bestimmte Methode der Empfängnisverhütung entwickelt wurde; sie hatte eine Askese zur Voraussetzung, die sicherlich zur Reifung bewußteren Zeugungsverhaltens eines gläubigen Mannes beitrug.

Jedoch boten neben der Forderung nach Selbstbeherrschung die Texte der Jahre von 1940 bis 1950 außer Betroffenheit nichts Neues. „Welche Geduld, welch guter Willen, welch Geschick und Biegsamkeit, welch demütiges Streben ist erforderlich, um aus dem Kind, das man ins Leben gerufen hat, einen Menschen zu machen! Seine Entdeckung macht Angst: ein schwieriger Beruf!" Nach Roger Pons setzte er Bildung und Sachkenntnis voraus, aber der Autor gab dafür keinerlei Anleitung, stellte keine Lernmöglichkeiten in Aussicht, ließ sogar durchblicken, daß es sie nicht gibt. Auch zur Vater-Kind-Beziehung brachte er nichts Neues. Er beschränkte sich darauf, die tradierte Rolle zu beschreiben, versuchte nur, sie mit Frömmigkeit zu durchdringen; auch nahm er, wenn auch zögernd, einige Grundgedanken der Psychoanalyse auf.

Während der ersten Jahre, so sagte er, ist es *alleine* die Mutter, die Kontakt zum Kind hat; ist die Liebe des Vaters deshalb „unnütz"? Nein: Der Vater betet; für ihn bedeutet das eine neue Geburt; er soll neben seinem Kind „im Geist von Zurückgezogenheit" leben. Auch später ist es die Mutter, die zur Findung des Vaters beiträgt, ihn dem Kind nahebringt. „Ihr obliegt es, sein Bild zu entwerfen [...]. Sie spricht häufig von ihm, sie läßt sein Kommen wünschenswert werden, sie weist auf die Bedeutung seiner Arbeit hin [...]. Heißt das, daß der Vater zu Beginn seiner Arbeit, sich ohne sein Zutun in einen sagenumwobenen Helden, eine mythische Figur verwandeln lassen muß?" Der Autor streitet dies nicht rundheraus ab; seiner Ansicht nach ist nur von Belang, daß der Vater sich seiner Rolle würdig erweisen und der Erhabenheit des ihm zugewiesenen Platzes gewachsen sein muß. Wächst der Sohn heran (von der Tochter wird nicht gesprochen), muß der Vater Autorität ausüben: Der Vater befiehlt – „Vaterberuf ist Führerberuf". Allerdings muß man auch die Freiheit des Jugendlichen zu achten wissen. Der Autor ist sich der Widersprüche seiner Vorschläge bewußt und räumt ein, daß diese Grundsätze leichter zu formulieren als auszuführen seien; so sollen patriarchalische Verhaltensformen vermieden werden und der Vater sich wie ein älterer Bruder verhalten. An den erzieherischen Aufgaben können Erzieher und Jugendführer teilhaben. Wesentlich aber bleibt, über die Berufung zum Vater nachzudenken und das Vatersein wie ein Priestertum auf sich zu nehmen.

Zu diesem Zeitpunkt wurden im Gewissen der Väter Forderungen laut, die bis hin zu Skrupeln reichten, allerdings reichten sie noch nicht so weit, um zur Ausgestaltung neuer Verhaltensformen zu führen.

Man kann nicht sagen, daß zwischen 1940 und 1970 das Nachdenken völlig aufgehört habe: Zahlreiche Artikel und Werke wurden veröffentlicht. Jedoch verursachte die Krise von 1968, die jede etablierte Macht so heftig erschütterte, erneut ein Aufschrecken in den Vaterseelen. Überdies wurde in der Folge dieser Krise ein Gesetz mit nachhaltiger Wirkung verabschiedet, nämlich das vom 4. Juni 1970 über die elterliche Autorität, das den Vätern ihre Eigenschaft als Familienoberhaupt nahm und sie den Müttern gleichstellte. Dieses Gesetz paßte sich bereits gängigen Verhaltensweisen an, aber hervorgehoben werden muß hier doch die Tatsache, daß es den Jahrtausenden männlicher Suprematie ein Ende setzte. Gleichzeitig setzte sich die Empfängnisverhütung seitens der Frau durch; der Mann war nicht mehr Herr der Zeugung: Seine Frau oder seine Partnerin konnte ohne sein Wissen Verhütungsmittel anwenden. Alle diese Umwälzungen verbreiteten Unruhe. Dennoch lassen die Veröffentlichungen dieser Zeit, zumindest die aufschlußreichsten, diese Empfindungen nicht durchblicken. Doch unterschied sie ein wesentlicher Charakterzug von denen der vierziger Jahre: Sie sprachen nicht mehr die Sprache von Herzensergüssen oder der Moral, sie sprachen die Sprache der Wissenschaft. Die hier angewandte Wissenschaft ist fast immer die Psychologie oder die Psychoanalyse, wenn auch in allgemeiner und daher verwässerter Form. Aus ihr resultierte eine neue, unabdingbare Sachkompetenz für den väterlichen Beruf. Die Kenntnis der psychischen Entwicklung des Kindes war vonnöten, um sein Wachsen begleiten und nach reiflicher Überlegung eingreifen zu können. Intuitives und empirisches Wissen, ehemals der Mutter zuerkannt, reichte nicht mehr aus; es würde bedeuten, ohne Verlaß, Durchblick und Rationalität zu agieren. An der Schwelle zum 20. Jahrhundert war man Zeuge einer Unzahl von Handbüchern über Jugendkultur geworden, die sich an die Mutter wandten; von jetzt ab war es die gemeinverständliche Psychologie, die in Handbüchern verfügbar wurde und sich an den Vater mehr noch als an die Mutter richtete. Von den vielen Titeln nenne ich hier nur einige: André le Gall, *Le Rôle nouveau du père*[13], Georges Mauco, *La Paternité*[14], Bernard Muldworf, *Le Métier de Père*[15], und Fitzhugh Dodson, *Le Père et son enfant*[16].

André le Gall, seines Zeichens Arzt, insistierte noch auf dem Erfordernis einer *Autorität*, als einer verantwortungsbewußten Kraft, deren „Notwendigkeit weiterhin begründet" ist, da das Patriarchat vor allem benötigt wurde, um das enorme Übergewicht der Mutter auszugleichen... Die väterliche Autorität war jedoch nicht mehr die unmittelbare, allgemeine Macht des Erzeugers sondern sie bestand in der Schaffung einer Atmosphäre, die die Vater-Kind-Beziehung begleitet. Vaterschaft blieb eine geheimnisvolle „religiöse" Gegebenheit, von der nicht gesprochen sondern die gelebt wurde. Der Beginn der Vaterschaft und die Entdeckung der Vaterrolle änderten und stabilisierten häufig die Persönlichkeit des Mannes. Der Autor schildert einige konkrete Situationen und Fälle. Insbesondere ist der Vater seinen Söhnen verpflichtet, da er ihnen Gesprächsbereitschaft und Hilfe in der Schule und der bei sexuellen Erziehung schuldet.

Liest man unmittelbar nach le Gall das Handbuch des Mediziners Dodson, ist zu ermessen, welcher Weg in kurzer Zeit zurückgelegt wurde. Hier zeigt sich ein Sinn fürs Konkrete und für das gelebte Leben, den man in den anderen

Büchern nicht in dem gleichen Maße findet. Der Autor, Mediziner und Psychologe, verheiratet mit einer Vorschulerzieherin, berichtet, wie er als ganz junger Mann Betreuer in einem Ferienlager wurde und als solcher ohne jede Vorbildung während eines Monats zehn Jungen zwischen fünf und sieben Jahren betreuen mußte. Völlig konsterniert von dieser improvisierten Vaterschaft, stürzte er sich nach seiner Rückkehr gierig auf jedes Buch, das sich mit der Kindheit befaßte. Die jungen Eltern befinden sich, so sagt er, in einer ganz ähnlichen Situation. Die Mutter kann sich auf empirischem Wege sehr schnell die nötigen Kenntnisse aneignen, der Vater dagegen nicht immer, und das ist zu bedauern. „Vaterschaft sollte als eine sehr befriedigende Erfahrung erlebt werden. Wenige Dinge sind auf emotionalen Gebiet so bereichernd wie die Genugtuung, die ein Mann angesichts der Tatsache empfinden kann, seine Kinder von ihrer Geburt an über die verschiedenen Abschnitte ihrer Entwicklung hin richtig anzuleiten bis zu dem Zeitpunkt, zu dem sie alleine zurechtkommen können." Hier nimmt das Glück den Platz der Pflicht und die Kommunikation den Platz der Autorität ein. Dodson vermittelt dem jungen Vater beständige Sicherheit. Er erklärte ihm den Mangel an Interesse oder sogar die Feindschaft, die er dem Neugeborenen, das seine junge Frau völlig in Anspruch nimmt, gegenüber empfindet. Im Wesentlichen empfahl er ihm, in der jungen Mutter seine eigene Mutter zu entdecken und herauszufinden, daß er möglicherweise eine Eifersucht erlebte, die er früher einem jüngeren Bruder gegenüber empfunden hatte. Man sollte nicht warten, bis das Kind groß ist, um sich mit ihm zu befassen und es für sich zu gewinnen: Man mußte lernen, es zu halten, ihm die Windeln zu wechseln, es zu füttern, diese Gesten beweisen dem Kind, daß man es liebt. Man sollte so früh wie möglich mit ihm sprechen und mit ihm spielen, wie man selbst es für richtig hält, ohne dabei zu versuchen, die Sanftmut der Frau nachzuahmen: So wird ein persönliches und tragfähiges Beziehungsgeflecht aufgebaut.

Darüber hinaus versuchte der Autor alle möglichen Situationen durchzuspielen, denen ein Vater sich gegenüber sah, und ihm dafür präzise Ratschläge und Anleitungen zu geben, wobei er sich stets der Notwendigkeit bewußt sein mußte, seine eigenen Vorstellungen und sein eigenes Verhalten einzubringen.

Wirklich neu scheint bei dieser Beschreibung des Vaterberufs die Bereitschaft zu sein, die für unsere Kultur typischen ständigen Wandel zu akzeptieren. Dodson beschrieb ihn genau: Alles verändert sich allzu schnell. Ein Vater kann seinem Kind in der Ausbildung nicht mehr helfen, weil Wissen und Methoden ständig weiterentwickelt werden; er kann ihm kaum eine Ausbildung für einen Beruf und aus den gleichen Gründen keine Verhaltensmaßregeln vermitteln; da sich zudem männliche und weibliche Rollen immer weiter einander annähern, kann er seinen Sohn auch nicht mehr auf eine Männlichkeit vorbereiten, die seiner eigenen gleichkommt. Worin besteht aber dann in der Zukunft der Vaterberuf? Er ist auf dem Weg, sich mit väterlicher Liebe und einem immer intensiver werdenden Wunsch nach Kommunikation zu vereinen. Zweifelsohne erklärt das die für Ältere überraschende und gelegentlich schockierenden Verhaltensweisen der *neuen Väter*.

Neue Väter[17]

Drei Verhaltensweisen scheinen mir charakteristisch: ihre Forderungen im Fall von Scheidung, die Zunahme von Adoptionen und ihre Zuwendung zum Kleinkind.

Geschiedene Väter

Die Scheidung gibt es nicht erst seit gestern. Sie war 1792 als Folge der Laizisierung der Ehe eingeführt worden. In der Restaurationszeit wurde sie 1816 wieder abgeschafft, 1884 während der laizistischen und antiklerikalen Phasen der Dritten Republik (Gesetz Vidal-Naquet) wieder eingeführt. Wie gingen die geschiedenen Väter damals mit ihren Kindern um?

Eine auf Lyon bezogene Arbeit[18] gibt Aufschlüsse über ihr Verhalten während der Zeit der Revolution und des Empire. 61 % der Geschiedenen dieser Zeit trennten sich, bevor sie Kinder hatten, und von denen, die Kinder hatten, waren diese in drei Vierteln der Fälle bereits nicht mehr am Leben. Der von beiden Ehepartnern gestellte Antrag auf Trennung (vom Gesetz damals erlaubt) wurde praktisch niemals von Eltern einer kinderreichen Familie gestellt. Gab es mehrere Kinder, kam der Antrag auf Trennung fast immer von der vom Vater verlassenen Mutter. Das Schicksal der Kinder nach der Trennung wurde mitunter von einem Familiengericht, häufiger aber vom Zivilgericht geregelt. Nach welchen Prinzipien? Verlangte die Mutter das Erziehungsrecht, gab das Gericht fast immer seine Zustimmung, auch wenn sie sich damit schwer belastete. Selbst der Vater widersprach, auch wenn er anwesend war, niemals. Die Kinder waren der Trost der unglücklichen Ehefrauen. Muß man daraus auf die Gleichgültigkeit der Väter schließen? Die Wirklichkeit ist verworrener, denn in jener Zeit blieben die Kinder im Dunkeln: Sie erschienen kaum in den Zeugenaussagen ihrer Eltern, man erfährt sehr selten etwas über ihre Anzahl, fast nie etwas über ihr Alter. Wenn niemand wegen der Kinder Einspruch erhob, überließen die Richter der Mutter die Söhne unter sieben Jahren und alle Mädchen; der Vater erhielt die Söhne über sieben Jahre, entsprechend der alten Aufteilung der erzieherischen Verantwortung. Die affektiven Bedürfnisse der Kinder wurden von den Richtern nicht berücksichtigt, sondern nur ihr materielles Interesse, sie galten als *zu stopfende Münder*.

Mußte die Mutter fast ohne Vermögen und Unterstützung leben, wurden die Kinder, auch die ganz kleinen, dem

Vater zugesprochen. Niemand kam auf den Gedanken, den Vater zur Zahlung einer Summe zu verurteilen, damit die Mutter sich um die Kinder kümmern konnte.

Erstaunlich ist, daß auch nach der Wiedereinführung der Scheidung 1884 die Rücksichtnahme auf die Kinder kaum größer wurde. Für das Gericht zog Scheidung Strafe nach sich. Dementsprechend erhielt der nichtschuldige Elternteil das Kind als eine Art Prämie zugesprochen; erfolgte die Scheidung in gegenseitiger Schuldanerkenntnis, war es der *geschicktere* Teil von beiden, der das Kind zugesprochen erhielt. Es gab jetzt jedoch eine wichtige Neuerung: Die Einführung einer Unterhaltsrente erlaubte es in den meisten Fällen, der Mutter alle erzieherischen Aufgaben zu übertragen. Besagte Rente wurde aber nicht immer regelmäßig gezahlt. Man rechnet mit etwas mehr als einem Drittel der Väter, die es *vergaßen*, der Zahlung nachzukommen. Und hätten die Mütter es gewagt, das ihnen Geschuldete einzufordern (ein eher seltener Fall), ließen die Gerichte, die im Wesentlichen mit Männern besetzt waren, im Allgemeinen sehr viel Nachsicht gegenüber den säumigen Vätern walten. Das läßt sich durchaus als ein Zeichen einer grandiosen männlichen Unbekümmertheit Kindern gegenüber, vielleicht auch als Anzeichen eines tiefen Grolls gegenüber den Ex-Ehefrauen deuten, die man zu strafen suchte.

Überdies fanden in der unermeßlichen Literatur über die Scheidung (allein achtzig juristische Doktorarbeiten zwischen 1890 und 1940, philosophische Betrachtungen von Le Play, Durkheim, Paul Bureau, Maurice Blondel, Édouard Jordan, Alain, Gabriel Marcel etc., dazu einige Romane) die Kinder nur wenig Raum, sie galten nicht wirklich als Teil der Problematik. 1947 erschien *Le Divorce en France. Étude démographique* [Scheidung in Frankreich. Eine demographische Studie], ein Werk, das sein Autor, der Jurist Jacques Desforges, als die erste *wissenschaftliche Arbeit* über das Thema vorstellte. Die hier in Anspruch genommene Wissenschaft war die Demographie, und ihr Antrieb war vornehmlich natalistischer Art. Selbst hier erschienen die Kinder kaum. Die natalistischen Zwangsvorstellungen verdeckten sie bis zur Unkenntlichkeit. Wohl erkannte Desforges, daß es keinen direkten und einfachen Bezug zwischen Geburtenrate und Scheidungsziffer gab. So fanden sich bei der ländlichen Bevölkerung des französischen Südwestens wenig Scheidungen und wenig Kinder. Zusammen mit allen Demographen seiner Zeit behauptete er jedoch fast wie ein Dogma, „daß das Kind ein haltbares Band zwischen den Ehegatten ist". Möglicherweise heißt das, die Wirkung mit der Ursache zu verwechseln. Denn auch wenn es zutrifft, daß „die Scheidung bei einem Ehepaar ohne Kinder sehr viel häufiger ist als bei den anderen", heißt das möglicherweise nur, daß Eheleute, die sich schlecht verstanden, es vermieden, Kinder zu bekommen. Nur in seinen Schlußbetrachtungen begann der Autor darüber nachzudenken, daß sich das Scheidungsverfahren alleine auf das Paar bezog; er sprach den Wunsch aus, daß die Hauptregel in Zukunft das Interesse der Kinder und nicht Kalkül oder Rachsucht der Eltern sein möge. Zusammenfassend läßt sich die These vertreten, daß das Interesse der Väter für ihre Kinder sehr spät zutage trat.

Heute ist die Scheidung gleichzeitig Ort und Nachweis für eine Veränderung des väterlichen Bewußtseins geworden. Das Gesetz von 1975, das die Modalitäten der Scheidung auf ganz neue Füße stellte (vor allem durch Vermeidung des Strafgedankens), rückte das Interesse des Kindes in den Vordergrund.[19] Ein Richter mit Spezialkenntnissen, der etwas plakativ formuliert die Rolle eines allmächtigen Vaters hat, übernimmt die schwierige Aufgabe festzustellen, wo dieses Interesse liegt, um das Kind entweder dem Vater oder der Mutter oder beiden, seltener einem Dritten anzuvertrauen. Um sich zu informieren, kann der Richter eine Unterredung mit dem Kind führen oder eine Untersuchung durch einen Sozialarbeiter verlangen: Doch lassen sich mit diesen Vorsichtsmaßnahmen nicht immer strittige und anfechtbare Entscheidungen umgehen.

De facto wird nach dem Gesetz von 1975 das Kind (oder die Kinder) in 85 % der Fälle der Mutter zugesprochen, wobei der Vater das Besuchsrecht behält (in 9,3 % der Fälle wird das Kind dem Vater, in 5 % beiden Eltern und nur in 1,75 % der Fälle einem Dritten zugesprochen). Und hier setzte jetzt die eigentliche Revolution ein. Im Laufe der vergangenen zehn Jahre wurden die Väter, die gegen das ihnen zugedachte Schicksal protestierten, immer zahlreicher. Das Besuchsrecht, bereits recht eingeschränkt, fand sich gelegentlich wegen der mangelnden Bereitschaft der Mutter auf ein Nichts reduziert. Die neuen Väter haben sich zu einem Verein zusammengeschlossen, um ihre Rechte zu verteidigen und auszuweiten. Sie lehnten es ab, herabgewürdigte Eltern, quasi *Nichteltern* zu sein. Die Bitten um Hilfe, vor allem in der Eltern- und Erzieherschule, zeugen von Leiden und Gewissensbissen, denen frühere Väter keine Bedeutung beimaßen. Nicht nur zeigen kürzlich geschiedene Väter großen Kummer über die Trennung von ihren Kindern, auch tun sie sich schwer mit dem Ideal von vollkommenen Paaren oder vollkommenen Vätern. Das Vorbild eines starken, umsichtigen und verantwortungsbewußten, die Mutter und das Kind beherrschenden Vaters beeinflußt auch sie noch. Die Klarsichtigen, vor allem die Aktivisten der *Gesellschaft für gleiche Elternrechte*, erkennen bereits, daß dieses Vorbild nur Aspekte der alten Vaterrolle perpetuiert und daß neue Beziehungsmuster nottun. Spricht man das Kind der Mutter zu, so deswegen, weil deren Rolle besser kenntlich ist, wogegen die Funktion des Vaters immer mit einem Kern von Zweifeln belastet ist, sowohl in sozialer wie in psychologischer Hinsicht.[20] Die Väter stellen jetzt fest, daß das Kind in der traditionellen Gesellschaft ihnen gehörte (da ehemännische und väterliche Gewalt ihnen fast absolute Macht verlieh), und daß sie in Zukunft entthront und bar der alten Macht sind. Je mehr sie die individuelle Freiheit begünstigten, trugen die neuen Gesetze dazu bei, das Individuum von all seinen Lasten und all seinen Fesseln zu befreien. Der Mann *kann* sich seiner Vatersorgen entledigen; darum bemerkt er bei sich selbst das Bedürfnis, diese Sorgen auf sich zu nehmen, er will sich von der Mutter nicht mehr verdrängen lassen. Dabei steht nicht zweifelsfrei fest, daß immer väterliche Liebe der Grund für die männlichen Forderungen ist: Das Kind kann durchaus ein Pfand und die Möglichkeit einer Erpressung darstellen; es dient dazu, die Ex-Ehefrau zu bestrafen, die ihren Herrn und Meister zu widerstehen gewagt hat und ihre Freiheit will; das Kind wird genutzt, diese Freiheit anzufechten.

Auch Frauen haben – um das deutlich auszusprechen – nicht immer edle Absichten, und dieses ist die andere Seite dieser Umwälzung. Eingespannt in ein aufreibendes Berufsleben und mannigfaltige soziale Kontakte bedürfen die Frauen nicht mehr des Kindes als alleinigen Trosts; ihnen liegt daran, daß ihre erzieherische Aufgabe erleichtert wird, um sich größeren Freiraum zu verschaffen. In der Konsequenz versuchen geschiedene Eltern von heute, Lösungen zu finden, die beiden Teilen erlauben, auch nach der Trennung Eltern zu bleiben. Überdies eröffnet das neue Gesetz die Möglichkeit einer von den Partnern nach Interessenlage aushandelbaren Scheidung, was mehr und mehr in Anspruch genommen wird. Zunächst bemühten sie sich um alternierende *Aufsicht*, die niemanden zu kurz kommen und das Kind vier Tage bei dem einem, drei Tage bei dem anderen bleiben ließ. Diese Lösung machte aus dem Kind einen Ping-Pong-Ball und wurde in dem Augenblick unrealisierbar, in dem einer der beiden Elternteile weiter weg lebte. Überdies stieß bereits der Gedanke an *Aufsicht* empfindliche Menschen ab, man hütet Kinder nicht wie Gänse... Dazu hatte auch das *Besuchsrecht* etwas Feierliches und Überholtes an sich. So spricht jetzt jeder von *gemeinschaftlicher Verantwortung*, die eine ausgefeilte Organisation verlangt, aber auch möglich macht, dem Kind besser gerecht zu werden, nach dessen Meinung nun häufiger gefragt wird – nicht häufig genug, sagen frustrierte Väter.

Eine andere, unvorhergesehene Nebenwirkung des Gesetzes ist, daß die Großeltern, die während der Scheidung häufig sehr aktiv werden, mehr Rechte für sich beanspruchen und sehr bestimmt darauf beharren, die Enkelkinder bei sich aufzunehmen. Bei dieser Gelegenheit merkt man, daß die sogenannte Kernfamilie eben nicht so sehr ein Kern ist, wie man annehmen mochte.

Den geschiedenen Vätern scheint es ein Herzensanliegen, ihrer Aufgabe gut nachzukommen. Eine geschiedene Frau sagte uns kürzlich: „Als ich mich scheiden ließ, gab ich meinen Kindern einen neuen Vater. Als wir zusammenlebten, kümmerte er sich fast nie um sie, er überließ sie mir. Jetzt bereitet er ihnen Essen, lädt sie ins Kino oder in Museen ein, veranstaltet mit ihnen fröhliche Picknicks auf dem Lande". Diese Beobachtung ließ die ihrerseits glückliche Mutter durchaus nicht neidisch werden.

Es ist offensichtlich, daß sich die affektiven Bedürfnisse der vom Leben als Paar enttäuschten Väter mehr und mehr auf die Kinder richten. Dies ist einer der Gründe, der die rapide Veränderung der Adoptionen im 20. Jahrhundert erklärt.

Adoptivväter

Die mit der Adoption zusammenhängenden Probleme sind in den politischen Debatten vor zweihundert Jahren in der Folge des Dekrets vom 8. Januar 1792 aufgetaucht, durch das sie gesetzlich eingeführt wurde. Zahlreiche Mitglieder des Konvents plädierten damals zu ihren Gunsten. Sie sahen darin eine Möglichkeit, die großen Vermögen durch die um ein Vielfaches vermehrten Erben aufzuteilen, einen Akt der Wohltätigkeit gegenüber Waisen und schließlich Trost für unfruchtbare Ehepaare. Allerdings bildete sich eine Partei der Ablehnung, die stärker war als vorhergesehen. Ihre Vertreter behaupteten, die Adoption diene dazu, die illegitimen Kinder zu legalisieren. Napoleon Bonaparte behielt die Adoption im *Code Civil* bei, aus denselben ganz persönlichen Gründen, die ihn dazu bewogen hatten, an der Scheidung festzuhalten – besorgt wegen der Unfruchtbarkeit seiner Gattin Josephine, überlegte er, sie entweder zu verstoßen, um sich wiederzuverheiraten, oder ihren Sohn, Eugène de Beauharnais, zu adoptieren. Enggefaßte Regeln im neuen Code schränkten die Wirkungen der Adoption allerdings ein: Adoptieren durften nur Personen, die älter als vierzig Jahre waren und keine Kinder hatten, und nur ein mündiges Kind durfte adoptiert werden, da seine Einwilligung verlangt wurde. Niemand hätte sich damals mit dem Gedanken getragen, ausgesetzte Kinder, Resultat eines *lasterhaften Lebens*, zu adoptieren; man beschränkte sich auf Kinder aus ehrbaren Familien, die ihren Charakter bereits unter Beweis gestellt hatten. Eigentlich war die gesetzliche Adoption darauf abgestellt, Namen und Güter weiterzugeben. Man wollte einem Kind, das man häufig bereits ganz oder teilweise erzogen hatte, ersparen, Zahlungen für die Erbberechtigung zu leisten.

Im 19. Jahrhundert blieb diese gesetzliche Adoption eher die Ausnahme. Aber auch hier besagte der Code nicht alles: Die de facto-Adoptionen waren nämlich nicht selten, vor allem in den Pflegefamilien, die gelegentlich verlangten, ein Kind über das Datum hinaus, zu dem es ihnen entzogen werden sollte, unentgeltlich bei sich zu behalten. Eine kürzlich erschienene und sehr anrührende Arbeit von Agnès Fine[21] zeigt auf, unter welchen Bedingungen Zuneigung und Wärme entstanden zwischen Pflegeeltern, Vater und Mutter, und dem kleinen *Bastard*, der ihnen anvertraut war. Sie kommt zu dem Schluß: „Eigentlich rührt die negative Identität des *Bastards* aus seiner nicht zu benennenden Herkunft, die von Instinkt, Natur, Leidenschaft oder sexueller Gewalt geprägt scheint. Indem man diesen kleinen Wilden mit Angehörigen versieht, macht man aus ihm ein menschliches Wesen außerhalb des Gemeinen. Schöner, liebevoller, intelligenter, begabter, weil seine Zuordnung zu Angehörigen nicht auf biologische Zufälle zurückzuführen ist, sondern auf Sorge, Zuneigung und Liebe, die ihm außerhalb der ‚natürlichen' Bindungen zuteil geworden sind. Beweist die Liebe eine derartig formende Kraft, weil sie sich der instinktiven Normierung (väterlich, mütterlich oder kindlich) entzieht?"

Der Erlaß der Gesetze, die die Adoptivfamilie der natürlichen Familie anglichen, bedeutete den entscheidenden Wandel im 20. Jahrhundert. Diese Gesetze folgten einer Handlungsnorm, die sehr schnell in den bislang ungekannte Bereiche führte. Allein und vollständig ein Kind zu erziehen, war das, was Adoptiveltern jetzt anstrebten, es, soweit möglich, von seiner Geburt an im eigenen Hause heimisch werden zu lassen, es zärtlich zu pflegen, es groß werden zu sehen, es ihr eigenes Kind werden zu lassen.[22]

Das Gesetz vom 19. Juni 1923 hatte die Adoption nichtmündiger Kinder (mindestens zwölf Jahre alt) zugelassen, um die Adoption von Kriegswaisen zu erleichtern; es setzte allerdings noch die Zustimmung der Geburtsfamilie voraus, zu der die Beziehungen nicht abgebrochen wurden. Eine zweite Lockerung fand statt mit dem Gesetz von 1939, das acht Jahre lang verheirateten, kinderlosen Eheleuten im Alter ab fünfunddreißig Jahren erlaubte, ein Kind unter sieben Jahren zu adoptieren und jede Beziehung zur Geburtsfamilie zu unterbrechen (die sogenannte Adoptions-Legitimierung). Diese Bestimmungen bewirkten einen rapiden Anstieg der Adoptionen, ein Zeichen dafür, daß sie erwartet worden waren, und daß sie einer starken Nachfrage entsprachen. Spätere Zusätze mit Überarbeitungen (1958, 1960, 1963) bewirkten weiterhin eine Erleichterung der Adoption. Jedoch verursachte diese Welle auch Mißtrauen. Mediziner und Juristen fragten sich, warum Menschen nicht mehr ohne Kinder leben wollten.[23] Es wurde die Vermutung geäußert, daß der Baby-Boom einen oberflächlichen Konformismus zur Folge habe; von den Adoptionswilligen wurde eine tiefgründige Analyse ihrer Wünsche gefordert. Trotzdem räumte das Gesetz von 1966 jeden Widerstand beiseite: Unabhängig vom Alter des zu adoptierenden Kindes ließ es Adoptionen durch nichtverheiratete Personen zu. Das bedeutet, daß zu diesem Zeitpunkt die Adoption kleiner Kinder bereits die Regel war, und das Eigeninteresse der Adoptierten vollständig an die Stelle der Interessen der Adoptierenden getreten war. Die Adoption, ehemals als Bemäntelung der Legitimierung nichtehelicher Kinder eingeführt (was das Gesetz über die Abstammung von 1972 überflüssig machte), verkehrte sich jetzt in den Ausweg, unfruchtbaren Eltern ein Kind zu verschaffen. Deshalb bemühte man sich mehr und mehr um die Nachahmung natürlicher Verhältnisse.

Kaum waren die gesetzlichen Hemmnisse aufgehoben, entstanden andere: Der Wunsch nach Adoptionen überstieg das Angebot, und das obgleich – auch dies ein bemerkenswerter Umschwung – die Adoptierenden keine Einwände mehr gegen ein ausgesetztes Kind hatten. So wurde z. B. mit Hilfe der Fürsorge nach Kindern gesucht, die Wahl wurde unter den elternlosen, unehelichen Schützlingen des Staates getroffen, ohne Angst vor möglichem *Makel*. Auch diese Quelle aber versiegt, weil Aborte und Empfängnisverhütung die Zahl unerwünschter Kinder, die abgetreten werden könnten, minimieren, weil überdies die verschiedensten Sozialleistungen immer mehr Mütter ermutigen, ihre Kinder selbst aufzuziehen, und weil schließlich der Begriff der Aussetzung eine immer präzisere und genauere Definition erfährt. Sicher müssen die Rechte verzweifelter Eltern geschützt werden, die ihr Kind der Fürsorge nur mit der festen Zusage überlassen, sich sobald als möglich selbst um ihr Kind zu kümmern; solange sie nicht von sich hören lassen und keine Verzichterklärung unterschreiben, ist ihr Kind nicht zur Adoption freigegeben. Das Wort *Aussetzung*, das empfindliche Menschen störte, geriet außer Gebrauch. Man sprach jetzt davon, daß überforderte Eltern ihr Kind der öffentlichen Armenpflege *anvertrauen*, damit es adoptiert werden könne. Diese Formulierung ist nicht nur zartfühlender sondern auch wahrheitsgetreuer. Immer bestehen starke Gegensätze zwischen denen, die die Rechte der natürlichen Familie vertreten und denen, die Adoptionen *im Interesse des Kindes* vertreten. Die Waagschale sinkt mehr und mehr zugunsten letzterer. Vielleicht wäre eine laizisierte Neuformulierung von *Patenschaft* geeignet, einen Ausgleich zwischen den verschiedenen Interessen voranzutreiben. Sie scheint in Vorbereitung.

Auf der anderen Seite erheben die Behörden bezüglich der Adoptiveltern immer rigidere Forderungen: Sie verlangen physische und psychische Gesundheit und durchforsten Finanzen und Moral – von natürlichen Eltern erwartet man nicht soviel. Wenn schließlich die Adoption stattgefunden hat, veranstalten die neuen Eltern häufig ein Fest, zu dem die gesamte Familie und alle Freunde eingeladen werden, um den Empfang des Kindes zu feiern. Fast wie Weihnachten!

Auch hat der Wunsch nach Kindern das Wunder bewerkstelligt, den Rassismus zurückzudrängen. Verlangten die Eltern der fünfziger Jahre vor allem ein kleines Mädchen mit blauen Augen, akzeptieren sie seit den Siebzigern Mischlinge, Asiaten und Afrikaner. Der Schuldkomplex ehemaliger Kolonialmächte mag sich zugunsten dieser Kinder ausgewirkt haben. Der Gesetzgeber, der Kinderhandel befürchtet, verhindert jeden direkten Kontakt zwischen der Mutter, die zur Abtretung bereit sein könnte, und den Adoptiveltern. Tatsächlich gibt es jedoch französische oder ausländische Geheimorganisationen, die von diesem Handel leben. Zum Verkauf stehende Kinder lassen sich auf den Märkten der dritten Welt finden.

Adoptiveltern haben die gleichen Sorgen wie natürliche Eltern und sie sind damit einverstanden. So versuchen sie,

Problemen von Einzelkindern aus dem Wege zu gehen, indem sie wieder Gesuche anmelden. Auf 2,8 Kinder pro Paar belief sich der durchschnittliche Kinderwunsch zu Beginn der siebziger Jahre. Ein Problem liegt im Geheimnis um die Adoption: Soll man dem Kind sagen, daß es adoptiert wurde? Die Antwort ist ja. Doch löst auch diese Aufrichtigkeit nicht alle Probleme; Adoptiveltern wissen, daß sie eines Tages ihrem Kind bei der Überwindung seiner Unruhe bezüglich seiner Abkunft beistehen müssen.

Woher aber soll man wissen, ob der von Paaren geäußerte Adoptionswunsch eher auf den Ehemann oder eher auf die Ehefrau zurückgeht? Der amtliche Mangel an adoptierbaren Kindern bewirkt, daß sie nur Ehepaaren vorbehalten sind. Trotzdem melden sich auch Singles – und in der großen Mehrheit der Fälle sind es Frauen. Vor 1960 war der Adoptionswunsch alleinstehender Frauen eher die Ausnahme, weil es den Frauen noch allzusehr an materieller und moralischer Unabhängigkeit fehlte, um eine *Einelternfamilie* anzustreben. Jetzt wird er häufig ausgesprochen und bestätigt so, daß die Präsenz eines Vater-Ehemanns nicht mehr unabdingbar nötig für die Gründung einer Familie scheint. Dies läßt noch nicht den eindeutigen Schluß zu, daß die Zunahme von Adoptionswünschen auf Frauen zurückgeht, jedoch liegt diese Annahme nahe.

Festzuhalten ist, daß immer jüngere Kindern gefragt sind. Seit 1968 waren 85 % der Adoptivkinder jünger als drei Jahre – auch hier bleibt die Frage, ob diese Alterspräferenz mehr auf Frauen oder auf Männer zurückgeht.

Die Liebe zum Säugling

Sicher hat es diese Bevorzugung bei Adoptionen früher nie gegeben. Wie oben beschrieben: Man mißtraute dem *Schandfleck* und seinen schlechten Neigungen; adoptiert wurden nur Kinder, die alt genug waren und alle Merkmale eines *guten Charakters* trugen. Heute geht der Vater willentlich ein beträchtliches Risiko ein, nämlich ein völlig unbekanntes Wesen aufzuziehen. Ist das ein Akt des Vertrauens in die Erziehung? Oder handelt es sich um den Ausdruck eines von nun an dem Neugeborenen gegenüber wacheren männlichen Wohlwollens? Ist dieses Interesse am Säugling Anzeichen einer Veränderung beim Vater?

Ohne Zweifel gehörten in der Vergangenheit Neugeborene und Säuglinge aus einleuchtenden physiologischen Gründen zu den Frauen: Eine Mutter, die entbindet und stillt, schien von der Natur dazu bestimmt, sich um das Kind zu kümmern. Und diese erste Versorgung schaffte zwischen Ernährerin und Säugling eine besondere Intimität, von der sich der Vater *natürlich* ausgeschlossen glaubte. Im 4. Kapitel wurde ausgeführt, daß dieser Ausschluß nicht so natürlich war, wie es den Anschein hat, daß er als Frustration erlebt werden, Sinnestäuschungen bewirken und Grund für verschiedene Ersatzhandlungen sein konnte.

Daneben haben privilegierte Männer, die Mediziner, schon sehr früh ihr Interesse für den Säugling bekundet: In medizinischen Abhandlungen wurden Krankheiten von Müttern und Kindern vom 17. Jahrhundert an als Individualfälle behandelt. Man könnte einwenden, daß der Fall des Mediziners ein besonderer und seine Anteilnahme auf den Beruf und nicht auf Vaterschaft zurückführen ist. De facto beruhte sie wohl meist auf beidem, denn Ärzte sind häufig Väter und ihre Nachkommenschaft liegt ihnen doppelt am Herzen. Seit dem 16. Jahrhundert diesbezüglich aufschlußreich sind die Werke der Ärzte Laurent Joubert, Simon Vallambert und Jacques Guillemeau, alles Ehemänner und sehr einfühlsame Väter.[24] Im Zeitalter der Aufklärung waren die Mediziner, die den Kampf gegen die Ammen aufnahmen und neue Methoden zu verbreiten suchten, gleicherweise Ärzte und Väter. Außer dem bereits zitierten Fourcroy de Guillerville soll hier der Doktor Saucerotte erwähnt werden, Autor eines Handbuchs für Mütter und Ammen, veröffentlicht 1796 mit Genehmigung des Konvents. In seinem Vorwort erwähnt er, daß er mit Erfolg alle von ihm empfohlenen Pflegemaßnahmen einschließlich der Impfung an seinen fünf Kindern ausprobiert habe. Und seit der Ära Pasteurs sind die Erfindungen auf dem Gebiet von Pädiatrie und Säuglingspflege durch die Bank von Männern gemacht worden, die sicherlich Ärzte, zumeist aber auch Vätern waren oder sich doch zu den Kleinsten besonders hingezogen fühlten. Der berühmte Professor Adolphe Pinard zum Beispiel, der zu Beginn des 20. Jahrhunderts als der *Erfinder der Säuglingspflege* gefeiert wurde, war anfänglich Gynäkologe, hat sich aber bald den Säuglingen zugewandt und sogar Zeit gefunden, in die Grundschulen für Mädchen zu kommen, um ihnen mit Hilfe einer Puppe die ersten Grundlagen der Säuglingspflege nahezubringen. Sein Bemühen, die jungen Mütter und ihre Kinder unter seine Fittiche zu nehmen, läßt ein besonders ausgeprägtes Vater-Bewußtsein vermuten. Darauf wird noch zurückzukommen sein.

Unter dieser Perspektive sind die neuen Väter vielleicht weniger revolutionär als es den Anschein hat. Ihre Liebe zum Säugling speist sich aus drei Quellen. Einmal kann ein Mann genau wie eine Frau ein großes physisches Vergnügen und ein tiefes Glück empfinden, diesen kleinen drallen Körper mit weicher Haut und feinen Haaren zu berühren, zu streicheln und zu umarmen. Warum sollte er darauf verzichten? Zum anderen weiß er heute, da ihn die Psychologen darüber nicht im Dunkeln lassen, daß die ersten Jahre eines Kindes für den Aufbau der Persönlichkeit die wichtigsten sind; will er zu diesem Aufbau beitragen, muß er sich mit dem Säugling befassen. Schließlich muß er das um so mehr wollen, als er weiß, daß die Kommunikationsschwierigkeiten zwischen Vater und Kind am Ende der Kindheit zunehmen und daß die Pubertät immer früher eintritt; gelegentlich beginnt ein Heranwachsender bereits mit zwölf Jahren, auf seine Selbständigkeit zu pochen und sich seinem Vater zu entziehen.

Trotz allem sind die neuen Väter weiter Anlaß zu Überraschung und gelegentlich zu Unruhe. Bei der Übernahme von Aufgaben und Rollen, die ehemals als weiblich angesehen wurden, scheinen sie eine tiefe Umwandlung der männlichen Identität durchzumachen. Sie können einen Winzling wiegen, baden und füttern, ihn säubern und windeln, ihn öffentlich auf den Armen zu tragen oder seinen Kinderwagen zu schieben. Gewisse Veröffentlichungen begleiten dieses Verhalten mit Sorge: Man bedauert und tadelt diese Männer, die die Gefahr einer Konfusion der Geschlechter akzeptieren und ihre Rolle nach der der Mutter ausrichten. Wie kann das Kind seine eigene sexuelle Identität entdecken? Läuft es nicht Gefahr, *androgyn* zu werden?

Der heute erhobene Anspruch nach einem *Recht auf Kinder*, ist eine andere Quelle zur Beunruhigung. Nicht alle Männer, deren Lebensgemeinschaft kinderlos bleibt, akzeptieren eine Adoption als Lösung ihrer Probleme. Es gibt viele unter ihnen, die auf Zeugung nicht verzichten, die ein Kind *um jeden Preis* erzeugen, es aus ihrem eigenen Samen entstehen sehen wollen. Man sollte hier eine indirekte Folge der Selbstbeherrschung erkennen, die im Bereich der Empfängnisverhütung erreicht worden ist. Ein junger Ehemann ist sich heute mehr der Bedürfnisse eines Kindes bewußt und wartet, bevor er dieses Kind ins Leben ruft, daß er ihm eine kindgerechte Umgebung bieten kann – Luft, Raum, Grün, sicheres Einkommen, beständige Paarbeziehung, verfügbare Eltern. Er hat die Geburt aufgeschoben, und wenn er sich endlich dazu entschließt, ein Kind zu wollen, hat sein lange gereifter Kinderwunsch eine große Intensität erlangt und will keine Enttäuschung mehr ertragen: Seine Verdrängung erscheint untragbar. So kann man wohl sagen, daß die Geburt eines Kindes geplant wird wie der Kauf einer Wohnung oder der eines Autos. Wenn diese Planung nicht aufgeht, ergibt sich ein Defizit; denn das Kind ist Objekt des Besitzwunsches, es beschert ein Plus, dessen man sich nicht

berauben lassen will. Nach Alice Holleaux[25] kann mit diesen Hypothesen Folgendes erklärt werden:
„– Sowohl der Anspruch des Vaters auf den Platz der Mutter bei dem Kind, ein erstrebenswerter Ort, weil er sich in der Nähe desjenigen befindet, das die Leere füllt;
– wie die Tatsache, daß dieser Anspruch sich vor allem auf die frühe Kindheit bezieht, jene Zeit, in der das Wunder des *Infans* das empfundene Defizit ausgleichen kann;
– wie die Aussage einiger Väter, daß sie eine veritable innere Kastration gegenüber der Schwangerschaft empfinden, die dem Körper der Frau eine sie fast zersprengende Fülle beschert;
– wie den heute angemeldeten Anspruch auf ein *Recht auf Kinder*, der das *Recht des Kindes* auf den zweiten Rang verweist und der den Grund für bislang von der Medizin nicht unterstützte Zeugungswünsche bildet (Junggesellen, homosexuelle Paare: warum denn sollten sie sich weiter als mit Mängeln behaftet fühlen?);
– auch den relativen Rückgang der Adoptionswünsche, eines Schritts, bei dem die Eltern ein *Kind der Gesellschaft* (nach dem von Professor Soulé geprägten Ausdruck) aufnehmen wollen, das durch Vieles von obigem *Infans* unterschieden ist, schon eine Vergangenheit hat, vielleicht aus einem fremden Land kommt, auf jeden Fall ausgesetzt ist – und kann ein ausgesetztes Kind Erfüllung eines Mangels an Besitz sein?
– wie schließlich das Warten auf ein Kind, was auch immer sein Preis sein mag, eingeschlossen Jahre der medizinischen Behandlung, eingeschlossen sogar den Preis anderer Samenspender, aber ein Kind, das einem von Geburt an gehört, um die Leere zu füllen."

Wo bleibt hier die Liebe des Vaters? Psychologische Analysen ergeben, daß heutige Erwachsene Kinder *brauchen*, sie ebenso nötig *brauchen* wie ihre Vorfahren der frühen Neuzeit; wenngleich ihre Motive noch egoistischer sind.

Übrigens mag niemand in gebildeten Kreisen heute noch von Liebe sprechen. Neue Gelehrsamkeit tritt an den Platz von poetisch verklärten Herzensergüssen. Die Haptik, *neue Lehre, Lehre von der Affektivität* gründet sich im Wesentlichen auf den Kontakt, den Tastsinn. Sie ermöglicht z. B. die Kontaktaufnahme mit dem Foetus im Uterus. Diese Beziehung ist natürlich für die Mutter von Wichtigkeit, interessiert aber auch den Vater, der alle Möglichkeiten der Teilhabe an Austragung und Geburt ausnutzen will. Hier wird die Couvade neu erfunden. Gleichzeitig werden die Psychologen stark von Beobachtungen der Verhaltensforscher inspiriert; seit den Arbeiten von Bowlby spricht man von *Anhänglichkeit*, von *Interaktion* zwischen dem kleinen Kind und den Erwachsenen, die sich mit ihm befassen. Schreien, Lächeln, Bewegungen, Blicke werden objektiviert, Umarmungen, Wärme, Geruch, der Ton der Stimme gewertet. Den Gebildeten vermitteln diese Arbeiten eine Absicherung durch die Verhaltensforschung. Aber macht denn *Anhänglichkeit* das Wesen einer menschlichen Beziehung aus?

Kurz gesagt: Wie der Vaterberuf ist auch die Vaterliebe nicht mühelos. Die Liebe genügt nicht, sagte 1950 schon Bruno Bettelheim. Und lange vor ihm mißtraute Franz von Salis der *affektiven* Liebe, die nicht auf Aktion zielt; er zog die *effektive* Liebe vor, die mehr Sache des guten Willens als der Empfindung ist. Heute tendieren die Väter mehr und mehr dahin, sich zur Lösung ihrer Probleme zusammenzufinden, um ihr Bewußtsein zu klären oder doch sich besser zu informieren.

Mit oder ohne Liebe – den neuen Vätern scheint es nicht sehr leicht zu fallen, zu einer Neudefinition ihrer Rolle zu kommen. Auch scheint väterliche Identität heute weniger gesichert als in der Frühen Neuzeit. Denn seit dem Zeitalter der Aufklärung hat eine große Veränderung stattgefunden: Übertragung und Weitergabe des Erbes haben an Wichtigkeit verloren, die Vermittlung von Erziehung steht an erster Stelle. Sie ist mit emotionalen Beziehungen angereichert, dabei hat sie an Distanz verloren; sie erlaubt den Austausch häufig beglückender, gelegentlich beunruhigender und gestörter Gefühle. Die industrielle, später die postindustrielle Gesellschaft ist so kompliziert geworden, daß die Erziehungsaufgabe bei weitem die Fähigkeiten eines Familienoberhauptes übersteigt. Die früheren Eingrenzungen einer von Gewohnheitsrechten und Bräuchen bestimmten Gesellschaft haben sich verloren, und der Vater ist dadurch kaum mehr Herr im Haus als früher. Er muß lernen, mit anderen Partnern umzugehen und die neuen Formen seiner Abhängigkeit auszuloten.

TEIL IV

Neue Partner

Im Laufe des 19. und 20. Jahrhunderts endete die Prägung der Familie durch das Patriarchat: Die Mutter erhielt oder erkämpfte den Status eines freien Individuums, eines vollwertigen Elternteils mit Freiheiten, Rechten und Macht; sie ist heute, wenn die Entwicklung positiv verläuft, in ihrem Verhältnis zu den Kindern dem Vater ebenbürtig, im negativen Fall seine Rivalin. Als *Kernfamilie* ist diese Familie fragil und gefährdet. Um sie knüpft eine neuartige, vom Staat gewährleistete Solidarität ein enges Netz aus Schutz und Hilfe, das Risiken, aber auch die Verantwortlichkeit des Vaters eingrenzt. Schließlich eröffnen die immer schneller werdenden Fortschritte der Naturwissenschaften den Biologen und Medizinern bislang nicht gekannte Beeinflussungsmöglichkeiten auf das Kind, angefangen bei der Empfängnis.

Feministinnen, Wohlfahrtsstaat und Wissenschaften vom Leben stellen den Vater vor unbekannte Herausforderungen. Die Frage ist, ob und wie er versucht, sich ihnen zu stellen.

8. KAPITEL

Vom reproduzierenden Weib zur Feministin

„Die Frau ist ein notwendiges Übel" sagt ein Sprichwort, dessen durch Engstirnigkeit und Sarkasmus geprägte Frauenfeindlichkeit vermuten läßt, daß es aus dem 19. Jahrhundert stammt. Frauenfeindlichkeit in Form von Sprichwörtern gibt es seit Menschengedenken, aber im 19. Jahrhundert war sie besonders auffallend. In dieser Zeit merkten die Männer, daß ihre Macht und ihr Ansehen innerhalb der Familie im Schwinden begriffen waren und fühlten sich als Verlierer; die dadurch bedingten Ressentiments hatten rachsüchtige Aphorismen zur Folge. Die Frau ist notwendig, denn derjenige, dem an Nachkommenschaft gelegen ist, kommt ohne sie nicht aus; sie ist ein Übel, weil es immer schwerer wird, ihrer Herr zu werden und sie zu domestizieren. In der Tat ging die seit der Jungsteinzeit bestehende Vaterherrschaft im 19. Jahrhundert ihrem Ende entgegen, wobei der Feminismus eigentlich nur ein einzelnes Symptom der Krise war, die die patriarchalische Gesellschaft insgesamt durchmachte. Diese Krise läßt sich zusammenfassend so beschreiben, daß der Vater der Mutter die Möglichkeit, ein selbstbestimmten Individuum zu sein, nicht mehr verwehren kann (oder will?), obschon er sich immer dagegen gesträubt hatte. Er kann (oder will?) sie nicht mehr zwingen, Kinder zu haben, er kann (oder will?) nicht mehr alleine über die Kinder verfügen, die sie zur Welt bringt. Wie und warum ging er seiner alten Vorrechte verlustig?

Das reproduzierende Weib

Die Gleichheit beider Elternteile war von den Denkern der Menschenrechtsbewegung nicht geplant. Die Menschenrechte, die im Zeitalter der Aufklärung eine neue Definition erfuhren, wurden als *natürlich* betrachtet, d. h. als von der Natur bestimmt. Die *Natur* der Frau war aber, soweit sie von Anatomen, beginnend mit Buffon, beschrieben wurde, wesentlich bestimmt durch ihre *Schwäche* wegen der Gefahren, denen sie durch ihre spezifische Rolle bei der Fortpflanzung ausgesetzt war. Die Frau benötigte männlichen Schutz: D. h. die Natur will, daß sie ein abhängiges und unterworfenes Wesen ist.[1]

Die *Natur des Weibes*

Die Denker der Aufklärung sahen die Frau einzig als Mutter und hatten die Tendenz, sie allein auf diese Rolle zu fixieren. Das Christentum, das den Frauen die Möglichkeit geweihter Jungfernschaft eingeräumt hatte, war zu jener Zeit in Mißkredit geraten. Der Glaube der Mediziner an die Natur stützte sich auf eine junge, aufblühende Wissenschaft, die Anatomie, um den Körper der Frau *wissenschaftlich* zu beschreiben; mit seinem breiten Becken, seinen Brüsten, seinem weichen und schwammigen Gewebe sahen sie ihn für die Schwangerschaft prädestiniert. Die Menstruation war der eindeutige Beweis, daß die Frau alle Monate durch die Natur auf Mutterschaft vorbereitet wird, sei sie verheiratet, verkehre sie mit einem Mann oder auch nicht. Ihre unter einer feinen Haut verzweigten Nerven verschafften ihr eine besonders entwickelte Sensibilität, die sie für das Verständnis kleiner Kinder prädisponiere. Kurz, von der Höhe ihres neuen Wissens aus proklamierten die Anatomen die Frau als für die Mutterschaft geschaffen – und nur dafür.

Anatomie ist Schicksal – aus diesem Aphorismus zog auch Napoleon Bonaparte Konsequenzen für die Arbeit am

Code Civil. Desgleichen verwandte er gerne eine von den Medizinern häufig gebrauchte Metapher: Die Frau gleicht einem Obstbaum; sie wächst, blüht und trägt Früchte. Woraus der Kaiser zusammenfassend schlußfolgerte: Die Früchte gehören nicht dem Baum, sondern dem Gärtner, der Sorge für den Baum trägt.

In der Folge verlängerten der *Code Civil* und die herrschende Moral des 19. Jahrhunderts das Patriarchat. Der Ehemann mußte Herrscher über seine Nachkommen und damit immer auch Herrscher über den Körper seiner Frau sein. Da die Frauen nicht wie in islamischen Ländern eingesperrt werden konnten, wurde ihnen von der herrschenden Moral eine nie gekannte Strenge in Bezug auf Keuschheit und Unterwerfung auferlegt. Die Jungfräulichkeit des Mädchens war sein kostbarstes Gut, weniger um Gott zu gefallen, als um die Rechte des zukünftigen Gatten zu garantieren. Die *Unschuld*, in der die *jungen Gänse* des 19. Jahrhunderts durch eine obskurantistische Erziehung gehalten wurden, bedeutete die totale Unkenntnis ihres eigenen Geschlechts; sie zielte darauf ab, ihre Sexualität zu blockieren, um desto besser über sie verfügen zu können. Die Gattin war der Gnade ihres Herrn und Meisters unterworfen. War er unfruchtbar, mußte sie schweigend um eine verfehlte Mutterschaft trauern; wollte er seine Familie mehren, war sie häufigen Schwangerschaften und Geburten ausgesetzt.

Dagegen muß festgehalten werden, daß der *Code Civil* der Frau, die nicht heiratete, doch die Möglichkeit der Verfügung über sich selbst einräumte. Zwar blieb die verheiratete Frau weiterhin unmündig, das mit 21 Jahren *mündige Mädchen* aber wurde nach den Bestimmungen des *Code Civil* tatsächlich frei. Diese Freiheit blieb aber eine bloße Formel, denn mit ihren beschränkten Möglichkeiten konnte sie für kein Mädchen erstrebenswert sein. Die *alten Jungfern* wurden durch die herrschende Denkweise ins Lächerliche gezogen; überdies trafen die Familien Vorkehrungen, ihr Erbe so weit irgend möglich zu beschränken. Auch ließ die

Gesellschaft ihnen kaum Auswege, selbst für ihr Leben aufzukommen: Fast alle Berufe waren nach und nach von Männern besetzt worden; die Ausbildung der Frauen führte zu keinem Abschluß, auch standen Blaustrümpfe in schlechtem Ruf. In der Praxis waren die Mädchen gezwungen zu heiraten, auch wenn das Gesetz ihre Freiheit zu respektieren schien. Damit waren sie festgelegt auf die Ehe, d.h. de facto auf Mutterschaft.

Andererseits wurde nur eine verheiratete Mutter zu den Müttern gezählt, d.h. nur, wenn der Vater für seine Kinder die Verantwortung übernahm. Wie oben gezeigt war die uneheliche Mutter seit dem 16. Jahrhundert der Gegenstand von Mißachtung, ihre Existenz als Mutter wurde in Abrede gestellt. Die Kongregation Notre-Dame-du-Refuge (Anfang des 17. Jahrhunderts gegründet) kümmerte sich um solche *Sünderinnen*, jedoch nur, um ihnen Reue über ihren Fehltritt einzutrichtern, nicht, um sie in der Liebe zu ihrem Kind zu bestärken. Der Arzt Fodéré berichtete 1813, daß man im Krankenhaus von Marseille die jungen Frauen nach einer Geburt als Ammen beschäftigte, indem man ihnen drei oder vier Säuglinge anstelle ihres eigenen Kindes gab – sie hätten ihr eigenes ja vorziehen können. So umging man es in beiden Anstalten, die Mütter darin zu bestärken, für ihr eigenes Kind zu sorgen. Man erweckte den Anschein, als sei die Geburt eines Kindes in ihrem Leben nur ein Unfall, ein zu überwindender und zu verdrängender Fehltritt. Noch gegen Ende des 19. Jahrhunderts war eine uneheliche Mutter ohne Unterstützung häufig gezwungen, ihr Kind wegzugeben, um Arbeit zu finden. Es kam vor, daß sie als Amme arbeitete und mit ihrer Milch ihren Lebensunterhalt verdiente, währenddessen die Armenpflege eine andere Frau bezahlte, um das verlassene Kind zu nähren. Alles lief darauf hinaus, ihr Muttersein als ohne Belang darzustellen: Als Unverheiratete zählte sie nicht zu den Müttern.

Mit aller Strenge die Fruchtbarkeit der Frauen unter Kontrolle zu halten, genügte aber noch nicht. In der patriarchalischen Gesellschaft wollten Väter auch Besitzer ihrer Nachkommenschaft sein. Mütter waren lange (unter dem *Code Civil* ebenso wie im alten Recht) ihrer Autorität über die Frucht ihrer Liebe beraubt gewesen. Das legitime Kind gehörte seinem Vater; war dieser für längere Zeit abwesend oder war er tot, trat an seine Stelle ein Familien- oder Vormundschaftsrat, wobei die Mutter immer erst an zweiter Stelle rangierte. Natürlich war im Prinzip die Zustimmung der Mutter für die Heirat der Kinder erforderlich, de facto aber gab im Falle mangelnder Übereinstimmung zwischen den Eltern die Meinung des Vaters immer den Ausschlag.

Darüber hinaus gibt es zahllose Hinweise darauf, daß die Liebe der Mutter für ihre Kleinen in der patriarchalischen Gesellschaft keinen Wert hatte – entgegen allen Moralpredigten. Wurde die Arbeitskraft der Frau benötigt, sei es bei Land- oder Fabrikarbeit, trat die Mutterschaft in den Hintergrund. Dem berühmten Geburtshelfer und *Erfinder der Säuglingspflege* Pinard (zu Beginn des 20. Jahrhunderts) war es nie gelungen, einen wirklichen Mutterschaftsurlaub durchzusetzen, auch und vor allem nicht während des ersten Weltkrieges, als die Munitionsarbeiterinnen zehn bis zwölf Stunden täglich mit der Fabrikation von Granaten zubrachten. Auch die Problematik der Kriegerwitwen ist aufschlußreich. Als man in der Mitte des 19. Jahrhunderts daran dachte, ihnen eine Pension zuzubilligen, wurde der Betrag dieser Pension immer entsprechend dem Grade des Mannes und seiner Tapferkeit berechnet, nicht aber nach dem Alter und der Zahl der Waisen, deren Last er seiner Witwe hinterließ. Man dotierte den gefallenen Helden mit der Pension, er allein war die Meßgröße. In gleicher Weise waren in den frühen Zeiten der Sozialversicherung Zahlungen und Sachleistungen an das Gehalt des Ehemannes gebunden; starb dieser, so verlor die Witwe, selbst die mit Kleinkindern, alle Ansprüche. Hielt man denn den Vater für unsterblich?

Ganz allgemein drängt sich der Schluß auf, daß es für Frauen immer vorteilhafter war, den Männern zu gefallen, als Kinder aufzuziehen. Das betrifft die Gesamtheit wie den Einzelfall. Die gleiche Gesellschaft, die eine alleinstehende Mutter Hungers sterben lassen konnte, tolerierte die beträchtlichen Einkommen von Prostituierten. Noch heute sind diejenigen, die darüber nachdenken, den Müttern ein Mutter-Gehalt zu zahlen, von wahrhaft erhebender Generosität: Nach einer dritten Geburt beträgt die Zahlung, die monatlich während des Mutterschaftsurlaubs (der zwei Jahre lang beansprucht werden kann) vorgesehen ist, 40 % des garantierten Mindest-Durchschnittslohns. Das Call-Girl verdient häufig mehr als das Doppelte für ein einfaches Week-End; die patriarchalische Gesellschaft weiß die ihr geleisteten Dienste zu entlohnen.

So müssen feministische Autorinnen gar keine Mühe aufwenden, um darzulegen, daß Frauen zu allen Zeiten der Fortpflanzung *entfremdet* wurden. Die jüngste und sanfteste Form dieser Entfremdung war die Verherrlichung der mütterlichen Liebe im 19. Jahrhundert. Statt die Frauen anzuhalten, Kinder zur Welt zu bringen und aufzuziehen, macht man sich daran, ihnen das Bewußtsein einzuimpfen, sie seien dafür geschaffen, Mütter zu sein, und daß Mütter immer ihre Kinder *lieben*. Möglicherweise handelte es sich hierbei um eine unbewußte Strategie, das Überleben der Gattung Mensch zu einem Zeitpunkt zu sichern, an dem die Empfängnisverhütung begann, eine Rolle zu spielen.

Revolten

Die Frauen waren sich lange Zeit ihrer *Entfremdung* nicht bewußt. Einige, die unglücklichsten, reagierten ganz vereinzelt und im Affekt, indem sie ihr Kind töteten.

Man muß die in den vom Gewohnheitsrecht beherrschten Gesellschaften praktizierte Kindstötung, die auch vom Vater akzeptiert und intendiert war, sehr genau von der

Kindstötung unterscheiden, die allein von Frauen begangen wurde. Letztere kann auf drei verschiedene Weisen interpretiert werden und entspricht dreierlei Formen des Mißbrauchs männlicher Macht. Eine verschmähte und verlassene Ehefrau kann ihre bereits erwachsenen und von ihr geliebten Kinder töten, um sich an deren Vater zu rächen. Das ist der Fall von Medea. Die verheiratete wie die nicht verheiratete Frau kann sich dagegen auflehnen, als ein mit Gewalt zur Geburt verdammtes Weibchen schwanger zu werden und das vom Vater intendierte, von ihr aber abgelehnte Kind töten. Schließlich kann eine Frau (fast immer eine uneheliche Mutter) das von seinem Vater mißachtete Kind töten, auch wenn sie selbst es vielleicht gewollt hat.

Ich will nicht auf den im ersten Kapitel behandelten Fall von Medea zurückkommen. Ich gehe kurz ein auf das aufschlußreiche und besonders schmerzhafte Beispiel der Sklavinnen auf den Antillen. Ausführlicher will ich den am häufigsten vorkommenden Fall behandeln: Kindstötung durch die uneheliche Mutter.

Die antiken Sklaven hatten kaum Nachkommenschaft. Die Herren fandes es zu teuer, Kinder, deren Wachstum ihnen zu langsam erschien, aufzuziehen, es war preiswerter, erwachsene Sklaven zu kaufen. Neugeborene Sklavenkinder wurden in den meisten Fällen ausgesetzt. Ähnlich war es zu Beginn der Kolonisierung auf den Antillen.[2] Als aber der Sklavenhandel nach seinem Verbot im Lauf des 19. Jahrhunderts zurückging, begannen die Herren die Verminderung ihres Sklavenbestandes zu fürchten und sich um dessen Vermehrung vor Ort zu kümmern. Sie förderten jedoch nicht die Ehe zwischen Sklaven, weil verheiratete Paare von der Kirche geschützt wurden, ein Schutz, der ihre eigene Verfügungsgewalt eingeschränkt hätte. Sie gaben der Stimulierung sexueller Bedürfnisse der männlichen Sklaven unter ihrem Schutz den Vorzug. Klagen der Frauen wegen Vergewaltigung oder weil sie von den Vätern ihrer Kinder verlassen wurden, wurden nie vor Gericht verhandelt. So nimmt die zugegebenermaßen sporadische und kurzlebige Gründung einiger menschlicher *Gestüte* auf den Antillen und auf dem amerikanischen Kontinent nicht wunder. Bestimmte Herren nahmen keinen Anstoß daran, sich als Zuchthengste zu gerieren, so z. B. ein Einundsiebzigjähriger, der sich damit brüstete, entsprechend der Zahl seiner Jahre 71 Kinder zu haben, und hinzufügte: „wenn man gute Diener haben will, muß man sie selber machen". Damals begann man wohl, sich über die Tragweite von Kindstötungen Rechenschaft abzulegen, da viele in ihnen den ausschlaggebenden Grund für den Mangel an Arbeitskräften sahen. Verschiedene Buchautoren wiesen mit aufschlußreichem Nachdruck auf die von Frauen angewandten Mittel hin: Am häufigsten soll der *Tetanus umbilicalis* gewesen sein, mit dem die Neugeborenen willentlich durch die Hebamme, d.h. letztlich durch die Mutter, infiziert wurden, „aus Haß auf den Herren oder aus grausamer Neigung" für das Kind. Diese Krankheit hat in der Tat mehr als ein Drittel aller schwarzen Säuglinge im 18. Jahrhundert dahingerafft. Zahlreiche Frauen nahmen auch Zuflucht zur Abtreibung, indem sie Aloe oder die Frucht des Flaschenkürbisbaumes verwandten, Mittel, die häufig die zukünftige Mutter selbst gefährdeten. Seit dem Ende des 18. Jahrhunderts war eine massive juristische Bekämpfung solcher Fälle die Folge. Z. B. 1774: „Stirbt das Kind, soll die Strafe der Hebamme die Peitsche und die der Mutter die Peitsche und das Halseisen sein, bis sie wieder schwanger ist. [...] Die als schwanger erklärte und bekannte Negerin, die eine nicht gemeldete Fehlgeburt hat, soll mit der Peitsche und mit dem Halseisen bestraft werden, bis sie wieder schwanger ist, desgleichen jede Negerin, die eine Fehlgeburt hat, die nicht aus bekannten Ursachen herrührt."

Als der Sklavenhandel infolge der Antisklaverei-Gesetze in der ersten Hälfte des 19. Jahrhunderts unausweichlich seinem Ende zuging, boten die Sklavenhalter Belohnungen, um bei den Negerinnen den *Mutterwunsch* anzuspornen.

Der Erfolg war kaum größer. Ein Zeitzeuge, der zwischen 1816 und 1820 einer dieser Unglücklichen begegnete, zitierte ihre Meinung so: „Ich würde lieber sterben, als jemals ein Kind zur Welt zu bringen, dessen Schicksal wie das meine nichts als Arbeit und Leben für einen Tyrannen wäre."

Dieses Schicksal der schwarzen Sklavinnen bringt auf abstoßende Weise die Inkongruenz zwischen männlichem und weiblichem Schicksal zum Ausdruck. Sicher wurden die Männer durch Sklaverei schikaniert; sie wurden physischem Leid und kaum zu ertragender Demütigung ausgesetzt. Der Sklavin wurde dazu eine ungleich schwerere Kränkung zugefügt: Ihre Fähigkeit zu Gebären wurde entwürdigt und ausgebeutet.

Ein dritter Typ der Kindstötung ist die Folge eines dritten Typs des Mißbrauchs männlicher Gewalt. Wurde ein schwangeres Mädchen (oder eine Witwe) vom Vater seines Kindes verlassen, mußte sie sich darüber im Klaren sein, daß mangelndes Verantwortungsbewußtsein und Gleichgültigkeit des Mannes sie und ihr Kind zu Schande und Elend verdammten: Meist stand sie unter dem Zwang, das Kind zum Verschwinden zu bringen. Die Zahl dieser Verbrechen stieg während der ersten Hälfte des 19. Jahrhunderts. Zwischen 1825 und 1848 zählte man in Frankreich einen Kindsmord auf 583 illegitime Geburten; aber wieviele nicht bekannt gewordene Verbrechen kamen auf ein bestraftes, vor allem auf dem Lande? So sollen einem Beichtvater während einer Mission von sieben Wochen zweiunddreißig Kindstötungen gebeichtet worden sein.[3]

Das oben erwähnte Edikt von Heinrich II hatte unter anderem zum Ziel, diese Opfer zu schützen und den Verführer zur Anerkennung seiner Vaterschaft zu zwingen. In der Revolutionszeit wurde es aufgehoben. Das Strafgesetzbuch von 1811 bestrafte die Kindstötung mit dem Tode. Während des 19. Jahrhunderts waren fast alle zur Todesstrafe verurteilten Frauen dieses Verbrechens wegen angeklagt gewesen. Das Urteil wurde jedoch selten vollstreckt. Der hohe

Prozentsatz von Freisprüchen ist mit der Strenge der angedrohten Strafe zu erklären: Die Geschworenen kannten die erbarmungswürdige Lage der unehelichen Mütter, fast immer das verlassene Opfer eines gewissenlosen Verführers. Das Gesetz vom November 1902 schaffte die Todesstrafe für Kindstötung ab, um effizientere Maßnahmen zu ermöglichen.

Die Zahl solcher Anklagen war im Frankreich des Zweiten Kaiserreichs angestiegen: In den Jahren von 1831–1835 zählte man 471, von 1856–1860 1059 Fälle. Dieser Anstieg erklärte sich aus den wirtschaftlichen Umwälzungen und der Mobilität der Arbeitskräfte. Während des letzten Drittels des 19. Jahrhunderts trat Abtreibung an die Stelle von Kindstötung – ein Phänomen, das Historiker entweder als eine volkstümliche Form des Feminismus oder als Zeichen einer neuerwachenden Sensibilität dem Neugeborenen gegenüber interpretieren.[4] Auch muß die Verbreitung besserer medizinischer Kenntnisse in Betracht gezogen werden: Abtreibung mit schwer zu dosierenden Mitteln war für Frauen sehr gefährlich; sie wurde weniger furchterregend, sobald etwas besser instruierte Hebammen die Stricknadel zu verwenden wußten.

Ein Rückgang der Kindstötungen zeigte sich deutlich ab 1875, die Zahl entsprechender Strafverfolgungen nahm ab und sank auf 51 Fälle in den Jahren von 1951–1954. Stattdessen nahmen die Abtreibungen zu, 13 Strafverfolgungen 1879, 34 im Jahr 1910. In den Jahren 1915/16 verdreifachte sich die Zahl entsprechender Strafverfolgungen. Der Krieg vermehrte die Möglichkeiten illegitimer Schwangerschaften, so wie andere Faktoren den Bekanntheitsgrad von Abtreibungs-Methoden erhöhten. Der Andrang von Frauen als Schwestern in Krankenhäusern war einer der Gründe und sicher nicht der unwesentlichste. Nach dem Krieg nahm die Landflucht noch zu. Trotz einiger auf Änderungen der Strafverfolgung zurückzuführender Ausschläge blieben beide *Verbrechen* bei ihrer gegenläufigen Entwicklung bis hin zu den 60er Jahren. Seither bleibt die Zahl der Kindstötungen stabil, unbeeinflußt von der Zahl der Schwangerschaftsunterbrechungen. *Archaische* Kräfte inmitten entwickelter Gesellschaften lassen sie fortdauern. Obschon eine *unzeitgemäße* Form weiblicher Kriminalität, scheint Kindstötung nicht aufgegeben zu werden. Dieses Fortbestehen vermittelt wichtige Aufschlüsse.

Die kindstötende Mutter ist meist eine Frau vom Lande aus anspruchslosem Milieu. Sie befindet sich in äußerster moralischer wie materieller Isolierung: Sie hat ihre Schwangerschaft aus Furcht vor öffentlicher Mißbilligung verborgen gehalten, und die Verheimlichung der Schwangerschaft zieht die der Geburt nach sich. Ohne die Schwangerschaft akzeptiert zu haben, überwältigt sie der Geburtsvorgang, den sie nicht wahrhaben will, als wenn ihr der gesamte Vorgang, der sie zur Mutter macht, fremd sei. Die Präsenz des Neugeborenen drängt sie zu einer Entscheidung, die sie bislang aufgeschoben und umgangen hat. Ihre vorherige Passivität beeinflußt die Grausamkeit ihres Verbrechens nicht: Sie erstickt ihr Kind, erwürgt es, schlägt es tot, ertränkt es – auf dem Land ist man gewöhnt, Tiere zu töten. Wahrscheinlich werden unbewußt mit der Qual des verhaßten Kindes die Fehler von anderen bestraft. Heutzutage sind selten wirtschaftliche Gründe ausschlaggebend. Häufiger ist die Angst vor dem öffentlichen Ärgernis als die Angst vor Verelendung die Ursache für die Kindstötung; als gemeinsamer Nenner läßt sich fast immer die Verlassenheit der Mutter ausmachen. Ein weiteres Charakteristikum dafür, daß man diese Mutter nicht zu den gewöhnlichen Verbrechern zählen kann, ist, daß sie eine Gelegenheitsverbrecherin ist, die später in der Regel nie wieder straffällig wird. Ihre soziale Wiedereingliederung bereitet keine Schwierigkeiten, wie schwer die Strafe auch immer gewesen sein mag.

Gelehrte Kriminologen haben dieses Phänomen als ein spezifisches Krankheitsbild untersucht: ein *Leiden am Muttersein*, ein *Ausarten* der Mutter-Kind-Bindung, eine *Per-*

version, *Atrophie* oder *Verkehrung* des *Mutterinstinktes*. Eine solche Interpretation verrät ihre ideologische Herkunft, gemäß derer sich jedes menschliche Weibchen um seine Jungen kümmert wie jedes tierische Weibchen auch. Es wird verkannt, daß die Frau nicht ein Tier, nicht einfach nur *Weibchen* ist. Bei der menschlichen Art ist der Mutterinstinkt vergesellschaftet, die oben geschilderten Umstände lassen die Mutter das Kind, das sie zur Welt bringt, nicht akzeptieren. Kindstötung ist sicher Ausdruck einer kranken Seele, aber wer eigentlich ist krank? Sind Abtreibung und Kindsaussetzung insofern nicht vielmehr als Ausweg aus einer Notlage zu verstehen?

In den Statistiken hat die Abtreibung die Kindstötung abgelöst. Auch sie hat überdauert, obgleich man sie durch kontrazeptive Mittel zu beseitigen hoffte. Auch sie wird unter der Kategorie der *Frauenfrage* eingeordnet, obwohl sich immer deutlicher herausstellt, daß sie ein Problem des Vaters ist, des Kindsvaters oder des Vaters der schwangeren Frau.

Die Aussetzung des Kindes ist eine weniger brutale Lösung als Kindstötung oder Abtreibung. Man weiß, daß sie lange Zeit tatsächlich nichts als eine hinausgezögerte Kindstötung war, da das Aussetzen der Kinder ihren Tod in großer Zahl zur Folge hatte. Aber zumindest war ihr Tod nicht unmittelbar den Müttern anzulasten. Nur übernahm der Vater nicht seinen Teil an der Verantwortung als Ausgleich. De facto gab es niemanden, der die Verantwortung trug. Vom 17. Jahrhundert an haben die *Drehtüren* in den Hospizen das anonyme Weggeben der Kinder ermöglicht; diese Vorrichtungen wurden zwar in der zweiten Hälfte des 19. Jahrhunderts aufgegeben, jedoch bestand weiterhin die Möglichkeit eines anonymen In-Pflege-Gebens beim Amt für Sozialfürsorge.

Zu Beginn des 20. Jahrhunderts erkannten die Mediziner die immunitätssteigernden Eigenschaften der Muttermilch. Dementsprechend hielten sie die Krankenschwestern der

Mütterstationen, jedes Kind nachdrücklich an die Brust seiner Mutter zu legen, um mit dem Einschießen der Milch die Mutter zum Stillen zu nötigen und damit deren Bindung an das Kind zu intensivieren.[5] Zur gleichen Zeit ließ die Erkenntnis der *Entvölkerung* in der Regierung die Absicht reifen, so viele Neugeborene wie irgend möglich am Leben zu erhalten. Um gleicherweise Kindstötung, Abtreibung, Aussetzung der Kinder und Kindersterblichkeit entgegenzutreten, richtete man *Mütterhäuser* ein, die sich um die Aufnahme der ins Unglück geratenen unehelichen Mütter und um die Erziehung ihrer Kinder kümmern sollten. So gab es gutgläubige Seelen mit der Hoffnung, daß Kinder zur moralischen *Besserung* der gefallenen Mütter beitrugen, wenn diese den Säugling umhegten, sich arrangierten und dann arbeiteten, um sich damit in die eigentlich weibliche Rolle, die der guten Mutter, zu finden. Aber der Druck, der auf die gegen ihren Willen zu Müttern gewordenen jungen Frauen ausgeübt wurde, zeitigte meist nur aufschiebende und um so unheilvollere Wirkung. In den Mütterhäusern von heute, in denen man diesen Irrtum zu vermeiden sucht und in denen die Mütter ohne Druck beobachtet werden, hat es den Anschein, daß nur ein Viertel von ihnen eine dauerhafte Beziehung zu dem Neugeboren entwickelt... Haben es fünf- bis sechstausend Jahre Patriarchat zustande gebracht, in Mutterseelen die Vorstellung zu verwurzeln, daß das Kind zum Vater gehört und daß er es ist, der die Verantwortung übernehmen sollte?

Arrangements

Ungerecht und unangemessen wäre die Behauptung, daß die patriarchalische Macht immer und überall die Frauen mit ihrem Druck über das Erträgliche hinaus belastet hätte. Sie umgab sie auch mit Schutz und Schonung – um sich dann desto stärker zu behaupten: Die, die man schützt, bleiben abhängig.

In der westlichen Welt stand den Frauen immer der Ausweg offen, der Mutterschaft zu entgehen, wenn sie sich für den Zölibat – zumeist den religiösen – entschlossen. Selten lassen Zivilisationen den Frauen diese Wahl, denn die Überlebenschancen der menschlichen Spezies werden durch den weiblichen Zölibat weit stärker bedroht als durch den männlichen. Seit dem Sieg des Christentums im Okzident hatten die Frauen das Recht, keine Kinder zu gebären. Die Freiheit von menschlichen Wesen wurde ihnen zuerkannt und sie wurden nicht gezwungen, die Rolle des reproduzierenden Weibchens zu übernehmen. Man kann dagegen einwenden, daß der Zölibat, vor allem der religiöse, bedeutete, sich jeder sexuellen Aktivität zu enthalten. Dieser Preis scheint uns heute zu hoch. Sicherlich erschien er jedoch weniger hoch, als noch alle Sexualität mit Argwohn betrachtet wurde. Der geweihte Zölibat war zumindest eine Alternative. Ein Kloster garantierte freie Kost und Wohnung, Sicherheit, ein geregeltes und friedliches Leben – geschätzte Werte in unsicheren Zeiten. Wie weiter oben beschrieben, waren im Ancien Régime sicher nicht alle Klostereintritte auf Freiwilligkeit begründet. Aber auch nicht alle kamen unter Zwang zustande. Jedenfalls gab es im 19. Jahrhundert keine erzwungenen Klostereintritte mehr: Die Familien waren weniger groß und die Eltern hatten kein vitales Interesse mehr daran, ihre jüngeren Töchter zum Eintritt ins Kloster zu bewegen. Und doch hatten die Klöster damals beträchtlichen Zulauf. Claude Langlois[6] stellt dar, wie damals, als die Möglichkeiten von Emanzipation mit Hilfe einer Ausbildung noch sehr eingeschränkt war, die Klosterkongregationen energischen Persönlichkeiten Stellungen mit großem Verantwortungsbereich und Möglichkeiten eigener Initiative boten. Überdies waren den sorgenden oder erziehenden Nonnen als *Bräuten Christi* und *Müttern der Waisen* die familiären Tugenden keineswegs fremd.

Der nichtgeweihte Zölibat kannte zwei Stadien. Im 17. und 18., sogar noch im 19. Jahrhundert, war er vor allem

Sache der *galanten* Damen, die von Liebhabern unterhalten wurden: Marion de Lorme und Ninon de Lenclos führten ihr eigenes Haus. Mit wenigen Ausnahmen führten auch die durch ihr Vermögen unabhängigen *gelehrten Frauenzimmer*, ein entsprechendes Leben. So z. B. Marie de Gournay, verwandt mit Montaigne, oder Madelaine de Scudéry. Erst gegen Ende des 19. Jahrhunderts aber begannen *ehrbare*, meist aus den Mittelschichten stammende Mädchen gleicherweise die Alternativen von Kloster und Ehe auszuschlagen. Damals schaffte die industrielle Gesellschaft die Berufe des sogenannten tertiären Sektors und benötigte Frauen, um sie zu besetzen. Von jetzt an gewannen Frauen wirtschaftliche Selbständigkeit auch außerhalb von Ehe und Familie. Es gab Frauen, die es vorteilhafter und reizvoller fanden, Karriere zu machen, als Kinder zu haben.[7] Eine solche Entscheidung traf etwa Simone de Beauvoir.

Alles in allem sind aber solche Verweigerungshaltungen in der traditionellen Gesellschaft wie auch in der unsrigen vornehmlich das Anliegen von Minoritäten; für die Mehrzahl der Frauen bleiben Ehe und Mutterschaft die Norm.

Auch in der Zeit der Revolution, als fast alles in Frage gestellt wurde, haben Männer und Väter den Frauen letztlich nie etwas geschenkt. Der *Code Civil* von 1804 war nicht minder vom Patriarchat bestimmt wie das römische Recht und die Gewohnheitsrechte. Zwei andere, sehr unterschiedliche Faktoren haben jedoch zumindest in den Mittelschichten einen für Frauen positiven Einfluß gehabt: Die wirtschaftliche Entwicklung und die Priorität von Gefühlen, beide im vorhergehenden Kapitel beschrieben. Es liegt nahe, sich Gedanken darüber zu machen, wie Väter in diesem Zusammenhang den Müttern eine Angleichung ihres Stellenwerts einräumten. Im Folgenden werden drei Beispiele beleuchtet.

Während der zweiten Hälfte des 19. Jahrhunderts erlebte die ländliche Gesellschaft diesbezüglich einen Höhepunkt. Damals entstand ein harmonisches Gleichgewicht zwischen den Rollen von Mann und Frau, von allen Ethnologen übereinstimmend so beschrieben.[8] Dieses Gleichgewicht war aber nicht *naturgegeben*, es erhielt seine Prägung durch eine vorgegebene Form der gesellschaftlichen und wirtschaftlichen Entwicklung. Es hat den Anschein, als ob Väter ein Interesse daran gehabt hätten, Mütter mit Schonung zu behandeln – und umgekehrt.

Im ländlichen Frankreich war die Mutterschaft der Mittelpunkt und die Quelle aller weiblichen Kultur: Hier war die bedeutsame und weithin anerkannte gesellschaftliche Funktion der Mütter begründet. Vor allem die Geburt war eine Angelegenheit der Frauen, wenn auch die Männer niemals ausgeschlossen gewesen waren: Sie unterstützten sich gegenseitig, um Kinder auf die Welt zu bringen und leisteten damit einen Beitrag zum dauerhaften Bestehen der Sozialgruppe. Durchschnittlich brachte eine Bäuerin sieben oder acht Kinder zur Welt und sah drei oder vier von ihnen sterben. Jede Bäuerin sah sich im Wesentlichen als Ernährerin: Nicht nur stillte sie die Neugeborenen, ihre Arbeit diente anschließend auch der Sicherung ihrer Existenz. Sie produzierte Nahrungsmittel in Gemüsegarten, Geflügelhof und in den Ställen; in der Küche unterhielt sie das Feuer, kochte die Suppe und buk das Brot. Sie spann, nähte, strickte und stellte Kleidung her. Bei der großen Wäsche und beim großen Saubermachen vollbrachte sie ein rituelles Werk von Reinigung und Erneuerung. Sie war Arzt der Familie, sorgte für die Kranken, pflegte die Wunden, pflückte Heilpflanzen und murmelte magische Worte, die der Heilung dienten. Sie kannte die Heiligen, die um Hilfe angerufen wurden, und die an sie zu richtenden Gebete. Sie erfand Lieder, Spiele und Märchen. Sie kannte keine Furcht vor Einsamkeit, war sie doch von der gesamten dörflichen Gemeinschaft, Tanten, Patinnen, Großmüttern und Nachbarinnen umgeben. Waren ihre Kinder erwachsen, blieben sie meist in der Nähe und besuchten sie mit den eigenen Kindern.[9] Ihren Töchtern vermittelte sie Wissen und Können. Die Tochter, häufig mit der Aufgabe betraut, ihre kleinen Brüder und Schwestern zu hüten, konnte über den Kontakt mit ihr die eigene mütterliche Berufung erwachen fühlen; konnte sich aber im gegensätzlichen Fall auch ihrer Fremdheit gegenüber den Forderungen des Fleisches bewußt werden und sich demzufolge für den Zölibat, fast immer den religiösen, entscheiden.

Sicherlich sollte man sich hüten, das Schicksal der bäuerlichen Mutter zu idealisieren, oft bedrückten sie schweres Leid, Arbeit und Mühe. Auf drei Charakteristika ihres Daseins soll hier jedoch hingewiesen werden. Vor allem separierte ihre Arbeit, so schwer sie auch sein mochte, sie nicht von ihren Kindern, sie war untrennbar mit ihren Aufgaben als Mutter verbunden, machte sie gewissermaßen ergiebiger und rundete sie ab. Ebenso verschaffte ihr diese Arbeit eine geringe wirtschaftliche Selbständigkeit: Als Erzeugerin konnte sie den Überschuß ihrer Tätigkeit, Eier, Geflügel, Käse, sogar verkaufen, und das so verdiente Geld gehörte selbstverständlich ihr. Schließlich verschafften ihre Dienste ihr Sinn und Anerkennung innerhalb der Gemeinschaft über die Familie hinaus. So beschreibt Yvonne Verdier beispielhaft, wie die Köchin, die Näherin und vor allem die Frau als *Fürsorgerin*, die nämlich bei Geburten und Todesfällen als Hilfe in den Familien einspringt, als wesentlich anerkannte Funktionen übernahmen. Und auch diese für das Funktionieren des ländlichen Kollektivs so notwendige Arbeit erwuchs aus den traditionell mütterlichen Aufgaben.

Macht- und prachtvolle Mütter fanden sich auch unter den Frauen der Großbourgeoisie, und das bereits seit der Frühen Neuzeit. Diesen Frauen hatte Rousseau noch ein zusätzliches Plus verschafft: Die Aufwertung der Mutterliebe ist ihnen zweifelsohne als eine wärmende Anerkennung für die ihnen obliegende Funktion bei der Fortpflanzung erschienen. Ihre Aufgabe war nicht die gleiche wie die der Bäuerinnen; vor allem ihr Arbeitsbereich als Ernährerin war beschränkter, dagegen wurde ihre Aufgabe als Erzieherin seither mit übergroßem Enthusiasmus gesehen, und ihre

Rolle in bezug auf die Harmonie, das Gedeihen und die Ausstrahlung ihres Familienlebens wurde allerorten hochachgeachtet.

Die Historiker des nördlichen Frankreich, Claude Fohlen und Lambert Dansette haben Licht auf einige der großen Figuren des 19. Jahrhunderts geworfen. Für Marseille haben Éliane Richard und Roland Cary die Ehefrauen und Mütter der Kaufleute und Reeder der Vergangenheit entrissen.[10] Sie waren sehr fruchtbar. Marie d'Agnel de Bourbon, Frau von Louis-Henri Caune, hatte elf Kinder (geboren zwischen 1854 und 1870), vier von ihnen starben, bevor sie das zwölfte Lebensjahr erreicht hatten. Adeline Salzani, Frau von Henri Bergasse, hatte acht Töchter. Thérèse Régis, verheiratet mit Cyprin Fabre, hatte zwölf Kinder, die beiden Ältesten starben als kleine Kinder. Suzette Fraissinet, die ihren Vetter Marc Constantin Fraissinet heiratete, hatte auch zwölf Kinder, von denen ebenfalls zwei als Kleinkinder starben.

Suzette Fraissinet hat eine umfangreiche Korrespondenz hinterlassen, ein veritabler Schatz für den, der sich mit dieser *Mutter-Mentalität* näher befassen will. Von 1821 bis 1840 war sie fast durchgehend schwanger. Sie versuchte immer, ihre Kinder zu stillen und war ernstlich betroffen und bekümmert, wenn sie *aus Gründen der Gesundheit*, die fast immer auf eine neue Schwangerschaft zurückzuführen waren, daran gehindert wurde. Dann bemühte sie sich sehr sorgfältig um eine Amme, die sie aufmerksam überwachte. Fehlgeburten, eigene wie die von Verwandten, wurden als großes Leid empfunden und der Tod eines kleinen Kindes versetzte die gesamte nahe und fernere Familie in tiefe Trauer. Die Gesundheit der Kleinen und der Großen war die größte Sorge von Suzette, durch die man sich über alle Therapien und populären wie wissenschaftlichen Arzneibücher, in Gebrauch bei den Familien des Mittelmeers dieser Zeit, informieren kann. Diese Frau schien den Aufgaben der Mutterschaft mit einem Eifer nachzugehen, der heutzutage fast nicht nachvollziehbar scheint. Ihre Geburten, die häufig waren und dicht aufeinander folgten, haben sie nicht gehindert, ihren Mann zu überleben... Weit entfernt, sich mit ihren eigenen Kindern zufriedenzugeben, versammelte sie mit gleicher Freude auch ihre Enkel um sich; sie nahm sie bei sich auf und beschäftigte sich so häufig wie möglich mit ihnen. Sie war stolz auf ihre Nachkommen; so schrieb sie: „Das Geschlecht der Fraissinet kann in naher Zukunft nicht untergehen". Dieses *Geschlecht* war in ihrem Falle das gleiche wie das ihres Mannes: Sie hatte ihren Vetter geheiratet und trug vor und nach ihrer Hochzeit den gleichen Namen. Andere Frauen, die die väterliche Familie verlassen hatten, scheinen sich mehr mit dem Stammbaum ihrer Kinder als mit dem ihres Mannes identifiziert zu haben.

Diese großen Frauen aus dem Bürgertum beschränkten sich nicht auf ihren Haushalt. Die meisten von ihnen unterstützten die Aktivitäten ihres Mannes mit viel Intelligenz und Geschick, um im Fall von Krankheit oder Ableben des Unternehmers einzuspringen. Sie waren fast immer umsichtige Verwalterinnen. Eine Reihe von ihnen bewies erstaunliches Talent als Geschäftsfrau (z. B. die Witwe Noilly-Prat in Marseille). Hier wurde eine andere Seite ihres Mutterseins deutlich: Es war der Unterhalt, das Erbe, das Vermögen, die Macht ihrer Kinder, die sie gewährleisten oder vergrößern wollten. Sie schienen nicht Opfer ihrer reproduzierenden Funktion. Sie entdeckten darin vielmehr ein Mittel, mehrere Dimensionen ihrer Persönlichkeit auszuleben. Solange die Familie der Kern des wirtschaftlichen und sozialen Lebens war, war die Gattin-Mutter von nichts Wichtigem ausgeschlossen. Die Mutterschaft bedeutete für sie kein Gefängnis, sondern vermittelte ihr im Gegenteil die Rechtfertigung, sich für alle männlichen Aktivitäten zu engagieren. Es war der Aufschwung des öffentlichen Lebens, wirtschaftlich und politisch, von dem die Frauen ausgeschlossen wurden und der die Bedeutung dieser großbürgerlichen Matrone schwinden ließ. Die mütterliche Funktion heute erscheint gleicherweise ungesund vergrößert, weil der Vater abwesend ist, und verkleinert, zugeschnitten auf nur *eine* Dimension des privaten Lebens.

Doch selbst in den früheren Jahrhunderten war dieses Modell einer glücklichen Mutter, von einer vielköpfigen Nachkommenschaft umgeben, nicht die Regel. Es gab immer viele Frauen, die rasch der Schwangerschaften überdrüssig wurden, wie z. B. die Pfalzgräfin Lieselotte: Ein oder zwei Kinder genügten ihr. Dieses zweite Modell – die wenig fruchtbare Mutter ohne Verpflichtung zu *arbeiten* – wurde nach und nach vorherrschend, in dem Maße, wie sich geburtenbeschränkende Methoden durchsetzten. Es bestimmte vornehmlich die ersten Hälfte des 20. Jahrhunderts: Über diese Lebensform scheint sich der Übergang von der *Frau und Mutter* zur *aktiven* Frau vollzogen zu haben.

Die Zeit nach dem ersten Weltkrieg kannte mehr Glück für die kleinbürgerliche Frau, als ihre Mutter und Großmutter erfahren hatten. Vor allem genoß sie eine Sicherheit und eine Ruhe, die ehemals den oberen Schichten vorbehalten waren. Sie hatte einen kleinen Angestellten, einen Volksschullehrer, einen Techniker geheiratet – neue soziale Kategorien, die die industrielle Gesellschaft vermehrt hervorbrachte – und sie konnte mit einem regelmäßigen, jeden Monat eingehenden Gehalt rechnen. Schluß mit der Ungewißheit, der Bedrohung durch den Hunger, dem Knausern. Schluß auch mit der harten Arbeit: Von jetzt an war die Frau von der Arbeit ihres Mannes getrennt. Sie mußte ihn nicht mehr unterstützen, wie es (auch heute noch oft) die Frau des Handwerkers, des kleinen Kaufmanns oder des kleinen Landwirts tut. Sie versuchte auch nicht, auf eigene Rechnung zu arbeiten. Häufig aus bescheidenen Verhältnissen kommend, hatte sie ihre Mutter noch unter dem Joch der Doppelbelastung arbeitend erlebt. Überdies hatte man ihr in der Schule beigebracht, daß ihr Platz zu Hause war: Schul- und Lesebücher, sowohl in der laizistischen wie in der kirchlichen Schule, wiederholten es ohne Unterlaß. Sie war glücklich, zuhause bleiben, sich ihrer Häuslichkeit widmen zu können. Sie fand dort bislang fast unbekannte Wunder der Bequemlichkeit vor: Wasser aus der Leitung, elektrisches Licht, Gasherd und Zentralheizung. Die häusliche Fron wurde leichter. Diese von den schwersten Pflichten entlastete kleinbürgerliche Frau wurde auch von den ehemals furchtbarsten Sorgen der Frauen befreit. Ihr Ehemann und sie wußten die vielen Schwangerschaften von ehedem, die noch ihre Mutter niedergedrückt hatten, zu vermeiden, und sie träumten von nur zwei Kindern, vorzugsweise Junge und Mädchen. Sie kam bei sich zu Hause nieder, aber ihre bescheidenen Mittel erlaubten ihr, sich der Hilfe eines Arztes zu bedienen, um die größten Risiken zu vermeiden. Der Arzt kam zu ihr: Er war ihr noch zu Diensten und war noch nicht der Halbgott in Weiß von heute. Der Säugling wurde mit Hilfe regelmäßiger Konsultationen überwacht, mit Hilfe von sorgfältigen Tabellen, die Tag für Tag vervollständigt wurden. Auch wenn sie nicht genug Milch hatte, mußte die junge Mutter ihr Kind nicht mehr mit einer Amme teilen, da sterilisierte Flaschen und pasteurisierte Milch bestmögliche Ernährung garantierten, vor allem, wenn man Vitamine in Form von Fruchtsaft der Nahrung zuführte. Die Kindersterblichkeit ging zurück, wenn auch Krupp, Scharlach und Keuchhusten gefürchtete Krankheiten blieben. Weil man von jetzt an fast sicher war, die lieben Kleinen mit Hilfe von Ärzten großzuziehen, ging man um so festere Bindungen zu ihnen ein. Man gab sie nur noch sehr selten außer Haus. Wenn sie zur Schule gingen, unterstützte man sie beim Lernen, ließ sie ihre Lektionen wiederholen, half ihnen bei den Schulaufgaben und war stolz auf ihren Erfolg. Man wurde ohne Widerstreben Glucke, denn man war sich der Gefahren der *overprotection* noch nicht bewußt. Donnerstags begleitete man die Kinder in einen öffentlichen Park, wo man sie, unter Platanen strickend, überwachte und mit anderen Müttern schwatzte. Mittags und abends fand sich die Familie zum sorgsam zubereiteten Mahl zusammen.

Kirchliche Feste wurden letztlich zu Familienfeiern: Es waren vor allem Feste für die Kinder. Das Christentum wurde unter dieser Perspektive neu interpretiert, Weihnachten ersetzte Ostern, denn es ist erfreulicher, ein Kind geboren als den erwachsenen Sohn sterben zu sehen. Weihnachten war die Gelegenheit, die Kleinen zu verwöhnen, den Kamin oder den Weihnachtsbaum mit Spielzeug, Lekkerbissen und hübschen Büchern zu schmücken. Der Weihnachtsmann, ein nachsichtiger Großvater, feierte jetzt Triumphe. Von den von der Kirche eingesetzten Festen trat die immer noch gefeierte Taufe vielleicht hinter der feierlichen Kommunion zurück. Bei dieser Feierlichkeit war das Kind in der Tat die Hauptperson. Seine Mutter oder seine Patin kauften ihm mit großen Kosten ein schönes Habit: dunkler Anzug mit weißer Binde – also ein kleiner Smoking – für die Jungen; weißer Organdy mit Schleier, Kreuz, Tasche für die Mädchen – ein bißchen bedauerte man an diesem Tage, ihnen die Haare nach der Mode geschnitten zu haben – für beide ein Gesangbuch mit Goldschnitt, getragen in einem gestickten Taschentuch. Und man sah sie nicht ohne Rührung in der Prozession der Kommunikanten mit einer Kerze in der Hand „Maria, o geliebte Mutter" singen. Man sollte dieses einfache Glück nicht mißachten. Die Domestizierung der Frauen aus dem Kleinbürgertum bot als Ausgleich ein ruhiges Glück, die Freiheit vom Beruf und ein sanftes, friedliches Leben, das Arbeiterinnen faszinierte, das die Ziele der Feministinnen gründlich unterminierte und deren verklärtes Andenken noch in der Erinnerung vieler Frauen von heute spukt.

Dieses Verhaltensmuster wurde indes nicht tradiert. Die Töchter dieser Kleinbürgerinnen haben fast alle etwas gelernt: Die einen widmen sich ihrer Karriere und verzichten nolens volens auf die Mutterschaft, die anderen stecken im der Doppelbelastung wie ihre Großmütter.

Alle Sehnsucht nach der guten alten Zeit ist also aussichtslos. Das oben beschriebene Mutterglück gehört in vergangene Welten und kann nicht wieder zum Leben erweckt werden. Überdies basierten alle beschriebenen Modelle auf privilegierten Umständen. Was ich mit diesen wenigen Beispielen zeigen wollte, ist, daß es Momente des Gleichgewichts zwischen Vätern und Müttern gab. Der patriarchalischen Gesellschaft gelang es nicht, Mütter auf ein Nichts zu reduzieren, sie hat keinesfalls alle gleichermaßen unter ihren Zwängen erdrückt. Unter gegebenen Umständen erlaubte sie der Mutter im besten – und wohl seltenen – Fall, ihren Kinderwunsch ohne zuviele Opfer zu erfüllen und ihr nach wie vor zu Abhängigkeit verdammtes Mutterdasein glücklich zu leben.

Im folgenden soll dargestellt werden, wie dieses einstige Gleichgewicht hinfällig wurde, was Frauen dazu brachte, sich wiederum aufzulehnen und zu verweigern, und wie die Männer und Väter darauf reagiert haben.

Die Feministin

Zwei Faktoren vor allem haben die Lebensbedingungen der Mütter im 19. Jahrhundert verändert: der Rückgang der Geburtenzahl und der Kindersterblichkeit. Frauen standen nicht mehr unter dem Zwang, viele Kinder zu haben, um den Verlust verstorbener Kinder auszugleichen; sie konnten sich besser um weniger zahlreiche und lebenskräftigere Sprößlinge kümmern und mehr Kraft für Aufgaben der Kinderpflege und Erziehung aufbringen; sie konnten dies um so eher tun, als die dem Hause entzogenen Väter ihnen dementsprechend die gemeinsame Nachkommenschaft überließen. Das Ende der früheren Geißeln (erzwungene Zeugung und der frühe Tod von Kindern) brachte eine Veränderung der Probleme der Mutterschaft mit sich; die biologischen Funktionen wurden sekundär und der Aufbau affektiver und erzieherischer Funktionen trat in den Vordergrund. Der Wandel hatte eine Bewußtwerdung zur Folge, durch die

die alte Unterwürfigkeit gegenüber dem Vater unerträglich wurde. Die Umstellung vollzog sich über drei Stufen. Zunächst vertraten die Mütter das Anliegen, zusammen mit dem Vater die Verantwortung für ihre Kinder zu tragen, dann wollten sie selbst über ihren Bauch bestimmen, schließlich wollten sie (zumindest die radikalsten unter ihnen), Alleinherrscherin über ihre Kinder sein.

Forderungen

Der erste Schritt der Entwicklung setzte 1793 ein. Die Mitglieder des Konvents waren entschlossen, das immense Übergewicht der Väter zu beschneiden: Es war sogar die Rede davon, den „Müttern der zukünftigen Generationen" das Stimmrecht einzuräumen, unter Berufung auf die weitreichende soziale Bedeutung ihrer Aufgaben. Der Umschwung, der sich während der Schreckensherrschaft vollzog, ist bekannt,[11] auch, wie die Mütter schließlich wieder an den häuslichen Herd zurückgeschickt und, unter Berufung auf ihre Aufgaben als Mutter, aller bürgerlichen und politischen Rechte beraubt wurden. Ein vergleichbares Szenario ergab sich 1848, als das allgemeine Wahlrecht in Frankreich eingeführt wurde. Die Frauen hielten es für angemessen, als Mütter daran teilzuhaben, demzufolge wurde ihnen als Müttern die Teilnahme daran wieder verwehrt.[12] Im 19. Jahrhundert war die Dichotomie zwischen öffentlichem und privatem Leben, zwischen Familie und *Arbeit* zu einem Dogma erhoben worden. Um ihrer *eigentlichen Berufung* nachkommen zu können, wurde den Frauen auferlegt, auf jeden anderen *Beruf* zu verzichten. Man verweigerte ihnen die Bildung und machte ihnen sogar den Anspruch darauf streitig. Man schloß sie von allen Berufen aus, selbst von denen, die ihnen bislang auf Grund ihrer *Schamhaftigkeit* vorbehalten gewesen waren, wie die Geburtshilfe. Man nahm ihnen jede Möglichkeit, ihren Lebensunterhalt selbst zu bestreiten. „Der Mann muß die

Frau ernähren", sagte Michelet. Diejenigen aber, die vom Mann ernährt wurden, befanden sich damit in gefährlicher Abhängigkeit, diejenigen, die kein Mann ernährte, waren mit ihren Kindern mittellos. Und sie waren, das muß wiederholt werden, ohne jede Möglichkeit, direkt oder indirekt auf die Beschlußfassung über Gesetze einzuwirken, selbst auf die, die sie direkt betrafen. Mutterschaft wurde zum Gefängnis, die Mutter zum Objekt von Fürsorge.

Zur gleichen Zeit trug die Entfaltung der kapitalistischen Gesellschaft dazu bei, die Funktion der Mutter zu entwerten, da sie keinerlei Einkünfte produzierte. Sie erfuhr dadurch objektiv eine, wenn auch unbewußte, Entwertung.

Proteste blieben nicht aus. In einem ersten Zeitabschnitt fühlte sich der Feminismus zur Verteidigung der Mütter aufgerufen. Seit den 1830er Jahren erhoben Bürgerliche wie Louise Dauriat und einige Arbeiterinnen um Suzanne Voilquin Einspruch gegen den *Code Civil*, der die Mütter aller Rechte über die eigenen Kinder beraubt hatte. Während der Revolution von 1848 mangelte es den Frauengruppen, alle mehr oder minder dem Saint-Simonismus, der eine Art Mutterreligion vertrat, oder dem Fourierismus entstammend, weder an Klarsicht noch an Kampfesmut.[13] Am Ende des Jahrhunderts begannen selbst Männer, sich Fragen zum *Mutterrecht* zu stellen. So glaubten die frühen Anthropologen wie Bachofen (Das Mutterrecht, 1861) oder Morgan (Ancient Society, 1877), in den Anfängen der Menschheit das damals so bezeichnete *Matriarchat* zu entdecken. Sie hielten jedoch die Entwicklung, die zum Triumph des Vaterrechts führte, für legitim und folgerichtig.[14] Seinerseits befaßte sich Émile de Girardin, ein bekannter französischer Journalist, intensiv mit dieser Frage: Zwischen 1854 und 1890 kam er in verschiedenen seiner Werke auf sie zurück.[15] Betroffen von der Vielzahl von Ehebrüchen, dem Elend der unehelichen Mütter und Kinder (er selbst war eines von ihnen) und dem Geburtenrückgang, glaubte er den Ursprung all dieser Fehlentwicklungen in der Tatsache zu sehen, daß die soziale Ordnung willkürlich auf der Vorherrschaft von Vätern basierte, und sah in einer radikalen Umwälzung, die die *natürliche Ordnung* durch die Vorherrschaft der Mütter in ihren alten Zustand versetzte, das beste Mittel zur Abhilfe. Die Kinder sollten Eigentum ihrer Mütter sein, die alleine für sie gegenüber der Gesellschaft die Verantwortung übernehmen sollten, wobei der Vater allein der Mutter gegenüber verantwortlich gewesen wäre. Diese dadurch endlich *natürlich* gewordene Gesellschaft brächte keine unehelichen Kinder mehr hervor, Kindstötungen würden ausbleiben, und das käufliche Stillen würde nach und nach verschwinden. Der Mann würde, ohne ausgeschaltet zu sein, Abstand von den Kindern haben – was zunehmend nicht nur in der Realität sondern auch vor dem Recht üblich werden sollte. Andere feministisch gesinnte Männer bemühten sich kämpferischer und wirklichkeitsnäher um eine Förderung des Rechtes der Mutter. So gründet Léon Richter 1869 zusammen mit Maria Deraismes die Zeitschrift *Le Droit des Femmes* (das Recht der Frauen; von 1871 bis 1879 *L'Avenir des Femmes*, Die Zukunft der Frauen), das mit dem Segen von Victor Hugo unter anderen die Aufteilung des Elternrechtes und die Legalisierung der Ermittlung von Vaterschaften forderte.

Doch all das waren nur Predigten in der Wüste. In keiner der großen, auf die Gesellschaft bezogenen Denkströmungen fanden diese Forderungen ein Echo, nicht bei den progressiven Denkrichtungen, auch nicht bei den am weitesten *links*-stehenden. Es ist bekannt, daß der Sozialist Proudhon und seine Schüler leidenschaftlich am Patriarchat festhielten. Auch die Marxisten, unter ihnen vor allem Engels in *Der Ursprung der Familie, des Privateigentums und des Staates* (1884) dachten keinesfalls daran, das Mutterrecht zu verbessern. In ihren Augen bestand die einzige Chance der Frauen, dem Sklavinnendasein im Haushalt zu entrinnen, darin, mit Hilfe einer bezahlten, außerhäuslichen Arbeit wirtschaftliche Unabhängigkeit zu gewinnen. Unter diesem Blickwinkel wurde jede Besonderheit ihrer Rolle, ihrer Anliegen und ihrer Fesseln zunichte, und es wurde demzufolge unnötig, ihnen besondere Rechte einzuräumen. In den Augen der Männer blieb die Mutter ein Wesen ohne eigene Rechte.

An der Schwelle zum 20. Jahrhundert wurden, objektiv gesehen, die Mütter so zum Narren gehalten und hatten dabei immer weniger zu gewinnen und immer mehr zu verlieren. Die Mutterschaft wurde mit schönen Worten glorifiziert, jedoch nicht als soziale Funktion gesehen, geschweige denn anerkannt. Und das alles, um es zu wiederholen, in der Logik des Kapitalismus, nach der alles mit Geld bewertet wird: Das Aufziehen der Kinder produzierte keine Werte, es war infolgedessen ein Tun ohne Wert. Die damit verbundene Arbeitslast wurde niemals gemessen und niemals entlohnt. Zur gleichen Zeit entwickelte sich eine neue Gesellschaft außerhalb des familiären Lebens mit einer sich beschleunigenden Dynamik; Bäuerinnen und bürgerlichen Frauen, die früher im familiären Rahmen Macht und Ansehen genossen, fanden sich jetzt wertlos und marginalisiert.

Empfängnisverhütung durch Mann und Frau

So kamen Frauen nach und nach dazu, mütterliche Aufgaben auf ein Minimum zu reduzieren, bzw. sie sogar zurückzuweisen.

Die Wendung der Frauen zu einem bewußten und begründeten Malthusianismus wurde aber weder leicht noch schnell vollzogen. Noch zu Beginn des 20. Jahrhunderts wagten selbst vom Feminismus überzeugte Frauen nicht, ihre Stimme gegen das Muttersein zu erheben, so sehr befanden sie sich in der Falle der sie umgebenden allgemeinen Überzeugung, die selbstlose Mutterschaft mit höchster Achtung betrachtete. Da sie zudem die Erringung neuer bürgerlicher und politischer Rechte anstrebten, ging es ihnen darum, sich Vertrauen zu verschaffen, indem sie ihr

Festhalten an traditionellen Tugenden betonten, die von ihren Herren und Meistern so geschätzt wurden. So war es die Ausnahme, daß auf den feministischen Kongressen am Ende des 19. Jahrhunderts eine wagemutige Person feststellte, daß Nachkommen auf die Welt zu bringen schließlich nichts Besonderes sei, da ihnen die Tiere dieses ja vormachten.[16]

Schließlich sind es die Männer gewesen, bei denen als ersten der Ruf nach einem *Streik der Bäuche* laut wurde.[17] Die 1898 von Paul Robin gegründete neu-malthusianische Liga proklamierte offen die Geburtenbeschränkung, veröffentlichte unzählige Broschüren und Flugblätter und veranstaltete öffentliche Vortragsabende. Ihre Aktivisten fingen Arbeiterinnen an den Fabriktoren ab und bemühten sich, sie zu indoktrinieren. Ihre Absicht war nicht spezifisch feministisch. Ihr Ziel war die Reduktion der Zahl der Arbeiter, um deren Lohn zu steigern. Nur wenige Frauen wurden damals von der Idee eines *Streiks der Bäuche* ergriffen, wenn auch einige im Vordergrund stehende Frauen – wie z. B. Nelly Roussel[18] und Madelein Pelletier – mit Schreiben und Reden in einer bislang nicht bekannten Schärfe für die Empfängnisverhütung zu agitieren begannen. „Die Frau [...] will nicht wie bislang allein als Funktion ihrer Art existieren; sie will nicht mehr das blinde und unbewußte Instrument des Lebens sein, die unermüdliche Erzeugerin", schrieb Madame Lot-Baradine in *La Femme et la Dénatalité* [Die Frau und der Geburtenrückgang]. Jedoch machte sich im Verhalten bemerkbar, was man insgesamt noch nicht laut zu äußern wagte: Der Geburtenrückgang ist nämlich Anzeichen eines schweigenden, aber zähen Widerstandes. Das Schweigen dauerte bis in die fünfziger Jahre. Denn nach der Vielzahl der Toten des ersten Weltkrieges wurde der Geburtenrückgang als die erste und vorrangige Geißel der Nation erklärt, und die Behörden unterdrückten, so gut es ging, jede Propaganda für Empfängnisverhütung und Abtreibung.

Nicht vergessen werden sollten jedoch die Bemühungen der katholischen Ärzte der Zwischenkriegszeit, die nach empfängnisregulierenden Verhaltensmaßnahmen für die sich weiterhin der Kirche zugehörig fühlenden Menschen suchten. Die Ogino-Knauss-Methode, die auf einer genauen Beobachtung des weiblichen Zyklus beruht, erlaubte die Feststellung unfruchtbarer Tage, an denen folgenloser Geschlechtsverkehr möglich ist. Keine andere empfängnisverhütende Maßnahme bedingte eine solche vertrauensvolle Zusammenarbeit beider Partner, eine solch intime Kenntnis, nicht nur der weiblichen Anatomie, sondern auch der sexuellen Wünsche jeden Partners und der von ihm zu ertragenden Zwänge. Das Kind, das von solchen Eltern geboren wurde, war die Frucht einer zur Gänze geteilten Verantwortung. Diese Methode war aber keinesfalls sicher: Es gibt Stimmen, die den Baby-Boom darauf zurückführen. Ein dauerhafter Erfolg war ihr deshalb nicht beschieden.

Erst im Laufe der fünfziger Jahre gaben die Kampagnen für Familienplanung den Frauen die Möglichkeit, ihre Wünsche frei zu äußern. Die Umstände sind zu gut bekannt, als daß sie hier nochmals wiederholt werden müßten.

Haben die Väter dagegen protestiert? Nur wenige. Bei dieser Gelegenheit läßt sich feststellen, daß bei der Diskussion für oder gegen Freiheit der Geburtenbeschränkung die Teilungslinie nicht zwischen Männern und Frauen verläuft, sondern zwischen Konservativen (Männern und Frauen), die für sich und andere viele Kinder wollen, und Liberalen (gleichfalls Männern und Frauen), die auf dem Recht bestehen, wenige Kinder zu haben; die Teilungslinie verläuft zwischen denen, die mehr an das Kollektiv denken und denen, die die Selbstbestimmung des Individuums vertreten.

Auch sollte man sich nicht täuschen lassen: In den fünfziger Jahren begann ein Wirtschaftswachstum, dessen Rhythmus sich zwanzig Jahre lang beschleunigte. Diese wirtschaftliche Progression hätte ohne die Unterstützung weiblicher Arbeitskräfte nicht stattfinden können – Arbeitskräfte, die gesucht wurden, weil sie fügsam und billig waren, Arbeitskräfte aber auch, die unbequem waren, weil sie Kinder bekommen konnten. Man mußte also den Frauen die Möglichkeiten an die Hand geben, ihre Fruchtbarkeit zu kontrollieren. Unter diesem Blickwinkel wurden die Straffreiheit für die Werbung für kontrazeptive Methoden (das Gesetz Neuwirth 1967), und die kontrollierte Straffreiheit für die Abtreibung innerhalb einer bestimmten Frist (Gesetz Veil 1957, 1980 bestätigt) durchgesetzt, als Strategie einer kapitalistischen Gesellschaft, die wegen Mangel an Arbeitskräften Wachstumsschwierigkeiten hatte. Und die Unternehmer, diese anderen Väter, gaben dieser Seite des Feminismus gerne ihren Segen.

Allerdings muß auch das Faktum berücksichtigt werden, daß Empfängnisverhütung und Abtreibung durch ihre *Medikalisierung* unter männlicher Kontrolle gerieten, da die Ärzte vorwiegend Männer waren (und sind), vor allem die in leitenden Positionen. Und selbst, wenn Ärztinnen diese Positionen einnahmen, handelten sie vor allem als Mediziner und vergaßen, daß sie Frauen waren. Auch läßt sich die Feststellung nicht von der Hand weisen, daß die empfängnisverhütenden Methoden von Männern zu ihrer eigenen Annehmlichkeit erdacht waren. Die ersten Mittel waren schwer verträglich und ohne Rücksicht auf den weiblichen Zyklus konzipiert, als wenn die Frau jederzeit befruchtbar wäre und nicht nur wenige Tage im Monat; sie berücksichtigten nicht die Häufigkeit sexueller Beziehungen (die doch eigentlich von der Frau abhängig ist); vorrangig war, daß die Frau jederzeit mit bestmöglicher Sicherheit zur Verfügung stehen konnte. Ganz so, als ob man den Frauen mitteilen wollte, daß sie dauernd mit dem Risiko einer Schwangerschaft lebten, Heute hört man gelegentlich, daß die Empfängnisverhütung die Sexualität von der Fruchtbarkeit trenne, und man hört auch, daß die neuen Methoden einer medizinisch unterstützten Zeugung (künstliche Befruchtung) dieser Aufspaltung Vorschub leisteten. Das aber ist eine falsche Vorstellung oder eine falsche Wortwahl. Weibliche Sexualität (oder auch die männliche...) konnte nie mit Zeugung gleichgesetzt werden. Seit der Antike beweist die Prostitution, daß hier ein Unterschied gemacht wird; auch das Bestehen von Masturbation und weiblicher Homosexualität weisen in die gleiche Richtung. Unabhängig von ihrer Beziehung zum Mann hat weibliche Sexualität immer bestanden und besteht weiterhin, was für die männliche Seite ebenso zutrifft.

Die kontrollierenden Absichten der Männer bei der Empfängnisverhütung der Frauen können also nicht übersehen werden: Alles erweckt den Anschein, als wenn die Väter die Mütter veranlaßt hätten, Schwangerschaften zu vermeiden und die Kinderzahl zu beschränken. Wie dem auch sei, die Frauen haben diese Freiheit angenommen und sie zu der ihren gemacht.

Heute sind die entsprechenden Vorgehensweisen in schnellem Fortschritt begriffen. Es gibt die Pille für den Tag danach, die *kontragestive* Pille (die die Regel verspätet auftreten läßt, ohne daß die Frau weiß, ob sie schwanger war oder nicht), eine lang wirksame Impfung. Selbst die Feststellung der Schwangerschaft, lange Zeit streng reglementiert (die Verordnung vom 18. Mai 1940 behielt die erforderliche rechtliche Ermächtigung speziell zugelassenen Labors vor, das Gesetz vom 18. März 1946 vervielfachte die administrativen Formalitäten), ist heute allen Frauen zugänglich: ausgezeichnete individuelle Testmöglichkeiten, die von den Gesetzen nicht vorhergesehen waren, können frei in den Apotheken erworben werden. Eine Frau, bei der die Regel etwas verspätet eintritt, kann heute den Test selbst vornehmen; fällt er positiv aus, kann sie die gesetzlich vorgeschriebenen Formalitäten zum Abbruch einer Schwangerschaft diskret einleiten und – ein zugestandenermaßen noch illegaler, aber eher harmloser Vorgang – von einem/r Gynäkologen/in ausführen lassen.

Wir müssen erkennen, welche vollständige Freiheit, nicht

schwanger zu werden, Frauen heute haben. Sie beinhaltet eine erschreckende Zunahme ihrer Macht: Frauen haben „das Recht auf Leben oder Tod der abendländischen Gesellschaft" schreibt der Bevölkerungswissenschaftler Louis Roussel. Sie haben auch die Macht, die Väter ihrer Vaterschaft zu berauben. Wie reagiert der Partner einer jungen Frau, die, ohne sich mit ihm abzustimmen, die Pille nimmt? Wird er seinen Kinderwunsch dem Willen seiner Gefährtin unterordnen? In gewisser Weise führt das zu einer Infantilisierung des Vaters. Allein der Frau die Entscheidung über Zeugung und Geburt von Kindern zu überlassen bedeutet eigentlich: Du hast dieses Kind gewollt, es ist deines, werde mit ihm fertig, es ist nicht meine Sache...

Es hat den Anschein, daß die Frau Probleme hat, mit dieser neuen Freiheit umzugehen. Untersuchungen über Empfängnisverhütung und Schwangerschaftsunterbrechung lassen die Komplexität und Mehrdeutigkeit des Zeugungswunsches von Frauen erkennen. In den 70er Jahren nahm die Ärzteschaft erstaunt die Zahl der Schwangerschaften, die trotz der Einnahme kontrazeptiver Präparate oder anderer Formen der Empfängnisverhütung zustande kamen, wahr. Man vermutete bei den Frauen komplizierte psychologische Hintergrundphänomene; gerne hätte man die, die sich nicht an die Pille gewöhnen mochten, einer Psychotherapie unterzogen. Seither ist die Pille besser verträglich geworden, ohne jedoch das erhoffte ganz sichere Mittel zu werden. Nach einigen Jahren regelmäßiger Einnahme wird der von ihr verursachte Überdruß immer erkennbarer. Werden neuere Forschungen weniger Probleme zu Tage fördern? Die neueren popularisierenden Veröffentlichungen nehmen auf das Widerstreben der Frauen Rücksicht. Die jüngste, vom französischen Frauenministerium veröffentlicht, präsentiert die Pille nur als ein Mittel unter anderen und fordert jede Frau auf, sich dem Mittel ihrer Wahl zuzuwenden. In der Folge stellte man fest, daß diese Wahl einer Fülle von verschiedenen Faktoren unterworfen ist, an die niemand vor zwanzig Jahren gedacht hätte: das Alter der Frau, die Zahl der Kinder, die sie hatte oder noch haben wollte, die Häufigkeit ihrer sexuellen Kontakte, der Beruf, den sie ausübte, das soziale und kulturelle Milieu, aus dem sie stammte, etc. Und schließlich auch die Meinung ihres Partners...

Das Widerstreben angesichts gewisser empfängnisverhütender Methoden ist nur ein Aspekt des Problems. Man beginnt, die verwirrende Vieldeutigkeit des weiblichen Geschlechtstriebes auszumachen. Der Empfängniswunsch ist keineswegs bereits der Wunsch, Mutter zu sein. Die eine Frau will nur ihre Fruchtbarkeit testen, eine andere wünscht, schwanger zu sein, ohne Mutter werden zu wollen, eine andere möchte ein Kind für jemanden anderes haben (die Mutter, den Vater oder den Ehemann), eine vierte schließlich träumt von Zärtlichkeiten für ein Baby, ohne ein Kind aufziehen zu wollen, etc. Diese Vieldeutigkeit drückt sich gelegentlich in einem irrationalen Verhalten aus: Die eine setzt die Pille ab, weil sie Mutter werden will, beantragt aber umgehend eine Schwangerschaftsunterbrechung, sobald sie schwanger ist; eine andere läßt sich wegen Unfruchtbarkeit behandeln und beantragt wenn die Behandlung endlich erfolgreich gewesen ist, die Abtreibung. Die schlimmste Reaktion ist die jener jungen Frau, die ohne Zögern ihren heimatlichen Herd verläßt, nachdem sie ein oder zwei Kinder zur Welt gebracht hat, sich von der Mutterschaft enttäuscht oder von der Arbeit im Haushalt überlastet fühlt und dem Vater die Kinder überläßt. Es hat immer verlassene Mütter gegeben, denen die Kinder als Bürde blieben, heute gibt es verlassene Väter mit der gleichen Bürde. Wie soll ein (potentieller oder tatsächlicher) Vater auf das Zögern und Schwanken seiner Partnerin reagieren?

Der Entschluß, Kinder zur Welt zu bringen und zu erziehen, war vielleicht leichter, als noch die Mutter am heimischen Herd das Ideal war; die Familienbeihilfen unterstützten damals Frauen, die „nicht arbeiteten". Aber diese Zeit ist vorbei und auch nicht wieder zurückzuholen. Von den 70er Jahren an bezeichneten Feministinnen Frauen, die zuhause blieben, als „ausgehaltene" Frauen. In dem allgemeinen Aufbruch vom Mai 1968 hat das Idealbild der karrieremachenden Frau das der Mutter am heimischen Herd abgelöst. Man gibt dem Kinderwunsch so wenig als möglich nach, man hat ein oder zwei Kinder und vermeidet mit allen Mitteln, das Berufsleben zu unterbrechen. In dem Maß, wie der Vater von dem doppelten Gehalt profitiert, stimmt er dem zu. Das ist ohne Zweifel der Grund dafür, daß die Feministinnen der 70er Jahre so sehr auf Anteil an allen Aufgaben bedacht waren – sie taten alles, um die Väter in die ehemals als mütterlich betrachteten Aufgaben einzubinden. Nun werden diese Aufgaben tatsächlich immer komplizierter und belastender. Jede wissenschaftliche Erkenntnis über das kleine Kind läßt die elterliche Verantwortung schwerer wiegen. Eine zumindest teilweise Entlastung durch den Vater könnte die Mutter vielleicht dazu bringen, ein Kind mehr zu haben. Diese Tendenz würde jedenfalls den Wünschen der *neuen Väter* entgegenkommen.

Immer häufiger zögert die junge Frau die erste Geburt hinaus. Der Kinderwunsch kann in der Zeit der Pubertät sehr lebhaft empfunden werden. Aber handelt es sich dabei um den Wunsch nach Mutterschaft, nach einem Baby oder nach Schwangerschaft? Wenn die Adoleszentin dem nachgibt, riskiert sie ihre Ausbildung und ihre ganze Zukunft. An der Schwelle zum Erwachsenenalter muß der Kinderwunsch rigide verdrängt werden, wenn er mit dem Wunsch nach Selbstbestimmung, wirtschaftlicher und sexueller Freiheit in Konflikt kommt. Früher tendierte die Erziehung der jungen Mädchen dahin, dieses Aufbrechen der weiblichen Persönlichkeit zu unterdrücken. Heute werden die Zügel lockerer gelassen, und die Mehrzahl der jungen Frauen verschiebt die erste Geburt, um sich zunächst ihr persönliches Leben aufzubauen. Der Kinderwunsch bricht später auf. Wenn nämlich die Chancen der Fruchtbarkeit geringer zu werden scheinen, wenn das Gefühl, ohne Nachkommen zu leben, schmerzhaft wird, dann wird dieser Wunsch sehr stark. Diese sogenannten „verspäteten Mutterschaften"[19] scheinen willkommener und leichter tragbar zu sein und mit größerer Gewissenhaftigkeit und Entscheidungsfreiheit zustande zu kommen. Die junge Frau trifft diesen Entschluß, nachdem sie ihre persönlichen Probleme der sozialen Integration, der wirtschaftlichen Unabhängigkeit und ihrer Beziehungen zum anderen Geschlecht mit Mut zur Entscheidung bewältigt hat. Sie handelt in wirklicher Verantwortung. Was macht der Mann, der Vater werden will, angesichts einer so gearteten Gefährtin? Wird er sich seines eigenen Kinderwunsches klarer bewußt? Wird er ihn ihr aufdrängen oder wird er den von der zukünftigen Mutter reklamierten Aufschub achten?

Ein partnerschaftliches Verständnis zwischen den Eltern ist recht schwer aufzubauen. Dazu darf nicht übersehen werden, daß einige Frauen starke Beweggründe haben, sich der Kinder zu bemächtigen.

Der verdrängte Vater

Im 19. Jahrhundert war die Glorifizierung der mütterlichen Liebe ganz sicher ein sanftes Mittel, die Frauen auf Haus und Kinder zu beschränken, während die Entwicklung des öffentlichen Lebens die Männer nach draußen zog. Gleichzeitig machten die Mütter damals sich aber auch die Denkgewohnheit zu eigen, daß die Kinder ihre und allein ihre Sache seien. Sie stürzten sich um so mehr auf diese Aufgabe, als ihnen jede andere Möglichkeit der Aktivität genommen war; sie standen nicht mehr unter dem Erwartungsdruck, zahlreiche Nachkommen zur Welt zu bringen. Die mütterlichen Funktionen hörten auf, sie niederzuhalten. Einige Mütter widmeten sich hingebungsvoll einem einzigen oder zwei Kindern und wurden besitzergreifende Übermütter, wie man das mit Freud nennen kann. Sie hielten den Vater für unfähig, seine Kinder so stark und gut zu lieben wie sie selbst und widersetzten sich seinem Eingreifen bei den Kindern, vor allem aber strengen körperlichen Strafen. In seinem Buch *Pères et Enfants* [Väter und Kinder, 1867] zeichnete Ernest Legouvé diesen neuen und vieldeutigen Konflikt nach; er beschreibt, wie der Vater sich beugte, nicht mehr seine Gewalt zu zeigen wagte, weil er sich ihrer schämte, auch aber, weil er unsicher war, ob er seine Kinder wirklich gut kannte, und nicht wußte, wozu er sie erziehen sollte.

Im 20. Jahrhundert ist es der Staat, der selbst die nicht verheiratete Mutter stützt, auf Grund demographischer Überlegungen, wie im folgenden Kapitel zu zeigen sein wird. Wenn die Mutter ihre Kinder dank der öffentlichen Hilfen alleine ernähren kann, wenn sie dank der Krankenversicherung alleine für ihre Pflege aufkommen kann, wozu ist der Vater dann noch nütze?

Überdies hat die frühere Resignation der Frauen ein Ende. Die Vormundschaft des Ehemannes und Vaters wird nicht mehr hingenommen, da den Müttern die Möglichkeit gegeben ist, mit ihren Kindern nach eigenem Gutdünken, ohne Zwang zum Gehorsam zu leben. Die, die sich zu einer Ehe entschließen, lassen sich bereits nach den ersten Enttäuschungen schnell wieder scheiden und heiraten nicht wieder; sie sind frei, das Leben eines anderen Mannes als des Vaters ihrer Kinder zu teilen, ohne sich an ihn zu binden.

Mutter eines unehelichen Kindes zu sein ist keine Schande mehr. Manche sind es noch widerwillig, aber andere sind *freiwillig ledige Mütter*. Dies ist eine letzte aufgetretene Variante des Feminismus. Deutlich zutage trat sie während eines Kolloquiums, das die Gesellschaft *Le Millénaire* über das Thema *Feminismus und Mutterschaft* veranstaltete.[20] Eine große Zahl von Feministinnen erschien dort, um Mutterschaft als Basis ihrer weiblichen Identität, als Quelle von Glück und sozialer Macht für sich zu reklamieren. Sie erhoben die Forderung, Mütter nach eigenen Vorstellungen und eigenem Willen zu sein. Eine von ihnen berichtete, sie sei vor der Legalisierung der Abtreibung (Loi Veil) mit zwanzig Jahren nach Amsterdam gegangen, um dort abzutreiben; heute kehre sie mit siebenunddreißig Jahren dortin zurück, um eine künstliche Befruchtung vornehmen zu lassen... Was folgt daraus? Nachdem jahrelang Gründe vorgebracht wurden, die gegen das Mutter-Sein sprechen, wird nun entdeckt, daß auch vieles dafür spricht. Nachdem die Freiheit der Frauen außerhalb des Gebärens definiert worden war, soll sie heute durch das Gebären definiert werden. Frauen dürfen sich die Freude machen, Mutter zu werden, ohne sich zu opfern, ohne ihre Persönlichkeit zu Füßen eines Mannes zu legen, ohne in die Sklaverei ihrer Vorfahrinnen zu fallen, ohne sich der *Passivität* anheimzugeben, von der Freud spricht. Gesetze stützen dies: das Gesetz vom 4. Juni 1970 überläßt der Mutter die elterliche Autorität; insbesondere das vom 3. Januar 1972 erkennt die außereheliche Filiation als ebenso legitim wie die eheliche an. Außerhalb der Ehe besitzt die Mutter allein die elterliche Autorität. Der Ehe aus dem Wege zu gehen genügt, um ein Kind alleine zu besitzen, selbst, wenn der Vater es anerkennt.

Einige zum Äußersten entschlossene Feministinnen gehen noch weiter. Heute liegt es im Bereich des Möglichen, *Jungfrau und Mutter* zu sein, wenn man die Empfängnis über eine künstliche Befruchtung vollziehen läßt und wenn man mit Kaiserschnitt entbindet. Der Samen hat mehr Gewicht als der Vater... Ohne so weit zu gehen, versagen einige freiwillig ledige Mütter dem gewünschten Kind den Vater; sie haben die Absicht, allein ihr Kind anzuerkennen und alleine das aus ihnen hervorgegangene Geschöpf anzunehmen, womit der Mann seiner Nachkommenschaft beraubt und auf die Rolle des Erzeugers reduziert wird.

Das Phänomen ist allerdings nicht völlig neu. Die Sozialistin und Anhängerin Saint-Simons Pauline Roland (1805–1852) lebte nacheinander mit zwei Männern, denen sie die Heirat verweigerte; sie hatte von jedem der beiden ein Kind und erzog ihre Sprößlinge alleine – wenn auch nicht ohne Schwierigkeiten. Es ließen sich noch andere Fälle aufzählen, doch sind freiwillig ledige Mütter bis in die jüngste Vergangenheit die Ausnahme geblieben. Die materielle und moralische Abhängigkeit der Frauen war zu groß, um sich in eine solche Situation zu begeben. Heute jedoch scheint ihre Zahl zuzunehmen, sie haben sich zu einem Verein zusammengeschlossen, um sich gegenseitig zu unterstützen und ihre Rechte zu verteidigen. Es gibt Stimmen, die sie für unwichtig halten wollen und sich deswegen auf Statistiken berufen: Danach gibt es heute nicht mehr ledige Mütter als um 1900. Das ist nicht zu leugnen, aber wie so häufig, verschleiern Zahlen eher die Realität als daß sie sie offenlegen. So konnte man lesen, daß es um 1900 ebenso viele arbeitende Frauen gab wie heute. Sicher, aber es waren weder die gleichen Frauen noch die gleiche Arbeit, und der Qualitätsunterschied zählt hier mehr als die gleichgebliebene Quanität. Um 1900 waren es Frauen aus ärmeren Schichten, die arbeiteten und deren Ziel es war, wie bürgerliche Frauen zuhause zu bleiben; um 1980 ist es immer häufiger die *Bürgerliche*, die arbeitet, und die das Idealbild der Frau am heimischen Herd veraltet erscheinen läßt. Desgleichen entstammte um 1900 die ledige Mutter meist bescheidenen Verhältnissen, sie mußte ihr Schicksal in Schande und Elend auf sich nehmen. Diese Art Frau ist nicht verschwunden, aber doch auf dem Rückzug. Dagegen trifft man heute ledige Mütter aus mittleren oder höheren Schichten, die eine Art Matriarchat einführen wollen. Ohne Zweifel sind sie nicht zahlreich und nicht in der Lage, das Idealbild der Gattin-Mutter völlig zu verdrängen. Trotzdem darf man neben ihnen die steigende Zahl der geschiedenen Mütter nicht vergessen, die die Aufsicht über ihre Kinder haben und sich nicht wieder verheiraten. Aus *Économie et Statistique* (Nr. 175, März 1985) kann man entnehmen, daß die Zahl der Frauen ohne Mann, die mit einem oder zwei Kindern leben, zwischen 1972 und 1982 um 20% zugenommen hat; unter ihnen waren 400000 Geschiedene, d. h. die Hälfte der

Eineltern-Familien (1975 noch ein Drittel); Ledige mit Kind(ern) stellten 14,5 % der Eineltern-Familien. Daß hier eine neue gesellschaftliche Entwicklung zu beobachten ist, läßt sich nicht leugnen, auch nicht, daß Männer ihr nicht allzuviel Widerstand entgegensetzen.

Die Forderung von ledigen Müttern nach dem Recht, alleine ein Kind aufzuziehen, bereitet unseren patriarchalischen Institutionen Schwierigkeiten. Muß man einer alleinstehenden Frau das Recht einräumen, ein Kind zu adoptieren? Darf man ihr das Recht auf künstliche Befruchtung zugestehen? In beiden Fällen bleibt der Vater unbekannt und anonym. Neu ist nicht die Abwesenheit eines Vaters, neu ist, daß eine Frau allein für ein Kind die Verantwortung übernehmen will. Nach dem Gesetz ist ihr das keinesfalls untersagt: Seit 1972 gesteht es der Mutter elterliche Autorität zu, auch wenn sie nicht verheiratet ist. Eine alleinstehende Frau hat auch das Recht, ein Kind zu adoptieren, wenn bestimmte Bedingungen des Alters, des finanziellen Hintergrundes und ausreichender physischer und psychischer Gesundheit erfüllt sind. Trotzdem scheuen sich die betreffenden Institutionen häufig, dem Antrag einer ledigen Frau stattzugeben. Der angeführte Grund, eine Adoption abzuschlagen, ist, daß zur Adoption freie Kinder selten sind, und daß man sie bevorzugt verheirateten Paaren überlassen will. Gleicherweise versagen die Zentren zur Konservierung von Sperma in Frankreich einer alleinstehenden Frau die künstliche Befruchtung. In der Tat befindet sich unter den vier standesrechtlichen Regeln, denen sich diese Institutionen freiwillig unterwerfen, auch die, daß eine freiwillige Weitergabe von Sperma nur von Paar zu Paar erlaubt ist. So existiert in Frankreich bereits ein schwarzer Markt für Sperma mit sehr überhöhten Preisen, und deswegen begeben sich Französinnen nach Amsterdam.

In Wirklichkeit ist der Grund für diesen Widerstand die tiefsitzende, von den Ahnen überkommene Furcht der

Männer vor der Mutter: Es ist ihre Angst, von der Mutter um ihre Vaterschaft gebracht zu werden. Schockiert davon war die Ärztin Jacqueline Mandelbaum: „Als Sachverständige im Gesundheitsministerium war ich sprachlos über die heftige Reaktion unserer männlichen Kollegen in Hinblick auf ledige Frauen. Sie grenzte an Flegelhaftigkeit"[21]. Der Präsident der Gesetzeskommission im Parlament, der Abgeordnete Forni, ein Sozialist und Linker, sehr zugänglich für alle Gesetzesvorschläge in Bezug auf soziale Gerechtigkeit, hat alles getan, um ein Gesetz durchzubringen, das ledigen Frauen verbietet, ein Kind zu haben. Dagegen brüsten sich manche Männer damit, ein Kind zu haben, ohne sich mit „der Mutter zu belasten", also z. B. indem sie sich der Dienste einer *Leihmutter* bedienen.

In der Tat hat heute die ledige Mutter zwei in den Augen der Männer sehr verschiedene Gesichter. Das eine ist traditionell: Es hat die Züge der *verlassenen Mutter*, immer bescheiden und bemitleidenswert, wenn sie auch heute weniger verachtet und besser unterstützt wird als früher. Es ist noch nicht lange her, daß man mit allen Mitteln zu erreichen versuchte, daß eine (unfreiwillig) ledige Mutter ihr Kind behielt und einwilligte, es alleine zu erziehen. Während der 30er Jahre bemühte man sich in den Mütterstationen, die Frauen zum Stillen zu bewegen, damit sie sich an ihren Säugling gewöhnten und ihn nicht verließen. Die Abwesenheit des Vaters war kein Problem, so wenig wie seine Identität – die Mutter genügte. Diese Tendenz ist noch nicht verschwunden. Heute sind diese *Einelternfamilien* besser integriert und geschützt: Eine Reihe von Zuwendungen erlaubt ihnen die erste Zeit zu überstehen, ohne jedoch ihre Zukunft abzusichern. Einige junge Frauen mit Kindern erweisen sich als unfähig, sich eine gewisse wirtschaftliche Selbständigkeit zu erhalten oder auch nur, sie ins Auge zu fassen. Seit dem Gesetz vom 23. Dezember 1970 erhalten sie Waisen-Unterstützung (die mit dem Gesetz vom 9. Juli 1976 in Unterstützung für alleinstehende Elternteile überführt wurde), bis ihr Kind drei Jahre alt ist; danach haben sie häufig ein zweites Kind, das ihnen die gleiche Zuwendung noch einmal für drei Jahre garantiert. Es kommt jedoch vor, daß sie dann ihr erstes Kind (definitiv oder nur zeitweilig) weggeben, weil sie es nicht mehr ernähren können. Diese Frauen berufen sich stillschweigend auf ein *Recht auf Abhängigkeit*, sie machen aus ihrer Mutter-Aufgabe eine Elendsindustrie. Das ist proletarisierte Mutterschaft.[22]

Das andere Gesicht der ledigen Mutter ist das einer selbständigen, willensstarken und freiwilligen Mutter, die ein Kind fordert, weil sie es alleine aufziehen kann, ohne irgendjemanden um Hilfe zu bitten. Vor ihr hat man Angst, man wirft ihr ihren Drang nach Unabhängigkeit vor. Man verdächtigt sie der Absicht, das Matriarchat wieder einführen zu wollen.

Die Drohung des Matriarchats – das ist die Drohung der verkehrten Welt: Einer Welt, in der alleine Frauen die Macht haben, Leben zu spenden, in der der Mann nicht mehr wissen kann, welcher Kinder Vater er ist. Alle Anstrengungen des menschlichen Männchens seit der Steinzeit wären zunichte gemacht: Nachkommen zu haben, durch zu ihm gehörende Kinder zu überleben, mit ihnen bevorrechtete Beziehungen zu unterhalten.

Sicher ist diese Bedrohung nicht unmittelbar, freiwillig ledige Mütter bleiben eine minimale Minorität. Aber alleine die Tatsache, daß man diese Überlegungen aussprechen kann, läßt einige Schlußfolgerungen anstellen. So stellen sich mir zwei unterschiedlich Probleme: Das eine bezieht sich auf das Ende der *männlichen Herrschaft* in der Familie, das andere auf die Fortdauer der christlichen Ehe.

Warum haben denn die Väter sich freiwillig ihrer alten Vorherrschaft über die Mütter begeben? Daß die Mütter sich immer gewünscht haben, nach ihrem Belieben Kinder zu haben, ist wahrscheinlich; aber sie haben weder Präservative, noch Sterilisierung, noch die Pille erfunden... Und was die Aneignung des Kindes durch die Mutter betrifft, so hat sie sich nur nach und nach vollzogen, in dem Maß, wie der Vater sich selbst vom heimischen Herd entfernte; keinesfalls haben die Frauen alleine die Gesetze gemacht, die die Macht des Vaters beseitigten. Die beiden Stützen des Patriarchats, die Herrschaft über die Zeugung und die Aneignung der Nachkommen, sind also mit der Zustimmung und auf das Betreiben der Männer selbst hinfällig geworden. Sollte die Herrschaft des menschlichen Männchens über sein Weibchen das unbewußte Ziel gehabt haben, die Vermehrung der menschlichen Art auf dem Erdball zu sichern, ist es einleuchtend, daß das Patriarchat heute obsolet werden konnte...

Die christliche Ehe war die abendländische Variante des Patriarchats: Sie trug zum Bestehen der Vormacht des Vaters, des Ebenbildes von Gott, bei. Wird sie in den Niedergang der väterlichen Suprematie einbezogen? In dem Falle wäre sie nichts anderes als eine Etappe in der Geschichte der menschlichen Fortpflanzung, in der Geschichte der Vaterschaft. Aber wir sollten nicht vergessen, daß es vor langer Zeit die christliche Ehe war, mit deren Hilfe der väterlichen Macht über Kind und Mutter die ersten Grenzen gezogen wurden. Kann sie aus dieser Achtung vor dem Menschen Möglichkeiten für Erneuerung und Weiterleben schöpfen?

Daneben kann man sich natürlich die Frage stellen, ob die väterliche Macht wirklich obsolet geworden ist oder ob sie nur Form und Mittel gewechselt hat. Denn neue Formen der Vaterschaft, also von Patriarchat, sind vom modernen Staat entwickelt worden.

9. KAPITEL

Der Staat

Heute läßt sich über väterliche Verantwortung nur sprechen, wenn man gleichzeitig die Eingriffe der Staatsmacht in Betracht zieht. Der westliche Staat braucht Kinder und ist auf der Suche nach geeigneten Möglichkeiten, Geburten zu begünstigen. Er hat sich entschieden, das zu artikulieren und zuzulassen, daß die Gründe seines Interesses bekannt werden. Er ist es, der heute die Existenzsorgen der kleineren Einheiten von einst übernimmt: das Überleben der Gruppe, die Beschaffung von Arbeitskräften und den Unterhalt der Alten. Manche machen ihn für die Übervölkerung der ehemaligen Kolonialgebiete und Departements oder für die Verbreitung der Eineltern-Familien verantwortlich.

Ebenso erläßt der Staat Gesetze und Verordnungen, die die Vater-Gewalt teils gestalten, teils eingrenzen. So schafft er Institutionen, entwirft Orientierungsmaßstäbe, übt direkten oder indirekten Druck aus – alles, um die Lebensbedingungen von Familien zu beeinflussen. Soziologen in der Nachfolge von Foucault beschreiben das Anwachsen der behördlichen Eingriffe als ein erneutes Überhandnehmen der Machtmaschinerie. Ohne ihren gelegentlich zu prinzipiellen Beweisführungen ganz folgen zu wollen (der Regierungsapparat erscheint hier wie eine Art Leviathan), muß man einräumen, daß heute neue Rahmenbedingungen an die Stelle der alten getreten sind.

Aber *der Staat* ist eine Fiktion, nicht anders als *die Gesellschaft*. Der Staat besteht aus Männern, die Macht ausüben, und viele von ihnen sind Väter. Mit der Ausnahme von despotischen Regierungen haben die Staatsmänner das Ziel, das Wohl der Bevölkerung zu fördern, die ihnen für diesen Zweck die Macht anvertraut. Der Staat sind wir.

Welches Bild der väterlichen Aufgaben läßt sich nun anhand der Aktivitäten der Regierungen im Laufe der Zeit umreißen? Das Verhältnis zwischen Vätern und Staat zeigt sich an der gewünschten Zahl von Kindern, an den Erwartungen hinsichtlich ihrer gesundheitlichen und charakterlichen Eigenschaften und am Umgang mit ausgesetzten Kindern.

Sorge um den Nachwuchs

Die Bemühungen eines Gemeinwesens um Väter sind früher anzusetzen als man gemeinhin annimmt. Schon im 16. Jahrhundert existierten Sonderrechte, die die burgundischen Stände Vätern mit zwölf lebenden Kindern einräumten: Stellten sie einen entsprechenden Antrag, konnten sie von der Steuer, von Einquartierung von Soldaten, der Wache auf Mauern und Toren und vom Wegedienst befreit werden. Colbert, dem nie etwas entging, weitete die Anwendung dieser Privilegien auf das gesamte Königreich aus und erließ am 9. November 1666 das folgende königliche Edikt: „Obgleich die Ehe eine fruchtbare Quelle ist, aus der sich die Macht und die Größe der Staaten ableitet, und obwohl ebenfalls kirchliche und profane Gesetzbarkeit zusammenwirkten, um ihre Fruchtbarkeit aufrechtzuerhalten, haben wir befunden, daß mit der Zeit diese Rechte nichtig und die Würde der Ehe herabgesetzt wurden. Da wir das Ziel haben, die Vorteile, die sie bietet, hervorzuheben, müßten wir glauben, dem, was wir für das Glück unseres Reiches halten, nicht zu entsprechen, wenn wir nicht, in der Absicht, diese geheiligten und politischen Bande mit unserer Wertschätzung auszuzeichnen, als Beispiel für alle kommenden Jahrhunderte die Fruchtbarkeit besonders ehren und bevorrechten würden, um ihr Verdienst empfehlenswert zu machen. [...] Dem wünschen wir (in Kenntnis der besonderen Bräuche unserer Provinz Burgund) zu entsprechen, indem wir dieselben Gunstbezeigungen auf alle Untertanen unseres Königreiches ausweiten und ihnen neue gewähren."

Unglücklicherweise wurde dieses Dekret am 23. Januar 1683 wegen der leeren königlichen Kassen aufgehoben. Die burgundischen Ständen beharrten nichtsdestoweniger auf ihren Rechten: So findet sich allein für die Grafschaft Auxerre eine Liste von fünfzig Familien, denen diese Vorrechte in der Zeit von 1664 bis 1760 zustanden.[1]

Die französischen Könige machten sich relativ früh daran, ihre Untertanen zu zählen. Das war eine unerläßliche Notwendigkeit, um die Besteuerung und das Ausheben von Soldaten gerecht vorzunehmen.[2] Jedes Jahr stellten die Steuereinnehmer in jeder Kirchengemeinde Steuerlisten auf, d.h. Listen der Familienväter, die Steuern bezahlten. Vauban bekundet 1678 eine neue Wißbegier. Er wollte: „genau wissen, wie hoch die Zahl der Untertanen ist, d.h. den genauen Stand ihres Reichtums und ihrer Armut [...] Wieviele Einwohner das Königreich ernährt und wieviele es ohne die Hilfe seiner Nachbarn ernähren könnte, wenn man es in die bestmöglichste Lage versetzte". Er organisierte dementsprechend ein neues Verfahren, mit dem alle Einwohner jedes Hauses, Männer, Frauen, kleine und große Kinder, Bedienstete und Fremde gezählt wurden. Der Gedanke, Geburten zu zählen, fand sich in der Mitte des 18. Jahrhunderts zum ersten Mal: Der Intendant La Michodière machte 1757 einen dementsprechenden Versuch in der Auvergne, der Abbé Expilly nahm ihn auf und verfeinerte die Methode 1762.

Aber erst die Umwälzungen der französischen Revolution erlaubten eine entscheidende Neuerung in der Verfeinerung dieser Methoden. Die Aufteilung Frankreichs in Departements, die Schaffung vollständig neuer Steuern, die Verlagerung der standesamtlichen Aufgaben von der Kirche auf den Staat, erlaubten dem Staat bislang unbekannte Möglichkeiten der Ermittlung. Der erste, der Ordnung in die Sammlung und Auswertung dieser Fakten zu bringen versuchte, war François de Neufchâteau unter dem Direktorium. Unter dem Konsulat und dem Kaiserreich wurden von den Innenministern Lucien Bonaparte, Chaptal und Champagny dafür spezialisierte Behörden (Archive, Ämter für Statistik) geschaffen. Von jetzt an konnte man von Volkszählungen sprechen; sie wurden immer präziser und vollständiger, in dem Maße, wie sich die Methoden verfeinerten und sich die Wissenschaft von der Statistik weiterentwickelte.

Der Alptraum der Entvölkerung

Seit der Aufklärung begleitete die Sorge um die Bevölkerungszahl fast alle Regierungen, zumindest in Frankreich. Um das zu begreifen, muß man sich vergegenwärtigen, daß das Vaterland das Land der Väter ist. Für dieses Vaterland müssen Söhne leben und sterben, zunächst und vor allem aber geboren werden, und zwar so zahlreich wie möglich.

Montesquieu war der erste, der die Vorstellung äußerte, Frankreich sei auf dem Wege entvölkert zu werden, was allerdings zu seiner Zeit völlig falsch war. Entsprechende Gedanken waren vom Marquis de Mirabeau 1756 sehr eingängig in seinem *L'Ami des hommes ou Traité de la population* [Der Menschenfreund oder Abhandlung über die Bevölkerung] zusammengefaßt worden. Die jüngeren Physiokraten lehrten dann, daß der eigentliche Reichtum eines Landes in der Zahl seiner Bewohner bestände. Sie waren die ersten, die die Kindersterblichkeit an den Pranger stellten; sie hielten sie für bloße Verschwendung, bezeichneten sie sogar als bislang ignorierten Skandal. Während sie global das Ammenwesen und die Unwissenheit der Mütter ins Visier nahmen, begannen sie mit einem Feldzug gegen die traditionelle Kleinkindpflege, gegen Windeln und Wiege, gegen Breie und Dreck. Einige der Physiokraten waren Mediziner, unter ihnen vor allem Quesnay, der Arzt der Madame de Pompadour. Die *Medikalisierung* der Kleinkindpflege entstand damals als Idee, wurde jedoch noch nicht in die Tat umgesetzt: Die Wissenschaft von der Medizin steckte noch in ihren Anfängen, sie war noch nicht in der Lage, effizient gegen ansteckende Krankheiten, dem vorherrschenden Grund für die Kindersterblichkeit, vorzugehen.

Die Regierung ihrerseits blieb jedoch nicht untätig: Die Minister von Ludwig XVI. und die Intendanten der Provinzen taten alles für die Verbesserung der Ausbildung der Hebammen, die ja die nächsten Ratgeberinnen der Mütter bei der Fürsorge für die Kleinkinder waren. Die Kindersterblichkeit traf vor allem Findelkinder: Ihr massenhaftes Sterben wurde deshalb auf Dauer inakzeptabel. Am Vorabend der Revolution begann man den *Nutzen* der Findelkinder für die Nation zu berechnen. Es gab Vorschläge, sie zu Siedlern, Soldaten oder Landwirten zu machen; andere wollten die Adoption wieder ermöglichen.

Die Zeit der Revolution und des Ersten Kaiserreiches war vor allem durch den Krieg geprägt: Ein Kriegerstaat braucht Soldaten und erkennt deutlicher als andere die Notwendigkeit von Nachwuchs. So läßt sich verstehen, daß der Konvent die Steuern für Junggesellen erhöhte und den Erlaß von Schutzgesetzen für Mütter und Kinder betrieb: „Das Vaterland braucht gesunde und starke Kinder", so lautet das Motto eines kleinen Büchleins, 1796 von dem Arzt Saucerotte unter dem Titel *De la conservation des enfants* [Von der Erhaltung der Kinder] veröffentlicht. Ein Erlaß vom 28. Juni 1793 verordnete zum einen in jedem Distrikt die Schaffung eines Heimes, in dem schwangere Mütter ihre Schwangerschaft beenden und heimlich auf Kosten des Vaterlandes ihre Kinder zur Welt bringen konnten, zum anderen, bedürftigen ledigen Müttern die Mittel zu gewähren, ihre Kinder zu stillen. Man hoffte so, mit einem Schlag die Zahl der ausgesetzten Kinder und die Kindersterblichkeit reduzieren zu können, die man auf die Ernährung der Findelkinder durch Ammen oder durch künstliche Ernährung zurückführte. Dieses Dekret kam allerdings wegen Geldmangel nirgends zur Ausführung.³

Im Kaiserreich wurde die Unterstützung lediger Mütter aufgegeben, um nicht „das Laster zu unterstützen". Aber ein Dekret von 1811 verpflichtet jedes Hospital zur Einrichtung einer *Drehtür*, um die heimliche und endgültige Aufnahme eines ausgesetzten Kindes zu gewährleisten. Napoleon I. kümmerte sich ebenfalls um die Verbesserung der Geburtshilfe: Er schuf 1806 den ersten Lehrstuhl für Geburtshilfe, der auch der erste Lehrstuhl einer besonderen Fachrichtung in der Medizin war, und ließ die Ausbildung der Hebammen neu organisieren.⁴

In der ersten Hälfte des 19. Jahrhunderts nahmen die Politiker davon Abstand, sich für die Bevölkerungsvermehrung einzusetzen. Sie hatten ihren Malthus gelesen (oder aber die Kommentare dazu) und befürchteten, daß die Bevölkerung schneller zunähme als die ihr zur Verfügung stehenden Ressourcen. Die sozialen Unruhen, Begleiterscheinung dieser ersten Phase der Industrialisierung, schienen diese Befürchtungen zu bestätigen. Das Elend der Armen war der ausschlaggebende Grund für die Aufstände, die Paris und Lyon zu Beginn der 1830er Jahre erschütterten. Die Minister von Louis-Philippe befahlen ihren Präfekten, ihren Angestellten – Vätern – nahezulegen, ihre Ehe „nicht ergiebiger als ihre Industrie" zu machen. Unter solchem Blickwinkel scheint Hilfe für die Armen ein ökonomischer Widersinn. Findelkindern zu helfen, bedeutete die Anzahl der Bedürftigen zu vervielfachen und damit die soziale Instabilität zu fördern. Zu dieser Zeit war die Stigmatisierung der ledigen Mütter als Sünderinnen und der unehelichen Kinder als *Kinder des Lasters* besonders ausgeprägt.

Im Laufe des Zweiten Kaiserreichs verkehrte sich diese Tendenz wieder in ihr Gegenteil. Die Fortschritte in der Bevölkerungszählung und in den statistischen Methoden führten zu der Feststellung, daß die Geburtenziffer in Frankreich sank, vor allem seit der großen Wirtschaftskrise von

1846 bis 1851. Eine Art Unruhe bemächtigte sich zuerst der Industriellen, die befürchteten, nicht genügend Arbeiter zur Verfügung zu haben. So setzten einige von ihnen eine Art Sozialpolitik in Gang, die darauf abzielte, die Arbeiter vor Ort zu halten und ihre Fortpflanzung zu fördern: Schaffung von Arbeitersiedlungen mit Mietfreiheit, billigen Einkaufsmöglichkeiten, Schulen, Polikliniken und Sozialfürsorge.

Die Regierung begann sich erst nach der Niederlage von 1871 über den Bevölkerungsrückgang Gedanken zu machen. Die Franzosen, die sich für unbesiegbar gehalten hatten, wurden schnell und unerbittlich von den Preußen geschlagen. Die am wenigsten demütigende Erklärung für diese Niederlage bestand darin, zu behaupten, daß die französische Armee kleiner als die deutsche gewesen sei. Wenn man also an Revanche dachte, wenn man die Wiedergewinnung von Elsaß-Lothringen zum Ziel hatte, mußte man mehr Soldaten rekrutieren können. Zu diesem Zeitpunkt trat die fundamentale Tendenz des Patriarchats erneut sehr deutlich zutage: Die Frauen sollten gezwungen werden, Kinder zu haben, indem ihnen, falls nötig, alle Arbeit außer Haus verboten und zudem alle Möglichkeiten der Empfängnisverhütung und mehr noch von Abtreibungen streng verfolgt wurden.[5] Gleichzeitig mußten sich die Verantwortlichen darüber Rechenschaft ablegen, daß seit geraumer Zeit eine immer größere Zahl von *Wehruntauglichen* durch Berufungsgerichte ausgesondert wurden. So setzte sich bei den Politikern langsam die Einsicht durch, daß man gleichzeitig in zwei Richtungen agieren mußte: Einerseits gegen die Geburtenbeschränkung zu kämpfen, andererseits eine Gesundheitspolitik zu fördern, die dazu beitrug, die (immer noch hohe) Kindersterblichkeit zu senken und die *Qualität der Rasse* zu steigern.

Der erste Teil des Programms war schwer zu realisieren. Die Republik, darauf bedacht, die individuellen Rechte zu schützen, scheute sich, entsprechende Gesetze in Gang zu bringen. Nur private Initiativen traten hervor, deren wichtigste 1896 die Gründung der *Alliance nationale contre la dépopulation* [Nationale Vereinigung gegen die Entvölkerung] des Mediziners Jacques Bertillon war. Zu erwähnen sind auch viele Einzelinitiativen von Familienvätern, die sich in Vereinen zu sammeln begannen, um auf die Regierung Druck auszuüben. Das wichtigste Beispiel ist wohl das des Kapitäns Simon Maire, der am 1. August 1908 die *Ligue populaire des pères et mères de familles nombreuses* [Volksbund von Vätern und Müttern kinderreicher Familien] gründete.[6] Ein bestimmter Vorfall hatte die militante Haltung dieses Offiziers, eines Vaters von zehn Kindern, ausgelöst. Als er in der Garnison von Besançon stationiert war, wollte er seinen Sold beim Zahlmeister zur gleichen Zeit abholen wie ein gleichrangiger Offizier, ein reicher Junggeselle. Dieser war bestürzt, weil er ohne familiäre Belastung den gleichen Sold erhielt, und machte Anstalten, den Umschlag mit seinem Sold Maire zu geben, was dieser entrüstet von sich wies, ihn aber im gleichen Moment aufforderte, sich ebenfalls der Interessen von Offizieren mit großer Familie anzunehmen. Simon Maire mangelte es nicht an Eifer. Er nahm seinen Abschied, um den Rest des Lebens seinem Volksbund zu widmen und von jetzt ab die Behörden mit Eingaben zu bombardieren. Andere machten es ihm nach. Vor dem Ersten Weltkrieg geschah jedoch nichts Entscheidendes.

Im Gegensatz dazu war die Gesundheitspolitik recht erfolgreich. Unleugbar haben die Entdeckungen von Pasteur und die Anwendung seiner Methoden (Aseptik, Antiseptik, Prophylaxe und Impfungen) den ärztlichen Bemühungen große Erfolge beschert und den Medizinern nie zuvor gekannte Sicherheit, Autorität und Risikobereitschaft erlaubt. Politiker schenkten ihnen damals ein fast schrankenloses Vertrauen.[7]

Der republikanische Abgeordnete und Mediziner Théophile Roussel brachte am 23. Dezember 1874 ein sogenanntes Gesetz zum *Schutz des Kindesalters* zur Abstimmung, mit dem die Überwachung der Findelkinder und der für sie zuständigen Ammen organisiert werden sollte. Gleichzeitig begannen die Professoren Budin, Pinard und andere Geburtshelfer an den Krankenhäusern, deren Patientinnen vornehmlich uneheliche Mütter waren, ihren Kampf gegen die Kindersterblichkeit. Mit Hilfe der Sozialfürsorge und lokaler politischer Körperschaften setzten sie die Einrichtung von Heimen für Schwangere und stillende Mütter durch, die später die Mütterheime der Departements wurden. Zur gleichen Zeit eröffneten die Gesetze Strauss und Enguerrand Möglichkeiten für einen Mutterschaftsurlaub für arbeitende Frauen.

Diese Tendenz einer alles bestimmenden Medizin beschleunigte sich durch die schreckenerregende Zahl der Toten des Ersten Weltkriegs. Mehr denn je schien es wichtig, „das Korn zu retten", wie Pasteur sagte. Regierung und Behörden schoben alle moralischen Überlegungen beiseite. Nicht mehr die Legitimität einer Geburt zählte, sondern nur, daß sie unter vom gesundheitlichen Standpunkt aus optimalen Bedingungen vor sich ging. Während der 20er Jahre kam es sogar zu einer von Pinard dirigierte Kampagne, die die unehelichen Geburten aufwertete: „In Frankreich gibt es zwei Millionen Frauen, die durch den Krieg ihres Ehemannes beraubt sind. Wenn illegitime Mutterschaft auch nicht das Ideal der Nation ist (auch nicht das der Frau), ist sie doch eine wichtige zusätzliche Hilfe für die Erhaltung der Rasse"; „Ohne illegitime Mütter gibt es kein Frankreich mehr. Deswegen müssen wir ihre Rolle aufwerten".[8]

Dieser Gier nach der zahlenmäßigen Größe, diese bewußte und organisierte Fixierung auf die Geburtenziffer („Geburten müssen gemacht werden") stützte sich mehr denn je auf den *Patriotismus*, auf den Wunsch, das Überleben der Gruppe *Nation* zu sichern. So konnte man bei dieser Großgruppe den gleichen Wunsch nach Kindern und die gleichen Besorgnisse wie bei den früheren Bauern ausmachen. Die Ablösung der älteren Generation mußte eingeleitet, das Alter gesichert, d. h. für die Sicherheit der Renten mußte gesorgt werden.

Familienpolitik

Der Patriotismus bedingte einen staatlichen Paternalismus in Form einer Familienpolitik, die ihren Höhepunkt in den Jahren von 1938 bis 1958 erlebte. Diese Politik hatte zwei Gesichter. Ihre repressive Seite, in Gang gesetzt von der Regierung Daladier und fortgeführt vom Vichy-Regime, bestand in der Verfolgung von Abtreibung und Empfängnisverhütung. Ihre positiven Initiativen bestanden in der Förderung von Geburten mit Hilfe kindbezogener Zuwendungen.[9]

Während der Jahre 1930 bis 1940 wollten die Befürworter einer aktiven Geburtenpolitik „die Lasten der Familie vergüten", so daß ein Familienvater nicht auf Grund seiner Kinder materiell schlechter gestellt sei. Einige Unternehmer hatten seit 1920 den Vätern mit zahlreicher Familie einen *Mehr-Lohn* gezahlt. Das Gesetz vom 11. März 1932 machte diese Zahlung obligatorisch; das Gesetz vom 12. November 1938 trennte die *Zuwendungen für die Familie* von den Löhnen und den Unternehmen. Ihr Betrag wurde unter Bezugnahme auf eine je nach Departement unterschiedliche (jedes Jahr revidierte) durchschnittliche Lohnsumme festgesetzt und variierte entsprechend der Position, die das Kind unter den Geschwistern einnahm. Das Familiengesetzbuch (Verordnung vom 29. Juli 1939) setzte diese Geburtenpolitik in Verordnungen um. Sie setzte Geburtsbeihilfen fest, die das Doppelte der durchschnittlichen Lohnsumme betrugen und für das erste Kind ausgeschüttet wurden, wenn es in den ersten zwei Jahren nach der Eheschließung geboren wurde; für das zweite Kind betrug diese Zuwendung 10% des Durchschnittslohnes, für jedes weitere 20%. Eine zusätzliche Summe soll die *Hausmutter* entschädigen. Diese Zuwendungen gingen an alle Familien, wie auch immer sie gestellt waren. Bei dieser Gelegenheit muß eine wichtige Änderung erwähnt werden: Die Summen, vom Briefträger oder per Postanweisung ausgezahlt, gingen direkt an die Mutter und nicht mehr an den Vater. Dieses System wurde flankiert von steuerlichen Maßnahmen, die Familien mit drei oder mehr Kindern steuerlich ent- und Familien ohne Kinder belasteten. Die Zielrichtung war deutlich. Der Staat wußte, welche Familien er fördern wollte: Familien mit mindestens drei Kindern, in denen die Mutter zuhause blieb.

Weder die Vichy-Regierung noch die auf die *Befreiung von 1944* folgenden Regierungen haben diese Grundsätze in Frage gestellt. Ein unter diesem Gesichtspunkt breiter Konsens einte die politischen Parteien (vom MRP bis zu den Kommunisten), die Gewerkschaften und den größten Teil der öffentlichen Meinung. Die Regierungen richteten feststehende Institutionen ein, um die Bevölkerungsentwicklung zu verfolgen: das *Institut national d'études démographiques* [Staatsinstitut für demographische Forschungen] von 1945, später das *Centre de recherche de la Caisse nationale d'allocations familiales* [Forschungszentrum der staatlichen Familienzuwendungskasse]. Neue Gesetze wurden erlassen, die allein auf die Erweiterung dieses Systems zielten. So bestätigte das Gesetz vom 31. Dezember 1945 eine distributive Steuergesetzgebung; das Wohngeld (Gesetz vom 1. September 1948) ermöglichte angemessenen Wohnraum für kinderreiche Familien; die Zuwendung an die Hausfrau, die eine Zuwendung für die Ein-Gehalts-Familie geworden war, wurde auf die Familien der Nichtlohnbezieher ausgedehnt.[10]

Mit dem Beginn der V. Republik änderten sich die Perspektiven. Der Baby-Boom verleitete zu der Annahme, daß dem Geburtenrückgang endgültig Einhalt geboten war. Mit dem wirtschaftlichen Aufschwung, der in großem Maße auf die weiblichen Arbeitskräfte zurückgriff, wurde es notwendig, die Zahl der *Hausmütter* relativ zu begrenzen. Sie wurden etwas abschätzig angesehen. So leiteten die Jahre von 1970—72 eine Veränderung ein. Eine Politik des *Sozialtransfers* trat an die Stelle der alten Familienpolitik; es ging jetzt mehr um die Unterstützung der sozial Schwachen als um die Stimulierung der Geburtenfreudigkeit. Das Gesetz über Waisenzulage (vom 23. Dezember 1970), bezuschußte alleinstehende Elternteile je nach finanziellem Status, d. h. also vornehmlich Witwen, geschiedene und alleinstehende Mütter. Der Zuschuß zu Aufwendungen für die Kinderbetreuung (3. Januar 1972) wurde ebenfalls der Mutter je nach Bedürftigkeit ausgezahlt, wenn sie arbeitete und gleichzeitig ein Kind im Kleinkindalter aufzog. Der Grundsatz der gleichen Zuwendungen für alle und der Förderung des Hausfrau- und Mutter-Modells wurde also aufgegeben. Gleichzeitig duldete die Regierung die Werbung für Geburtenbeschränkung und machte Abtreibung straffrei (Gesetz Neuwirth 1967 und Gesetz Veil 1975).

Mitte der siebziger Jahre sank die Geburtenrate erneut. Trotzdem war die Situation nicht die gleiche wie in den 30er Jahren. In der Zwischenkriegszeit gab es zwei Familientypen: Kinderreiche Familien und Familien, die stark vom Malthusianismus beeinflußt waren (von den 1930 geschlossenen Ehen waren 23 % ohne Kinder). 1970 war die Situation eine andere. Ehen ohne Kinder waren selten geworden (nur 12 % der 1960 geschlossenen Ehen waren kinderlos), desgleichen aber auch kinderreiche Familien. Die meisten Paare hatten ein oder zwei Kinder. Mit dieser Geburtenrate ist der Bestand der Bevölkerung allerdings nicht gesichert, eine konstante Zahl von französischen Staatsbürgern ist von Einwanderung abhängig und die Bevölkerung von Überalterung bedroht. Die auf Geburtenförderung bedachte Politik zielt deshalb mehr als je auf eine Familie von drei Kindern. So wurden finanzielle Zuwendungen für das dritte Kind mit dem Gesetz vom 17. Januar 1980 beschlossen: Zuwendungen für die Familie vom dritten Kind an wurden erhöht, nämlich bezahlter Mutterschaftsurlaub bis zu sechs Monaten, nachgeburtliche Zuwendungen von bis zu 10000 Francs wurden durchgesetzt. Diese *Million für das dritte Kind* aber war Mittel einer allzu durchsichtigen Politik. Deshalb hat das Gesetz den Wechsel der Parteienmehrheit von 1981 nicht überlebt. Ein anderes Gesetz vom 17. Juli 1980 sicherte den Frauen, die mindestens drei Kinder erzogen hatten, eine freie Versorgung im Alter.

Die sozialistische Regierung setzte diese Politik fort. 1985 wurden die Zuschüsse für Familien mit drei oder vier Kindern um 2,6%, die für Familien mit mehr als vier Kindern um 3,25% aufgestockt. Es gibt eine neue Beihilfe für Kleinkinder (vom neunten bis zum einundvierzigsten Monat). Der Elternurlaub für das dritte Kind wird mit 1500 Francs pro Monat (40% des garantierten Mindest-Durchschnittslohns) bezuschußt und zwar für vierundzwanzig Monate...

Gleichzeitig übernimmt die Gemeinschaft der Versicherten 100% der Kosten für künstliche Befruchtung. Das in der Retorte gezeugte Baby wird von der Sozialversicherung gezahlt. Auch der Staat will Kinder *um jeden Preis*. Man kann sich des Gedankens nicht erwehren, ob er sich nicht eines Tages entscheiden wird, sie mit Hilfe von eingefrorenen Embryonen und bezahlten Leihmüttern nach Bedarf fabrizieren zu lassen; die Sozialfürsorge müßte sich dann nur noch um Kinderaufzuchtstationen kümmern. Techniken, Institutionen und ausgebildetes Personal wären vorhanden. Wir bräuchten dafür nur einen totalitären Staat...

Alle diese Gesetze scheinen die Entscheidungen eines Vaters beeinflussen zu wollen, aber, das sei hier betont, sie schränken seine Freiheit nicht ein und sind immer widerstandslos akzeptiert worden. Nicht der Staat versucht, seine Dienste aufzudrängen, es muß im Gegenteil vermerkt werden, daß die Eltern fügsam sind und die Eingriffe des Staates problemlos akzeptieren, sie sogar gelegentlich einfordern. Deutlich bemerkbar wird diese Haltung auch in der Gesundheitsfürsorge. Seit dem Aufbau der Sozialversicherung sind Schwangerschaft, Entbindung und Kleinkinder unter obligatorischer Aufsicht, und niemand oder beinahe niemand erhebt dagegen Einwände.

Die Väter selbst hegen also die bewußte oder unbewußte Erwartung, daß der Staat für das Wohl, die Gesundheit und die Lebenschancen ihrer Kinder Sorge tragen wird.

Die Qualität des Nachwuchses

Hier muß eine Konstante utopischer Vorstellungen ins Gedächtnis gerufen werden. Alle diejenigen, die von der Errichtung des idealen Gemeinwesens träumten, forderten von ihm die Erfüllung einer doppelten Aufgabe: die physische Besserung des menschlichen Geschlechts durch Vervollkommnung seiner Nachkommen und ihre intellektuelle Verbesserung durch eine vollkommene Erziehung.

Im antiken Gedankengut war die Eugenik durchaus gegenwärtig. So ging Platon in seinem *Staat* ausführlich auf sie ein: er empfahl, daß „die Elite der Männer mit der Elite der Frauen Verkehr hätte, desgleichen der Ausschuß mit dem Ausschuß: Die Kinder ersterer sollten erzogen, die der letzteren nicht erzogen werden". Die Anzahl der Ehen sollte von der Obrigkeit festgesetzt werden. Heldenmütige Krieger sollten offenen Zugang zu den Frauen haben, damit ihre Art weitervererbt wurde, die Kinder sollten den Müttern früh entzogen und aufgezogen werden, ohne je ihre Eltern kennenzulernen. Solche Vorstellungen waren jedoch mit denen des Christentums unvereinbar. So lehrt die Kirche, daß jedes menschliche Wesen nach dem Bilde Gottes erschaffen ist, und in die Welt kommt, um seinen Ruhm zu preisen und das ewige Heil zu erringen. Damit kann ein Kranker ebenso zu Heil gelangen wie ein Gesunder, sogar leichter, wie oben erwähnt, denn für einen Anhänger des Gekreuzigten hat das Leid erlösende Wirkung. Nur in den

Perioden, während derer der Einfluß der Geistlichkeit zurückging, kam die Eugenik wieder zur Geltung.

So erwies sich die die Reformation und die Religionskriege begleitende Krise als fruchtbar für die Entfaltung von Utopien. Campanella hat den *Sonnenstaat* 1602 geschrieben, als er selbst wegen Ketzerei im Gefängnis saß. Er träumte von einer Obrigkeit, die sich besonders die Zeugung von Nachkommenschaft angelegen sein ließ: „Große und schöne Frauen werden nur mit großen und schönen Männern verbunden werden; Frauen, die dick sind, werden mit Männern vereint, die hager sind, und solche, die es nicht sind, werden mit fetten Männern verbunden, damit die verschiedenen Temperamente ineinander verschmelzen und ein wohlgestaltetes Geschlecht bilden". Wollte man eine harmonische Gemeinschaft gestalten, durfte die Zeugung nicht dem Zufall überlassen bleiben. Jedoch gelang der katholischen Kirche eine Rückeroberung der Geister im Laufe des 17. Jahrhunderts und brachte diese Art von Hirngespinsten zum Schweigen.

Die Philosophie der Aufklärung, die die Vormundschaft der Kirche abschüttelte, stand staatlichen Eingriffen bei der Zeugung von Nachkommenschaft wie bei der Kindererziehung wieder aufgeschlossen gegenüber. Mediziner-Philosophen und Hygieniker wie Fodéré, Marc, Louis-Joseph Robert, zählten auf eine *öffentliche* oder auf eine *politische* Medizin, um die menschliche Natur zu vervollkommnen. Marc forderte bereits 1813 ein *Ehezeugnis*, und Fodéré setzte sich 1819 für ein *Ehegesetz* ein. Unter der Regierung von Louis-Philippe wurde ein Gesetz dem Parlament vorgelegt und vor allem von Thiers und Lamartine vertreten, in dem ein Ehezeugnis zur Bedingung gemacht werden sollte. Es wurde jedoch nicht verabschiedet.[11]

In bezug auf die Erziehung sei an Rousseau erinnert, der sich, als er seine Kinder weggab, hinter die Autorität von Platon versteckte. Er schrieb in seinen *Bekenntnissen*: „Als ich meine Kinder der Erziehung durch die Allgemeinheit übergab [...] glaubte ich als Bürger und als Vater zu handeln, und ich betrachtete mich als einen Bürger der platonischen Republik [...]. So wollte Platon, daß in seiner Republik alle Kinder so erzogen werden sollten, daß jedes seinem Vater unbekannt bleiben sollte und alle Kinder des Staates wären." Im vorhergehenden Kapitel ist bereits geschildert worden, welches die Bestrebungen des Konvents in Bezug auf die Schule waren. Auch die utopischen Vorstellungen des 19. Jahrhunderts vertrauten dem Staat die Aufgabe der Erziehung der Kinder an: In den *Phalanstères* Fouriers wurde für die Kinder eine Welt von Freiheit und Glück, aber getrennt von ihren Eltern, erdacht.

Die liberalen oder demokratischen Staaten haben sich darauf beschränkt, das staatliche Schulwesen im Dienst der Väter aufzubauen. Die totalitären Staaten jedoch versuchten, sich die Väter unterzuordnen und eugenische Ziele, aber auch die Formung der Jugend ganz auf sich zu konzentrieren.

Der Staat als Erzieher

In Frankreich waren es die laizistischen Minister der 3. Republik, die das öffentliche Schulwesen vorantrieben. Während der 80er Jahre des vergangenen Jahrhunderts traf Jules Ferry damit auf starke Opposition. Die Ausdehnung der Schulpflicht von sechs auf zwölf Jahre schien manchen, vor allem den ländlichen Familien, übertrieben, und sie wehrten sich dagegen. Dieser Widerstand war indes tagespolitisch motiviert. Einige Konservative mit feudalistischer Mentalität wollten den Armen Unterricht vorenthalten; und einige Parteigänger der Kirche befürchteten die Konkurrenz der Laien. Der Konflikt hat sich rasch verschärft und die Geschichte der III. Republik vergiftet. Auf die Einzelheiten der großen Auseinandersetzung um das Schulwesen soll hier nicht eingegangen werden, zwei Aspekte jedoch hervorgehoben werden. Zunächst war der Schulstreit für die Väter der Anlaß, ihre Solidarität zu entdecken. Die ersten Vereinigungen von Familienvätern wurden im Zuge des Streits um die Schulgesetze gegründet; es ging um die Beachtung der religiösen Neutralität in den öffentlichen Schulen. Des weiteren hat diese Auseinandersetzung sehr schnell das Familienleben politisiert. Auf welche Seite die Väter sich auch immer schlugen, auf die laizistische oder die klerikale, immer bedienten sie sich ihrer Kinder, um Frontenbildungen zu rechtfertigen, deren Motive außerhalb der Schule lagen. Das trifft im Übrigen auch auf die Väter kinderreicher Familien zu, die sich, wie oben erwähnt, etwa zur gleichen Zeit zusammenschlossen. Ihre Vereinigungen vertraten die Interessen von Familien, aber auch eine politische Tendenz. Um auf die Schule zurückzukommen: Der Streit, deren Gegenstand sie seit etwa einem halben Jahrhundert ist, beleuchtet die untergründige Virulenz der *väterlichen Macht*, die sich im geeigneten Augenblick immer wieder bemerkbar zu machen weiß. So bringt dieser Streit auch die unangenehmen Züge des Vater-Bewußtseins zutage: Der Vater benutzt seine Kinder, um seine persönlichen Kämpfe auszufechten oder sein Machtstreben zu befriedigen. Wäre wirklich das Interesse der Kinder relevant, würden sich die Väter zusammenfinden, um den großen Mängeln und Unzulänglichkeiten aller wie auch immer gearteten Schulen entgegenzuwirken.

Außerdem war der Widerstand gegen die Schulpflicht nicht von Dauer. Es läßt sich sogar feststellen, daß die Neigung bestand, die obligatorische Schulzeit auszuweiten. Seit dem Ende des 19. Jahrhunderts schickten viele Eltern, sogar die aus bescheideneren Verhältnissen, ihre Kinder mehr als zwölf Jahre lang zur Schule. Die Einführung der erweiterten Grundschulbildung kam unter dieser Tendenz zustande[12] und hat bis zu ihrem Aufgehen in den höheren Schulen großen Erfolg gehabt. Nachdem die Kindheit als eine eigenständige Größe erkannt worden ist, wurde jetzt nach und nach in allen sozialen Schichten auch die Adoleszenz als ein Alter der Ausbildung und nicht der Produktion anerkannt.

Auch die Einrichtung von Kindergärten hatte anfänglich einigen Widerstand zu überwinden. Der Sozialist Léon Frapié behauptete in *La Maternelle* [Der Kindergarten, 1905], sie seien eingerichtet worden, um die Kinder des Volkes für die Bourgeoisie einzunehmen. Dennoch haben in der Zwischenkriegszeit, vor allem aber nach 1945, die Kindergärten einen großen Aufschwung genommen. Die vierjährigen Kinder, die 1958 bis 1959 nur zu 57% in den Kindergarten gingen, besuchten sie 1979 zu 99,3%; von den dreijährigen Kindern gingen 1958–59 eines von dreien, zum gegenwärtigen Zeitpunkt gehen acht von zehn Kindern in den Kindergarten. Und es gibt Überlegungen, Kinder von zwei Jahren an in die Kinderkrippe zu geben. Diese weitgehende Verbreitung kann nur mit der massenhaften Berufstätigkeit der Frauen in Zusammenhang gebracht werden. Die Mütter haben keine Zeit mehr, sich um ihre Kleinkinder zu kümmern. Aber auch die, die *nicht arbeiten*, schicken ihre Kinder mit Einwilligung der Väter in den Kindergarten. Es hat den Anschein, als ob die sogenannte *Kernfamilie* ihre Enge und ihre Selbstbezogenheit spürt. Man bemüht sich, die Kinder sehr früh zu sozialisieren; und auch die Kinder machen sehr früh deutlich, daß sie sich von der Schürze der Mütter losmachen wollen. Früher ermöglichten die selbstverständlichen Beziehungen von Familien und Nachbarn auf dem Lande oder in den ruhigen Straßen der städtischen Gemeinden dem Kleinkind viele soziale Kontakte, durch die sich seine Sozialisation ohne großes Zutun von staatlicher Seite vollzog. Heutzutage muß man dies institutionalisieren. Überdies wird erkannt, daß der Kindergarten eine gewisse soziale Unausgewogenheit ausgleichen kann: Dem Kleinkind kann es nicht förderlich sein, bei Eltern mit zu niedrigem kulturellen Niveau zu bleiben; im Kindergarten hat es bessere Chancen, sich zu entfalten und die Grundlagen für seine spätere Ausbildung zu legen.

Der Vater hat nicht immer die Möglichkeit – aber auch nicht immer den Antrieb – sich außerhalb des Schulunterrichts mit seinen Kindern zu befassen. Er läßt es also gerne zu, daß andere sich ihrer annehmen. Die Wohltätigkeitsvereine, die Pfadfinderbewegung, die Ferienlager, alle die zahlreichen Einrichtungen zur Betreuung von Kindern, die mit der Hilfe der *Ligue de l'enseignement* [Liga für das Schulwesen] oder der in ihrer Folge entstandenen Vereine wie auch privater Initiativen, entstanden, konnten nur mit Unterstützung der Oberhäupter der Familien solchen Aufschwung nehmen. Der Vater des zwanzigsten Jahrhunderts läßt sich gerne von der Last seiner Kinder befreien, wenn er meint, es sei zu ihrem Besten.

Wo ist dann aber die Grenze, bis zu der er sich diese Verantwortung abnehmen läßt?

Der totalitäre Staat

Heute wissen wir, daß junge Menschen von einer Führerfigur mitgerissen werden können und sich ihm in blindem Vertrauen und totaler Identifikation anschließen. Man hat behauptet, daß dieses Phänomen in dem Moment auftritt, in dem der Individualismus die Gesellschaft derart atomisiert hat, daß sie zur *Massengesellschaft* wird.[13] In solchen Zeiten entledigen sich auch die Väter ihrer Verantwortung, nachdem sie auf Grund ihrer Irrtümer und Fehlschläge die Selbstachtung und die Achtung anderer verloren haben.

Ein erstes Beispiel dafür läßt sich in der Diktatur Napoleon Bonapartes ausmachen. Die Männer, die sich mit Begeisterung 1789 in die Revolution für die Menschenrechte geworfen hatten, haben grausame Enttäuschungen erlebt. Sie schämten sich der Schreckensherrschaft während des Konvents, der Anarchie während des Direktoriums. Zehn Jahre nach dem Beginn der Unruhen hatten sie ihren Söhnen kein Ideal, kein Beispiel mehr zu bieten. Sie bewahrten Schweigen über die hehren Grundsätze, für die sie sich begeistert hatten und sie ließen die Zügel der Herrschaft schleifen. So konnte Napoleon ohne große Mühe ihren Platz einnehmen. Aber dieser *Tyrann*, der einen glanzvollen Kult um sich herum organisierte, versuchte trotz der Einrichtung höherer Schulen nicht wirklich, die Jugend zu beeinflussen, er war weit davon entfernt, die massive Zustimmung der jüngeren Generationen für sich zu mobilisieren.

Der Krieg von 1914/1918 mit all den Verletzungen und Leiden, die er den Völkern Europas zugefügt hatte, disqualifizierte die Generationen, die ihn geführt hatten. In den folgenden Jahren wimmelte es von kleinen charismatischen Führern, sogar auf der Seite der Sieger. Dann kam mit der Wirtschaftskrise der Triumph der Diktatoren. Um wen es sich auch immer handelte, den *Duce*, den *Führer*, um den, den man später das *geniale Väterchen der Völker* nennt oder auch um ihre Rivalen – alle nahmen entschieden die Erziehung für sich in Beschlag, unter Mißachtung der Absichten oder der Rechte der natürlichen Väter. Da die Schule die Jugend nicht ausreichend beherrschte, wurden spezielle Institutionen eingeführt, um auch ihre Freizeit ausfüllen. Sogar Mädchen und die Allerkleinsten wurden einer militärischen Disziplin mit Uniformen, Marschliedern und Gleichschritt unterworfen. Vor allem der Führer wurde Gegenstand einer absoluten Anbetung, er forderte absoluten Verzicht, blinden Gehorsam und grenzenlose Hingabe. Dieser symbolische Vater verdrängte den natürlichen Vater gänzlich: Vom Kind wurde sogar verlangt, seinen Erzeuger, wenn nötig, auszuspionieren und zu denunzieren.

Die Nazis wollten auch die Fortpflanzung unter ihre Gewalt bringen. Es ging ihnen um die Vermehrung des Volkes, doch waren nicht alle Väter zur Erlangung dieses Ziels geeignet. Die Eugenik hatte im Dritten Reich glaubenseifrige Mediziner gefunden, deren Experimente größtenteis ohne jeden wissenschaftlichen Wert waren. Die Sterilisation der geistig Behinderten ging ohne Befehle, im Namen der Rassereinhaltung vor sich. Im Gegenzug wurden die jungen als

Arier geltenden Menschen angetrieben, reichlich Nachkommenschaft zu zeugen. In den Aufzuchtanstalten Hitlers sollten Jungen und Mädchen frei miteinander verkehren, die Kinder, die aus diesen Kopulationen entstanden, sollten dem Staat gehören und nur für ihn da sein.

Dieser charismatische Führer, alleiniger, allwissender und allmächtiger Vater, hielt die Massen in konstanter Bewegung. Er konnte höchste Opfer verlangen, Folter und Tod auferlegen; die Jugend nahm in ihrer Begeisterung alles hin, es genügte ihr, daß jemand an ihrer Stelle das Denken übernahm... Die *absolute* Macht der Könige im *klassischen* Zeitalter war von ihrem Wesen her völlig anders geartet: Sie war tief konservativ, respektierte die Traditionen, garantierte die väterliche Autorität und anerkannte moralische Prinzipien, die über ihr standen; es gab keinen Personenkult um den Monarchen, selbst wenn er eine fast religiöse Anbetung und wahrhafte Popularität genoß.

Der totalitäre Staat läßt eine verborgene aber enge Verbindung zwischen Staat und Familie, zwischen Macht und Vater erahnen. Sie sollte Gegenstand spezifischer Forschungen sein, für die hier nicht der Platz ist. Sie ist manifest im Ancien Régime, tritt auch im Alten Rom klar zutage. In demokratischen Staaten ist die Vaterschaft des Staates weniger sichtbar und weniger kenntlich. Der Schulstreit verhindert, sie zu vergessen, und nur das ist eigentlich sein Verdienst.

Der Staat und seine Mündel

Nicht nur in der Schule fanden die Auseinandersetzungen um die Kompetenzen von Vater und Staat statt. Das soziale, das juristische und das Strafvollzugs-System haben dem Zugriff des Staates auf Kinder andere Wege geöffnet, ohne daß die Väter Widerstand geleistet hätten. Sehr verallgemeinernd lassen sich drei Etappen in der Entwicklung dieses

Zugriffs erkennen. In der ersten (im 19. Jahrhundert) registrierte der Staat die Nachlässigkeit mancher Väter; während der zweiten (in der ersten Hälfte des 20. Jahrhunderts) bemühte er sich, nichtswürdige Väter zu ersetzen und für deren Kinder zu sorgen; während der dritten, heutigen Etappe, treten Zweifel und Widerstände auf.

Mit der Sozialfürsorge hatte der Staat zunächst nur die Kirche ersetzen wollen. Entsprechende Vorstellungen wurden unter dem Konvent formuliert, mit denen das Recht auf Fürsorge zusammengefaßt und die christliche Barmherzigkeit durch die nationale Solidarität ersetzt werden sollten. Im 19. Jahrhundert wirkten Gemeinden, Departements und der Staat bei der öffentlichen Fürsorge zusammen, um die Kinder ohne Familien, Waisen oder ausgesetzte Kinder in entsprechenden Anstalten unterzubringen. Die Behörden kümmerten sich um die Versorgung der Säuglinge mit Pflegeeltern (jede Anstalt hatte ihre eigenes Netz); später wurde das Kind einer Familie zur Erziehung anvertraut (die Pflegeeltern konnten es bei sich behalten und diese Aufgabe übernehmen). Ging alles gut, blieb das Kind bei diesen Pflegeeltern bis zur Vollendung des 12. Lebensjahres, worauf sein *Vater* es wieder der Anstalt übergab, die es eine Lehre absolvieren ließ; war es dann fähig, seinen Lebensunterhalt zu bestreiten, wurde die öffentliche Vormundschaft langsam aufgegeben. Es kam allerdings vor, daß sich alles zum Schlechten wendete, daß das Kind sich mit seinen Pflegeeltern nicht vertrug, daß es ausriß. Ein Werk von Jean-Luc Lahaye[14] vermittelt einen Eindruck davon, warum diese bestellten Pflegeväter allzu häufig nicht in der Lage waren, die Rolle von Eltern zu übernehmen.

Nun wuchs die Zahl dieser familienlosen Kinder während der ersten Etappe der Industrialisierung und der wilden Urbanisation, d.h. in der ersten Hälfte des 19. Jahrhunderts, ins Unermeßliche. So gab es nicht wenige Volkswirtschaftler und andere sparsame Menschen, denen die Einrichtung der *Drehtüren* in den Hospizen ein Dorn im Auge war, weil mit ihrer Hilfe eine Menge unerwünschter Kinder des *Lasters* und des Elends – Bastarde – der Gemeinschaft zur Last fielen. Wiederholt fanden Debatten über die mögliche Schließung dieser Vorrichtungen im Parlament statt. Die Eloquenz und Generosität Lamartines ließen 1838 die *Väterlichkeit der Gesellschaft* obsiegen. „Das illegitime Kind ist ein Gast, der empfangen werden muß, die menschliche Familie muß es mit seiner Liebe umfangen [...]. Wenn alle Menschen durch Fleisch und Blut Brüder sind, so ist die Väterlichkeit ein ebenso wahres Dogma wie die Brüderlichkeit aller Menschen." Dies ist die ideologische Begründung vieler späterer Eingriffe des Staates. Ihm wurde nicht nur die Verantwortung für familienlose Kinder übertragen sondern auch für die, die in ihrer Familie verwahrlosten oder von ihr nicht in den Maßstäben der herrschenden Kultur erzogen wurden. Gewiß gab es immer Väter, die ihr Erziehungsrecht mißbrauchten; sie überließen ihr Kind dem Richter, um es loszuwerden, und nahmen es zurück, um es zum Betteln oder zur Kriminalität anzuleiten.[15]

Überdies gab es sehr viele Kinder, die zu *Vagabunden* erklärt wurden. Landstreicherei war eine Art Abstellkammer, in der sich Unruhe und Alpträume einer Gesellschaft manifestierten, die von den ersten katastrophalen Folgen der kapitalistischen Wirtschaftsform verschreckt war. So sagte Victor Hugo in *L'homme qui rit* [Die lachende Maske] treffend: „[...] die Art menschliche Freiheit, die in dem vagabundierenden Menschen hervorkommt, machte dem Gesetz Angst". Das Strafgesetzbuch von 1811 (Paragraph 270) definierte Landstreicherei als den Zustand von Individuen, „die weder ein sicheres Zuhause noch Möglichkeiten des Lebensunterhaltes haben, und die gewohnheitsgemäß weder ein Gewerbe noch einen Beruf ausüben", und machte daraus ein Vergehen, das mit drei bis sechs Monaten Gefängnis und fünf bis zehn Jahren Aufenthaltsverbot bestraft wurde. Doch betrafen diese Vorschriften nicht die unmündigen Kinder, die mutmaßlich im Haus ihrer Eltern lebten.

Aber es waren eben diese vagabundierenden Kinder, die im 19. Jahrhundert in den Straßen der Städte herumstreunten. Nach d'Haussonville gab es in Paris um 1870 etwa zehntausend dieser Straßenkinder. Einige waren Waisen, um die sich niemand kümmerte, andere von verantwortungslosen oder vom Elend verfolgten Eltern verstoßen, noch andere aus den Fabriken oder Handwerksbetrieben entwischt, wo sie angeblich eine Lehre absolvierten, faktisch aber gelegentlich in widerwärtiger Weise ausgenutzt wurden. Der Staat hatte sich um ihren Schutz bemüht, die Gesetze von 1841, 1874 und 1892 begrenzten die Arbeitszeit und präzisierten die Arbeitsbedingungen, die man Kindern auferlegen konnte. Faktisch war es vor allem die Schulpflicht, die Kinder unter dreizehn Jahren vor der Ausbeutung schützte.

Doch auch hier machte man enttäuschende Erfahrungen: Kinder entzogen sich gern der Schulpflicht, sofern die Eltern es vernachlässigten, sie zu zwingen. 1889 schätzte man die Zahl der Kinder, die die Schule schwänzten und auf den Straßen herumlungerten auf etwa 600000; in Paris gingen von 200000 schulpflichtigen Kinder etwa 45000 nicht zur Schule.

Nun wurden alle diese vagabundierenden Kinder potentieller Straffälligkeit verdächtigt, und es ist richtig, daß eine große Zahl von ihnen tatsächlich strafbare Handlungen beging. Waren sie aber auch verantwortlich zu machen? Seit dem Konvent war die Strafmündigkeit auf sechzehn Jahre festgesetzt, und die über Sechzehnjährigen wurden als Erwachsene behandelt. Die unter Sechzehnjährigen wurden vom Richter bestraft, wenn sie sich der „Tragweite ihrer Handlungen bewußt" waren, die anderen wurden freigesprochen. In beiden Fällen aber gab es Schwierigkeiten. Durfte man Kinder, die noch nicht sechzehn Jahre alt waren, mit normalen Sträflingen zusammensperren? Und was sollte mit denen geschehen, deren Familie sich wirklich als unfähig erwies, die Sorge für sie zu übernehmen? Ein Gesetz von 1850 sorgte für die Einrichtung besonderer Jugend-Abteilungen in den Gefängnissen und dekretierte ebenfalls ein ganzes Netz von Besserungsanstalten und *landwirtschaftlichen Lagern* zum Zweck ihrer Erziehung. Ein deprimierendes Unterfangen, denn diese Häuser entwickelten sich bald zu richtigen Kinderzuchthäusern, deren Schrecknisse durch die großen Reportagen von Albert Londres und Louis Roubaud aufgedeckt wurden. Viele private Einrichtungen, die schon Waisen aufgenommen hatten, öffneten ihre Pforten auch für diese Jugendlichen, schufen Wohltätigkeitsanstalten und Komitees „zum Schutz von gerichtlich belangten Kindern". Die Philanthropen, die an ihrer Spitze standen, lenkten immer öfter die Aufmerksamkeit auf die nichtswürdigen Väter, die ihre Kinder zu strafbaren Handlungen verleiteten oder sie mittellos auf die Straße schickten. Der *Verein für die Rettung von Kindern* vor allem, 1867 von seiner unermüdlichen Protagonistin, Pauline Kergomard, gegründet, widmete sich dauerhaft dieser Aufgabe. Solche Kampagnen bereiteten die öffentliche Meinung auf das Gesetz von 1889 vor, das die Aberkennung der Vaterschaft möglich machte.[16] Von jetzt an konnte ein Vater, der von seinem Recht zur Bestrafung Gebrauch machen wollte, selber zum Gegenstand eines Verfahrens werden, das sich dann gegen ihn richtete. 1889 regelte ein anderes Gesetz die Bestrafung von Gewalt gegen Kinder: Der Richter konnte in einem solchen Fall das Kind seinen Eltern entziehen und es der öffentlichen Fürsorge überweisen.[17]

Diese erste Zeit der Übernahme der Vaterschaft durch die Gesellschaft endete mit dem Gesetz von 1912: Es führte schließlich besondere Gerichte für Jugendliche zwischen 13 und 18 Jahren ein (nachdem die Strafmündigkeit 1906 von 16 auf 18 Jahre erhöht worden war). Es leitete für die den Familien zurückgegebenen Kinder die *Freiheit unter Aufsicht* ein; für die anderen ermöglichte es die Überweisung an Wohltätigkeitseinrichtungen, statt sie den Kinderzuchthäusern zu überantworten. Von nun an wurde das Kind Gegenstand der Untersuchungen von Psychiatern und Psychologen.

Die zweite beschleunigte und entscheidende Stufe wurde zwischen 1935 und 1945 erreicht, als der Staat wirklich begann, sich seiner Kinder anzunehmen und ihnen die bestmögliche Erziehung zu vermitteln. 1935 *zivilisierten* eine Reihe von gesetzlichen Verordnungen das vagabundierende Kind, d. h. sie entzogen es dem Straf- und unterstellten es dem Zivilrecht; Vagabundieren war keine Straftat mehr und wurde nicht mehr verfolgt. Selbst das schuldig gewordene Kind unterlag keiner Bestrafung mehr, konnte aber zu erzieherischen Zwecken besonders untergebracht werden. Das väterliche Züchtigungsrecht wurde eingeschränkt. Diese Begrenzung des Strafrechts und der Aufschwung der *Umerziehung* gingen teilweise auf den Elan des 1920 geschaffen Gesundheitsministeriums zurück, das gewissermaßen diese kleinen Vagabunden für sich *reklamierte* und seine Einsichten in die Ministerien für Justiz und Schule und Unterricht einbrachte. Die Volksfrontregierung (mit Henri Sellier, dem Gesundheitsminister und Suzanne Lacorre, Staatssekretärin für den Kinderschutz) bildete eine Kommission, in die Vertreter des Gesundheits-, des Erziehungs-, des Justizministeriums, sowie der Leiter der Pfadfinderbewegung zusammen einberufen wurden. Zwischen all diesen Spezialisten entstand eine Zusammenarbeit, die sich der immer unterschiedlicheren und zahlreicheren Fälle annahm. Das Jahr 1942 bedeutete eine Wende. Mit der Machtübernahme durch Pierre Laval wurden die christlich gesinnten Vertreter einer kindgemäßen Erziehung zugunsten ehrgeiziger Mediziner, besonders von Psychiatern (der Professoren Grasset und Laffont) zurückgedrängt. Letztere führten die Bezeichnung *schwer erziehbare Kinder* ein: Ein neues, allumfassendes Konzept, das sich als außerordentlich wirksam erwies, weil mit seiner Hilfe viele Eingriffe koordiniert und neu gruppiert werden konnten. Unter dem Vichy-Regime ergriffen die regionalen Vereinigungen für den Kinder-

und Jugendschutz die Initiative, um öffentliche und private Stiftungen zusammenzufassen, neue Einrichtungen zu schaffen und die Ausbildung speziell ausgebildeter Erzieher festzulegen. Die *überwachte Erziehung* wurde von behördlichen Strafmaßnahmen getrennt; sie beinhaltete die Überarbeitung des Strafrechts für Minderjährige und die Schaffung eines Rechts des Kindes, das die Autorität der Eltern überlagerte. Auch der *Erzieher* trat an die Seite des Vaters oder ersetzte ihn (wie die Kindergärtnerin an die Seite der Mutter trat oder sie ersetzte). Erziehung wurde mit vielfältigen Kenntnissen zu Ansehen gebracht. Sie wurde zu einer Technik und als solche professionalisiert (mit oder ohne Liebe).

Nach 1945 erleben wir das goldene Zeitalter der *Umerziehung*. Mit dem Sozialversicherungswesen standen der Solidargemeinschaft und der Kinderfürsorge fast unerschöpflich scheinende Mittel zur Verfügung. Jedes dieser Kinder wurde mit Hilfe der gesamten Solidargemeinschaft zur Welt gebracht, umsorgt und *umerzogen*. Auch private Hilfen wurden teilweise verstaatlicht, da sie kontrollierte öffentliche Hilfen (Tagessätze) erhielten. Die V. Republik dehnte diese Macht des Staates aus, indem sie das Personal einer planmäßigen Lenkung unterwarf, die Verwaltung wirtschaftlicher gestaltete und die Erziehung auf die Prävention hin orientierte. 1958 erlaubte eine umorganisierte *Erziehungshilfe* eine Einschränkung der Aberkennung des Vaterrechts, jedoch um den Preis eines wachsenden Eindringens in die Intimität der Familien, die man nicht *verkommen* lassen wollte. Die Krise von 1968 machte natürlich die Jugend mehr als je zur Zielscheibe der Regierungsaktivitäten. Nach und nach traten jedoch Kompetenzstreitigkeiten auf: Die *Behinderten* wurden von den *schwer Erziehbaren* getrennt, und eine dem Gesundheitsministerium unterstellte *Sonderziehung* wurde von der *Erziehung unter Aufsicht* getrennt.

Ein dritter und letzter Zeitabschnitt wurde mit der wirtschaftlichen und demographischen Krise der 70er Jahre eingeleitet. Der Schwung verlangsamte sich und der Staat schien vor allem auf Grund der Dezentralisierung von seinen Verpflichtungen abzurücken (ohne jedoch seine Rechte in Bezug auf Strafverfolgung und Sicherheit aufgeben zu wollen). Die entsprechenden Gesetze werden mit Nachdruck von Spezialisten der Humanwissenschaften (Jacques Donzelot, Philippe Meyer und Janine Verdès-Leroux) in Frage gestellt, die der *Familienpolitik* antiliberale und kollektivistische Tendenzen vorwarfen. Zur Zeit mangelt es dem Staat an Mitteln, aber auch an Selbstgewißheit, Schwung und Zukunftsplänen. Er schafft Forschungsmöglichkeiten wie das Institut für Kindheit und Familie und beläßt die Zukunft im Ungewissen.

Die staatlichen Eingriffe haben für Kinderwunsch und Vater-Bewußtsein weitreichende Folgen gehabt. Pflichten, die ehemals die Ehepaare unter Zwang setzten (Sicherung des kollektiven Überlebens, Ersatz der arbeitenden Erzeuger, Unterstützung der Schwachen) sind nach und nach auf eine zweite Ebene der Verantwortlichkeit gehoben worden und haben dementsprechend einen minder gewichtigen und bewußtseinsprägenden Einfluß auf das Individuum. Das solchermaßen befreite Individuum, Mann oder Frau, kann Nachkommenschaft als persönlichen Wunsch oder eine Entscheidung aus Liebe ins Auge fassen.[18]

Gleichzeitig haben die Väter begonnen, ökonomisch bewußt zu denken. In einer Zeit, in der das Geld das Maß aller Dinge ist, stellen die für das Kind je nach Alter bereitgestellten Zuwendungen einen bezifferbaren Wert dar. Um den Umfang der verschiedenen Beihilfen festzulegen, haben Wirtschaftswissenschaftler berechnet, was ein Kind *kostet*. Die Kosten einer Tages-Kinderkrippe lenkten die Aufmerksamkeit auf das Gewicht einer Aufgabe, die immer unterschätzt wurde: die Sorge für die Kleinkinder, d. h. die schwere Arbeit, die Mütter bei der Versorgung dieses Alters in der Tat leisten. Aber auch die Kosten des Schulbesuchs sind heute besser bekannt.

Überdies rufen alle Gesetze, die Schule und ärztliche Versorgung obligatorisch machen, wie auch die, mit denen Kinder vor schlechter Behandlung und Ausnutzung geschützt werden sollen, dem Vater ins Bewußtsein, daß er seine Nachkommen losgelöst vom Eigeninteresse betrachten muß. Das *Recht des Kindes* beruht auf einer Sittenlehre, die sich seit dem Beginn des Christentums immer weiter in eine bestimmte Richtung entwickelt hat und heute immer mehr an Bedeutung gewinnt.

Schließlich haben diese staatlichen Eingriffe zu einer fachgerechten Verfahrensweise, einer Professionalisierung der elterlichen Aufgaben geführt, die in eine Fülle von speziellen Aufgaben münden, in denen psychologische und medizinische Kompetenzen dominieren. Hier gibt es einen Nebeneffekt, der Anlaß zur Beunruhigung sein könnte. Wird eines Tages eine besondere Ausbildung nötig sein, um Vater oder Mutter werden zu können? (Es gibt bereits eine Elternschule!) Oder müssen die, die so kühn sind, Kinder zu bekommen, eines Tages mit ihren kleinen Kindern zusammen Aufsicht und Direktiven von berufsmäßigen Kinderbetreuern ertragen? Oder aber werden Behörden und Spezialisten in Zukunft selbst die Aufgabe des Aufziehens und der Erziehung aller Kinder übernehmen? Einige Eltern oder einige Väter, die bereits heute mit erzieherischen Problemen überfordert sind, könnten sich dem vielleicht ohne Widerstreben unterwerfen. Hier gerät man allerdings an die Grenzen von Utopie oder Totalitarismus.

Diese rasch skizzierte Entwicklung ist nicht ohne Wissen der Bürger, sondern unter ihrem Mitwirken und ihrem Einverständnis zustande gekommen. Neue gesellschaftliche Zusammenhänge tun sich auf. Bis wohin erstreckt sich ein entsprechender Konsens? Die sozialen Einrichtungen, die *Vorsorge-Gesellschaft*, von der man heute spricht, umgarnen den Vater immer mehr und *untersuchen* seine Einstellung, ohne konkret seine Freiheit zu beeinträchtigen. Die Wissenschaften vom Leben tun das Gleiche.

10. KAPITEL

Die Naturwissenschaften

Kommt man im Zusammenhang mit der Vater-Problematik auf Wissenschaft zu sprechen, denkt man sofort an Medizin oder Biologie. Und sicher haben die gemeinsamen Triumphe der beiden Disziplinen die Bedingungen der Zeugung von Grund auf verändert. In dem Maße, wie dieser Fortschritt jahrtausendealten Wünschen entspricht, könnte man folgern, daß dank ihrer Ergebnisse die Erzeuger mehr als dankbar sein müßten. Aber der eingetretene Wandel ist so folgenreich, daß er über den Bereich der Zeugung hinausgreift; in seiner Konsequenz werden die eigentlichen Grundlagen der Vaterschaft, der Filiation und der Identität in Frage gestellt. Wie immer hat auch hier die Wissenschaft zwei Seiten, eine positive und eine negative.

Beglückte Erzeuger

Ganz offensichtlich ist die Beherrschung der Fortpflanzung von außerordentlicher Tragweite. Sie ist von ausschlaggebender Bedeutung für die Humanisierung, wenn diese denn darin besteht, die Kräfte der Natur und die Regungen des Körpers zu beherrschen und umzugestalten. Aus der Sicht des Vaters hat diese Herrschaft drei Konsequenzen, die alle zumindest auf den ersten Blick zu begrüßen sind: der Sieg über die Unkontrollierbarkeit der Fruchtbarkeit, der Sieg über die Sterilität und die Möglichkeit, wohlgestaltete Kinder zu haben.

Kontrollierte Fruchtbarkeit

Der Sieg über die Unkontrollierbarkeit der Fruchtbarkeit ist ebenso psychologischer wie naturwissenschaftlicher Natur. Die Männer von einst wußten, wie oben beschrieben, ihre Deszendenz zu begrenzen. Sie praktizierten Kindstötung, Aussetzung und Freigabe zur Adoption. Weder Abtreibung, noch der Coitus interruptus, noch die „Sodomie", noch mehr oder minder samenabtötende Pessare waren ihnen fremd; sie schickten ihre Töchter ins Kloster und ihre jüngeren Söhne auf die Straße. Und obwohl sie die Keuschheit als die höchste der Tugenden priesen, lebten sie besten Gewissens ihre eigenen Wünsche aus.

Gleichwohl wurden diese Auswege sicher nicht immer leichten Herzens beschritten. Sie bürdeten dem Erzeuger schwer zu verkraftende Entscheidungen auf. Die *medikalisierte* Empfängnisverhütung hat sicherlich viele sittliche und seelische Erschütterungen zur Folge gehabt; aber sie hat auch in vieler Hinsicht zur Erleichterung der immer schwerer zu tragenden Gewissensforderungen beigetragen.

Sie ist auf der männlichen Seite sicherlich um so leichteren Sinns akzeptiert worden, als sie nur die Frauen betraf. Keine Sorgen, keine Skrupel mehr: Eine Partnerin, die die Pille oder andere empfängnisverhütende Mittel anwendet, bietet eine Sicherheit und Verfügbarkeit, von der ein Liebhaber von einst nur träumen konnte. Und sollte doch etwas passieren, bietet die *medikalisierte* Abtreibung Abhilfe. Dies alles nannte man die sexuelle Befreiung.

Es gab nur einige, wenige Sekundäreffekte, die auf den ersten Blick kaum störend wirkten. Zunächst ein gewisser Widerstand bei den Frauen, die physiologische Unverträglichkeit der Pille und anderer empfängnisverhütender Mittel und der auf die Dauer empfundene Überdruß. So schien es nötig, Forschungen anzustellen, um kontrazeptive Methoden einfacher und so perfekt wie möglich zu machen. Mit der *Pille danach*, Impfungen und Depot-Spritzen kontrazeptiver Medikamente ist man diesem Ziel sehr nahe gekommen.

Ein weiterer Mißstand wurde jedoch bald darauf deutlich. Die Freiheit der Sitten vergrößerte das Risiko der Verbreitung von Geschlechtskrankheiten. Natürlich ermöglichen Antibiotika ihre Heilung, jedoch haben sie gelegentlich die Sterilität der betroffenen Frauen zur Folge. Hätte man sie warnen müssen, auch für den Fall, als reaktionärer Moralist zu gelten? Auch mit dem Risiko, ihre für Männer so bequeme Verfügbarkeit einzuschränken? Frauen anzustecken, war für sie nie von großem Belang.

In den Augen eines potentiellen Vaters ist der größte Mißstand bei dieser *medikalisierten* Empfängnisverhütung die Tatsache, daß sie den Frauen die Herrschaft über die Zeugung überläßt. Dieser Machtverlust erklärt vielleicht zum Teil den Wunsch bestimmter Väter, für sich selbst ein Kontrazeptivum zu besitzen. Pierre Jouannet und Denis Couet haben sich mit Männern befaßt, die eine Vasektomie vornehmen ließen.[1] Ersterer war erstaunt über eine auf den ersten Blick auftretende Widersprüchlichkeit. Einerseits strebt der Mann, der eine Vasektomie vornehmen läßt, eine gewisse Identifikation mit der Frau an, auch er will über ein Kontrazeptivum verfügen. Auf der anderen Seite wird im Gegenteil das Verlangen nach Vasektomie wie ein Akt der Vaterschaft, nicht wie eine Absage an das Kind erlebt. Sie ist eine Bestätigung der Verantwortlichkeit. Viele Männer bemühen sich um eine Vasektomie nach einer freiwilligen Schwangerschaftsunterbrechung oder einer schwierigen Schwangerschaft und verdeutlichen so, daß die Fruchtbarkeit eines Paares von ihrer eigenen Fruchtbarkeit bestimmt wird: Sie sind die Erzeuger. Bedeutet das eine Vergeltung für Empfängnisverhütung und Abtreibung von Seiten der Frauen, die den Mann in die Position des Objektes verweisen und ihm seine Rolle als Subjekt bei der Empfängnis verweigern? Ist die Vasektomie ein Mittel, die eigene Macht neu zu erproben (als Macht, kein Kind mehr zu machen)?

Ein aktives Mitglied des Vereins zur Erforschung der Empfängnisverhütung von Männern drückt das folgendermaßen aus: „Wenn ich eine Empfängnis verhüte, werde ich mir meiner Rolle als möglicher Vater bewußt, ich folge nicht mehr irgendwie dem Wunsch der Partnerin. Ich partizipiere wirklich und ganz an diesem Wunsch. Ich begebe mich meiner Neutralität gegenüber dem Kind." Pierre Jouannet kommentiert: „Bei dieser Auffassung der über Empfängnisverhütung verwirklichten Vaterschaft kommt ohne Zweifel die Suche nach einer eigenen Identität zutage, die nicht vollständig von der Frau abhängig sein will."

Die Vasektomie wurde wegen ihres endgültigen Charakters lange Zeit von den Männern mit Mißtrauen betrachtet. Doch kann diesem Mißstand durch die Möglichkeit der Einfrierung von Sperma begegnet werden. Heutzutage nimmt kein Arzt eine Vasektomie vor, ohne den Patienten nachdrücklich auf diese Möglichkeit hingewiesen zu haben, sollte er je auf den Wunsch, Vater zu werden, zurückkommen. Warum auch sollte man so nicht mit allen geschlechtsreifen Männern verfahren, fragt Jacques Testart ironisch.[2] Was für eine Kostenersparnis für die Gemeinschaft, die nicht mehr für langanhaltende und kostspielige Empfängnisverhütung bei Frauen (Arztbesuche, Behandlung, Kontrollen, Komplikationen, Abtreibungen) aufkommen müßte! In der Praxis machen sehr wenige Männer (ungefähr zehn von tausend) Gebrauch von der Konservierung von Sperma, was darauf hindeutet, daß, selbst unter dem Mantel verantwortungsbewußter Zeugungsverhütung, die Vasektomie meist nicht mehr als eine Ablehnung der Zeugung, eine Verweigerung der Vaterschaft ist.

Der Vorschlag, ihren Samen konservieren lassen, schmeichelt dem Narzißmus gewisser Patienten, und zwar derart, daß er ihnen die reizvolle Möglichkeit bietet, sich auf Dauer zu verewigen. Und hier stößt man auf die andere Seite der Angelegenheit. Mit der Herrschaft über die Zeugung beherrscht man auch die Sterilität und damit in gewisser Weise auch den Tod des Vater-Ichs.

Besiegte Sterilität

Selten hat ein wissenschaftlicher Fortschritt so viel Aufsehen erregt wie die künstliche Befruchtung. Aber ebenso läßt sich eine gewisse Zurückhaltung angesichts dieser Neuerungen konstatieren, die die Medien genüßlich zu einer Sensation hochstilisieren. Doch ist der größere Teil der Öffentlichkeit weiterhin fasziniert. Und vor allem die Frauen sind überwältigt. So sollte man neben anderen die Äußerungen einer Gynäkologin zur Kenntnis nehmen, die an einer entsprechenden Pariser Einrichtung arbeitet.[3] „Ich sah die wirklich außergewöhnlichen Blicke, die bestimmte Paare miteinander wechselten, als ich eine Spritze gab. Es ist großartig. [...] Was mir dabei so gut gefällt, ist der Eindruck, wirklich Glück zu bringen [...]; es ist das einzige Gebiet der Medizin, wo ich das Gefühl habe, etwas Erfreuliches zu tun [...]. Hier verhilft man den Menschen wirklich zu ihrem Glück, eine Freude, die sie so nötig haben."

Glück machen! Was ist berauschender, als ein menschliches Wesen herzustellen? Welch wunderbare Lösung der Probleme für Patienten, die ängstlich gewartet haben und häufig enttäuscht wurden! Welch Triumph über das tiefe Unwissen und die Passivität unserer Vorfahren!

Der Kampf gegen die Unfruchtbarkeit hat mit der Empfängnisverhütung gemein, daß er vor allem die Frauen zum Ziel hat und damit die physische und narzißtische Integrität des zukünftigen Vaters ausspart. Die Tendenz, Frauen als immer zur Verfügung stehende und fortpflanzungsbereite Weibchen zu betrachten, besteht bei den Männern weiterhin. Auch wird nicht eigentlich die weibliche Unfruchtbarkeit behandelt oder geheilt, sie wird nur umgangen. Auch die männliche Sterilität wird nicht behandelt: Sie wird vielmehr ummäntelt. Man bedient sich dafür dreier sehr verschiedener Methoden: des Ausleihens der Gebärmutter, der künstlichen Besamung und der Befruchtung *in vitro*.

Spezialisten mögen einwenden, daß ein Leih-Uterus oder eine Leihmutter nicht eigentlich im Raum wissenschaftlich-medizinischer Fertilisation zu behandeln sind. Das ist wohl grundsätzlich richtig, in der Praxis aber trifft das nicht zu. Denn ein kinderloses Paar mit Kinderwunsch sucht nach einer Leihmutter mit guter physischer und moralischer Gesundheit. Sie muß nicht nur ihre Gebärmutter sondern auch eine Eizelle, d. h. ihre ganze Erbmasse zur Verfügung stellen; und wie sollte man hier zu einem garantiert sicheren Ergebnis ohne vorherige gründliche medizinische Untersuchungen kommen?

Es gibt Feministinnen,[4] die das Ausleihen des Uterus als eine Art praktizierter weiblicher Solidarität darstellen, mit der der männlichen Macht und vor allem den Medizinern entgegengetreten wird, die um die Vervollkommnung der Zeugung im Laboratorium bemüht sind. Diese Deutung wäre annehmbar, wenn man der männlichen Neutralität bei dieser Entscheidung sicher wäre. Wer aber will denn bei dieser Gelegenheit die Zeugung erreichen? Ist es die unfruchtbare Ehefrau eines gleichgültigen Ehemannes? Oder ist es der Ehemann, der sein genetisches Erbe weitergeben will und der Ehefrau mit Scheidung droht? Im Augenblick weiß man darüber nichts.

De facto tritt der Leih-Uterus an die Stelle des Ehebruchs des Mannes, den Monsieur meist mit einer Magd beging; so konnte er den *Bastard* aufziehen lassen, mit oder ohne Einverständnis seiner Frau. Sicher ist das ein Fortschritt gegenüber dem Ehebruch, weil die Ehefrau nicht *betrogen* wird und der fordernde Ehemann keinen Beischlaf mit der Leihmutter hat. Unwichtig, was die Fantasie hierzu sagt... Trotzdem bleibt die Kirche bei ihrer ablehnenden Haltung gegenüber Leihmüttern, auch wenn hier keine *Sünde* begangen wird.

Bei der künstlichen Befruchtung geht man auf zwei verschiedene Arten vor. In erster Linie ermöglicht sie eine Vereinigung der Samen- und Eizellen eines Paares: die Befruchtung einer Frau durch das Sperma ihres Mannes. Niemand hat gegen diese Wohltat der wissenschaftlichen Technik etwas einzuwenden. Die Befruchtung kann aber auch über das Sperma eines Spenders erfolgen. Das ist bislang die einzig bekannte Methode, die männliche Unfruchtbarkeit zu umgehen. Da diese lange Zeit tabuisiert war, ist sie auch heute noch oft ungeklärt, also nicht heilbar; infolgedessen muß man ihr mit List zu Leibe rücken. Früher bestand diese List immer in dem von der Frau begangenen Ehebruch, ein Vergehen, das durch Sitten und Gesetze weit strenger verfolgt wurde als der Ehebruch des Mannes. Heute, in einer Zeit der befreiten Sexualität, unterliegt der Ehebruch immer noch der moralischen Verurteilung, aber dank der medizinischen Techniken ist es gelungen, ihn moralisch aufzuwerten. Man befruchtet die Ehefrau eines sterilen Mannes mit dem Sperma eines Spenders. Dabei ist die Anonymität des Spenders gewährleistet, weil das Sperma vorher entnommen, unter einem Code gespeichert, durch Einfrieren konserviert und schließlich in dem Augenblick aufgetaut wurde, in dem bei der Empfängerin der Eisprung stattfand. Dieses Verfahren steht ausschließlich unter medizinischer Kontrolle, mit Hilfe von Sperma-Banken, die einer freiwilligen standesrechtlichen Kontrolle unterliegen. In Frankreich geht das Samenspenden auf freiwilliger Basis wie das Blutspenden vor sich, es bleibt anonym und ist auf Paare beschränkt; Junggesellen und Homosexuelle sind ausgeschlossen. Obwohl hier der Ehebruch vermieden wird, verweigert die katholische Kirche diesem Verfahren ebenfalls ihre Zustimmung. Die Mehrheit der öffentlichen Meinung hält die Samenspende jedoch für zulässig.[5] In Frankreich sind bereits mehr als zehntausend Kinder auf diese Weise zur Welt gekommen. Diese Banken haben die Rolle von Übervätern, wenn es erlaubt ist, das so auszudrücken.

Ein offensichtlicher Vorteil der künstlichen Befruchtung durch einen Spender besteht darin, daß damit die Unfruchtbarkeit des *Vaters* verborgen bleiben kann. Man bleibt in der Tradition des *Code Civil*, der festsetzte, daß ein in einer Ehe geborenes Kind den Ehemann zum Vater hat. Einige Ehemänner wollten ihre Frau sogar über ihre Sterilität im Unklaren lassen. Einer von ihnen verlangte, daß man seine Frau mit dem Sperma eines Spenders befruchtete und ihr vorspiegelte, es sei sein eigenes. Offiziell verweigern die Banken den unfruchtbaren Männern diese Genugtuung.

Ein anderes von Medizinern für die Unfruchtbarkeit der Frau (oder der des Paares) entwickeltes Mittel hat alle Züge eines glänzenden wissenschaftlichen Triumphs, und ist als solcher von den Medien auch mit viel Aufwand in Szene gesetzt worden: Es ist die Befruchtung in *vitro*. Sie besteht bekannterweise darin, in einem Reagenzglas die Vereinigung der Zellen beider Partner vorzunehmen, dort einen Embryo zu schaffen und ihn im richtigen Moment in den Uterus der Frau einzupflanzen – ein bislang für die Frau noch schwerwiegender Eingriff mit nur begrenztem Erfolg. Aber der Fortschritt geht so schnell vonstatten, daß die Medizintechniker bald die Ergebnisse der natürlichen Befruchtung zu erreichen und selbst zu überholen hoffen. Haben sie damit Erfolg, wird es leichter sein, einen Embryo im Reagenzglas als in der Natur zu schaffen. Warum schließlich nicht? So scheint es in den Vereinigten Staaten bereits junge, etwas snobistische (und sehr reiche) Paare zu geben, die einer Fertilisation *in vitro* als einem *sichereren Verfahren* den Vorzug geben.[6]

So kann jeder Vater heute die Fertilität seiner Ehe beeinflussen und ihre Unfruchtbarkeit geheim halten. Überdies hat er heute allerbeste Chancen, wohlgeratene Kindern zu haben.

Wohlgeratene Kinder

Heute kommt ein Kind in Bezug auf seine Sicherheit unter exzellenten Bedingungen auf die Welt. Die Mortalität der Foeten ist in Frankreich zwischen 1960 und 1981 um 60%, d. h. von etwa 40 pro mille auf etwa 16 pro mille zurückgegangen. Der Vater muß also nicht mehr befürchten, die von ihm gezeugten Kinder bei der Geburt sterben zu sehen. Das macht erklärlich, warum er sich heute auch der ganz Kleinen annimmt und sogar versucht, mit dem Foetus Kontakt aufzunehmen. Der Wissenschaft ist es endlich gelungen auch für den Vater den Säugling zur Person werden zu lassen.

Säuglingspflege und Pädiatrie haben seit ungefähr einem Jahrhundert auch in der postnatalen Periode beträchtliche Erfolge zu verzeichnen. Gegen Ende des 19. Jahrhunderts gaben die Entdeckungen Pasteurs den Ärzten neue Waffen in die Hand, um gegen die gefürchteten Infektionskrankheiten anzugehen, die damals die Zahl der kleinen Kinder dezimierten. Politiker, die darauf bedacht waren, dem demographischen Niedergang Einhalt zu gebieten, gaben den Medizinern die Möglichkeit, ihren Ambitionen nachzugehen. Unmittelbar nach dem ersten Weltkrieg kann man die Gründung vieler Mütterstationen nach dem Modell des Baudelocque-Hospitals verfolgen.[7] Es sind dies Anstalten, in denen es darum geht, den Geburtsvorgang und den darauffolgenden Zeitraum vollständig zu kontrollieren, vom Kampf gegen die Geschlechtskrankheiten zur Kinder-Klinik, von der Überwachung der schwangeren Frauen, der Geburtshilfe, den ärztlichen Säuglingsuntersuchungen bis eventuell hin zur Schule für Säuglingspflege. Auch haben damals häufig Tagungen über Pädiatrie stattgefunden und die Spezialisierung vorangetrieben. Etwas später gelang es mit Hilfe der Sozialversicherung, das Feld für ärztliche Aktivitäten deutlich zu erweitern.

Die Erfolge dieser systematischen Ausweitung der Medizin sind unbestreitbar, obwohl auch hier differenziert werden muß. Zu einem großen Teil sind sie auf die Verbesserung der allgemeinen Lebensbedingungen zurückzuführen. Wenn die augenblickliche Krise sich verschärfen würde, wenn die Menschen wieder Kälte und Hunger ertragen müßten, wie es früher so häufig der Fall war, wenn die Frauen wieder schwer unter Rachitis und Anämie, an schlechtem Ernährungszustand und *Auszehrung* zu leiden hätten, würde die Sterblichkeitsrate bei gebärenden Frauen und Frühgeburten hier und heute enorm ansteigen. Gesundheit ist vor allem ein ökonomisches und soziales Phänomen, auf dessen Grundlage die Medizin gelegentlich spektakuläre Erfolge hat, wobei ihre eigenen Errungenschaften aber fast immer überbewertet werden.

Geburtshilfe und Pflege der Kleinkinder sind von den Medizinern in Beschlag genommen worden, was sicherlich ein Sieg des Patriarchats war. Der Selbständigkeit der Frauen wurde damit auf einem Gebiet, das die Männer ihnen lange Zeit überlassen hatten, ein Ende gesetzt (vgl. das 4. Kapitel). Damit wurde eine lange Entwicklung beschlossen, die im 16. Jahrhundert begann, als das Edikt Heinrichs II. die schwangeren Frauen dazu zwang, ihre Schwangerschaft *anzuzeigen*. Heute zeigen wirklich alle Frauen ihre Schwangerschaft an, womit sie eine Beaufsichtigung in Kauf nehmen, die schützen will, häufig aber inquisitorisch, hochmütig, sogar despotisch wirkt. Die Gebärende ist mehr oder minder in der Position der Unterlegenen; ihr Körper wird häufig achtlos, wie ein hinderliches Objekt, behandelt. Wie viele unnötige Kaiser- und Dammschnitte werden gemacht, entschieden nur nach Belieben des Geburtshelfers? Der Biologe Jacques Testart hat einen Artikel in *Le Monde* veröffentlicht, in dem er behauptet, daß die Gynäkologen die Frauen häufig so behandelten, wie kein Automechaniker ihm anvertraute Fahrzeuge zu behandeln wagen würde.

Ebenfalls wird die Mutter als Sorgende für ihr Kind abqualifiziert. Und das bei so vielen, fast lächerlich zu nennenden, tastenden Versuchen der Pädiatrie! Lange sahen Kinderärzte im Säugling nichts anderes als ein kleines Tier oder einen Verdauungsapparat. Es war eine Frau, Irène Lézine, die mit den Untersuchungen über die Psychologie des Säuglings begonnen hat; sie blieb mit ihren Arbeiten in den Jahren von 1940 bis 1980 völlig unbemerkt und ist, fast unbekannt, 1984 gestorben. Heute stellen die Mediziner fest, „daß der Säugling eine Person ist", und glauben, die Frauen dahingehend belehren zu müssen. In Wirklichkeit haben die Frauen das immer gewußt. Sie mußten nicht auf diese Offenbarungen warten, um in ihren Kindern kleine Menschen und Persönlichkeiten zu sehen. Aber ihr Wissen gehörte zum wahrnehmbaren, gelebten Leben. Sie haben es nie expliziert oder es theoretisiert, haben nie Bücher oder Doktorarbeiten darüber geschrieben, nie Fernsehsendungen gemacht. Wenn Männer heute darangehen, den Säugling als eine Person zu akzeptieren, so liegt das nur daran, daß die Wissenschaft heute fast jedem Neugeborenen das Überleben ermöglicht; früher zählte so ein kleines Wesen in ihren Augen erst, wenn es seinen Überlebenswillen bekundet hatte... Gut, daß Männer sich endlich für die Säuglinge interessieren. Gut, wenn sie die *Interaktionen* zwischen Mutter und Kind und die *Pathologie* dieser Beziehungen erforschen. Könnten sie doch endlich begreifen, daß allzu häufig der Vater der Grund für diese *Pathologie* ist! Würden sie doch endlich erkennen, daß der Kinderwunsch einer Frau etwas grundsätzlich anderes ist als der *Penisneid*!

Der Herrschaftsanspruch der Mediziner läuft also auf eine globale Kontrolle von Mutter und Kind durch das Patriarchat hinaus (selbst wenn es heute viele Frauen in der Ärzteschaft gibt, aber sie sind eigentlich immer mehr Ärzte als Frauen). Eine gewichtige Verschiebung muß allerdings konstatiert werden: Das medizinische Patriarchat tendiert dahin, dem eigentlichen Vater einen immer größeren Teil seiner Verantwortung abzunehmen.

„Der Arzt ist der zweite Ehemann der Frau", sagte mir

neulich ein befreundeter Arzt in aller Unschuld. Anders gesagt ist der Arzt der zweite Vater des Kindes. Da stehen wir heute. Auf der einen Seite bedient sich die Medizin dank der Sozialversicherungen immer inquisitorischer werdender Methoden; auf der anderen Seite greifen Ängste um sich, in dem Maße, wie Fatalismus oder Resignation früherer Zeiten weichen. Heute glaubt man nicht mehr ans jenseitige Paradies. Wir wollen, daß das Kind hier und heute glücklich ist, wir wollen ihm jede mögliche Chance bieten. Aber mit jeder biologischen oder medizinischen Entdeckung wird die Verantwortung der Eltern komplizierter und drückender. Das betrifft nicht allein die Präventivmedizin: Auch die der Psyche stellt Anforderungen. So überwachen auch die Psychologen, seien sie Schüler oder Gegner von Freud, den kleinen Menschen. Weiter gibt es immer mehr Spezialisten: Ärzte für Augen-, Gehör- und Kieferheilkunde etc. Auf all diesen Gebieten ist ein Vater inkompetent, es sei denn, er ist Arzt, und selbst dann... Hat er die Zeit, alle Diagnostiken und Behandlungen zu beobachten, denen sein Kind ausgesetzt wird? Hat er das Recht, sie zu kontrollieren, sie zu beanstanden oder gar sie abzulehnen?

Ähnliche Beobachtungen lassen sich bezüglich der Eugenik machen. Sie erfüllt einen anderen tausendjährigen Wunsch von Vätern, den, wohlgeratene Kinder zu zeugen. Der Wunsch, die Ergebnisse des Zeugungswillens zu veredeln, ist – wie im vorhergehenden Kapitel beschrieben – ein altes Anliegen der Mediziner. Seit dem Jahrhundert der Aufklärung liegt ihnen weniger an der Konstruktion des idealen Staatswesens, als an einem Beitrag zum Glück von Familien. Es geht nicht mehr um die Selektion von Paaren, sondern um die Vervollkommnung des Zeugungsaktes im Interesse jedes einzelnen Paares. Handbücher über die Zeugung hatten gegen Ende des 18. und zu Beginn des 19. Jahrhunderts Konjunktur, und häufige Wiederauflagen sprechen für ihren Erfolg.[8] Es finden sich darin moralische Vorschriften (das Laster bringt nur degenerierte Kinder hervor), aber auch Anweisungen für die beste Position bei der Paarung, den besten Zeitpunkt (Tag, Stunde, Stand der Sterne) und für die Auswahl der Partner. Dieser Literaturtyp, der heute noch immer Nachahmung findet, ist nicht neu, erlebte aber damals eine neue Blüte.

Die Kunst der Zeugung hatte auch ihre Fanatiker. Der Graf von St. Simon, der Erfinder des Saint-Simonismus, schlug Madame de Staël vor, sie zu heiraten; er hielt sie für die intelligenteste Frau seiner Zeit, hatte von sich selbst auch eine hohe Meinung, und hoffte aus ihrer Vereinigung außergewöhnliche Kinder hervorgehen zu sehen. Sie lehnte ab.

Diese Faszination durch die Eugenik verlor auch im Laufe des 19. Jahrhunderts kaum an Schwung; in der laizistischen und antiklerikalen III. Republik erhielt sie durch die Wissenschaftsbegeisterung neuen Auftrieb. Dabei ging es weniger um die Zeugung wohlgeratener als um die Vermeidung erblich belasteter Kinder.

Inzwischen waren nämlich Gelehrten wie Gebildeten die Probleme der Vererbung sorgenvoll zu Bewußtsein gekommen. Sie wußten, daß man mit dem Leben auch mehr oder minder positive Eigenschaften tradiert. Aber welche und auf welchem Wege? Seit Lamarck streitet man über die Erblichkeit angeborener oder erworbener Eigenschaften. Mit Darwin triumphierte um 1850 ein entschiedener Materialismus, der jegliche Finalität bei der Entwicklung der Arten ausschloß: Die natürliche Auslese zielt keinesfalls auf ein vorherbestimmtes Ziel, sondern ist allein das Resultat einer gewissen Kombination von Zufall und Notwendigkeit. Etwas später, in den sechziger Jahren entdeckte Mendel bestimmte Gesetze der Vererbung; er postulierte einen Unterschied zwischen der Erscheinungsform eines Organismus und der Zusammensetzung seines Erbgutes.

Ohne den Einfluß gelehrten Denkens auf die normale Vaterschaft übertreiben zu wollen, muß man doch erkennen, daß die Vererbung die Männer des 19. Jahrhunderts geängstigt hat. Das Wort *Atavismus* (von *atavus* = Vorfahr), das sich um 1840 verbreitete, ist ein Ausdruck dieser Unruhe. Es gehörte an sich in den Wortschatz der Zoologie und bezeichnete das Wiederauftauchen bestimmter Eigenschaften, die mehrere Generationen lang verschwunden waren. Auf die Menschen bezogen hatte es immer einen negativen Beigeschmack: Das, was wieder auftaucht, ist die erbliche Belastung eines Vorfahren, die man gerne verschwinden sehen würde, eine Behinderung, eine Deformierung, eine Anomalie, derer man sich schämt. Dabei konnte der Gebrauch des Wortes Atavismus sich neben der Physis auch auf den Charakter beziehen. So gab es atavistische Laster. Man konnte von einem seiner Vorfahren den Sinn für Ausschweifungen, Alkoholsucht, einen krankhaften Geiz oder verbrecherische Neigungen erben. Schlimmer noch, bestimmte Erbkrankheiten konnten sowohl Seele wie Körper verderben, und das für mehrere Generationen; der Alkoholismus einer einzelnen Person zog seine gesamte Nachkommenschaft in schreckenerregende Mitleidenschaft. Desgleichen eröffneten Ausschweifungen der Syphilis Tür und Tor, die alle Ärzte des Jahrhundertendes für erblich hielten; die vererbte Syphilis verdammte dann Unschuldige zu schrecklichen Leiden, Lähmung und Wahnsinn.

Die immer mehr ins Bewußtsein dringende Angst vor diesem Unbekannten macht die Reichweite der Eugenik in unserem Kulturkreis verständlich. An der Schwelle zum 20. Jahrhundert ging es vor allem darum, von jetzt an die Geburt erblich Belasteter, Kranker, Wahnsinniger und Krimineller zu verhindern. Francis Galton etablierte die Lehre von der Eugenik 1904 an der Universität London. Von nun an beherrschte sie in Wort und Idee das gelehrte Publikum und die Öffentlichkeit. Unter den zahlreichen französischen Eiferern dieser Richtung fanden sich zwei große Medizinpäpste: die Professoren Alexis Carrel und Charles Richet, beide Mitglied der Akademien für Medizin und Naturwissenschaften, beide Nobelpreisträger (Carrel 1912, Richet 1913). Das Werk von Charles Richet mit dem Titel *La Sé-*

lection humaine [Die menschliche Auslese, 1919] ist ein Denkmal für einen unbekümmerten, einflußreichen Rassismus, in dem aus einem unbestreitbaren biologischen Wissen unablässig Gedanken zu einer Ideologie verformt wurden, die man bereits als totalitär bezeichnen kann. In der Zwischenkriegszeit haben sich siebenundzwanzig Staaten auf den Grundsatz einer (freiwilligen) eugenischen Sterilisation verpflichtet; sie verlangten von Heiratskandidaten ein voreheliches Gesundheitszeugnis, um jedem der beiden Gatten bei einer gefährdeten Ehe zumindest das eingegangene Risiko vor Augen zu führen. In den demokratischen Ländern wurden diese Maßnahmen jedoch sehr zurückhaltend aufgenommen; sie schienen mit den Vorstellungen von Freiheit und Gleichheit nicht vereinbar. Die nationalsozialistischen Ärzte hatten zudem mit ihren grausamen Eingriffen die Eugenik in ein Schattendasein verbannt: Es wagte niemand mehr, darüber zu sprechen.

Heute scheinen neue Untersuchungstechniken während der Schwangerschaft die Problematik in ein ganz anderes Licht zu tauchen. Ein werdender Vater muß die Gefahren einer weitergegebenen Erbkrankheit weit weniger fürchten, wenn es möglich wird, den Fötus bereits in den ersten Wochen seiner Existenz (durch Untersuchung des Fruchtwassers oder durch Ultraschall) auf mögliche Schädigungen oder Bedrohungen untersuchen zu lassen. Die pränatale Diagnostik stellt die Grundlage für ein neues Recht der Eltern dar, mit dem sie die Möglichkeit haben, über mögliche Mißbildungen informiert zu werden und den Abbruch der Schwangerschaft zu beantragen. Es handelt sich hier zweifelsohne um eine Wiedereinführung der Eugenik auf Umwegen. Mit welchem Recht könnte man einem besorgten Erzeuger die Möglichkeit einer Untersuchung streitig machen? Wenn ein Paar erfährt, daß das erwartete Kind mongoloid ist, wird die Allgemeinheit in ihrer großen Mehrheit ihm das Recht auf einen Schwangerschaftsabbruch nicht abstreiten. Auch die künstliche Insemination durch einen

Spender kann von eugenischen Erwägungen abhängig sein: Ein Mann, der weiß, daß er Träger einer Erbkrankheit ist, und der deswegen schon eines oder mehrere Kinder verloren hat, wird möglicherweise erleichtert die Möglichkeit zur Kenntnis nehmen, daß seine Frau lebensfähige Kinder mit Hilfe fremdem Samens zur Welt bringen kann. Das Ende eines alten Fluchs!

Insgesamt ist nicht zu leugnen, daß die Wissenschaft bezüglich Empfängnisverhütung, Unfruchtbarkeit und Eugenik einem alten und angstbeladenen Anliegen von Ehepaaren mit Kinderwunsch und vor allem von Vätern mit großem Verantwortungsgefühl entgegenkommt. Jede Gesellschaft hat die Mediziner, die sie verdient. Der Trend, der uns in eine zunehmende Medikalisierung der Zeugung zwingt, entspricht dem Anliegen aller, und es wäre ungerecht, sie einem einzigen Berufszweig in einer ganzen Gesellschaft anzulasten. Es ist auch unrealistisch anzunehmen, daß man das Rad wieder zurückdrehen kann; Früchte vom Baum der Erkenntnis zu ernten ist insgesamt ein Werk der menschlichen Vervollkommnung.

Nichtsdestoweniger tragen die aktuellen Perspektiven der Medikalisierung nicht immer zur Beruhigung bei, denn sie stellen die Vaterrolle auf drei Gebieten in Frage: Sie schmeicheln der weiblichen Ichbezogenheit, sie verwirren die männliche Filiation, und sie ermöglichen eine Handhabung der Zeugung von Menschen, die nicht der Institution *Familie* untersteht.

Infragestellung der Vaterschaft

Die Macht der Frauen

Ich habe schon am Ende des 7. Kapitels betont, daß die Frau die Möglichkeit hat, für sich allein ein oder mehrere Kinder zu haben und den Vater oder die Väter ihrer Kinder aus ihrem Leben zu verbannen; die künstliche Insemination durch einen Spender erlaubt dies nochmals in besonderer Weise. Man kann dem entgegenhalten, daß die französischen Spenderbanken mit ihren patriarchalischen Bestimmungen über das ihnen anvertraute Gut wachen und es ablehnen, eine alleinstehende Frau zu behandeln. Jedoch ist dieses Verbot leicht zu umgehen: Die junge Frau muß nur entschlossen einen Gehilfen finden, den sie als ihren unfruchtbaren oder unwiderruflich mit Vasektomie behandelten Partner vorstellt. Überdies schließt die Organisation der Spenderbanken außerhalb Frankreichs nicht immer alleinstehende Frauen aus.

Die Zahl der nur aus einer Frau und einem Kind bestehenden *Haushalte* nimmt unablässig zu. Ist dies eine konjunkturabhängige Schwankung oder eine zeitunabhängige Entwicklung?

Die wunderlichen Wünsche der Mutterschafts-Aspirantinnen schaffen schon von sich aus Situationen, die vor der künstlichen Befruchtung undenkbar gewesen wären. Mehrere Frauen zusammen wünschen sich das *Gold* eines einzigen (für schön gehaltenen) Spenders, damit ihre Kinder Halbgeschwister werden: Eine neue Form des Harems... Zwei Lesbierinnen erziehen zusammen *ihr* Kind... Eine Lesbierin verkündet die Botschaft von der notwendigen Abtötung aller männlicher Föten, nur eine Gesellschaft der Amazonen scheint ihr Garantin für die Freiheit der Frauen.[9] Ob alle diese Frauen der Erziehung ihrer Kinder gerecht werden können?

Psychologen von heute beharren auf der Unersetzlichkeit des Vaters; ihre Beteuerungen scheinen mir jedoch eher beruhigend (für den Vater) als überzeugend. Unersetzlich, sagen sie und meinen damit das notwendige Aufbrechen der ursprünglichen Einheit, die Trennung des Kindes von seiner Mutter, um die Mutter von ihrem Kind zu befreien. Das ist unzweifelhaft symbolisch wie psychologisch richtig. Aber es bleibt falsch angesichts der Realitäten. Unter den demographischen Verhältnissen von einst war es die Geburt oder das Aufziehen eines jüngeren Kindes, die die Trennung des älteren Geschwisterkindes von der Mutter nötig machte – und so fort. Das Entwöhnen eines Kindes, ein schmerzlicher Bruch, entriß den Säugling seiner Ernährerin. Noch häufiger kam der Bruch durch die Arbeit zustande. Die Frauen wurden in ihrer überwältigenden Mehrheit immer für vielfältige und lebensnotwendige Aufgaben benötigt: In solchen Fällen wurde der Säugling einer Verwandten, einer Nachbarin oder der Kinderkrippe anvertraut. Man könnte sogar vorbringen, daß im Falle des Nichtvorhandenseins eines Vaters, diese Trennung schneller und brutaler vor sich ging; denn ledige Mutter oder die junge Witwe waren gezwungen, ihre Sprößlinge zu verlassen, um für sie das Nötigste zu verdienen. Ebenfalls wird von Psychologen behauptet, daß der Vater unerläßlich sei, um dem Kind ein männliches Beispiel vorzuleben. Ein Vater aber, der häufig von zu Hause abwesend ist, vermittelt Kindern ein höchst armseliges Beispiel. Auch kann ein Kind seine Identifikationsperson anderswo suchen und finden: Je nach Zeitpunkt oder Milieu wird es seinem Onkel, seinem Großvater, seinem Nachbarn, seinem Beichtvater, seinem Arzt, seinem Lehrer, dem Leiter seiner Ferienkolonie oder einem Star nacheifern. Ein Kind lebt immer mit dem Beispiel einer ganzen Sozialgruppe und nicht nur alleine mit seinem Erzeuger.

Männer sollten aufhören, sich in einer falschen Hoffnung zu wiegen: Mutter und Kind können ohne Vater leben. Das ahnen die Männer wohl; denn um sich unersetzlich zu machen, haben sie die Ehe, die eheherrliche und die väterliche Gewalt erfunden. Diese Institutionen scheinen heute überholt zu sein. So ergibt sich die Frage, ob Männer und Frauen neue Rollen finden, ob Väter und Mütter willens und fähig sind, ein neues Übereinkommen miteinander auszuhandeln.

Probleme der Filiation

Auch dort, wo der Mann die Initiative und die Entscheidung wahrt, hat er keine sichere Garantie in Bezug auf die Filiation.

Den Rückgriff auf eine Leihmutter (die erste Möglichkeit) ist von großen Unsicherheiten begleitet. Zwischen dem Mann, der Vater werden möchte, und der Leihmutter entsteht eine distanzierte Beziehung ohne jede Garantie. Sicher gibt die Leihmutter ihr Wort, sich jeder sexuellen Beziehung mit ihrem Ehemann zu enthalten, solange sie nicht durch das Sperma des Spenders schwanger wird. Aber wer kontrolliert das?... Der andere Mann, der Ehemann der Leihmutter, verkörpert die neueste Rolle eines Vaters in dieser Beziehung. Früher konnte der Mann einer unfruchtbaren Ehefrau ein Kind mit einer anderen Partnerin haben, nicht aber mit einer verheirateten Frau, denn dieses Kind hätte dem Mann dieser Frau gehört. Das Gesetz vom 3. Januar 1972 hat dieses Hindernis aus dem Wege geräumt, da es dem Erzeuger erlaubt, sein aus ehebrecherischer Beziehung geborenes Kind anzuerkennen. Aber wenn der Ehemann der Leihmutter nicht einverstanden ist? Ist die Biologie in der Lage, den wahren Vater mit ausschließlicher Sicherheit zu bestimmen? Lassen wir einmal das Risiko der Ausbeutung und der Proletarisierung der Leihmütter beiseite: Nie wird es eine reiche und glückliche Frau sein, die daran denkt, ihr Kind gegen Bezahlung oder für *Geschenke* wegzugeben. Der Mann, der Vater werden will, hat hierauf keinen Einfluß.[10] Der Ehemann der Leihmutter könnte dagegen seinen Vorteil aus dem ihm *gehörenden* Bauch ziehen.

Hat der Vater bei der heterologen Insemination mehr Sicherheit? Dieses Vorgehen trennt die soziale Vaterschaft von der biologischen. Aus historischer Sicht kann man die Gefahren für gering halten: Schon das antike Rom kannte die Adoptiv-Vaterschaft; und auch später kam es häufig vor, daß Kinder bei einem anderen Mann als dem Erzeuger aufgezogen wurden. Aber zwischen diesen Bräuchen und dem Rückgriff auf einen anonymen Samenspender ist der Unterschied beträchtlich, bedingt durch die Geheimhaltung des Vorgangs und die Anonymität des Spenders. In Rom stimmte nämlich das Kind seiner Adoption zu und behielt die Beziehungen zu seinem natürlichen Vater bei. In der christlichen Gesellschaft war das Kind, das durch einen Onkel oder einen Nachbarn aufgezogen wurde, fast immer eine Waise und war über seinen Vater vollkommen im Bilde, und illegitimen Kindern war die Suche nach dem Vater zumindest nicht verboten.

Man kann dem mit dem Einwurf widersprechen, daß das Geheimnis um die Filiation nicht aus der künstlichen Befruchtung sondern aus dem *Code Civil* herrührt, der, wie schon gesagt, alle Nachforschungen über die Vaterschaft verbot. Daher konnte der Erzeuger geheim bleiben, und das Gesetz, d. h. also die gesamte Gesellschaft, machte sich zum Komplizen und entließ den Erzeuger aus der Verantwortung. Mit der Insemination befinden wir uns teilweise in einer analogen Situation (da der natürliche Vater geheim bleibt), teilweise aber in einer andersartigen Situation (da der soziale Vater existiert und Forderungen auf das Kind stellt).

Wo also gibt es Unsicherheit? Für welchen Vater? Sie belastet vor allem den sozialen Vater. Denn die Geburt könnte dazu beitragen, daß ein Konflikt zwischen den Eheleuten entsteht. Die Frau könnte, bewußt oder unbewußt, ihrem Ehemann die Vaterschaft absprechen und sich des Kindes bemächtigen. Der Mann könnte sich als unfähig erweisen, eine Beziehung zu dem Kind zu entwickeln, das er nicht gezeugt hat. Sollte sich der Konflikt bis zu einer Scheidung hin entwickeln, könnte jeder der beiden Ehepartner den bislang – leider – nicht öffentlichen Vertrag, der durch die künstliche Befruchtung entstanden war, aufkündigen: Sei es, daß der Pflegevater das Kind ablehnt und den Nachweis führt, daß er nicht der biologische Vater ist, sei es, daß die Mutter den Vater ablehnt, indem sie den gleichen Nachweis führt. Schließlich könnte sogar das Kind selbst, wenn es auf irgendeine Weise die Bedingungen seiner Geburt erfährt, den sozialen Vater ablehnen, vor allem während der Konflikte der Adoleszenz. Es hat jedoch den Anschein, daß in den Jahren, in denen man in Frankreich die künstliche Befruchtung praktiziert, solche Fehlschläge eher die Ausnahme sind. In dem Maße, wie man die Folgeentwicklungen kennt, sind die Familien (häufig sogar mit zwei oder drei Kindern), die auf diesem Wege zustandegekommen sind, eigentlich immer glückliche Familien. Der Vater *adoptiert* aus freiem Willen und vom Gesetz sanktioniert die Kinder, die seine Frau zur Welt bringt, was wie oben beschrieben, kein neues Verfahren ist. Allerdings besteht weiterhin die Notwendigkeit eines Gesetzes, die Ehegatten, die um eine solche künstliche Befruchtung nachsuchen, zu verpflichten, ihr Kind unzweideutig gemeinsam zu erziehen.

Über die Rolle des Samenspenders, des biologischen Vaters eines ihm möglicherweise unbekannt bleibenden Kindes, ist noch wenig bekannt. Unleugbar haben Männer sich seit langem daran gewöhnt, ihren Samen frei fließen zu lassen, ohne Rücksicht auf die Folgen und ihre jeweilige Partnerin. Aber zwischen Sichausleben und Samenspenden besteht ein großer Unterschied: Der Gewinn für den Spender ist im ersten Fall sicherlich größer, zumindest jedoch spürbarer. Eigentlich sind die Beweggründe des Spenders und die damit verbundenen Nebeneffekte noch wenig erforscht und bekannt. Wahr ist, daß auf viele Samenspender Druck ausgeübt wird, sei es durch entsprechende Ärzte, denen es an Sperma für mehr und mehr Patientinnen mangelt, sei es auch durch Freunde oder Verwandte, die eine Insemination anstreben, und denen es darum geht, den kostbaren Samen, den man ihnen zugesteht, als *Stellvertreter* zu nutzen. Es bleibt dabei, daß der Samenspender eine neue Rolle in der Elternkonstellation spielt: Unterschieden vom ehebrecherischen

Liebhaber, da er die künftige Mutter nicht kennt, sehr unterschieden aber auch vom normal masturbierenden Mann, der über die Verwendung seines Samens nicht weiter nachdenkt. Mit Hilfe einer tiefenpsychologischen Ergründung dieser Rolle könnte der Kinderwunsch des Mannes aufgeklärt werden. Denn die meisten Spender wollen gerne wissen, ob ihr Samen geholfen hat, ob ein Kind geboren worden ist. Die meisten von ihnen halten sich aber auch an ihre Anonymität; sie wollen das Kind auf keinen Fall kennenlernen. Sie fürchten, daß das Kind es im Leben schlecht trifft und ihnen eines Tages seine Geburt zum Vorwurf macht oder ihre Hilfe verlangt. Eine mißglückte Erziehung ist ihrer Meinung nach Schuld des sozialen Vaters und alleine die seine. In Schweden hat ein Gesetz vor kurzem die Anonymität aufgehoben, wodurch sich zunächst die Anzahl der Spender zu vermindern schien; aber im folgenden Zeitabschnitt haben sich neue Spender zur Verfügung gestellt, die keine Angst haben, später von ihrem natürlichen Kind zur Rede gestellt zu werden, falls dieses es wünscht.

Alle traditionellen Merkmale der Vaterschaft werden durch diese neuen Erfahrungen in Frage gestellt. Aber es kann noch schlimmer kommen. Wissenschaftler haben in Zukunft vielleicht die Möglichkeit, menschliche Nachkommen ohne irgendwelche Eltern zu erzeugen.

Manipulierte Zeugung

Es ist heute in der Tat möglich, menschliche Embryonen wie den Werkstoff eines Laboratoriums zu produzieren und zu manipulieren. Um die Befruchtung *in vitro* zu bewerkstelligen, braucht man nur Spermatozoen des Partners und mindestens eine Eizelle der Partnerin; dafür regt man aber bei der Patientin die Ovulation im Überfluß an, entnimmt ihr mehrere Eizellen und produziert mehrere Embryonen, um dem – sehr häufigen – Fall vorzubeugen, daß die Implantierung nicht gelingt. Die Mediziner verfügen also über überzählige Embryonen, die zum Zweck der Konservierung eingefroren werden. Die Laboratorien bleiben entschieden bei ihrem Beschluß, sie nicht an die Eltern weiterzugeben; vielleicht befürchtet man, daß ein unkontrollierbarer Handel entstehen könnte. Denn unfruchtbare Eltern können sich zweifellos nichts Besseres vorstellen, als einen oder mehrere dieser Embryonen zu erwerben, sei es, um bei der Ehefrau eine Schwangerschaft einzuleiten, sei es, um eine Leihmutter einzuschalten (Leihmutter im strengen Sinne des Wortes, da sie nicht einmal eine Eizelle zur Verfügung stellt). Aber auch wenn man den Eltern die Herausgabe der Embryonen verweigert, behalten die Wissenschaftler sich das Recht vor, einige von ihnen zum Vorantreiben der Forschung über das menschliche Leben zu nutzen. Sicher haben die abscheulichen Experimente der Nazis solche Vorhaben auf dem Gebiet der Biologie und der Genetik schwerer gemacht. Aber für wie lange? Die Neugier der Forscher ist der Motor der Wissenschaft, und kann man forschenden Wissenschaftlern trauen? Bei einigen lassen sich Zeichen von Spieltrieb, Geldgier und Ehrgeiz ausmachen, die beunruhigend sind. Vielleicht ist der Spieltrieb eine Art humorigen Zeitvertreibs, der Furcht verdecken soll: Jedenfalls kann man sich beim Lesen gewisser Publikationen dieses Eindrucks nicht erwehren. Aber man muß auch realisieren, daß Spielereien mit Samenzellen und menschlichen Embryonen bei den Forschern keine Skrupel erwecken. Man verspürt großes Erschrecken bei diesen z. T. noch imaginären, z. T. bereits möglichen Manipulationen: So könnte man mit der Transplantation eines geteilten Embryos in den Uterus verschiedener Frauen von diesen Frauen identische Kinder bekommen. Man könnte sich die Geburt von fünfzig Jahre auseinander liegenden Zwillingen vorstellen, indem man einen Embryo zwischen einer Frau und ihrer Enkelin teilt. Warum sollte die Wissenschaftler solche Dinge ablehnen, wenn sie eines Tages gewinnbringend wären? Schon jetzt könnten sie den Forderungen von Paaren entsprechen, die bestimmte Vorstellungen in Bezug auf Geschlecht und Aussehen ihres Kindes haben (ein blondes Mädchen mit blauen Augen...). Der Biologe Jacques Testart hat sich aufsehenerregend von diesen Praktiken distanziert, die ein Abgleiten in kaum kontrollierbare eugenische Vorgehensweisen zu bedeuten scheinen; er bleibt jedoch isoliert.

Man könnte auch an eine systematische Ausnutzung der überzähligen Embryonen beim Kampf gegen die Entvölkerung des Abendlandes denken. Zum Beispiel könnte man die Frauen der Dritten Welt bezahlen, damit sie europäische Embryonen austragen: Denn diese Frauen haben weder Angst vor Schwangerschaften noch vor Geburten, auch sind sie nicht daran gewöhnt, dafür Entgelt zu erhalten. Ihre Armut würde also eine Kostensenkung ermöglichen; die daraus entstehenden, durchaus zur Adoption geeigneten Kinder könnten reichen Adoptiveltern angetragen werden, die nur zu glücklich wären, endlich, koste es, was es wolle, ein Kind zum Liebhaben zu ergattern. Der Staat selbst, der vom Gedanken an die Entvölkerung wie von einem Alptraum verfolgt wird, könnte diese Kinder jährlich in Scharen aufkaufen und sie von sorgfältig ausgesuchten und häufig kontrollierten Aufseherinnen aufziehen lassen. Nichts spricht dafür, daß die so gewonnenen Arbeitskräfte teurer wären als die Zuwanderung von Immigranten, und Assimilationsprobleme würden kaum auftauchen.

Solche Phantasien mögen Erschrecken oder Schulterzukken verursachen. Man kann sich aber nicht der Einsicht verschließen, daß alles zu ihrer Verwirklichung bereitsteht, und daß sie der Logik eines ökonomischen Liberalismus (zugegeben, eines völlig ungezähmten) entsprechen. Beruhigend ist nur die bedenkenswerte Tatsache, daß der *Code Civil* die menschliche Person für weder ganz noch teilweise verfügbar erklärt, was in diesem Zusammenhang heißt, daß niemand das Recht hat, ein menschliches Wesen, oder auch nur einen Teil davon (ein Organ, einige Zellen, Blut, Sperma, Eizelle, Embryo) zu kaufen oder zu verkaufen. Nur hat sich dieses Gesetz lange als ohnmächtig gegenüber dem Sklavenhandel erwiesen; es ist auch nie gelungen, mit seiner Hilfe den Mädchenhandel zu unterbinden; es verhindert den im Geheimen abgewickelten Handel mit Adoptivkindern nicht; es veranlaßt Blut- und Samenspender und Leihmütter (außerhalb Frankreichs) nicht, eine Bezahlung auszuschlagen. Zu glauben, daß Frankreich solch anstekkenden Praktiken entgeht oder entgehen wird, erweckt Sympathie und zeugt von Generosität, ist aber Illusion. Es gibt keine größere Utopie als den Glauben an die Engelhaftigkeit der Menschen.

Schließlich muß man noch mit dem konkurrierenden Ehrgeiz der Forscher rechnen. *Wissenschaft* besteht in den Augen heutigen Soziologen[11] vor allem im Wetteifer miteinander konkurrierender Teams von Wissenschaftlern. Wem gelingt als erstem die sensationellste Entdeckung oder deren Verwirklichung? Und was gibt es Sensationelleres als Menschliches zu fabrizieren? Wissenschaftlern ist es bereits gelungen, Embryonen einzufrieren, sie besitzen eingefrorenes Sperma; Eizellen lassen sich weniger leicht einfrieren und auftauen, aber die Fortschritte der Biologie in den letzten Jahren sind so groß, daß man sicher dahin kommt, diese Probleme zu beherrschen. Dann besitzen Wissenschaftler alle Ingredienzen, um ein Kind zu fabrizieren. Man muß nur noch lernen, die Insemination in vitro bis zur endgültigen Austragung zu verlängern... Ein menschliches Wesen schaffen! Welcher Ehrgeiz könnte der Versuchung widerstehen, Gottvater gleich zu sein? So prägt sich der Wunsch nach Kindern bei Gelehrten aus...

Wenn sie ihr Ziel erreicht haben, werden Vater und natürlich auch die Mutter überflüssig sein. Wissenschaftler geben zu, daß diese Perspektive grauenhaft ist. Und dennoch reden sie sofort von Obskurantismus, wenn man ihnen vorschlägt, ein bißchen innezuhalten, um nachzudenken, wenn man ihnen ein Moratorium oder eine Beschränkung ihrer Forschungen nahelegt. Natürlich sind sie nicht alleine für eine solche Situation verantwortlich. Um sie herum gibt es Eltern, Väter wie Mütter, die vom Wunsch nach Kindern zu der Forderung nach Kindern gekommen sind, eine – wie oben beschrieben – immer nachhaltiger geäußerte Forderung. Es handelt sich nicht einmal mehr um eine *Medizin des Wunsches*, wie man noch vor fünf oder sechs Jahren sagte. Die Menschen *verlangen* von den Biologen die Techniken der Produktion von Kindern. Hier erfolgt eine Angleichung an die Aufzucht von Tieren.

Wenn es eines Tages möglich sein sollte, ein Kind zu fabrizieren, ohne Körper und Willen von Männern und Frauen zu beteiligen, muß die Funktion von Eltern völlig neu überdacht werden.

Mehr als durch das Vordringen des Staates oder durch die feministischen Forderungen ist es also die Entwicklung der Wissenschaften vom Leben, durch die die Vaterschaft in Frage gestellt wird.

SCHLUSS

Neue Väterlichkeit?

Trotz allem bleiben zukünftige Väter Optimisten, auch wenn Wolken den Himmel verdunkeln. Das zeigen Meinungsumfragen.[1] Die jungen Männer mögen die Familie, trotz ihrer Mängel. Es hat den Anschein, daß bei ihnen wieder eine gewisse Aufwertung der Ehe stattfindet, oder doch zumindest, daß sie nicht mehr so rigoros abgelehnt wird, wie noch vor fünf oder zehn Jahren. Sie wünschen sich Kinder, einige von ihnen träumen sogar davon, *soviel als möglich* zu haben, wenigstens drei, wenn nicht vier oder fünf. Die kühnen Experimente der Biologen verschrecken sie nicht. Eine für *Le Monde* veranstaltete Meinungsumfrage (23.7.1985) läßt erkennen, daß die Jungen, vor allem die Bestausgebildeten, den neuen Techniken künstlicher Befruchtung gegenüber aufgeschlossen sind, allerdings mehr bezüglich anderer (63%) als für sich selbst (41%). Der Extremismus einiger Feministinnen, die sich der Kinder bemächtigen wollen, erscheint dagegen als extreme Ausnahme und kaum bedrohlich. Ihr Hauptziel ist es vielmehr, sich zusammen mit ihrer Partnerin darum zu bemühen, eine solide Partnerschaft aufzubauen, damit solche Störungen erst gar nicht auftreten können.

Auch das Phänomen der Androgynie verstört sie nicht. „Immer hatten Frauen auch maskuline Züge, wie es auch einen verdrängten Teil von Weiblichkeit bei den Männern gab", sagte einer von ihnen. Dieser bislang verdrängte Zug wird heute unbefangener ausgelebt. Die Kinder scheinen darunter nicht zu leiden. Ein junger Vater, der auf eine führende Position verzichtete, um mehr zu Hause sein zu können,[2] meint, daß seine beiden Kinder mehr auf den *Charakter* als auf das *Geschlecht* reagieren. Der Unterschied zwischen Vater und Mutter bestehe nicht allein im Geschlecht, zunächst und vor allem seien sie zwei Individuen. Und die Geschlechtsidentität werde nicht allein und nicht wesentlich über die durch sie zu versehenden Aufgaben bestimmt. Ein anderer, geschiedener, einundvierzig Jahre alter Mann, der allein die Sorge für eines seiner drei Kinder übernommen hat, negiert jede Besonderheit eines Vaters. Wie eine Frau bereitet er die Mahlzeiten, beaufsichtigt die Schulaufgaben und besucht die Lehrer. Das alles seien *elterliche* Aufgaben; unabhängig vom Geschlecht eines Elternteils müsse das Kind erzogen werden, für dessen Leben er die Verantwortung übernommen habe. Die Natur der Aufgaben sei nicht von Bedeutung. Überraschenderweise entspricht diese Auffassung den Predigten des 18. Jahrhunderts, die immer von den *Eltern* als einem unauflöslichen Ganzen sprachen; zwei Menschen, die sich die gleiche Aufgabe unter den Augen Gottes teilen. Und ist alles in allem das Männliche im Vater wirklich für das Kind vonnöten? Oder wird er nur als ein menschliches, von der Mutter unterschiedenes Wesen benötigt? Was genau ist denn der maskuline Part im Beruf des Vaters? Was wissen wir schon davon? Auf alle Fälle läßt sich das Kind nicht irreführen: es weiß, daß sein Vater ein Mann und seine Mutter eine Frau ist...

Im übrigen ist es gerade die Vater-Kind-Beziehung, die allmählich Gegenstand von Untersuchungen wird. Man sollte sich davon nicht überraschen lassen. Seit Freud war die Mutter der Gegenstand von Verdächtigungen. Der Begründer der Psychoanalyse verehrte alle Mütter; dennoch war er der erste, für den die durch die mütterliche Liebe verursachten Schäden Gegenstand der Forschungen wurde. Er entdeckte die grausame, maßlose, kastrierende Mutter, die imstande war, ihrem Nachkommen einen unüberwindlichen Oedipus-Komplex einzuflößen. Seine Meinung von den Vätern war kaum besser; aber diese hatten – damals weit entfernt von den Kindern – anscheinend weniger Gelegenheit, ihren Kindern zu schaden.

Heute werden humanwissenschaftliche Forschungen immer mehr auf den Vater ausgeweitet. Dafür gibt es mehrere Erklärungen. Die älteste beruht zweifellos auf der immer ausgeklügelteren *Medizikalisierung* der Geburt. Der Vater, der in früheren Zeiten immer ein wenig außerhalb dieses Ereignisses gehalten worden war, geriet in Gefahr, durch den technischen Fortschritt vollständig davon ausgeschlossen zu werden. Er protestierte, mit ihm die Mutter und mit ihnen einige Ärzte. Seine Präsenz ist nun akzeptiert worden; sie hat die Neugier und das Interesse von Forschern aller Disziplinen erregt, die sich gegenwärtig vermehrt mit der Geburt befassen. Gleichzeitig wird der geschiedene Vater durch die Krise der Ehe mehr als früher von seinen Kindern getrennt. Er beruft sich heute auf seine Rechte und beharrt auf der Ausübung seiner Funktionen; damit wird er Gegenstand von Untersuchungen aller Art durch Sozialarbeiter, Juristen und andere Spezialisten der Kindheit. Der letzte, aber nicht der unbedeutendste Faktor ist die Zunahme der künstlichen Befruchtung. Überall, wo man sich um die Zeugung von Kindern kümmert, beobachtet man besonders wach die Motivationen der Antragsteller und versucht, ihre Eignung für die Kunst des Elternseins zu würdigen. Geht man die Zeugung wissenschaftlich an, kann man sie nicht auf die leichte Schulter nehmen.

Entsprechende Arbeiten wurden veröffentlicht, verschiedene Untersuchungen wurden und werden in Angriff genommen. Während einiger Jahrzehnte sprach man nur von der Abwesenheit der Väter, ihrem Nichtvorhandensein, ihrem Zurücktreten, ihrer Gleichgültigkeit. Dieser pessimistische und moralisierende Diskurs hat heute methodischeren Untersuchungen Platz gemacht. Die eine beschäftigt sich mit dem Vater straffällig werdender Kinder, die andere mit dem geschiedenen Vater, eine dritte mit dem Ersuchen um Vasektomie, wieder eine andere mit dem Samenspender. Man stellt nach und nach die Komplexität der Vaterrolle fest. Man merkt, wie nötig es ist, das *Feld der Vaterschaft* zu ordnen.

Die Figur des Vaters, ehemals Widerschein göttlicher Majestät, hat wohl für alle Zeiten ihren religiösen Rückbezug verloren.

Die Geschichte ist eine Humanwissenschaft. Sie erlaubt uns vor allem, die Vielfältigkeit der Vaterbilder zu erkennen. Diese Vielfalt ist dadurch bedingt, daß die Funktionen des Vaters in sozioökonomische Kontexte eingebettet sind und sich mit ihnen zusammen ändern. Die Funktion der Fortpflanzung war dafür nie ausschlaggebend. Sicher ist seit dem Sieg des Christentums der Erzeuger der *eigentliche Vater*. Dennoch kennen alle Gesellschaften auch den sozialen oder geistigen Vater, dessen Gewicht mitunter größer ist als das des natürlichen Vaters. In den vom Landbesitz bestimmten Gesellschaften war die Weitergabe des Erbes die wesentliche Aufgabe, die strengen Züge des väterlichen Antlitz wurden durch sie geprägt. Später waren es die erzieherischen Funktionen, die in den Vordergrund rückten, die aber in Teilen sogleich auf andere Erwachsene und auf verschiedene Institutionen übertragen wurden. Heute ist man offenbar Zeuge einer wachsenden Vergesellschaftung der Kinder, angefangen mit ihrer von der Medizin beaufsichtigten Zeugung bis hin zu ihrer immer früher beginnenden Mündigkeit.

Heißt das, daß der Vater verschwinden kann? Daß die individuelle Identität des Vaters übergehen kann in patriarchalische Institutionen des Kollektivs, die vom Staat und der Gesellschaft gehandhabt werden?

Oder werden die neuen Väter eine neue väterliche Identität zu finden wissen und sie erneut einer veränderten Umwelt anzupassen suchen? Aber warum sollten sie das? Nur, um ihre narzistischen und affektiven Bedürfnisse zu befriedigen? Um ihr Bewußtsein mit oft schweren und undankbaren Pflichten zu belasten? Sicher haben sie bessere Gründe, und sie werden sie zu formulieren wissen. Immer birgt der Vater in sich einen *Kern von Zweifeln*, um den treffenden Ausdruck von Aldo Naouri zu gebrauchen. *Pa-*

ter semper incertus – Der Vater ist immer unsicher. Er ist es immer gewesen und er ist es heute mehr als je. Aber auf diesem Zweifel beruht die Freiheit des Mannes gegenüber seinem Kind. Vaterschaft muß immer neu entworfen werden.

NACHWORT

von Claudia Opitz

Bereits 1977 hatte die französische Sozialhistorikerin Yvonne Knibiehler, Verfasserin der vorliegenden „Geschichte der Väter", eine Geschichte der Mütter veröffentlicht, in der sie unter anderem der Frage nachging, inwiefern es überhaupt eine historische Dimension des vermeintlich „natürlichen" Vorgangs von Mutterschaft und des „natürlichen" Gefühls der Mutterliebe gäbe. Der gängigen Auffassung zufolge (die bis weit in den wissenschaftlichen Bereich hinein fortwirkte), daß Mutterschaft und Mutterliebe ebenso „natürlich" wie unveränderlich seien, stellte die neue Frauenbewegung – und mit ihr Yvonne Knibiehler und ihre Mitautorin Catherine Fouquet – entgegen, daß jegliche Geschlechterrollen, und damit auch Mutterschaft und Mütterlichkeit, im historischen Wandel jeweils neu gestaltet und mit neuer Bedeutung versehen werden.[1] Noch provokanter hat dies einige Jahre später die Philosophin und Kulturkritikerin Elisabeth Badinter formuliert, die die Mutterliebe als ein Gefühl beschrieb, das erst im 17. Jahrhundert erfunden worden sei.[2]

Solche Thesen wirkten zunächst schockierend. Sie stellten die moralischen und wissenschaftlichen Grundlagen mehrerer Generationen in Frage. Der Gedanke der gesellschaftlichen Begründung und Formung von Mutterschaft und mütterlichen Gefühlen jedoch setzte durch. Heute ist er als mehr oder weniger selbstverständlich in unserem Alltagsbewußtsein verankert. Wie aber steht es da mit der Rolle und der Bedeutung der Väter?

Tatsächlich war der Blick auf die Väter lange durch die Debatte um die Mutterrolle verstellt. Die Rolle, Funktion und

Stellung von Frauen stand hier zunächst und an erster Stelle zur Diskussion und bald auch zur Disposition. Erst neuerdings wird deutlich, daß die „Frauenfrage" eigentlich eine „Geschlechterfrage" ist, daß also *männliches* Verhalten, *männliche* Rollendefinition und *männliche* Identität mindestens ebenso gesellschaftlich bedingt und damit veränderbar sind wie weibliche Rollenvorgaben und Verhaltensstereotypen. Heute wird „machistisches" Männerverhalten ebenso kritisiert wie das Versagen der „abwesenden Väter".[3] Männliche Ängste und Identitätsprobleme können nun auch öffentlich gemacht werden; Talkshows und Sachbücher thematisieren die Schwierigkeiten der Vater-Tochter-Beziehung ebenso wie das (fehlende) männliche Vorbild der Söhne, das nicht zuletzt für die wachsende Aggressivität und Radikalität männlicher Jugendlicher verantwortlich gemacht wird.[4]

Doch nicht nur die gesellschaftspolitische Debatte wendet sich neuerdings dem männlichen Geschlecht und seinen Problemen zu; auch in der wissenschaftlichen Debatte ist es zu einem ernstzunehmenden Gegenstand des Interesses avanciert. Ein ganz neuer Forschungszweig, die „Männerforschung" (*men's studies*) ist in den letzten Jahren – analog zur „Frauenforschung" – entstanden und hat nicht zuletzt die Väter als einen hochinteressanten Gegenstand für sich entdeckt.

Dem trägt denn auch die französische Sozialhistorikerin Yvonne Knibiehler Rechnung. „Haben denn nicht auch die Väter eine Geschichte?" so fragt sie einleitend – und konkretisiert dann, und dies erscheint mir zentral: Ja, es gibt eine Geschichte der Väter, aber man muß genau hinsehen, denn eigentlich gibt es eine Vielfalt von Traditionslinien und Aspekten, die in eine „Geschichte der Väter" einfließen können und müssen: Von Gottvater über den Landesvater bis zum Haus- und Familienvater reicht die Ahnenreihe des „Patriarchen"; von der symbolischen Vaterschaft des Papstes, über den Paters, Pfarrers oder schließlich den Paten führt die Traditionslinie der spirituellen „Ersatzväter". Die „väterliche Gewalt" hat ihre Geschichte, doch ebenso muß auch von der väterlichen Liebe gesprochen werden. Der Beziehung, vor allem aber der Konkurrenz zwischen Müttern und Vätern um ihr Kind wie gegenüber gesellschaftlichen Institutionen kommt ebenfalls eine zentrale Bedeutung zu. Und schließlich sind die Bedingungen der biologischen Vaterschaft zu betrachten, die sich unter den Einwirkungen von medizinischem Fortschritt und naturwissenschaftlicher Entwicklung in den letzten Jahrzehnten massiv verändert haben.

Damit läßt sich von den antiken Ursprüngen ein weiter kulturgeschichtlicher Bogen schlagen, der indes keineswegs auf einen Nenner gebracht, bzw. auf *eine* Geschichte reduziert werden kann: Hier spielen sozioökonomische Bedingungen und Prozesse ebensosehr eine Rolle wie die entsprechenden symbolischen Verdichtungen der Vaterbilder, insbesondere im christlich-religiösen Kontext seit der Spätantike – das zeigt Yvonne Knibiehler in den Teilen I u. II.

Die wechselhafte Beziehung des immer machtvoller werdenden Staates zur Vaterschaft und zu den Vätern wird in der Folge genauestens ausgeleuchtet, die ja vielfach eine Geschichte der Konkurrenz, häufig aber auch eine des Zusammenwirkens und Ineinandergreifens von individuellem väterlichen und institutionellen Handeln war und ist, wie im Teil III deutlich wird. Dasselbe gilt auch für die Geschichte der medizinisch-naturwissenschaftlichen Betrachtung und Bearbeitung der Vater- bzw. der Elternschaft von den tastenden frühmodernen Anfängen bis in die heutige Zeit mit ihrer rasanten Entwicklung im Bereich von künstlicher Befruchtung und pränataler Diagnostik. Sie wurde übrigens im wesentlichen von Männern getragen, die in ihrer überwiegenden Mehrheit selbst Väter waren!

Der vor allem in den letzten beiden Jahrhunderten ausgesprochen dynamischen Beziehung zwischen Müttern und Vätern, zwischen Männern und Frauen widmet Yvonne

Knibiehler ebenfalls ein ausgesprochen umsichtiges, informationsreiches und von großer Sympathie für die Anliegen der Frauen, aber auch für die wechselvolle und spannungsreiche Rolle der Väter getragenes Kapitel (Teil IV).

Daß schließlich neben der relativ gut meßbaren väterlichen Macht auch die väterliche Liebe und mit ihr die wechselvolle Geschichte der Vater-Kind-Beziehungen beleuchtet wird, erscheint mir darüber hinaus eine besondere Qualität dieser Spurensuche; nicht zuletzt die hier angestellten Reflexionen führen zu einem so differenzierten Bild der väterlichen Rolle und ihrer Möglichkeiten und Grenzen, wie es keine der neueren Studien zum Thema Vaterschaft bislang zu entwerfen vermocht hat.[5]

Auf jeden Fall ist die aktuelle wie auch die historische Situation der Väter keine, die sich allein aus einer biologischen Funktion heraus erklären oder auf diese reduzieren ließe. Viel wichtiger als diese Dimension des Vaterseins, das zeigt Yvonne Knibiehler bei ihrem Durchgang durch zweitausend Jahre kultureller und gesellschaftlicher Entwicklung und Veränderung, war und ist die psychologische (oder auch geistige) und vor allem die soziale Funktion der Vaterschaft, die immer auch von der gesellschaftlichen Großwetterlage mitbestimmt war – und insofern auch nach Epoche, Stand oder Klasse deutlich variierte. Daß die Vaterrolle darüber hinaus schon von alters her – und nicht erst in den letzten Jahren – als durchaus problematisch, oder doch zumindest als ernstzunehmender Gegenstand erregter Debatten betrachtet wurde, ist ein weiterer, in meinen Augen besonders wichtiger Ertrag dieser Studie, die damit gewissen kulturkritischen und -pessimistischen wie aber vor allem konservativen Strömungen, die sich gerade in jüngster Zeit wieder Gehör verschaffen und die eine starke Vaterposition zurück- bzw. herbeisehnen, sehr plausible Argumente entgegenhält.

Vaterbilder in Deutschland

Aus meiner Sicht bleibt an der brillanten Studie von Yvonne Knibiehler eigentlich nur eine Dimension zu ergänzen, nämlich die der national teilweise sehr unterschiedlichen Entwicklung von Vaterrolle und Vaterschaft in Frankreich und Deutschland. Im Gegensatz etwa zu dem, was Yvonne Knibiehler für die Zeit nach 1600 für Frankreich beschreibt, hat es nämlich im deutschsprachigen Raum die „Monarchie des Vaters" nicht in der Form und in dem Ausmaß gegeben wie im absolutistischen Frankreich.[6] Hier hatten die politische Zersplitterung des Reiches, vor allem aber auch die konfessionellen Auseinandersetzungen in der Folge der Reformation keine starke Zentralmacht entstehen lassen; der Deutsche Kaiser blieb eine relativ schwache Herrschergestalt. An ihm konnte sich deshalb auch kein einheitliches Vaterbild orientieren und festmachen, ganz zu schweigen von der bunten Vielfalt gesetzlicher Regelungen und Institutionen, die die deutschen Kleinstaaten in den folgenden zweihundert Jahren hervorbrachten.

Auch die reformatorische Kritik an den religiösen Praktiken der „Papisten" brachte vergleichsweise unterschiedliche Ideen und kulturelle Praktiken hervor, angefangen von der Entmachtung der päpstlichen Zentralgewalt bis hin zur Ächtung des Ehebruchs, der hier weit schärfer geahndet wurde als in den katholischen Regionen und Territorien.

Doch konnte dies bisweilen ganz ähnliche Folgen zeitigen wie die „väterliche Monarchie" des absoluten Fürsten in Frankreich: Auch in den protestantischen Regionen etwa verschlechterte sich die Lage der „Bastarde", der unehelich geborenen Kinder ab der Mitte des 16. Jahrhunderts, ja, teilweise stellte sie sich – etwa in den reformierten Stadtgesellschaften von Nürnberg, Hamburg oder Basel – wesentlich prekärer dar als dies in den meisten katholischen Gebieten, und also auch in Frankreich, der Fall war.[7]

Dennoch – oder vielleicht gerade deshalb – erschien es den Protestanten wichtig, die väterliche Gewalt zu definieren und aufzuwerten. Luther etwa schrieb: „Dem Vater- und Mutterstand hat Gott sonderlich den Preis vor allen Ständen gegeben..., daß er gebietet, die Eltern lieb zu haben... und sie zu ehren, so daß er Vater und Mutter von allen Personen auf Erden ausgesondert (hat) und neben sich setzt,...daß man viel von ihnen halte..., ob sie gleich gering, arm, gebrechlich seien, daß sie dennoch Vater und Mutter sind von Gott gegeben. Denn aus der Eltern Obrigkeit fließet und breitet sich aus alle andere." Zwar sollten die Eltern ihre von Gott gegebene Autorität nicht mißbrauchen. Doch indem Luther in seinem Großen Katechismus sämtliche anderen Herrschaftspositionen aus der elterlichen Würde ableitete, kam der Eltern-Kind-Beziehung eine zentrale Bedeutung für die Ordnung und die Stabilität der Gesellschaft zu – selbst die weltliche Obrigkeit rückte er „ynn den vater stand".[8]

Wie der gelehrte Doktor Luther, so beschäftigten sich auch andere protestantische Reformer ganz besonders mit der Regelung der Generationenbeziehungen. Dabei forderten sie vor allem kindlichen Gehorsam, der infolgedessen als Grundlage aller häuslichen, gesellschaftlichen und staatlichen Ordnung angesehen wurde und langfristige Folgen im familiären wie im gesellschaftlich-politischen Leben zeitigte.

In der sog. „Hausväterliteratur" nämlich, die der Thüringer Reformator Justus Menius mit seiner „Oeconomia Christiana" 1529 begründete, wurde der „Hausvater" direkt zum Abbild des Vatergottes erklärt – ohne daß noch, wie etwa in der absolutistischen Herrschaftslegitimation – der „Umweg" über den Herrscher hätte genommen werden müssen, um die Machtfülle, aber auch die umfassende Nähr- und Schutzfunktion des Hausvaters zu charakterisieren und zu legitimieren.[9] Insofern bildete sich in den protestantischen deutschen Territorien der Landesfürst zunehmend nach dem Vorbild des „Hausvaters" aus: Noch 1702 war die Rede vom „Fürstlichen Haus-Vater", dem dann gewissermaßen der „Landesvater" als modernere Wortschöpfung auf den Fuß folgte, der noch in der aktuellen politischen Kultur der BRD einen festen Platz einnimmt, obgleich die Monarchie längst abgeschafft ist und sich Regierungen eigentlich demokratisch zu legitimieren haben, nicht familienrechtlich oder theologisch.[10]

Die Vorstellungen vom göttlichen Vater, vom väterlichen Herrscher und von seiner Allgewalt wurden mit der reformatorischen Katechismus-Bewegung gewissermaßen flächendeckend an alle Untertanen und „Hausgenossen" weiterverbreitet – zumindest in den protestantischen Territorien. Der damit beträchtlich aufgewertete Vatertitel erweiterte und bereicherte das obrigkeitliche Legitimationsreservoir umso mehr, als ein aktiver Widerstand gegen einen Vaterfürsten – ebenso, wie gegen den leiblichen Vater selbst –, a priori ausgeschlossen werden konnte, da er als der Gipfel menschlicher Schlechtigkeit betrachtet und geächtet wurde. Dies hatte weitreichende Konsequenzen für die deutsche politische Kultur wie aber auch, in Verbindung damit, auf das Vaterbild und die familienrechtliche Lage in Deutschland bis in die jüngste Vergangenheit.

Zwar ist bereits von dem Humanisten Erasmus von Rotterdam zu Beginn des 16. Jahrhunderts die Fehlbarkeit des (väterlichen) Herrschers problematisiert worden und in einer Flugschrift aus dem Bauernkrieg steht zu lesen, daß nur der „ain trewer haußvatter ... seins lands" sei, der „sein ampt trewlich versicht, die brüderlich lieb trewlich beschirmet, got, seinen herrn, fleißig amptet, die herd Christi vätterlich waidet". Doch bis weit in die Aufklärung hinein wurde hierzulande die Vorstellung vom „väterlichen Fürsten" gepflegt und aufrechterhalten, während sich gleichzeitig schon in England und – etwas später auch in Frankreich – eine grundsätzliche Ablehnung der väterlichen Autorität als Vorbild für den Regenten abzeichnete (Locke

1690; Rousseau 1762). Noch 1721 publizierte der Schulphilosoph der deutschen Aufklärung, Christian Wolff, „Vernünftige Gedancken von dem gesellschaftlichen Leben der Menschen und insonderheit dem gemeinen Wesen", in denen er die Analogie von Vaterschaft und staatlicher Herrschaft nochmals bekräftigte. Allerdings trat der „Hausvater" hier zum letzten Mal in seiner ganzen Machtfülle in Erscheinung; danach setzte ein Zerfallsprozeß ein, der insbesondere auf die Rezeption naturrechtlicher aufklärerischer Gedanken aus dem benachbarten Frankreich zurückzuführen ist. Doch erst Immanuel Kant würde dem väterlichen Herrscher, ganz am Ende des 18. Jahrhunderts, in seiner Schrift „Über den Gemeinspruch" (1793) den Todesstoß versetzen: „Eine Regierung, die auf dem Prinzip des Wohlwollens gegen das Volk als eines Vaters gegen seine Kinder errichtet wäre, d.i. eine väterliche Regierung (imperium paternale), wo also die Untertanen als unmündige Kinder, die nicht unterscheiden können, was ihnen wahrhaftig nützlich oder schädlich ist, sich bloß passiv zu verhalten genötigt sind, um, wie sie glücklich sein sollen, bloß von dem Urteile des Staatsoberhaupts, und daß dieser es auch wolle, bloß von seiner Gütigkeit zu erwarten: ist der größte denkbare Despotismus (Verfassung, die alle Freiheit der Untertanen, die alsdann gar keine Rechte haben, aufhebt)."[11]

Der „Vatermord" der französischen Revolutionäre, der 1791 am französischen König Ludwig XVI. vollzogen wurde, erschien indes den deutschen Beobachtern eher erschreckend denn konsequent. Auch bei den überzeugtesten deutschen „Jakobinern" kühlte sich die Leidenschaft für die französische Revolution im Angesicht der Schreckensherrschaft der Republikaner seit 1793 rasch und spürbar ab; einen revolutionären Einschnitt in Gesetzgebung und Politik hat es in deutschen Landen insofern auch erst ein halbes Jahrhundert später gegeben. Dementsprechend, aber auch entsprechend der verspäteten sozio-ökonomischen Entwicklung – die Industrialisierung begann hierzulande erst am Ende des 19. Jahrhunderts, das ökonomische und soziale Leben zu bestimmen – haben sich etliche Traditionen im juristischen wie im gesellschaftlichen Bereich (etwa die restriktiven Zunftordnungen oder das regional begrenzte Gewerbe- und Handelswesen) weitaus länger erhalten als in Frankreich. Das gilt nicht zuletzt auch für die rechtliche und soziale Stellung der Väter, die zunächst nur im ersten modernen Zivilgesetzbuch, dem Preussischen Allgemeinen Landrecht von 1794 einer Neuregelung unterzogen wurden. Es dürfte aber wenig überraschen, daß in dem verhältnismäßig konservativen deutschen Klima auch die Eltern-Kind-Beziehung in diesem bis dahin modernsten Rechtskodex keiner eklatanten Neuregelung unterzogen wurde, obgleich sich in der preussischen Gesetzgebung anderweitig eine ausgesprochen „revolutionäre", am Allgemein- und am Kindeswohl ausgerichtete Haltung niederschlug.[12]

So schlußfolgerte schon 1907 Marianne Weber in ihrer umfassenden Studie über die „Ehefrau und Mutter in der Rechtsentwicklung": „Das Gesetzbuch trägt... etwas stärkere Spuren der freieren, naturrechtlichen Eheauffassung und der individualistischen Ideale, als der von den Gedanken Rousseau's und Napoleon's inspirierte Code (Civil): Die Sphäre der Handlungsfähigkeit der Frau ist grundsätzlich etwas erweitert, und ihre Schranken können durch vertragsmäßige Vermögensregulierung noch weiter hinausgeschoben werden. Dagegen wird allerdings den Rechten der Mutter neben der ‚väterlichen Gewalt' ein geringerer Raum gegönnt als in Frankreich."[13]

Tatsächlich findet sich hier die liberalste Ehescheidungs- und Besitzrechtsregelung im damaligen Europa; hinsichtlich der väterlichen Gewalt aber und der Verteilung von Rechten und Pflichten in der Ehe erweist sich das Preussische Landrecht als höchst traditionell: So sollten etwa im Scheidungsfall die Kinder, die älter als vier Jahre waren, grundsätzlich beim Vater verbleiben (der sie im übrigen materiell zu versorgen hatte – darauf verpflichtete ihn der preussische Staat). In Ausnahmefällen konnte der Richter immerhin die Töchter der mütterlichen Sorge übergeben; diese hatte hierauf jedoch in keinem Fall ein Anrecht, selbst dann nicht, wenn der Vater der schuldig gesprochene Ehepartner war. Auch erstreckte sich die väterliche Autorität, ganz wie im absolutistischen Frankreich und ganz gegen die Anschauungen der meisten Naturrechtler, die die vormundschaftlichen Rechte der Eltern auf die Zeit der Unreife des Kindes beschränkt wissen wollten, weit über die Periode der Erziehungsbedürftigkeit hinaus. Selbst die großjährigen Kinder blieben der väterlichen Gewalt so lange unterstellt, wie sie dem elterlichen Haushalt angehörten, d.h. bis zur Heirat bzw. zur Gründung eines eigenen Hausstandes, der den Söhnen meist erst durch wirtschaftliche Unabhängigkeit zugestanden wurde. Die Töchter entgingen der väterlichen Gewalt überhaupt nur durch Verheiratung bzw. durch den Tod des Vaters, so daß dieser zeitlebens ihr Vermögen in seiner Hand behalten, ihren Aufenthalt bestimmen und sie zwingen konnte, im Elternhause zu bleiben.

Die Mutter trat völlig hinter den Vater zurück, da die Kinder, wie es erklärend heißt, „vorzüglich... unter väterlicher Gewalt" standen, was nicht nur bedeutete, daß der Vater ihr Vermögen allein verwaltete und Nutzen daraus zog, sondern sie auch rechtlich und politisch nach außen vertreten durfte; schließlich bestimmte er über alles, was die Fürsorge für ihre Person betraf – bis hin zur Frage, ob und wie lange die Mutter einen Säugling stillen sollte, eine Regelung, die bei den Zeitgenossen eher Erheiterung als Zustimmung hervorrief. Selbst wenn die väterliche Gewalt „ruhte", weil der Vater aus körperlichen oder geistigen Mängeln heraus nicht mehr in der Lage war, sie auszuüben, gingen seine Befugnisse nicht ohne weiteres – wie in Frankreich – an die Mutter über; sie erhielt in einem solchen Falle nur das Erziehungsrecht. Für die Vermögensverwaltung und die gerichtliche Vertretung der Kinder mußte ein Vormund bestellt werden. Dagegen wurde die Mutter vom Gesetzgeber mit Pflichten wohl bedacht: Ihr fiel, neben dem Vater, die Unterhaltspflicht zu, wobei es auch mütterliche Sonderpflichten gab, wie die „körperliche Pflege und Wartung, so lange die Kinder deren bedürfen"; auch das Stillen gehörte zu den mütterlichen Pflichten – wenngleich, wie gesagt, der Vater über die Dauer dieser Pflichtleistung zu befinden hatte. Auch als Witwe war die Mutter im Preussischen Landrecht ungünstiger gestellt als im französischen Code Civil: Sie erhielt zwar das Erziehungsrecht und konnte ggf. zum Vormund ihrer Kinder bestimmt werden, aber der Mann konnte ihre Mutterrechte auch noch über seinen Tod hinaus dadurch einschränken, daß er seinerseits testamentarisch einen anderen zum Vormund ernannte.

Deutlich besser gestellt als in den vergangenen Jahrzehnten und Jahrhunderten, aber auch gegenüber dem Code civil war dagegen die unverheiratete Mutter und das uneheliche Kind. Hier zeigten sich die Gesetzgeber weit weniger an männlichen bzw. väterlichen Interessen orientiert, als vielmehr an der ‚Peuplierung' des preussischen Staates und an der Eindämmung von Kindesaussetzung und Kindstötung. Diese beiden Delikte begingen in den Augen der Zeitgenossen vor allem unverheiratete Frauen, die sich in wirtschaftlicher und/oder seelischer Not befanden, weil sie von einem verantwortungslosen Verführer mißbraucht und verstoßen worden waren. Auf diesen, oder genauer, auf sein Vermögen richtete sich daher der Unmut, aber auch das gesteigerte Interesse des Gesetzgebers: War nämlich die unverheiratete Mutter mit dem Vater des Kindes verlobt gewesen und von diesem verlassen worden, so erhielt sie seinen Namen und Stand und alle Rechte einer unschuldig geschiedenen Frau. Im juristischen Sinne allerdings war das aus der unehelichen Verbindung hervorgegangene Kind nur mit der Mutter verwandt; doch hatten Mutter und Kind unter allen Umständen Anspruch auf Alimente seitens des unehelichen Erzeugers, sobald die Mutter unter Eid einen Mann, mit dem sie verkehrt hatte, als Vater bezeichnete. Selbst die Eltern des Erzeugers hafteten für dessen „Untat" im genannten Sinne. Immerhin jedoch konnte der uneheliche Vater wählen, ob er das Kind nach vollendetem viertem Lebensjahr lieber zu sich nehmen wollte, als weiterhin Alimente zu zahlen. Darüber hinaus war das uneheliche Kind in Teilen erbberechtigt, zumindest wenn es keine ehelichen Erben gab, und zwar ohne daß der Vater es als eigenes, „natürliches" Kind anerkannt hätte – eine Regelung, die wie auch die übrigen liberalen Gesetze zur Unehelichkeit, die das Landrecht versammelte, von den Kommentatoren des 19. Jahrhunderts als höchst unbillig betrachtet wurden. Aber schon bei den zeitgenössischen Juristen galt Preußen dank seiner liberalen Gesetzgebung als „wahres Paradies der Weiber" – infolgedessen erschien das Gesetzeswerk auch als besondere Zumutung für die männlichen Zeitgenossen, was schon 1803 zu einer ersten Revision Anlaß gab. 1854 wurden dann die Bestimmungen des Landrechts, die die unehelichen Väter so uneingeschränkt in die Pflicht nahmen, gänzlich abgeschafft. Angeblich im Interesse der weiblichen Moralität, faktisch aber im Interesse potentieller unehelicher Väter verweigerten die Gesetzgeber von nun an der „bescholtenen" Mutter, also derjenigen, die nicht als „verführte Unschuld" vor das Gericht treten konnte, jegliche Unterstützung. Auch wurde nun dem Eid der unverheirateten Mutter allein kein Glaube mehr geschenkt; der Beschuldigte konnte sich mit dem Argument aus der Affäre ziehen, daß die Geschwängerte auch Kontakte zu anderen Männern gehabt hätte, sofern er dies nur einigermaßen plausibel machen konnte. In dieser Form wurde das Landrecht schließlich gegen Ende des Jahrhunderts Vorbild für das gesamtdeutsche Bürgerliche Gesetzbuch[14] und transportierte auf diese Weise die väterliche Gewalt ebenso wie die fehlende männliche Verantwortlichkeit für uneheliche Kinder bis in das BGB und das Familienrecht der Nachkriegszeit, das, ähnlich wie in Frankreich, entscheidende Impulse hinsichtlich der Gleichstellung von Mann und Frau und der Reduktion bzw. Abschaffung der väterlichen Gewalt erst Anfang der siebziger Jahre durch die Neue Frauenbewegung erhielt.

Vom „Patriarchat" zum „Matriarchat"?

Eine bürgerliche Gesellschaft, auf die Ideen von Freiheit und Gleichheit gegründet, die in Frankreich die Revolution von 1789 so spektakulär eingeleitet hatte, ließ im deutschsprachigen Raum nicht nur hinsichtlich der innerfamiliären Beziehungen und der Rechtslage von Vätern, Müttern und Kindern auf sich warten.

Vielmehr scheint hierzulande vor allem die Niederlage des deutschen Liberalismus 1848/49 direkt zum Überleben, ja zu einem Neu-Aufstieg eines autoritär-machtvollen Vaterbildes geführt zu haben. Die Offensive zur Einigung Deutschlands unter preußischer Führung intensivierte hier gewisse autoritär-patriarchalische Züge – die „ostelbischen Landjunker" mit ihrem höchst konservativen Weltbild scheinen auch in dieser Hinsicht auf die Vorstellungen von politischer Kultur und wirtschaftlicher Entwicklung einen erheblichen Einfluß ausgeübt zu haben. Sie waren es vor allem, die der liberale Soziologe Max Weber im Auge hatte, als er um die Jahrhundertwende seine Ausführungen über die „patriarchale Herrschaftsform" zu Papier brachte, welche ihm zwar unzeitgemäß, aber direkt von der väterlichen Herrschaft abgeleitet erschien.[15]

Auch die Militarisierung der preussisch-deutschen Gesellschaft zeitigte ähnliche Folgen, da sie zu einer spezifisch männlich-aristokratischen Orientierung führte und hierarchischen Beziehungsstrukturen, wie aber auch einer besonderen Autoritätsgläubigkeit innerhalb und außerhalb der Familien den Weg ebnete.[16] Selbst in der hochdynamischen, rasch aufstrebenden Industrie der Gründerzeit, und sogar bei Großkonzernen wie Siemens oder AEG, herrschte noch bis ins frühe 20. Jahrhundert hinein eine ausgesprochen familiär-patriarchalische Organisationsstruktur vor, die nicht nur ideell, sondern auch in der Praxis von einem unternehmerischen Über-Vater dominiert war. Sie ging mit einer weitgehenden Entmündigung der Arbeiterschaft einher, der von Unternehmerseite im besseren Fall mit paternalistischer Fürsorge, im schlechteren Fall mit autoritärer Bevormundung begegnet wurde. Hier gingen väterliche und unternehmerische „Monarchie" einen festen Bund ein, der in der politischen Kultur der Wilhelminischen Ära ihren Widerpart fand.[17]

Indes führten solche allseits präsenten und allmächtigen Über-Väter nicht durchwegs zu einer Stabilisierung des männlichen Selbstwertgefühles. Vielmehr gehörten in dieser Zeit Selbstzweifel, seelische Konflikte und mangelnde Ich-Stärke zum Bild des typischen männlichen Psychiatrie-Patienten, des „Neurasthenikers", der in vieler Hinsicht den modernen „Mann ohne Eigenschaften" verkörperte.[18] Auf der Frauenseite führten die verkrusteten Vorstellungen und Verhaltensweisen solcher Vater-Figuren in Familie, Politik und Wirtschaft dagegen, ähnlich übrigens wie seitens der Arbeiterschaft, zu einem gezielteren und radikalisierten Widerstand.[19]

Im übrigen machte sich im deutschsprachigen Raum gerade an dem ausgesprochen männlich-autoritären Führungsstil in Staat, Gesellschaft und Familie („Patriarchat") die schärfste Kritik und die weitreichendste Sozialutopie der Jahrhundertwende fest. Bereits 1861 hatte der Basler Altphilologe und Historiker Johann Jakob Bachofen eine Gegenwelt zur Moderne entworfen, die er in der fernsten Vergangenheit zu finden vermeinte und die seiner Ansicht nach nicht von der Ökonomie, sondern von der Religion bestimmt gewesen wäre. Hier hätten nicht die Väter, sondern die Mütter über Macht, Recht und Rang verfügt. Unter der Ägide der „göttlichen Urmütter" hätte in dieser prähistorischen Gesellschaft anstelle von Kalkül und Berechnung der Sinn für das Allgemeine vorgeherrscht; nicht Konkurrenz und Machtdenken, sondern die Moral, die Verantwortlichkeit für alles Lebende hätten im Vordergrund allen Handelns und Daseins gestanden. Erst in historischer Zeit hätte das „Vaterrecht" die mutterrechtliche Lebens- und Wertewelt übertrumpft und somit die in der Gegenwart dominierende Männer- bzw. Väterherrschaft etabliert.[20]

Mit seiner Theorie erntete Bachofen zwar unter seinen Fachkollegen wenig Beifall und mußte sich als Schwärmer verunglimpfen lassen. Der Fabrikantensohn und Frühsozialist Friedrich Engels aber nahm diese Gedanken mit großer Begeisterung auf und führte sie 1884 in seiner Schrift „Der Ursprung der Familie, des Privateigentums und des Staats" zu einer kohärenten Sozialkritik weiter, in der er u. a. argumentierte, nur eine Abschaffung des Privateigentums würde zu einer Gleichheit aller Menschen (und in einem zweiten Schritt zu einer Abschaffung der männlichen Privilegien in Staat, Familie und Gesellschaft) führen, ganz so, wie dies einst, vor der Begründung des „Patriarchats" gewesen sein. Sein Zeit- und Gesinnungsgenosse August Bebel popularisierte diese Idee in „Die Frau und der Sozialismus" und wies damit nicht zuletzt der sozialistischen Frauenbewegung einen Weg zur Abschaffung von Patriarchat und Frauenunterdrückung.[21]

Doch zeigt gerade die extreme Abwendung der frühen sozialistischen Denker von den herrschenden patriarchalen Strukturen deren andauernde Relevanz. Niemand glaubte ernsthaft daran, daß eine matriarchale – oder doch wenigstens egalitäre – Gesellschaft in absehbarer Zeit (wieder-) herzustellen sei. Die Idee vom Matriarchat blieb Utopie – von manchen ersehnt, von vielen belächelt, von einigen gefürchtet. Denn immerhin ging die Vorstellung vom männlichen Machtverlust um. Sie manifestierte sich nicht zuletzt in den Schriften des Wiener Seelenarztes Siegmund Freud, wo von der zumindest indirekten, aber umso verheerenderen weiblichen Macht innerhalb der Familie und der von der Frau ausgehenden „Kastrationsbedrohung" die Rede ist.

Immerhin hatte ja auch im 1871 neu-gegründeten Deutschen Reich die Industrialisierung ihre Spuren hinterlassen und soziale Bindungen gelockert, neue gesellschaftliche Gruppen (Bürgertum und Arbeiterschaft) waren entstanden oder doch in einem solchen Maße angewachsen, daß auch hier, ähnlich wie im Frankreich der Dritten Republik, Traditionen obsolet erscheinen und überkommene Werte brüchig werden mußten. Dies gilt in ganz besonderem Maße für den Bereich der Familie und der Geschlechterbeziehungen.[22] Der Alltag im Kaiserreich war geprägt von der Auflösung traditioneller Vorstellungen von Ehe und Familie, vor allem aber von einer raschen Veränderung der wirtschaftlichen Grundlagen des familiären (Über-)Lebens in der Arbeiterschaft wie auch im Bürgertum, wo vor allem die Frauen der jüngeren Generation zu Studium, Berufstätigkeit und wirtschaftlicher Selbständigkeit drängten und einen gleichwertigen Platz in der Gesellschaft beanspruchten. Debatten um die Erhaltung von Sitte und Ordnung gingen mit diesen Veränderungen ebenso einher wie eine offenere Diskussion der Geschlechterrollen, der Sexualmoral und der Abtreibung.[23]

Dennoch – oder vielleicht gerade aus dieser Verunsicherung heraus – blieb die autoritäre Fixierung der Vaterrolle weitgehend erhalten, ja, sie erlebte insbesondere unter dem Vorzeichen von nationaler Niederlage und Wirtschaftskrise in den 1920er Jahren eine weitere Stärkung; konservative und nationalistische Kräfte zumindest setzten auf den „starken Mann", der in vielem dem Vaterideal der Vormoderne nachempfunden war. Die in der wilhelminischen Gesellschaft gepflegten Werte und Normen wirkten ebenfalls dahin, daß eine breite Mehrheit der Zeitgenossen (und wohl auch der Zeitgenossinnen) der ungeliebten Weimarer Republik den Rücken kehrten, um beim „Führer" und seinen Männerbünden ihr Heil zu suchen – zumindest ist dies eine sozialpsychologische Erklärung der nationalsozialistischen Machtergreifung, die schon 1936 der Vertreter der linken „Frankfurter Schule", Max Horkheimer, in seinen „Studien über Autorität und Familie" gab.[24]

Doch wenn auch das maskulin-autoritäre NS-Regime[25] nach außen hin eine eher restaurative, ja, geradezu archaische Blut-und Boden-Ideologie propagierte, insbesondere hinsichtlich der Familie und der Geschlechterrollen, so sollte dies nicht darüber hinwegtäuschen, daß gerade der NS-Staat die Vergesellschaftung „privater" bzw. „familiärer" Belange wie Reproduktion und Erziehung rücksichtslos vorantrieb und einer strikten Kontrolle unterwarf. Daß dies für praktizierende wie potentielle Väter ganz allgemein zu massiven Eingriffen in ihre bisherigen Privilegien führte (oder doch zumindest führen konnte) – und nicht nur bei den Angehörigen verfolgter ethnischer und religiöser Minderheiten –, darauf weist Yvonne Knibiehler zurecht sehr deutlich hin. Wohl kaum ein Regime hat bis dahin so massiv auf die Bevölkerungspolitik Einfluß genommen, hat so ungeniert wissenschaftliche Forschungen am Menschen vorangetrieben und so uneingeschränkt einer „Qualitätskontrolle" bei der Reproduktion das Wort geredet wie dieses. Doch sie zeigt auch, daß es zur selben Zeit ähnliche Ideen und Tendenzen auch in demokratischeren Ländern gab; dort jedoch konnten oppositionelle Kräfte und gesellschaftliche Widerstände mäßigend und kontrollierend auf die staatlichen Institutionen einwirken – während sich hierzulande solche fehlgeleiteten, ja, inhumanen Ordnungs- und Reproduktionsvorstellungen beinahe widerstandslos Bahn brachen.[26]

Vielleicht ist dies ein weiterer Grund dafür, daß in der Nachkriegszeit die Erinnerung an den NS-Staat von vielen so rasch und gerne verdrängt wurde und die Überwindung der entsprechenden Ideologeme und Wertvorstellungen von außen an die Deutschen herangetragen werden mußte.

Doch hat sich schließlich auch in Deutschland – zumindest in seinem westlichen Teil[27] –, nach einer Phase von Restauration und Verdrängung (nicht zuletzt durch den internationalen Einfluß) eine Entwicklung vollzogen, die an die sozialen wie die rechtlichen Verhältnisse in unserem westlichen Nachbarstaat anknüpft.[28]

Die von Yvonne Knibiehler im Teil IV umrissenen aktuellen Probleme von und Diskussionen um Vaterschaft – eheliche und uneheliche, medizinisch begleitete und „spontane", partnerschaftliche und „verhütete" – entsprechen bis in die Details den Diskussionen, Auseinandersetzungen und Gegebenheiten, wie sie heute in der BRD vorzufinden sind: Auch hier ist in den letzten Jahren in allen Medien viel von den „neuen Vätern" die Rede; auch hierzulande kämpfen scheidungsgeschädigte und „uneheliche" Väter um ihre Rechte; aber auch hierzulande werden vielfach Unterhaltszahlungen verweigert, werden Kinder nach der Scheidung „verlassen", zwingen Männer Frauen, sich um Verhütung und Abtreibung „selbst zu kümmern". Auch hierzulande wird über das „Verschwinden der Väter" oder ihre Abwesenheit lamentiert; auch hierzulande wird – nicht nur unter Feministinnen – heftig über künstliche Befruchtung, über Embryonenforschung und über Leihmutterschaft debattiert.

Hier trifft der große Bogen, den Yvonne Knibiehler von den antiken Wurzeln der christlich-okzidentalen Kulturtradition bis zu den neuesten Errungenschaften von Medizin und Naturwissenschaften schlägt, ganz direkt mit der aktuellen bundesdeutschen Debatte, ja, Tagespolitik zusammen.[29] Insofern ist denn auch die Betrachtung der Geschichte der Väter nicht nur eine Spurensuche in der Vergangenheit, sondern, mindestens ebenso wichtig, eine Basis für die Bewältigung der Zukunft.

ANMERKUNGEN

Einleitung

1 Siehe *La Filiation: ruptures et continuités*. Protokolle des Kolloquiums von Vaucresson (26.–28. Juni 1985); Berichterstatter Bruno Ribes vom Institut de l'enfance et de la famille; 3, rue du Coq-Héron, Paris. Siehe auch Kapitel III.

2 Es gibt, vor allem bei den Psychologen, Vorläufer, z. B. Fernande Isambert, *Le Père, École des parents*, 1961; Monique Renoux, *Aspects psycologiques de la paternité*, med.thèse, Paris 1965; Geneviève Delaisi de Parseval, *La Part du père*, Seuil 1981; Siehe auch Geneviève Delaisi de Parseval und Françoise Hurstel, *La paternité à la française*, in: *Les Temps modernes*, Nr. 482, September 1986.

3 Siehe *Les Pères aujourd'hui*. Internationales Kolloquium des Conseil supérieur de l'information sexuelle (17.–19. Februar 1981), vor allem den Beitrag von Professor Colette Chiland.

1. Kapitel

1 Siehe Anmerkung 3 der Einleitung.

2 Für diesen Absatz siehe *Images de femmes. Mythes et histoire*, Veröffentlichung des *Centre d'études féminines de l'université de Provence*, 29, rue de Schumann, Aix-en-Provence, 1982. Ich beziehe mich vor allem auf die Artikel von Daniel Armogathe, *Le matriarcat: une question controversée*, von Jean-Pierre Cebe, *La naissance du patriarcat* und von Didier Pralon, *Le matriarcat: un terme discrédité*.

3 Ernst Bornemann, Das Patriarchat. Ursprung und Zukunft unserer Gesellschaft, Frankfurt a. M. 1979.

4 Sie wird neben Bornemann von Evelyn Reed fortgeführt. Siehe die Zeitschrift *L'Arc*, Nr. 61, S. 75–81.

5 Ein entsprechender Versuch findet sich in der Veröffentlichung eines Autorenkollektivs, *Désir d'enfant, refus d'enfant*, Stock-Pernoud, 1980. Hinzuweisen ist auch auf die Veröffentlichungen der *Psycho-Historiker*, Schüler von Lloyd de Mause, die ihre historischen Untersuchungen auf den Grundgedanken der Psychoanalyse gründen. Wenn dieser Versuch auch interessant und anregend ist, sind ihre Beweisführungen doch eher vorläufig als endgültig. Siehe Lloyd de Mause, *Les Fondations de la psycho-histoire*, PUF, in der Reihe *Perspectives critiques*, 1986.

6 Nicole Loraux, *Les Enfants d'Athéna*, Maspero, 1981.
7 Zur Interpretation dieses Aphorismus siehe Y. Kniebieher und C. Fouquet, *La Femme es les médecins*, Hachette, 1983.
8 Vergleiche *L'Arraisonnement des femmes*, hg. von Nichole-Claude Mathieu, *École des hautes études en sciences sociales*, 1985.
9 Paul Veyne (Hg.), *L'Empire Romain*, Seuil, 1985 (= Ph.Ariès und G.Duby (Hg.), *Histoire de la vie privée*, Bd. 1) (Deutsch: Ph.Ariès und G.Duby (Hg.), *Geschichte des privaten Lebens*, Bd. 1: Vom Imperium zum Byzantinischen Reich, Frankfurt a. M.²1989); Yan Thomas, *Caton et ses fils*, in: *Autrement, Pères et fils*, Nr. 61, Juni 1984.

2. Kapitel

1 Siehe Mircea Eliade, *Traité d'histoire des religions*, Paris 1949 (deutsch: *Die Religionen und das Heilige: Elemente der Religionsgeschichte*, Frankfurt a. M. ²1989).
2 Jean Bottero, *Naissance de Dieu*, Gallimard, 1986.
3 Siehe Hubertus Tellenbach (Hg.), *Das Vaterbild in Mythos und Geschichte: Ägypten, Griechenland, Altes Testament, Neues Testament*, Stuttgart 1970.
4 Paul Veyne, *La famille et l'amour sous le haut Empire romain*, in: *Annales ESC*, Januar/Februar 1978, S. 35–64; Aline Rousselle, *Porneia: de la maîtrise du corps à la privation sensorielle*, PUF, 1983.
5 Georges Duby, *Le Chevalier, la femme et le prêtre*, Paris 1981 (deutsch: *Ritter, Frau und Priester, die Ehe im feudalen Frankreich*, Frankfurt a. M. 1988).
6 Jack Goody, *L'évolution de la famille et du mariage en Europe*, Vorwort von Georges Duby, Armand Colin, 1985 (deutsch: Die Entwicklung von Ehe und Familie in Europa, Berlin 1986).
7 Im byzantinischen Kaiserreich kam es im 8. und 9. Jahrhundert auf dem Hintergrund des sog. Bilderstreites (730–843) zur Entfernung von Heiligenbildern u. ä. aus Gotteshäusern und Kult. Hintergrund war der Versuch der von der kaiserlichen Macht unterstützten Ikonoklasten („Bilderstürmer; eigentl.: „Bildzerbrecher"), Heiligenbilder und ihren Kult zu verbieten, vermutlich v. a. deshalb, um auf diese Weise eine Konzentration des religiösen Lebens auf den „Gottesdienst" zu gewährleisten. Jedoch lassen sich die Motive der Bilderstürmer – sie unterlagen im Streit – heute wegen einer außerordentlich dürftigen Quellenlage nur schwer in einzelnen eruieren.
8 Siehe Jacques Gelis, *L'Arbre et le fruit*, Fayard, 1984.
9 Siehe Jacques Dupâquier, *Le Prénom: mode et histoire*, Éditions de hautes études en sciences sociales, 1985. Siehe auch Louis Perrouas, Bernadette Barrière, Jean Moutier, Jean-Claude Peyronnet, Jean Tricard und andere,

Léonard, Marie, Jean et les autres, les prénoms en Limousin depuis un millénaire, CNRS, 1984.
10 *Histoire générale de l'enseignement et de l'éducation en France*, Bd. 1, *De Gutenberg aux Lumières (1480–1789)*, Nouvelle Librairie de France, 1981.
11 Siehe *Pratiques de la confession. Des pères du désert à Vatican II, quinze études d'histoire*, Autorenkollektiv de la Bussière, Éditions du Cerf, 1983.
12 Henri Caffarel, *L'Anneau d'or*, Nr. 9–10: *Le Père*, und Roger Pons, ebenda.

3. Kapitel

1 Siehe *Histoire de la France rurale*, Bd. 1, *Des origines à 1340*, die von Guy Fourquin bearbeiteten Kapitel, Seuil, 1975.
2 Michel Rouche, *De l'Empire romain à l'an mil, Le haut Moyen Age occidental*, in: *Histoire de la vie privée*, Bd. 1 (S. Kap. 1, Anm. 9]; Georges Duby, *La vie privée dans les maisonnées aristocratiques de la France féodale*, und Dominique Barthélemy, *Parenté*, in: *Histoire de la vie privée*, Bd. 2, Seuil, 1985 (deutsch: Ph. Ariès, G. Duby (Hg.), Geschichte des privaten Lebens, Bd. 2: Vom Feudalzeitalter zur Renaissance, Frankfurt a. M. 1990).
3 Siehe *L'Enseignement et l'Éducation en France*, Bd. 1, *Des origines à la Renaissance* von Michel Rouche, Nouvelle Librairie de France, 1981.
4 Es muß allerdings betont werden, daß Gerson für seine Zeit eine Ausnahme darstellt. Die Mehrheit der Priester ist Kindern gegenüber distanzierter, mißtrauischer und feindlicher.
5 Georges Duby, *Le Chevalier, la femme et le prêtre*, Hachette, 1981 (deutsch: *Ritter, Frau und Priester: die Ehe im feudalen Frankreich*, Frankfurt a. M. 1985).
6 Roberto Zapperi, *L'Homme enceint*, Vorwort von Jacques Le Goff, französische Übersetzung, PUF, 1983 (deutsch: Der schwangere Mann: Männer, Frauen und die Macht, München 1985).

4. Kapitel

1 Mireille Laget, *Naissance. L'accouchement avant l'âge de la clinique*, Seuil, 1982; Jacques Gelis, *L'Arbre et le fruit. La Naissance dans l'Occident moderne (XVIe-XIXe siècle)*, Fayard, 1984.
2 Zu den in Anmerkung 1 genannten Werken siehe auch: J. Gelis, M. Laget und M.-F. Morel, *Entrer dans la vie*, Sammlung *Archives*, Gallimard-Juillard, 1978; F. Loux, *Le Jeune Enfant et son corps dans la médecine traditionnelle*, Flammarion, 1978 (deutsch: Das Kind und sein Körper in der Volksmedizin, Frankfurt a. M. 1991).

3 Arnold Van Gennep, *Manuel de folklore français contemporain*, Bd. 1, 1943.

4 Geneviève Delaisi de Parseval, *La Part du père*, Seuil, 1981. Das Buch bringt die in diesem Zusammenhang wichtige Literatur.

5 Vgl. hierzu und zum folgenden Roberto Zapperi, *Der schwangere Mann*, 1979 in Italien veröffentlicht, rezensiert und kommentiert von Jean-Claude Schmitt, in: Annales, Nov./Dez.1979, S. 1259–60; von Roger Chartier *L'homme en mal d'enfant*, Libération, 12. August 1983; von Jacques Revel, *Une histoire un peu grosse*, Nouvel Observateur, 6. April 1984; von Élisabeth Badinter, *L'Un et l'Autre* (deutsch: Ich bin du. Die neue Beziehung zwischen Mann und Frau oder die androgyne Revolution, München 1987), die dem Phänomen neue Aktualität verlieh.

6 Jacques Dupâquier, *La Population française aux XVIIe et XVIIIe siècles*, PUF, Paris 1979.

7 François Lebrun, *La Vie conjugale sous l'Ancien régime*, Armand Colin, 1975.

8 Vgl. Philippe Ariès, *L'Homme devant la mort*, Seuil, 1977 (deutsch: *Geschichte des Todes*, München 1980).

9 Siehe Jacques Gelis, wie Anm. 1.

10 Population et sociétés, Nr. 192, Juni 1985.

11 Siehe Jacques Dupâquier, wie Anm. 1.

12 Vgl. dazu Yvonne Knibiehler und Catherine Fouquet, *La Femme et les médecins*, Hachette, 1983.

13 Pierre Goubert, *La vie quotidienne des paysans français au XIIe siècle*, Hachette, 1982.

14 Jaques Dupâquier, *La population française aux XVIIe et XVIIIe siècles*.

15 Jean Delumeau, *La Peur en occident*, Hachette, 1978, (deutsch: *Angst im Abendland. Die Geschichte kollektiver Ängste im Europa des 14.–18. Jahrhunderts*, Reinbek 1989).

16 Vgl. dazu Jacques Le Goff und J.-C. Schmitt, *Le Charivari*, Éditions de l'École des hautes études en sciences sociales, 1978.

17 Jean-Claude Schmitt, *Le Saint Lévrier. Guinefort, guérisseur d'enfants depuis le XIIIe siècle*, Editions de L' Ecole des handes études en Sciences sociales 1979.

18 Diese *Drehtür* in Hospizen bestand aus einem zylindrischen Behälter, der sich auf einer Angel drehte: Man legte das Kind von außen hinein, brachte den Behälter zum Drehen und damit das Kind in das Innere des Hospizes, wo es aufgenommen wurde, ohne daß die Person des Aussetzenden bekannt wurde.

19 Sonoko Fujita, *L'abandon des enfants légitimes à Rennes à la fin du XVIIIe siècle*, in: *Mères et nourrissons*, Annales de démographie historique, 1983, S. 151–162. Dieser Artikel faßt die französische Literatur zusammen.

20 Jean Jacques Rousseau, *Confessions*.

21 Christiane Klapisch-Zuber, *Parents de sang, parents de lait: la mise en nourrice à Florence (1300–1530)*, in: *Mères et nourrissons*, siehe Anm. 20. (deutsch: „Blutseltern" und „Milcheltern" in: dies., *Das Haus, der Name, der Brautschatz*, Frankfurt/New York 1995, S. 94–119.

22 Paola Tabet, *La reproduction forcée*, in: *L'Arraisonnement des femmes*, Autorenkollektiv unter der Leitung von Nicole-Claude Mathieu, Éditions de l'École des hautes études en sciences sociales, 1985.

23 Danièle Alexandre-Bidon und Monique Closson, *L'Enfant à l'ombre des cathédrales*, PUL, 1986.

24 Maurice Garden, *Lyon et les Lyonnais au XVIIIe siècle*.

25 Antoinette Fauve-Chamoux, *La femme devant l'allaitement*, in: *Mères et nourrissons*, s. Anm. 20; Antoinette Fauve-Chamoux, *Innovation et comportment parental en milieu urbain (XVe–XIXe siècle)*, in: Annales ESC, Sept./Okt.1985, S. 1023–1040.

26 Lloyd de Mause, *Les fondation de la psychohistoire*, PUF, Reihe *Perspectives critiques*, 1986. Der Autor und seine Schüler bemühen sich um die Anwendung der psychoanalytischen Theorien E. H. Eriksons auf die Geschichte. Sie sehen in den Eltern-Kind-Beziehungen einen hauptsächlichen Motor der Geschichte. Aber sie konzentrieren ihre Aufmerksamkeit auf wenige Punkte: Art der Ernährung, Erlernen der Sauberkeit, sexuelle Initiation ohne dabei das soziokulturelle Milieu zu beachten; ihre Forschungen sind anregend, aber sehr pessimistisch und im Ganzen wenig überzeugend.

27 Über innerfamiliäre Gewalt siehe Yves Castan, *Pères et Fils en Languedoc à l'époque classique*, in: *Revue du dix-septième siècle*, 1974, und ders., *Honêteté et relations sociales en Languedoc (1715–1780)*, Plon, 1974; Siehe auch Nicole Castan, *La Criminalité familiale dans le ressort du parlement de Toulouse (1690–1730)*, A. Colin, 1971.

28 Siehe John Bowlby, *Bindung*, München 1980.

29 Restif de la Bretonne, *La Femme du laboureur*, 1783.

30 Restif de la Bretonne, *La Vie de mon père*, 1778.

31 Restif de la Bretonne, *La Femme du laboureur*, 1783.

32 Ebenda.

33 Agricol Perdiguier, *Mémoires d'un compagnon*, Vorwort von Philippe Joutard, 10/18, 1964.

34 Diese Gruppierungen bestanden aus unverheirateten Jugendlichen. Sie veranstalteten Feste und Zeremonien, organisierten Spiele und Katzenmusiken.

35 Siehe Alain Collomp, *La Maison du père*, PUF, 1983.

36 Siehe ebenda. Für das Gévaudan siehe Elisabeth Claverie und Pierre Lamaison, *L'Impossible Mariage*, Hachette, 1983.

37 Siehe Alain Collomp, Anm. 35.

5. Kapitel

1 Claude Grimmer, *La Femme et le bâtard*, Vorwort von Emmanuel Le Roy Ladurie, Presses de la Renaissance, 1982.

2 Über Kindsunterschiebungen siehe das vorhergehende Kapitel.

3 Victor Cousin, *La Jeunesse de Madame de Longueville*, Didier, 1853.

4 Siehe Yvonne Knibiehler und Catherine Fouquet, *La Femme et les médecins*, Hachette, 1983.

5 Élisabeth Ravoux-Rallo, *La Femme à Venise au temps de Casanova*, Stock, 1984.

6 Marquis de Sade, *La Philosophie dans le boudoir ou les Instituteurs immoraux*, Garnier-Flammarion, 1979.

7 Siehe oben, Kapitel II.

8 Marie-France Morel, *Ville et campagne dans le discours médical sur la petite enfance*, in: *Annales ESC*, September/Oktober 1985, S. 1007–1024.

9 Zitiert von Antoinette Fauve-Chamoux, *Innovation et comportment parental en millieu urbain (XVe–XIXe siècle)*, in: *Annales ESC*, September/Oktober 1985, S. 1023–1039.

10 Louis de Bonald, *Du divorce* (1801). Das Modell wird zu einem Zeitpunkt entworfen, in dem es bereits im Niedergang begriffen ist, aber der Autor mag gehofft haben, es im Code Civil (1804) Eingang finden zu sehen.

11 Siehe *Saint Vincent de Paul. Correpondence, entretiens, documents*, Éditions Pierre Coste, Gabalda 1920–25.

12 Marcel Bernos, *De l'influence pernicieuse ou salutaire de la femme dans la famille et la société*, in: *Revue d'histoire moderne et contemporaine*, Juli/September 1982.

13 Dieser Ausdruck wurde von Philippe Ariès benutzt und von Paul Veyne in einem Interview im *Nouvel Observateur* wieder aufgenommen.

14 Marcel Grandière, *L'éducation en France à la fin du XVIIIe siècle. Les maisons d'éducation*, in: *Revue d'histoire moderne et contemporaine*, Juli/September 1986.

15 Nicole Castan, *La Criminalité familiale dans le ressort du parlement de Toulouse (1690–1730). Crimes et criminalité en France sous l'Ancien Régime*, Armand Colin, Paris 1971. Siehe auch Jean-Marie Constant, *La Vie quotidienne de la noblesse aux XVIe et XVIIe siècles*, Hachette, 1985.

16 Siehe Pothier, *Traité du mariage*, IV, Kap. 1, Absatz 2.

17 Ordonnances d'Orléans (1560) und de Blois (1579)

18 Daniel Roche, *Jacques-Louis Ménétra, compagnon vitrier au XVIIIe siècle, Journal de ma vie*, Montalba, 1982.   [1977.

19 Yves Lequin, *Les Ouvriers de la région lyonnaise (1848–1914)*, PUL,

20 Pierre Goubert, *Familles marchandes sous l'Ancien Régime: Les Danse et les Mothe de Beauvais*, SEVPEN, 1959.

21 *Les Dynasties bourgeoises* ist der Titel eines Buches von E. Beau de Loménie. Für das Beispiel Marseille siehe auch Éliane Richard, *Un siècle d'alliances et d'ascension sociale: les Fraissinet*, in: *Provence historique*, 142/1985.

6. Kapitel

1 Marcel Garaud, Romuald Szramkiewicz, *La Révolution française et la famille*, PUF, 1978.

2 Zitiert nach Évelyne Sullerot, *Histoire de la presse féminine en France des origines à 1848*, A. Colin, 1966.

3 P. Gueyraud, *Une famille de courtiers, les Caune. Aspects de la vie marseillaise au XIXe siècle*, Marseille 1972.

4 L. Yaouang, *La mobilité sociale dans le milieu boutiquier parisien au XIXe siècle*, in: *L'Atelier et la Boutique, études sur la petite bourgeoisie au XIXe siècle*, in: *Le Mouvement social*, Nr. 108, Juli/September 1979.

5 Das Wort *prolétariat* taucht Anfang 1832 auf, einige Monate nach den Aufständen von Lyon, veröffentlicht in dem berühmten Artikel von Jean Reynaud in der *Revue encyclopédique*.

6 L. M. Pellerin, *Le Père déchu, Débats autour de la loi du 24 juillet 1889*, in: *Textes et langages II*, Veröffentlichung der Universität Nantes, 1970.

7 Siehe Yvonne Knibiehler und Catherine Fouquet, *L'Histoire des mères*, Montalba, 1980; sowie Luc Boltanski, *Prime éducation et morale de classe*, Mouton, 1977.

8 Gérard Mendel, *La Révolte contre le père*, Payot, 1968; *La Crise des générations*, Payot, 1969 (deutsch: Die Generationenkrise, Frankfurt a. M. 1972; vgl. Alexander Mitscherlich, *Auf dem Weg zur vaterlosen Gesellschaft*, Frankfurt a. M. 1963.

9 Diese Aufteilung habe ich in Teil II/1.Kap. in Bezug auf die Bauern und in Teil II/2.Kap. in Bezug auf die Handwerker beschrieben.

10 Jean Borie, *Le Célibataire français*, Le Sagittaire, 1976. Maurice Agulhon hat das Buch in der Zeitschrift *Romantisme, Revue du XIXe siècle*, Nr. 16, 1977 rezensiert.

11 Eine zu diesem Problembereich erschienene Zusammenfassung findet sich in *Communications*, Nr. 44, *Dénatalité. L'antériorité française*, Autorenkollektiv, École des hautes études en sciences sociales, Centre d'études transdisciplinaires (sociologie, anthropologie, politique), Seuil, 1986.

12 Paul Robin, ein früherer Schulinspektor, hatte eine militante Gruppe ins Leben gerufen, die die Reduktion der Geburten propagierte. Siehe Henri Guerrand, *La Libre Maternité*, Paris 1971 und vor allem Francis Ronsin, *La Grève des ventres*, Aubier-Montaigne, 1980. Siehe auch das 8.Kapitel.

13 Roger Pons, *Le métier de père*, in: *L'Anneau d'or*, Nr. 9–10, *Le Père*, 1946.
14 Dieser öffentliche Beischlaf (*congrès*, in der Wortbedeutung von Koitus) bestand in einem Vorgang, während dessen ein Mann, der von seiner Ehefrau der Impotenz beschuldigt war, in der Gegenwart von Ärzten und Matronen öffentlich den Beweis seiner Männlichkeit erbringen mußte.

7. Kapitel

1 Yvonne Knibiehler und Catherine Fouquet, *L'Histoire des mères*, Montalba, 1980.
2 *Contraception. Les Français les premiers mais pour quoi?* in: *Dénatalité. L'antériorité française (1800–1914)*, Autorenkollektiv, École des hautes études en sciences sociales, Seuil, 1986.
3 Marcel Bernos, Yvonne Knibiehler, Elisabeth Ravoux-Rallo und Éliane Richard, *De la pucelle à la minette. La jeune fille de lâge classique à nos jours*, Temps actuels, 1983.
4 Mariette Sineau, *Des femmes en politique*, Rapport au CNRS, 1986. ATP, *Recherches sur les femmes et Recherches féministes*. Isabelle Las Vergnas macht darauf aufmerksam, daß alle Frauen, die an der Universität Montreal in Kanada Naturwissenschaften lehren, eine besondere Beziehung zu ihrem Vater haben.
5 Siehe Élisabeth Ravoux-Rallo, *Images de l'adolescent au XIXe siècle*, Corti, 1989.
6 Siehe Roger Duchêne, *Ninon de Lenclos*, Fayard, 1984.
7 Siehe z. B. Anne-Marie Devreux, *La mémoire n'a pas de sexe*, in: *Pénélope*, Nr. 12, Frühjahr 1985.
8 Siehe das vorhergehende Kapitel.
9 In: *Les Temps modernes*, Nr. 482, September 1986.
10 In der Sammlung *Homo Viator*, Aubier-Montaigne, 1944.
11 *L'Anneau d'or*, Sondernummer 9–10, speziell zum Problem des Vaters. Man findet dort unter anderen die Namen von Pater Henri Caffarel (Begründer), Jacques Perret, Jacques Madaule, Robert Flacellière, Claude Manceron.
12 Aubier-Montaigne, 1952.
13 Éditions sociales françaises, 1971.
14 Éditions universitares, 1971.
15 Casterman, 1972.
16 Französische Übersetzung erschienen bei Robert Laffont, 1975.
17 Siehe Jacqueline Kelen, *Les Nouveaux Pères*, Flammarion, 1986.
18 Dominique Dessertine, *Divorcer à Lyon sous la Révolution et l'Empire*, PUL, 1981.

19 Irène Théry, *La Référence à l'intérêt de l'enfant dans la modification du droit de garde après le divorce*, thèse de 3e cycle, Institut de démographie, université René-Descartes, 1983.
20 *La Filiation: ruptures et continuité*. Protokolle des Kolloquiums von Vaucresson, 26.–28. Juni 1985, [Siehe Einleitung, Anmerkung 1]. Hier vor allem S. 97–100.
21 Agnès Fine, *Amour et parenté adoptive*, in: *Mères et nourrissons, Annales de démographie historique*, 1983, S. 125–150.
22 M.-P. Marmier, *L'Adoption*, Reihe U, Armand Colin; ders. *Sociologie de l'adoption. Étude de sociologie juridique*, Vorwort von Jean Carbonnier, *Librairie générale de droit et de jurisprudence*, hg. v. R. Pichon und R. Durand-Auzias, 1969. Siehe auch Jacqueline Rubelin-Devichi, *L'Évolution du statut civil de la famille depuis 1945*, Éditions du CNRS, 1963.
23 Clément Launay, Michel Soulé und Simone Veil, *L'Adoption. Données médicales, psychologiques et sociales*, ESF, 1963.
24 Yvonne Kniebiehler und Catherine Fouquet, *La Femme et les médecins*, Hachette, 1983.
25 *La Filiation: ruptures et continuité*, Kapitel 1 [siehe Anm. 20].

8. Kapitel

1 Siehe Yvonne Knibiehler, *Les médecins et la nature féminine au temps du Code civil*, in: *Annales ESC*, Juli/August 1976, S. 824–845.
2 Arlette Gautier, *Les Soeurs de Solitude*, Éditions caribéennes, 1985. Siehe auch Yvonne Knibiehler und Régine Goutalier, *La Femme au temps des colonies*, Stock, 1985.
3 Siehe Yvonne Knibiehler und Catherine Fouquet, *L'Histoire des mères*, Montalba, 1980.
4 *Recherches sur l'infanticide (1955–1965)*, in: *Annales de la faculté de droit de Strassbourg*, Librairie Dalloz, 1968.
5 Siehe *Histoire des mères*, vgl. Anm. 3.
6 Claude Langlois, *Le Catholicisme au féminin*, Éditions du Cerf, 1985.
7 *Madame ou mademoiselle? Itinéraire de la solitude féminine*, hg. von Arlette Farge et Christiane Klapisch-Zuber, Arthaud-Montalba, 1984.
8 Siehe vor allem Martine Segalen, *Mari et femme dans la société paysanne*, Flammarion, 1980; auch Yvonne Verdier, *Façons de dire, façons de faire*, Gallimard, 1979 (deutsch: *Drei Frauen. Das Leben auf dem Dorf*, Stuttgart 1982).
9 Siehe Agnès Fine, *A propos du trousseau: une culture féminine?*, in: *Une histoire de femmes est-elle possible?* Autorenkollektiv unter der Leitung von Michelle Perrot, Éditions Rivages, 1984 (deutsch: *Die Aussteuer – Teil einer weiblichen Kultur?* in: A. Corbin u.a., *Geschlecht und Geschichte*, Frankfurt a. M. 1989, S. 161–198).

10 Roland Cary und Éliane Richard, *Armateurs marseillais au XIXe siècle*, Presses de la chambre de commerce de Marseille, 1986.
11 Siehe *L'Histoire des mères*, wie Anm. 3.
12 Siehe Edith Thomas, *Les Femmes de 1848*, PUF, 1949.
13 Ebenda.
14 Françoise Picq, *Sur la théorie du droit maternel. Discours anthropologique et discours socialiste*, Dr. sc. po., Paris-Dauphine, 1979.
15 J.-P. Aminot, *Émile de Girardin ou l'ambiguité d'un féminisme masculin*, Universität Nantes, *Textes et langages II*, 1979.
16 Maîté Albistur und Daniel Armogathe, *Histoire du féminisme français*, Éditions des Femmes, 1977.
17 Francis Ronsin, *La Grève des ventres*, Aubier-Montaigne, 1980.
18 *Nelly Roussel, l'éternelle sacrifiée*, mit Anmerkungen und Kommentar von Daniel Armogathe und Maîté Albistur, Syros, 1979.
19 C. Valabrègue, A. Langevin und C. Berger-Forestier, *Ces maternités que l'on dit tardives*, Robert Laffont, 1982. Das Buch behandelt nicht nur ledige Mütter.
20 *Maternité en mouvement. Les femmes, la reproduction et les hommes de science*, Presse universitaires de Grenoble, Édition Saint-Martin de Montréal, 1986.
21 Diese Äußerungen fielen gelegentlich eines Vortrages am 29. September 1985 vor den Mitgliedern des Vereins *Dialogues de Femmes* (12, rue Gaston-Berger, 75017 Paris).
22 Siehe Nicole Peltier, *Femmes en détresse, enfants en souffrance*, Balland, 1986.

9. Kapitel

1 Charles Demay, *Privilèges concédés par les usages de Bourgogne aux pères de 10 à 12 enfants*. Auszug aus dem *Annuaire de Yonne*, 1899. Von 55 Vätern, die dieser Vergünstigungen teilhaftig wurden, war die Hälfte mit nur einer Ehefrau verheiratet, die übrigen waren zweimal verheiratet.
2 Jacques Dupâquier, *La Population française aux XVIIe et XVIIIe siècles*, PUF, Paris 1979, vor allem das erste Kapitel.
3 Yvonne Knibiehler und Catherine Fouquet, *L'Histoire des mères*, Montalba 1980.
4 Ebenda.
5 Ebenda.
6 Robert Talmy, *Histoire du mouvement familial en France (1896–1939)*, veröffentlicht von der Union nationale des Caisses d'allocation familiales, 1962.
7 Yvonne Knibiehler und Catherine Fouquet, *La femme et les médecins*, Hachette, 1983.

8 Zitiert von Françoise Thébaud, *Quand nos grand-mères donnaient la vie. La maternité en France entre les deux guerres*, PUL, 1986.

9 Antoine Prost, *L'évolution de la politique familiale en France de 1938 à 1981*, in: *Le Mouvement social*, Nr. 129, Okt./Dez. 1984. Siehe auch *Droit social*, Sondernummer vom Mai 1985.

10 Ebenda.

11 Jacques Léonard, *Eugénisme et Darwinisme*, Congrès Darwin, 1982.

12 *Histoire générale de l'enseignement et de l'éducation en France*, Bd. IV: *Antoine Prost, L'école et la famille dans une société en mutation*, von Antoine Prost, Nouvuelle Librairie de France, 1981.

13 Hannah Arendt, *Elemente und Ursprünge totaler Herrschaft*, München ³1993.

14 Jean Luc Lahaye, *Cent familles*, Éditions Laffont-Carrère, 1985.

15 Michelle Perrot, *Sur la ségrégation de l'enfance au XIXe siècle*, in: *Psychatrie de l'enfant*, XXV,1, 1982.

16 Siehe oben, 4. Kapitel.

17 J.-P. Tricard, *Initiative privée et étatisation parallèle. Le secteur dit de l'enfance inadaptée*, in: *Revue française de sociologie*, XXII, 1981, S. 575–607. Siehe auch Michel Chauvière, *Enfance inadaptée:l'héritage de Vichy*, in: *Économie et humanisme*, Les Éditions ouvrières, 1980.

18 Für die Diskussion um den *Fürsorgestaat* seien zwei in ihren Positionen entgegengesetzte Werke empfohlen: Patrick Kaltenbach, *La Famille contre les pouvoirs*, Éditions Nouvelle Cité, 1986, und François Ewald, *L'État-providence*, Grasset, 1986 (deutsch: *Der Vorsorgestaat*, Frankfurt a. M. 1993).

10. Kapitel

1 *La Filiation: ruptures et continuité*, vgl. Einleitung, Anm. 1, 3. Kapitel

2 Jacques Testart, *De l'éprouvette au bébé spectacle*, Complexe, 1984.

3 Dominique Courtier, *L'IAD, parole d'honneur*, in: *Autrement*, Nr. 61, *Pères et fils*, Juni 1984.

4 Zum Beispiel Françoise Laborie, *Ceci est une éthique*, in: *Les Temps modernes*, Nr. 462/463.

5 Simone Novaès und Françoise Fougeroux, *L'insémination artificielle avec donneur vue par les donneurs de sang*, in: *Enjeux de la biologie*, Heft 2, 1983.

6 Siehe *Test Tube Woman*, Autorenkollektiv, Pandora Press, London-Boston-Melbourne, 1984.

7 Siehe Françoise Thébaud, *Quand nos grand-mères donnaient la vie. La maternité en France entre les deux guerres*, PUL, 1986. v. a. Kapitel IV.

8 Pierre Darmon, *Le Mythe de la procréation à l'âge baroque*, Seuil, 1979.

9 So z. B. Anne le Gall in einem Vortrag vor der *Association Dialogues de Femmes* am 14. Dezember 1986.

10 In einem den Vätern gewidmeten Werk lasse ich hier absichtlich die Interessen von Mutter und Kind beiseite, selbst wenn der Vater im besten Fall sich deswegen Gedanken machen sollte.
11 Bruno Latour, *La redéfinition du lien social*, in: *Génétique, procréation du droit*, Protokolle des Kolloquiums von Paris, Acte-Sud, 1985.

Schluß

1 *La Filiation: ruptures et continuité*, siehe Einleitung, Anmerkung 1.
2 Ebenda.

Nachwort

1 Yvonne Knibiehler, Catherine Fouquet, *Histoire des mères du Moyen Age à nos jours*, Paris 1977.
2 Elisabeth Badinter, *Die Mutterliebe. Geschichte eines Gefühls vom 17. Jahrhundert bis heute*, München, Zürich 1981.
3 Dazu äußerte sich an prominenter Stelle der Psychoanalytiker Alexander Mitscherlich in seinem vielzitierten Werk *Auf dem Weg zur vaterlosen Gesellschaft* (München 1973 u. ö.); seine Thesen wirken bis heute in der soziologischen Forschung wie in der Publizistik nach. Erst jüngst erschien eine Studie über das „vaterlose Amerika", das die Verfallserscheinungen der bürgerlichen Gesellschaft in den USA auf die Abwesenheit der Väter zurückführt (David Blankenhorn, *Fatherless America*, New York 1995)
4 Vgl. dazu etwa die Ausführungen des Jugendtherapeuten Roland Voigtel in FOCUS 40/1993 im Angesicht der rechtsradikal motivierten Gewalt von männlichen Jugendlichen.
5 Ich denke hier insbesondere an die Studie von Dieter Lenzen, *Vaterschaft. Vom Patriarchat zur Alimentation*, Reinbek b. Hamburg 1991, wo die Geschichte der Vaterschaft als eine reine Verlustgeschichte beschrieben wird, in der Männer schlußendlich als die Verlierer des historischen Prozesses erscheinen – bedroht bzw. verdrängt von staatlicher Intervention und weiblich-mütterlicher Vorherrschaft in der Familie. Praktisch überhaupt nicht berücksichtigt wird die Situation des Vaters bzw. der Eltern und der Kinder im historischen Prozeß in der ansonsten sehr aufschlußreichen Studie von M. Mitterauer und R. Sieder, *Vom Patriarchat zur Partnerschaft – Zum Strukturwandel der Familie*, München 1977 u. ö, während die im einzelnen sehr erhellenden Darlegungen in dem Sammelband *Sturz der Götter? Vaterbilder im 20. Jahrhundert*, hg. v. W. Faulstich u. G. E. Grimm, Frankfurt/M. 1989, ihrerseits kein kohärentes Bild der Geschichte der Väter entwerfen.
6 Dies gilt mehr oder weniger auch für die anderen Länder und Regionen Europas, ganz zu schweigen von den vielfältigen Traditionen und Ent-

wicklungen im außereuropäischen Bereich. Einen Einblick gibt hier die kulturvergleichende *Sozialgeschichte der Kindheit*, hgg. v. J. Martin u. A. Nitschke, Freiburg/Basel 1981, sowie die beiden von Hubert Tellenbach herausgegebenen Bände über *Das Vaterbild im Abendland*, Stuttgart u. a., 1978 f.

7 Vgl. hierzu Heide Wunder, ‚*Er ist die Sonn', sie ist der Mond'. Frauen in der Frühen Neuzeit*, München 1992; Richard van Dülmen, *Kultur und Alltag in der Frühen Neuzeit*. Erster Band: *Das Haus und seine Menschen 16.–18. Jahrhundert*, München 1990; sowie Stephen Ozment, *When Fathers ruled: Family Life in Reformation Europe*, Cambridge/Mass. 1983

8 Vgl. zu Luther als Vater und zu den Vaterbildern bei Luther: Friedrich Wilhelm Kantzenbach, *Luther – Vaterfigur noch fürs 20. Jahrhundert?*, in: Sturz der Götter, wie oben, Anm. 5, S. 38–66.

9 Vgl. zu dieser protestantischen Tradition Julius Hoffmann, *Die ‚Hausväterliteratur' und die ‚Predigten über den christlichen Hausstand'*, Weinheim/Berlin 1959, und Gotthardt Frühsorge, *Die Begündung der ‚väterlichen Gesellschaft' in der europäischen oeconomia christiana. Zur Rolle des Vaters in der ‚Hausväterliteratur' des 16. bis 18. Jahrhunderts in Deutschland*, in: Das Vaterbild im Abendland, Bd. I, hgg. v. H. Tellenbach, Stuttgart u. a. 1978, S. 110–23.

10 S. dazu die sehr erhellende Studie von Paul Münch, *Vater Staat. Staatsmänner als Vaterfiguren?*, in: Sturz der Götter, wie oben, Anm. 5, S. 67–97.

11 zit. nach ebenda; s. zur Auflösung des Hausvater-Bildes ebenfalls Frühsorge, wie Anm. 9.

12 Vgl. dazu die Studie von Kerstin Michalik, *Vom ‚Kindsmord' zur Kindstötung: Hintergründe des Sondertatbestandes der Kindstötung (§ 217) im 18. und 19. Jahrhundert*, in: Feministische Studien, Heft 1, 1994, S. 44–55.

13 Tübingen 1907 (reprint Aalen 1989), S. 331, wie auch im folgenden. Vgl. dazu auch Doris Alder, *Die Wurzel der Polaritäten. Geschlechtertheorie zwischen Naturrecht und Natur der Frau*, Frankfurt/M. 1992.

14 In den übrigen deutschen Staaten herrschten bis dahin entweder die älteren Rechtstraditionen weiter vor, oder aber die französischen Rechtsvorstellungen wurden durch die napoleonischen Eroberungen um die Jahrhundertwende eingeführt (Rheinbundstaaten). Eine Ausnahme bilden hierbei Österreich und die habsburgischen Erblande, die ebenfalls bereits 1796 ein eigenes Zivilrecht erhielten, das sich aber insbesondere hinsichtlich des Scheidungsrechts und auch hinsichtlich der Regelung der Unehelichkeit vom Preussischen Landrecht unterschied (vgl. dazu auch M. Weber, ebenda, S. 342 ff.)

15 In: Wirtschaft und Gesellschaft, 5. Aufl. Tübingen 1976; s. dazu auch Stefan Breuer, *Max Webers Herrschaftssoziologie*, Frankfurt/M.

1991, der Webers Ausführungen zum Patrimonialismus und zum Patriarchalismus als seinen wichtigsten Beitrag zur Herrschaftssoziologie bezeichnet.

16 S. dazu Ute Frevert. *Ehrenmänner. Das Duell in der bürgerlichen Gesellschaft*, München 1991.

17 Aufschlußreich hierfür ist der Aufsatz von Hans Jaeger, *Der Unternehmer als Vater und Patriarch*, in: *Sturz der Götter*, wie oben, Anm. 5, S. 98–120.

18 S. dazu Joachim Radkau, *Die Männer als schwaches Geschlecht. Die wilhelminische Nervosität, die Politisierung der Therapie und der mißglückte Geschlechtsrollenrausch*, in: *Variationen der Liebe. Historische Psychologie der Geschlechterbeziehung*, hg. v. Th. Kornbichler u. W. Maaz, Tübingen 1995, S. 249–93; zur Krise der männlichen Identität im Kaiserreich und in der Weimarer Republik s. auch Frevert, *Ehrenmänner*, wie Anm. 16.

19 S. dazu Ute Gerhard, *Unerhört. Die Geschichte der deutschen Frauenbewegung*, Reinbek b. Hamburg 1990, bes. 6. Kapitel.

20 Johann Jakob Bachofen, *Das Mutterrecht. Eine Untersuchung über die Gynaikokratie der alten Welt nach ihrer religiösen und rechtlichen Natur*, 1. Auflage, Stuttgart 1861.

21 S. dazu Beate Wagner-Hasel, *Das Matriarchat und die Krise der Modernität*, in: Feministische Studien, 9. Jg., Bd. 1, 1991, S. 80–95.

22 Vgl. dazu Reinhard Sieder, *Sozialgeschichte der Familie*, Frankfurt/M. 1987; Ute Frevert, *Frauen-Geschichte. Zwischen Bürgerlicher Verbesserung und Neuer Weiblichkeit*, Frankfurt/M. 1986, bes. Kap. III; sowie Gerhard, wie oben, Anm. 19, bes. 7. Kapitel.

23 S. dazu Frevert, *Frauen-Geschichte*, ebenda, bes. Kapitel II.

24 Ursprünglich Paris 1936; wiederabgedruckt in: ders., *Kritische Theorie*, 2 Bde., hier: Bd. 1, Frankfurt/M. 1968.

25 S. dazu Klaus Theweleit, *Männerphantasien*, 2 Bde. Frankfurt/M. 1977 u. ö.

26 Vgl. speziell zur NS-Bevölkerungspolitik Gisela Bock, *Zwangssterilisation im Nationalsozialismus. Studien zur Rassenpolitik und Frauenpolitik*, Opladen 1986.

27 Die Entwicklung in der DDR wäre gerade hinsichtlich der Rolle und Stellung der Väter eine eigene Studie wert; sie muß hier, wie so vieles andere, unberücksichtig bleiben.

28 Über die rechtliche Lage von Vätern, Eltern und Kinder in der BRD s. Reinhart Lempp, *Die Rolle des Vaters und ihre Veränderung im 20. Jahrhundert*, in: *Sturz der Götter*, wie Anm. 5, S. 176–189.

29 Erst jüngst wurde in Bonn ein Reformentwurf zur Regelung des Sorgerechts verabschiedet, der u. a. eine Stärkung der Rechte geschiedener Väter vorsieht.

WEITERE TITEL DER ENGAGIERTEN REIHE
FRAUEN – KULTUR – GESCHICHTE

Der Hexenstreit
Frauen in der frühneuzeitlichen Hexenverfolgung
Hrsg. von Claudia Opitz
280 Seiten, Paperback,
ISBN 3-451-23673-7

Thekla – Die Apostolin
Ein apogrypher Text neu entdeckt
Hrsg. von Anne Jensen
136 Seiten, Paperback,
ISBN 3-451-23674-5

Barbara Newman
Hildegard von Bingen
Schwester der Weisheit
380 Seiten, Paperback,
ISBN 3-451-23675-3

Christine de Pizan
Der Schatz der Frauen
Weibliche Lebensklugheit in der Welt des Spätmittelalters
ca. 280 Seiten, Paperback
ISBN 3-451-23956-6

Jeanne d'Arc
Oder wie Geschichte eine Figur konstruiert
Hrsg. von Hedwig Röckelein
ca. 280 Seiten, Paperback,
ISBN 3-451-23953-1

Herder   Freiburg · Basel · Wien

NEUE ZUGÄNGE ZU VATERBILDERN

Annemarie Ohler
Väter – Wie die Bibel sie sieht
290 Seiten, Paperback
ISBN 3-451-23939-6
Die Bibel zeigt in lebendigen, konfliktreichen und oft spannenden Darstellungen interessante Aspekte des Vaterseins, die heutzutage vernachlässigt oder übersehen werden. Die Autorin legt hier nun ein längst überfälliges, klar verfaßtes und anschaulich illustriertes Sachbuch vor, das überraschend neue Einsichten in das Vaterbild der Bibel gibt.

Werner Knubben, Thomas Knubben
Ein Vater, wie er im Buche steht
Entdeckungen für junge Väter
160 Seiten, Paperback
ISBN 3-451-23755-5
Die Väter von heute wollen nicht mehr auf die Nähe ihrer Kinder verzichten. Sie wissen, daß Beruf und Karriere nicht alles sein kann im Leben. Ein Lesebuch, das Beispiele zeigt und Orientierung bietet, zum Nachdenken anregt oder manchmal einfach zum Schmunzeln verführt.

Herder   Freiburg · Basel · Wien